教育部经济管理类核心课程教材

Organizational Behavior

组织行为学

（第二版）

主　编　胡君辰
副主编　吴小云

中国人民大学出版社
· 北京 ·

第二版前言

扁鹊是一代名医，有一次他把一位大王从死亡的边缘拉了回来，大王清醒后与扁鹊有以下对话。

大王：谢谢你救了我！你真是当今名副其实的医界第一高手。

扁鹊：不用谢，治病救人是医生的天职。医界藏龙卧虎，我哪里称得上是第一高手。

大王：那请你介绍介绍其他高手。

扁鹊：据我所知，我的两位哥哥就比我高明得多。

大王：何以见得?

扁鹊：说来话长。我的父亲扁公一生研究医学，医学造诣登峰造极。他临终时根据我们三兄弟的资质，把三本医书传授给我们，《医势》传给了资质最好的大哥扁鹏，《医道》传给了资质稍次的二哥扁鸦，《医技》传给了资质最差的我。我们三兄弟刻苦学习后，都掌握了父亲传给我们的医术。结果大哥扁鹏成为上医，可以治未病，就是经过他的诊治，人们可以不生病。二哥成为中医，可以治小病，就是经过他的诊治，人们的病不用发展到大病就可以治愈。我只是下医，会治疗一些症状明显的大病，而且还常常治不好。

大王：这么说来，你大哥扁鹏和二哥扁鸦的医术都比你高明，但是世间人们只知道扁鹊，而不知道扁鹏和扁鸦，这又是何故?

扁鹊：大哥扁鹏的医术最高明，却往往被人们误认为是骗子，结果穷困潦倒，浪迹天涯，现在不知道到哪里去了；二哥扁鸦，稍有名气，现在乡里为乡亲们看病，仅仅糊口而已。我这位下医目前却腰缠万贯，名扬四海，这实在是莫大的讽刺啊!

大王：让我想想……这对我好像也很有启发!!!

在管理科学中，有些学科是属于治“大病”的，如销售学、会计学等；有些学科是属于治“小病”的，如财务学、市场学等；而组织行为学是属于治“未病”的学科。

组织行为学的真谛是了解组织中最重要的资源——人，进而掌握管理的大势，使管理者成为“上医”，治“未病”。这样才可能使得企业基业长青，永续经营。

时间真快，第一版出来后，一晃四年过去了。在四年中，由于广大读者的关爱，我们的《组织行为学》获得了一定的声誉。

与第一版相比，在第二版中我们做了一些修改。首先，增添了一些较新的内容，由于组织行为学的发展日新月异，新的思想和理论层出不穷，我们只能选择一些较为成熟的内容。其次，调整了一些文字和图表的格式，使得读者阅读更加轻松愉快。最后，删除了一些文字和内容，使得读者可以更加精确地获得需要的知识。

本书引用了一些国内外组织行为学理论专家的研究成果和相关企业家的实践经验，再次深表谢意！

胡君辰　吴小云

第一版前言

有一个年轻人跑去请教一位大师，想问问大师，自己的人生到底价值几何。

大师从盒子拿出一块石头，对他说："请你把这块石头拿到菜市场去，但不要真的卖掉，只要有人出价就好了，看看人们愿出多少钱买这块石头。"

于是年轻人带着石头来到菜市场。有人说这块石头很光滑、很好看，出价 2 元；有人说这块石头可以给小孩子玩玩，出价 5 元。结果大家七嘴八舌，最高价也只出到 10 元。

年轻人很开心地回去，告诉大师："这块没用的石头还可以卖到 10 块钱，真该把它卖了。"

大师说："先不要卖，明天把它拿去超市门口去，也不要真的卖掉。"

第二天，年轻人拿着这块石头来到超市门口。一开始就有人出价 100 元，第二个人出价 200 元，最高的出价到 1 000 元。

年轻人兴冲冲跑回去，向大师报告这喜出望外的结果。

大师对他说："明天你把石头拿去黄金珠宝店门口去，也不要真的卖掉。"

第三天，年轻人来到黄金珠宝店门口。第一个人开价就是 1 万元，但年轻人不卖，于是 2 万、3 万，一直加到 10 万元。

年轻人喜气洋洋地跑回去，向大师报告这不可思议的结果。

大师对他说："明天你把石头拿到本市最高级的古玩商店门口去，也不要真的卖掉。"

第四天，年轻人来到当地最高级的古玩商店门口。第一个人开价就是 10 万元，但年轻人不卖，于是 20 万、30 万、50 万，一路加上去，最后，一位买家生气了，要年轻人自己出个价。年轻人十分抱歉地对买家说价格不合适，就把石头带回去了。

年轻人回去后，傻傻地对大师说："这块石头被不可思议地出到 50 万元的高价。"

大师说："你明白了吗？同样的石头在不同市场上的价值是不一样的。同一个人，在不同岗位上的价值也是不一样的，你的人生价值就看你如何来定位！"

学习组织行为学的目的是让学习者知道个体的心理特点和行为特点，了解群体的作用，把适当的人放在适当的岗位上，充分发挥人的潜力，体现最大的人生价值，为实现组织的目标而发挥人的最大作用。

任何组织的存在都应该追求成功，组织的成功依赖组织的绩效；组织的绩效依赖组织行为；组织行为的基础是群体行为；群体行为的基础是个体行为。任何一位管理者都必须掌握组织行为学的原理和方法，这也是全世界的管理学院都把组织行为学作为基础必修课的原因之所在。

一般认为：管理的核心是整合资源，进而增加价值。资源主要有：人力资源、信息资源、金融资源和物质资源。现代管理者普遍认为：人力资源是核心资源。组织行为学是一门管理人力资源的科学，其主要内涵是：相信一种理念——以人为本；研究一套系统——人—人系统；学习一套方法——激励员工；达到一个目标——持续发展。

本书力求做到以下几点：

1. 概念准确、明了；
2. 汇集前人的主要学术成果和实践经验；
3. 反映作者的一些初步研究成果；
4. 文字生动活泼、内容易懂实用；
5. 涵盖组织行为学的主要内容。

组织行为学是一门十分深奥的学科，作者虽然已在这个领域里从事教育和科研工作达 20 余年，但是感觉就像只是一个小孩在海边拾了点贝壳而已，对于整个组织行为学的“大海”还只知道一些皮毛。因此在写本书时，我们一直有一种如履薄冰的感觉。但是我们还是要竭尽全力，为推动组织行为学的发展贡献自己一点微薄的力量。

本书引用了一些国内外组织行为学理论专家的研究成果和相关企业家的实践经验，在此深表谢意！

胡君辰　吴小云

于复旦大学校园

目　录

第 1 章

组织行为学概论

本章要点

1. 组织行为学简史。
2. 组织行为学的内涵与意义。
3. 组织行为学的研究对象与内容。
4. 21 世纪组织和管理面临的挑战。

引　例

老板和他指手画脚的秘书

我在这家公司已经三年多了，最近我们公司的老板请了一个新的助理。以前，我的老板一直很平易近人，公司里大多数员工与老板都相处得很好，但是现在公司却发生了一些变化。老板有什么事情不再像以前那样直接通知大家，而是让他的助理代为转达。公司的文件、相关的项目申请等都要先交给他的助理，再由他转交给老板。甚至由于老板经常出差，因此就在外地遥控他的助理组织大家开会、监督项目进程等。那位助理自己也颇为得意，对公司里的其他员工颐指气使，俨然成了"替身老板"。公司里不满的人越来越多，气氛也日益紧张。更让人不解的是，在公司其他员工看来这位助理并没有什么过人之处，既非名校出身，也没有显赫的职业经历，到公司几个月以来更没有表现出任何过人之处。为此，很多同事甚至产生了离职的想法。

——一家金融企业的员工，35 岁

资料来源：俞雷：《老板大了都想当皇帝》，http：//www.21cbh.com，2006-11-11。

请思考：

1. 该金融企业的员工想离职的直接原因是什么？
2. 如何才能降低该企业员工的离职倾向？

2008年9月，华尔街中国第一人、美林证券中国区主席刘二飞先生在做客第一财经的《财富人生》栏目时说，投行的人最难管理，因为他们的智商非常高，而且工作独立性和知识性很强。从本章引例中我们可以看到，投行人才流动率很高的原因不仅在于他们本身是专家，跳槽容易，还有其他的因素（比如领导风格、企业文化等）也会导致他们离开公司另谋出路。美国劳工组织进行的一项全国性研究发现，工资和福利不是人们喜欢并留在他们工作岗位的主要理由，更重要的是员工的工作质量和他们从工作环境中得到的支持。

组织行为学可以为管理人员了解组织成员的行为和心理，从而有效预测和控制组织成员的行为和心理提供有益的帮助。本章引例涉及组织行为学中的许多研究领域，比如领导风格、管理沟通、权力与政治、组织文化、组织类型、组织公平与员工离职行为等。如果你学完组织行为学后再来看这个引例，相信会有更加深刻的体会。

第1节　组织行为学的产生与发展

组织行为学的一些基本原理可以追溯到2 000多年前，古希腊哲学家柏拉图的论述领导本质的文章，亚里士多德“说服性沟通”的演讲，以及我国春秋战国时期老子、孔子等思想家对领导艺术和伦理的思考至今仍对人们理解组织行为学的一些基本概念有很大的帮助。

1776年，亚当·斯密在《国富论》中提出了劳动分工理论；1832年，查尔斯·巴比奇（Charles Babbage）在《论机器和制造的经济》中对斯密关于劳动分工的一系列论述进行了补充。劳动分工及专业化产生经济优势的学说为新型组织的建立提供了重要的理论基础。

19世纪早期的罗伯特·欧文在组织行为学早期发展史上有重要地位，他指出了工厂制重设备、轻雇员的弊端，主张制定工作时间法、童工保护法，提倡公共教育、工作餐、企业参与社区规划等。这些理想主义的做法比他所处的时代早了100多年。德国社会学家马克斯·韦伯关于理性组织的文章给人们关于“超凡领导”和“官僚体制”的争论提供了养分。

一、组织行为学形成的标准

直到20世纪20年代，梅奥等人进行的霍桑试验才将组织行为的研究逐渐上升到学科的层次。第二次世界大战后，组织行为学正式作为一门学科出现。判断组织行为学诞生的标准有以下三条。

(一) 西方资本主义工业体系已经形成

资本主义工商业的发展使得由生产力的发展引起的劳资矛盾日益尖锐。社会期望有一种新的理论能够为解决日益突出的矛盾提供依据。由于组织行为学和管理心理学存在千丝万缕的联系，因此，组织行为学的发展简史和管理心理学的发展简史密不可分。

(二) 管理理论初具雏形

20 世纪初叶，泰勒的科学管理理论建立，这种理论极大地提高了劳动生产率，但是加剧了劳资之间的矛盾，企业发展陷入了困境。如何寻求新的方法使企业走出发展的困境成为时代的需求。

(三) 心理科学日渐兴起

工业的迅猛发展带动了与工业相关的心理学分支的产生与发展。工业心理学、人事心理学、劳动心理学、工程心理学等新兴学科初具规模。心理学引入企业管理为组织行为学的诞生打下了坚实的基础。

二、组织行为学理论的发展阶段

组织行为学从萌芽发展到今天，大致可以划分为三个阶段：古典科学管理阶段、人际关系学说阶段和当代组织行为学阶段。

(一) 古典科学管理阶段（1895—1930 年）

早在 19 世纪末 20 世纪初，以美国的泰勒为代表的一批研究者就创立了科学管理的理论。这些理论是人类第一次把管理作为一个科学领域来进行研究的成果，其中的一些观点至今仍被管理学界公认。

1. 泰勒的科学管理理论

泰勒被人们称为“科学管理之父”，其科学管理理论主要包括四个方面：

(1) 对工人操作的各个动作进行科学分析，用科学的操作动作代替以前不合理的操作动作。

(2) 用科学方法挑选工人，并对工人进行培训，以提高工人的技能，使工人能胜任工作，进而提高自信心，增强进取心。

(3) 舍弃“只顾自己”的思维模式，促进工人之间的相互协作，用科学的方法来共同完成规定的工作任务。

(4) 管理者与工人都必须对各自的工作负责。

2. 法约尔的组织管理理论

几乎与泰勒同时，英国的法约尔创立了组织管理理论，他首先提出了管理的五大职能：计划、组织、协调、指挥和控制，并提出进行有效管理的 14 种管理要素：分工，权力与责任，纪律，统一的命令，统一的指挥，个人利益服从组织的整体利益，合理的报酬，集权化，等级系列，秩序，公平，保持员工的稳定性，创造精神，集体精神。

在这个阶段，组织行为学尚处在萌芽状态。这一时期的管理理论虽然也涉及一些人的因素，但不少学者都把工人当作工具看待，这也是后来其他理论取代科学管理理论的一个主要原因。

（二）人际关系学说阶段（1930—1960年）

20世纪早期，社会学和心理学的知识被引入管理学研究领域，行为科学理论（也即人际关系理论）试图从人的心理、需要、行为等方面来改善生产中的人际关系，从而达到提高组织目标实现效率的目的。在这个时期，管理心理学茁壮成长，成为一门独立的学科。这个时期主要代表人物是美国的梅奥、马斯洛和麦格雷戈。

1. 梅奥的霍桑试验

梅奥在1924—1932年间主持了著名的霍桑试验，其中包括照明试验、福利试验、群体试验、谈话试验。通过试验，梅奥得出了以下结论：

（1）人是“社会人”，而不是“经济人”，影响人的劳动积极性的因素有很多，除了金钱因素和物质因素，还有社会因素和心理因素。

（2）生产率的提高或降低，主要不是取决于工作方法和工作条件，而是取决于员工的士气，而士气又取决于员工的家庭生活和社会生活，以及企业中人与人之间的关系。

（3）企业中存在一些非正式群体，这些非正式群体有其特殊的规范，这些规范影响着群体成员的心理活动和行为。

（4）管理者要具备新型领导能力。所谓新型领导能力，是指了解员工合乎逻辑的行为的能力，了解员工不合乎逻辑的行为的能力，善于聆听员工意见的能力，善于与员工沟通的能力，使员工在正式群体中获得的经济需要与在非正式群体中获得的社会需要相平衡的能力。

梅奥第一次正式地把心理学引入企业管理领域，有力地冲击了古典科学管理的理论，使管理者体会到：员工不是机器，不是工具，而是一群有思想、有情感、有个性的活生生的人。要提高企业生产效率，一定要注重员工的心理活动和人际关系。梅奥通过霍桑试验提出的一套人际关系理论为管理心理学奠定了坚实的理论基础，他也因此成为管理心理学的先驱。

2. 马斯洛的需求层次理论

在西方心理学史上，马斯洛作为人本主义运动的主要发起者和理论家，对需求和健康人格特征的研究提供了除弗洛伊德精神分析学派之外了解人类的人格和动机的重要方法。1943年他出版了《人类动机理论》一书，提出了人的基本需求可以分为五类：生理需求、安全需求、爱的需求、尊重需求和自我实现需求。这五类基本需求按照由低到高的层次排列，当较低层次的需求基本满足之后，较高层次的需求将会占据优势的地位。1954年，他又出版了《动机与人格》一书，全面发展了他的理论。

3. 麦格雷戈的 X—Y 理论

麦格雷戈也是一位美国心理学家，长期在哈佛大学和麻省理工学院从事心理学的教学工作。1957 年，他发表了一篇重要论文——《企业的人性面》，提出了著名的 X—Y 理论。

人际关系学说对确立组织行为学的科学地位起到了重要的作用，它的许多观点现在仍为组织行为学家所公认，也得到许多企业家的实践证明。因此，组织行为学正式作为一门科学问世，它的重要性也日益为世人所注目。

（三）当代组织行为学阶段（1960 年后）

第二次世界大战后，西方工业国家的科学技术有了飞速的发展，一些先进的科学手段和科学工具也被应用到企业管理中，这时出现了一种强调科学技术、忽视人的心理活动的倾向。其中的一种主要学派被称为管理科学学派，也有人称之为数量学派，该学派的主要观点是：提高效率的主要途径是运用计算机、制定数学模型、运用数学原理和公式来进行计划、决策，并解决管理中的问题。

然而，由于不能很好地了解、解释员工的心理活动和行为，不能预见员工的行为倾向，导致许多数学模型无法在实践中运用，因此，Z 理论应运而生。

Z 理论是由美籍日本人威廉·大内在 1981 年提出的。大内经过长期的研究发现，美国式管理是以 X 理论为基础的，而日本式管理是以 Y 理论为基础的，要在美国照搬日本式管理又行不通，所以，他就写了一本书——《Z 理论——美国企业如何迎接日本的挑战》。

Z 理论认为，X 理论并非一无是处，Y 理论也不一定普遍适用，应该根据企业的实际情况，灵活地选择运用 X 理论或 Y 理论，以求得个体、组织、工作三者之间的最佳配合。

Z 理论结合了 X 理论和 Y 理论的长处，要求管理者根据具体个体的不同情况灵活地采取不同的管理方法，受到了西方管理人员的广泛欢迎，但也有一些学者对它持有异议。因此，Z 理论还有待今后的管理实践来证明。

第 2 节　组织行为学的内涵与意义

一、组织行为学的内涵

（一）组织行为学的概念

组织行为学是研究组织中人的心理活动规律和行为规律的一门科学，是对组织内个体和群体的行为和心理进行的系统研究。组织行为学是行为学科的一个分支，随着社会、经济的发展，特别是企业组织的发展，组织行为学越来越受到人们的重视。

组织行为学本身也有许多分支，比如，企业组织行为学、学校组织行为学、医院组织行为学、军队组织行为学等。目前，企业组织行为学研究得最多、应用得最广，因此，人们常把组织行为学与企业组织行为学相提并论。

（二）组织行为学的学科基础

组织行为学是以普通心理学为基础的，与社会学、心理学、人类学、工程学、经济学、计算机科学等相交叉的一门边缘学科。

组织行为学的学科思想建立在心理学、社会学、人类学、政治学、经济学等传统学科的基础之上，在其发展过程中，一些新兴学科，比如通信技术、信息系统等，又为组织行为学提供了新鲜的养分。

1. 心理学

心理学是一门对人和其他动物的行为进行测量和解释，有时还包括对行为进行干涉的科学。心理学主要涉及组织行为学中的个体研究，比如动机、学习、人格、情绪、认知、培训、领导的有效性、个体决策、工作满意度、态度测量、工作设计、工作压力等。

2. 社会心理学

社会心理学是社会学与心理学相结合的产物，属于心理学的领域。社会心理学关注人与人之间的相互影响。社会心理学家研究较多的一个领域是变革——如何实施变革以及减少变革的阻力。其次，在态度测量、沟通、信任、群体行为、权力和冲突等领域的研究中，社会心理学提供了大量的知识基础。

3. 社会学

社会学研究的是与社会环境或文化相联系的人。社会学对组织行为学的最大贡献在于对组织中的群体行为进行研究，特别是正式的和非正式的组织。在组织文化、知识组织理论与结构、组织技术、沟通、权力与政治、冲突等领域，社会心理学家也有其独特的贡献。

4. 人类学

人类学是社会认识人类及其活动的研究。人类学为我们理解组织文化、组织环境以及组织中个体的基本价值观、态度、行为的差异提供了巨大的帮助。

5. 经济学

经济学是与人类行为密切相关的一门科学。经济学的范畴包括三部分。第一，在知道有关的局限条件（constraints）或游戏规则（这就是产权制度或人与人之间的权力划分）的情况下，推断所用的竞争准则是什么。第二，有了竞争的准则，经济学可以推断人的行为会怎样，资源的使用会怎样，财富或收入的分配会怎样。第三，解释游戏规则是怎样形成的。经济学为组织行为学中对谈判、决策、组织权力等的理解提供了坚实的理论基础。

6. 政治学

政治学就是研究政治关系及其发展规律的科学，政治关系在本质上是人们在一定经济基础上，围绕特定利益，借助社会公共权力来规定和实现特定权力的一种社会关系。政治学的研究涉及群体间冲突、权力与政治、谈判、联盟以及环境等。

7. 工业工程学

工业工程学是对人员、物料及设备等，从事整个系统之设计、改进及运用的一门科学。泰勒首倡、吉尔布雷斯夫妇创始的工时学是工业工程学领域最重要的部分之一。工业工程学为工作设计、工作测量、生产力等研究奠定了基础。

8. 新兴学科

通信技术帮助人们理解知识管理、电子邮件、企业文化和员工社会化之间的动态关系。信息系统学者对团队、决策、知识管理的研究提供了帮助，市场营销学者的研究有助于我们对工作满意度、客户服务、知识管理和创造力的理解，妇女研究学者则正在研究认知的基础、组织的权力关系中男性与女性的差异等。

在此，我们对组织行为学的相关学科总结如下（见表 1—1）。

表 1—1　　组织行为学的相关学科

<table>
<tr><th colspan="2">学科</th><th>组织行为学的相关论题</th><th>组织行为学的学科体系</th></tr>
<tr><td rowspan="9">传统学科</td><td>心理学</td><td>动机、学习、人格、情绪、认知、培训、领导的有效性、个体决策、工作满意度、态度测量、工作设计、工作压力等</td><td>个体行为</td></tr>
<tr><td>社会心理学</td><td>行为变化、态度改变、沟通、群体过程、群体决策等</td><td rowspan="4">群体行为</td></tr>
<tr><td>人类学</td><td>比较价值观、比较态度、跨文化分析、组织文化、组织环境和权力等</td></tr>
<tr><td>经济学</td><td>决策制定、谈判、组织权力等</td></tr>
<tr><td rowspan="2">政治学</td><td>群体间冲突、权力与政治、决策制定等</td></tr>
<tr><td>联盟、环境等</td><td rowspan="3">组织系统</td></tr>
<tr><td>社会学</td><td>正式组织理论、组织技术、组织变革与发展、组织文化等</td></tr>
<tr><td>工业工程学</td><td>工作设计、生产力、工作测量等</td></tr>
<tr><td rowspan="4">新兴学科</td><td>通信技术</td><td>知识管理、企业文化、雇员社会化等</td><td rowspan="4">群体行为</td></tr>
<tr><td>信息系统</td><td>团队动力学、决策制定、知识管理等</td></tr>
<tr><td>市场营销</td><td>知识管理、创造力、决策制定等</td></tr>
<tr><td>妇女研究</td><td>组织权力、洞察力等</td></tr>
</table>

二、组织行为学的特点

组织行为学的学科来源、研究对象、研究目的等决定了组织行为学具有以下三个方面的特点。①

（一）综合性

组织行为学是一门多学科、多层次交叉渗透的边缘性、综合性学科。其多学科交叉性表现在组织行为学综合应用管理学、心理学、社会学、人类学、政治学、工程学、信息系统等多学科的知识和实践对组织中的个体和群体行为和态度进行研究，多层次性表现在组织行为学研究领域涉及个体层次、群体层次以及组织层次三个层次（见图 1—1）。

① 参见陈力华、邱羚：《组织行为学》，5 页，北京，清华大学出版社，2005。

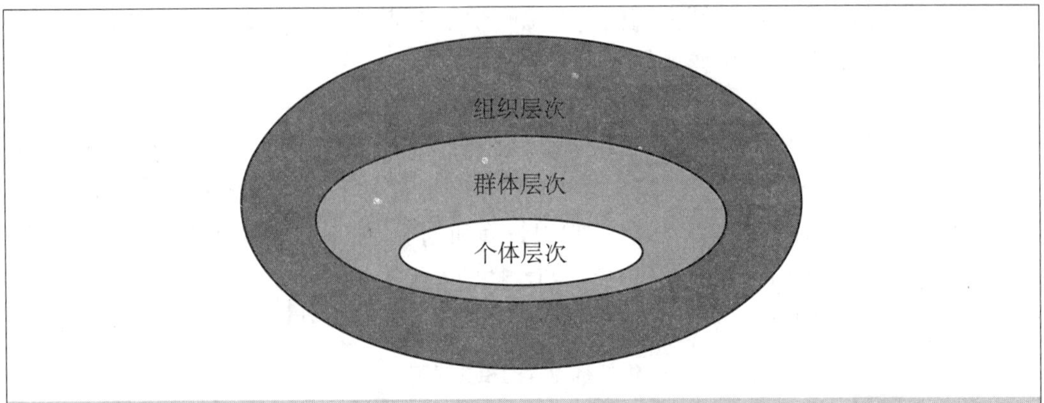

图 1—1 组织行为学的研究层次

（二）双重性

组织行为学的双重性表现在该学科既具有与组织中的人的行为生物特征相关联的、反映人的行为的一般规律的属性，即自然属性，又具有反映人的社会活动规律的社会属性，即阶级性。组织行为学的双重性体现在三个方面：多学科交叉性、人本身作为生物人和社会人的双重性以及管理活动本身的双重性等。

（三）实用性

相对于心理学、社会学、人类学、工程学、经济学、政治学等为组织行为学提供养分的学科而言，组织行为学属于应用学科。研究组织中人的行为和态度的规律的根本目的是运用这些规律提高组织领导和管理的有效性，提高组织绩效。

三、组织行为学的意义

随着科技的发展，机器人的出现和电脑的普及代替了一部分人的工作，但是，脑力劳动者的比例也随之提高。据统计，在手工操作为主的企业中，体力劳动者与脑力劳动者的人数比例是 9∶1；中等机械化程度的企业中，该比例为 6∶4；在自动化企业中，该比例为 1∶9。① 脑力劳动者所占比例的提高使得管理者在有效管理企业员工的过程中了解员工行为的差异以及行为背后的心理基础变得更加重要。组织行为学的研究可以帮助人们描述、解释、预测和控制组织中人的行为和态度，从而提高人们的工作质量和生活质量。

（一）描述

描述是指对组织中人的行为和心理的某个时期所处的状况进行清晰描绘，例如今年有 12%的员工跳槽，有 78%员工的满意度达到 80 分以上等。准确描绘组织中人的行为和心理为我们科学、合理地对行为和心理做出解释提供了基础。

① 参见胡君辰、杨永康：《组织行为学》，21 页，上海，复旦大学出版社，2002。

（二）解释

解释是指依据理论或者实践总结寻找组织中人的特定行为和心理的形成原因的过程。例如员工跳槽的主要原因是对公司的福利政策不满意，员工的满意度提高是由于公司引进了素质培训等。科学的解释为管理者预测和控制组织中人的行为和心理提供了依据。

（三）预测

预测是指根据组织中人的行为和心理的现状和变化规律以及组织和社会环境的变化，对未来一段时期某些特定行为和心理所处状态进行的合理猜测。例如明年员工的跳槽率将是 10%～13%，下半年的员工满意度会提高 4%等。准确的预测与组织绩效相关的人的行为和心理为有效地领导和管理组织提供了宝贵的信息。

（四）控制

控制是指根据组织中人的行为和心理变化规律，改变一定的条件和变量，使特定的行为和心理朝着管理者期望的方向演进的过程。例如改进公司的福利政策以使员工的跳槽率降低 2 个百分点，开展班组有奖娱乐活动以使员工的满意度提高 5%等。描绘、解释、预测和控制组织中人的行为和心理的根本目的是提高组织的工作质量和组织成员的工作生活质量。

（五）提高组织的工作质量

组织行为学研究的重要目标之一，就是通过理解和影响组织成员的行为和心理从而提高组织的绩效。例如产量增加 10%，销量增加 12%，利润增加 8%，员工公民行为增加 15%，员工工作满意度提高 10%等。

（六）提高组织成员的工作生活质量

组织成员的工作生活质量是指组织中所有成员通过与组织目标相适应的公开的交流渠道，有权影响决策，改进自己的工作，进而拥有更强的参与感、更高的工作满意度和更少的精神压力的过程。[①] 组织行为学可以提高组织成员的工作生活质量，例如使员工工作满意度提高 10%，员工快乐指数提高 1%等。

第 3 节　组织行为学的研究对象与内容

一、组织行为学的研究对象

组织行为学的研究对象是组织中人的心理活动和行为。企业是由人和物组成的。传统的企业管理强调对物的管理，管理者把人看成是物的附属品，主张对工人进行严

① 参见胡君辰、郑绍濂：《人力资源开发与管理》，6 页，上海，复旦大学出版社，2004。

格的控制、监督和严厉的惩罚。

随着社会的发展，人的作用越来越重要，如果人的素质不高，或者人的积极性未能调动起来，物质、资本和信息就不能发挥真正的价值，为企业创造利润。例如，对于一个企业而言，如果缺乏人才，即使资金充足，运用不当也会导致企业破产，但是，如果仅仅缺乏资金，仍然有可能通过融资使企业渡过难关。

在知识经济时代，随着信息技术的发展、电脑技术的普及以及社会分工导致的专业化程度的加深，企业的经营模式正在发生着巨大的变化，因此，知识型人才、管理人才、各领域的高端人才在很大的程度上决定着企业的生死存亡。然而，如何吸引、使用、激励、留住这些关键人才，对于企业而言挑战巨大。

二、组织行为学的研究内容

组织行为学系统地研究组织内人的行为和心理，但是并非所有的心理和行为都值得研究。我们研究的目的是使管理人员树立以人为本的管理理念，理解和运用人—人系统的基本原理和方法，掌握激励员工的方法，帮助管理者和员工了解组织以及组织中的个体和群体的动力机制，从而为高绩效领导和组织管理提供理论依据。因此，组织行为学关注影响组织绩效、高效领导和组织管理的组织成员的行为和心理。

（一）推行一种理念：以人为本

行为以心理为基础，心理以行为为表象。组织成员的特定行为表现都有其心理基础。比如，目前，企业界普遍存在着人力资源管理的悖论：企业为追求利润最大化而不断采取扁平化、外包、裁员等措施，结果造成员工的组织承诺不断降低，流动性增加，企业人力资源成本剧增。员工为获得职位的提升和薪酬福利的改善而频繁跳槽，在不同的组织中规划自己的职业生涯，其后果是企业不愿为员工成长付出代价，认为员工可以“用后即弃”——要用可以即插即用，不用可以随时扔掉；员工视企业为“临时饭碗”，第三方给的工资、奖金、福利、待遇较好就立即走人。企业和员工的恶性互动造成社会效率出现净损失，企业追求的利润最大化目标和员工追求的幸福感——薪资福利的改善和地位的提高也在这种恶性循环中变成了雾里看花、水中望月。

由此可见，应该重视人本主义管理，理解组织应当是帮助和激发人们实现自己最大潜能的场所，让员工抱有组织为自己提供扮演好“我”的角色从而可能发现自我实现机会的感恩之心。如此，企业方可能实现持续的利润最大化，员工才能够获得更多的幸福——持续的快乐。

（二）研究一套系统：人—人系统

组织系统一般可以划分为三部分：机—机系统、人—机系统和人—人系统。机—机系统和人—机系统主要涉及对物的管理，相关学科较多，比如会计学、财务学、工程学、物资管理学、信息管理系统、运筹学、统计学、生产管理、工程心理学以及各种技术学科。人—人系统主要涉及对人的管理，相关学科有组织行为学、人力资源开发与管理、社会心理学、企业文化、公共关系学、人际关系心理学、领导科学、人事心理学、沟通学等，其中组织行为学是一门重要的基础学科。

组织行为包括组织成员在工作中表现出来的各种行为。根据分析的不同层次，组织行为可以分为个体行为和群体行为两类。组织个体行为主要涉及组织中的个体在态度、人格、认知、学习等方面表现出来的行为。群体行为涉及沟通、领导、谈判等行为。组织行为还涉及其他方面的内容，比如，组织作为一个整体体现出来的组织结构、组织文化、组织变革以及由组织变革与发展引发的压力管理和职业生涯管理等。

（三）传播一套方法：如何激励员工

有效激励员工需要了解员工行为的动机和心理需求。员工激励的重要目标之一就是提高组织绩效，因为组织的绩效水平取决于组织内员工的绩效。

员工的生产力、旷工、离职以及组织公民行为等目前被证明是决定员工绩效的重要行为因素。前三种比较显而易见，员工在单位时间内生产的产品或者提供的服务的质量和数量本身就是员工绩效的重要衡量因素；旷工，尤其是频率比较高时，会使员工的生产率受到消极影响；离职则会增加在员工技能培训方面花费的沉没成本，同时，招聘新的员工填补岗位空缺还需要重新付出招聘、培训以及员工成长的成本。

最近，人们发现组织内的员工的组织公民行为，即员工在其正式工作业务范畴之外的其他行为对促进整个组织的有效运作起着重要作用。这些行为包括帮助工作团队中的其他同事、自愿承担额外的工作任务、避免不必要的冲突、提出对工作小组或整个组织有益的建议等。

第 4 节　21 世纪组织和管理面临的挑战

2008 年 9 月末，中国发生了令人震惊的毒奶粉事件，这让我们深刻认识到，组织的伦理对组织经营成败的挑战，全球化让一个地方事件通过跨国公司的经营活动而成为影响世界的大事。通过网站，博客，MSN，QQ，Skype，E-mail 和手机短信等方式，人们足不出户便瞬间将这个可怕的消息传遍了世界的每个角落。

因此，我们可以毫不夸张地说：21 世纪，组织的成败很大程度上依赖于管理者应对全球化、信息技术、多元化和伦理问题挑战的能力。

一、全球化

全球化（globalization）是一种统一的全球经济趋势，国家界限被基本打破，产品、服务、人员、技术和金融资本在国界之间的流动相对自由。① 跨国经营管理活动在

① M. A. Hitt，R. D. Ireland，and R. E. Hoskisson，*Strategic Management*：*Competitiveness and Globalization* (5th ed.)，Cincinnati，OH：South-Western College Publishing，2005.

世界范围内建立了一个统一的市场，各种产品和服务在这个市场上可以进行交易，当然，生产产品和服务的各种资源也可以在该市场上获得。资源、产品和服务的自由流动扩大了市场需求，降低了经营成本，从而有效刺激了开放地区经济的快速发展。因此，世界许多国家和地区都积极地推动本区域内的公司加快走向世界的步伐。

（一）全球化的趋势与挑战

1. 全球化发展的动因

从长期发展看，技术进步和制度创新是全球化发展的两大因素，其中，技术进步是推动经济全球化最根本的动力。20世纪70年代，人类迎来了以信息和通信技术发展为标志的信息技术革命的浪潮。20世纪90年代，计算机网络逐步发展成为社会、经济生活的中枢神经系统。

（1）信息技术降低运输、交通成本。由信息技术导致的运输与通信成本的急剧降低缩短了跨国交往中人们之间的时空距离，大大降低了国际贸易的交易成本。

（2）市场经济搭建经济全球化平台。经济自由化打破了各国之间的壁垒，促进了经济全球化的发展。[①] 首先，西方发达国家为打破20世纪70年代经济危机的困扰，从70年代末开始采取放松经济管制的自由经济政策，带动了贸易自由化与资本的国际流动；其次，80年代大批发展中国家为了加快经济发展，纷纷实行外向型的经济发展战略，采取自由的贸易、投资政策；最后，苏东剧变和苏联解体后，包括中国在内的社会主义国家由计划经济体制向市场经济体制转轨。这些都使得处在不同发展阶段、拥有不同政治体制的国家找到了市场经济这个统一全球市场的平台，为经济全球化奠定了制度基础。[②]

2. 全球化的机会与挑战

跨国公司的跨国经营与管理面临着机会与风险（见图1—2）。[③]

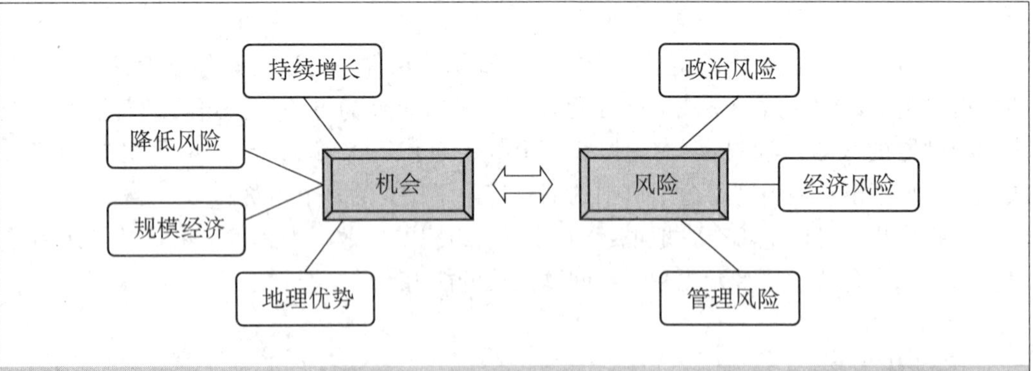

图1—2 跨国公司的机会与风险

① 参见华民：《经济全球化——中国准备好了吗?》，载《国际经济评论》，1999，Z5。

② 参见李坤望、刘重力：《经济全球化：过程、趋势与对策》，15～16页，北京，经济科学出版社，2000。

③ 参见迈克尔·A·希特、C·切特·米勒、安瑞妮·科勒拉：《组织行为学：基于战略的方法》，27页，北京，机械工业出版社，2007。

（1）跨国经营的机会。跨国公司选择国际化道路有多重原因：

1）获取持续的增长。公司的利益相关者总是希望公司不断取得利润的增长。当本国市场饱和或者更有利可图的他国市场出现时，公司就会抓住机会到新的市场上谋求销售额的增加、品牌知名度的提高以及利润的增长。

2）降低经营风险。一个公司可以通过在多个国家的市场进行销售，用一个市场上的盈利来抵消其他市场上的亏损，从而达到降低经营风险的目的。

3）实现规模经济。多国市场可以提高产品/服务的销售数量，集中采购可以降低生产成本，从而实现规模经济。

4）地理优势。跨国公司的各个部门通过全球定位，可以充分利用地域的优势提高效益。比如，越南、缅甸等国较低的劳动成本，印度发达的信息技术，美国强大的研发和教育实力，中国广阔的销售市场等。

（2）跨国经营的风险。跨国经营管理在巨大的利益诱惑之下也隐藏着许多致命的风险。这些风险可以划分为政治、经济和管理三大类。

1）政治风险。政治风险与不稳定的国家政府、内战、国际战争的威胁、恐怖主义等有关。这些风险造成的不确定性可能会导致资产损失或者资源流的中断。比如，政府将某个行业的公司进行国有化，导致处于该行业的私营公司被接管或者没收而遭受巨大损失。

延伸阅读1—1

旅鼠“赴死”的启示

旅鼠是一种体型椭圆、四肢短小、尾巴粗短、两眼闪烁着胆怯目光的可爱小动物，它们比普通老鼠要小一些，常年居住在北极地区，主要分布在北欧斯堪的纳维亚半岛上的挪威、瑞典、芬兰等国。斯堪的纳维亚的农民把它们叫做“天鼠”，因为它们在特定的年头会突然人丁兴旺，犹如突如其来的天兵天将。

1958年，迪士尼拍摄的纪录片《白色荒野》记录了旅鼠成群结队迁徙、最终跳海自杀的场面，并配上了煽情的解说。这部奥斯卡获奖影片使旅鼠赴死的动人传说在西方家喻户晓。原来，当旅鼠在丰年种群数量急剧增加到每公顷200只以上时，就会一反常态，变得焦躁不安。它们东跑西颠，打架闹事，甚至停止进食，似乎感觉到世界末日就要来临。然后，强烈的迁移意识使它们聚集在一起，白天休整进食，晚上摸黑前进，沿途不断有同伴加入，而队伍会越来越壮大，常常达数百万只，逢山过山，遇水涉水，沿着一条笔直的路线奋勇前进，绝不绕道，更不停止，一直奔到大海，仍然毫无惧色，纷纷地跳将下去，直到被汹涌澎湃的波涛吞没。

旅鼠是在自杀么？它们为什么要集体跳海呢？

其实不是！旅鼠集体跳海恰恰是生的本能体现，是为了种群的延续。

旅鼠有两大特点：第一，能生。旅鼠有超强的繁殖能力：一只雌性旅鼠一年可生产6～7窝，每窝生11只左右，新生鼠半个月到一个月性成熟，而且，它们的妊娠期只有短短20

天。据此速度，一只雌性旅鼠一年就可以繁衍成千上万只后代！第二，能吃。它的食性广，草根、草茎和苔藓之类几乎所有的北极植物均在其食谱之列；食量惊人，一顿可吃相当于自身重量两倍的食物，一年可吃掉45公斤食物，因此，人们戏称旅鼠为“忙碌的收割机”。

因此，在丰年，当种群的数量达到一定程度，旅鼠脱掉自己灰黑色的伪装把自己变成橘红色的靶子让天敌吃掉自己都不能使数量减少的时候，它们只能选择迁徙。根据生物学家的解释，虽然旅鼠的分布极广，除北欧，在美洲西北部、俄罗斯南部草原和蒙古一带均有其分布，但是只有北欧挪威的旅鼠有周期性的集体跳海自杀行为。这是因为在数万年前，挪威海和北海比现在要窄得多，那时，旅鼠完全可以游到大海彼岸，长此以往，世代相传，形成了一种遗传本能。然而，由于地壳的运动，目前的挪威海和北海已今非昔比，比过去要宽得多，但旅鼠的遗传本能仍然在起作用，因此，旅鼠照样迁移，上演了一幕幕集体自杀的悲剧。

国际化的道路对于很多企业而言，与旅鼠集体越海另找出路的行为异曲同工。跨国经营的巨大诱惑、对自身实力和可能面临风险的估计不足使得宏伟的战略以惨败告终。中国在资源争夺中胜出的一些企业在第一次“走出去”的浪潮中积累了不少惨痛的教训，中航油、长虹、德隆以及温州的一些轻工企业等曾经铩羽而归的经历不断地提醒着人们：走出去，目的是什么？走出去，风险在哪里？

资料来源：吴霁虹、桑德森：《下一步》，4页，北京，中信出版社，2006。

2）经济风险。经济因素与汇率、关税、经济政策与法律、国家经济状况等的变动有着密切联系。如果母国货币升值，则本国产品在国际市场上就要承受价格上升带来的销量减小的压力；如果东道国的进口货物关税提高，则在售价不变的情况下，公司提供的产品/服务的出口成本就会上升，从而压缩利润空间。

3）管理风险。管理风险与跨国公司全球配置资源的能力、管理沟通、跨文化管理的挑战等有关。关税、物流和语言可能成为与更多国家贸易时的最大障碍。跨国公司是否有既完全代表母公司意志又熟悉当地市场的外派经理人员，公司总部与其他国家的分公司、事业部、分销商等的沟通和理解是否充分，是否有充足的非常了解贸易国相关贸易政策、法律和市场状况的资本高手等，都是跨国经营衡量管理风险的重要标准。

（二）全球化中的管理

1. 应对组织变革

汇丰银行自1865年进入中国后，一直没有中断过在中国的业务。汇丰的口号是“环球金融，本土智慧”，这充分体现了汇丰是一个“不仅拥有庞大的国际金融服务网络，更具备在每一个国家和地区的本地经验和智慧”① 的组织。

① 赵海晓：《汇丰：将人才本土化进行到底》，载《新闻晨报》，2005-06-22。

（1）面对全球化的组织能力。在全球市场环境下企业成功的重要能力体现在“全球视野，本土思考”的能力上。组织需要培养面向全球化的能力，即既能够从全球出发又能够从本土出发进行思考和采取行动；能够利用世界范围内的供应商、客户和人才；不能在种族等方面存在歧视。[①]

（2）建立新型的组织形式。组织需要由传统的组织模式向新型的组织模式转变（表1—2显示了新型组织模式与传统组织模式特征的比较）。新型的组织具有网络化、扁平化、柔性化、多元化和全球化等特征。

表1—2　　新型组织模式与传统组织模式特征的比较

传统模式	新型模式
个人的岗位/工作是组织的基本单位	团队是组织的基本单位
与外部环境的联系通过边界联系人处理	与环境有着网络化的联系
信息垂直流动	信息垂直、平行流动
拥有众多的管理层级	扁平化（管理层级较少）
强调结构	强调过程
强调生产规则和标准	强调结果和产出
固定的工作时间	灵活的工作时间
现行的向上发展的职业生涯	横向、灵活的职业生涯，无边界职业生涯
标准化的评估和薪酬系统	定制化的评估和薪酬系统
单一文化下的行为	多样化的观点和行为
民族思想	国际化、全球化思想
专业的国际业务经理	多层级上都有跨越边界者
内部价值链	跨边界价值链
环境范围限定在国内	把全球视为外部环境

资料来源：德博拉·L·安科纳等：《组织行为学：面向未来的管理》，8页，北京，机械工业出版社，2006。根据该书第8页的表格调整而得。

网络化是指组织强调个体、团队、组织内部子单元和环境中关键要素之间的相互依赖。

扁平化是指组织减少管理层级，授权给操作层面的部门参与或者制定决策。

柔性化（flexible management）是指公司摒弃过去僵化的规则、管理和结构等，对员工、客户和其他利益相关者的多样化需求做出灵活反应，同时又不引起有关不公正或不公平的谴责的做法。

多元化是指组织内部劳动力队伍更加多样，员工的行为和心理差异逐渐扩大的趋势。多元化需要组织的管理者必须具有设身处地理解和关心员工的观点和需求，更善于聆听和沟通。组织成员的多样性在带来冲突的同时，也为组织提供了增加灵活性和创新性的机遇。不过，组织必须营造相应的氛围才能抓住机遇：一是需要具有一个妥善处理矛盾的系统；二是组织文化必须具有“矛盾是不可避免的，同时又是能够妥善

---

① 参见C.K.普拉哈拉德：《新竞争环境中的组织管理》，见德鲁克基金会主编：《未来的组织》，159页，北京，中国人民大学出版社，2006。

处理的”这种认识。

全球化需要管理者具有在多元化文化中倾听和理解的跨文化交流的技能，组织跨边界整合资源的能力，以及迅速、有效的地方响应能力。

图 1—3 列出了新型组织必备的五个特点以及与这些特点相适应的行动要素。

		采取有效行动的要素		
		管理技能	组织特色	环境管理
组织特点	网络化	团队协作	构建团队	联盟
	扁平化	谈判	建立激励系统	边界管理
	柔性化	多重任务	劳动力管理	学习
	多元化	倾听/理解	矛盾处理系统	建立与利益相关者的联系
	全球化	跨文化交流	跨边界整合	地方响应

图 1—3 新型组织模式下的行动框架

资料来源：德博拉·L·安科纳等：《组织行为学：面向未来的管理》，10 页。根据该书第 10 页的表 1—2 改编而得。

2. 理解文化差异

管理者在不同国家和地区经营时，除了要面临彼此之间法律、政策不同带来的麻烦以及经济环境变化导致的风险，各国文化差异带来的冲击也常常让他们不知所措。

民族文化（national culture）是一个国家的居民共有的价值观，这些价值观塑造了他们的行为以及他们看待世界的方式。对于管理者而言，组织文化和民族文化都在塑造员工的行为，那么，哪种文化的影响更重要呢？霍夫斯泰德和他的同事调查了 IBM 公司在 50 个国家或地区的116 000名管理者和工作人员后得出结论：民族文化对员工的影响要大于组织文化的影响。① 他的研究结果显示，民族文化比年龄、性别、职业、职位更能解释工作态度的差异。

3. 增强外派员工的适应力

目前，组织已不再受到国界的限制。星巴克在北美洲、拉丁美洲、欧洲、中东和太平洋沿岸的 30 多个国家有超过18 000家门店，其中 1/3 开在美国之外。星巴克努力为世界各地的人们营造工作场所和生活居所之外温馨舒适的“第三生活空间”。

然而，选派员工担任全球职务的时候也可能会因为某些原因导致失败，比如员工缺乏海外经验、对东道国文化不了解、自身的适应能力不强、配偶及家庭的适应能力不足、员工不愿意在海外工作、技术技能有限等。因此，一旦挑选一个员工担任全球管理职务，就要根据个人和组织因素进行有效调整，以帮助他适应这一职务。图 1—4 显示了影响外派员工全球适应性的因素。

① G. Hofstede，Culture's Consequences；G. Hofstede，“The Cultural Relativity of Organizational Practices and Theories”，*Journal of International Business Studies*，Fall 1983，pp. 75-89.

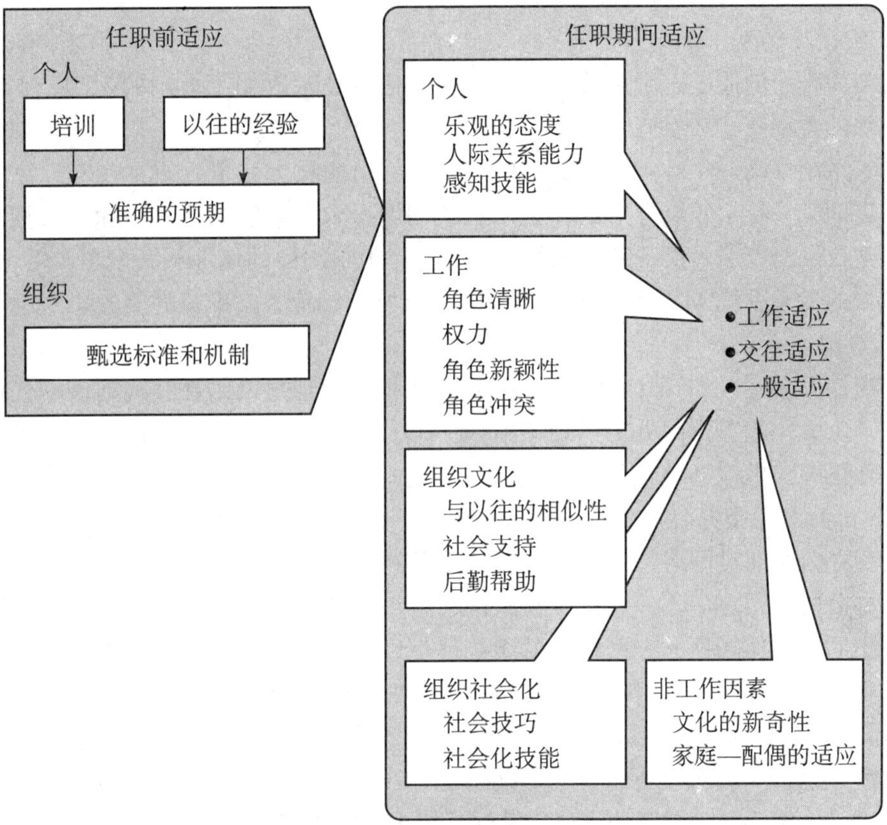

图 1—4 影响外派员工全球适应性的因素

资料来源：斯蒂芬·P·罗宾斯、玛丽·库尔特：《管理学（第 7 版）》，105 页，北京，中国人民大学出版社，2004。

二、信息技术

信息技术的更新速度快、内容庞杂，其发展带来了人们生产、工作和生活领域的全面创新，为组织带来了许多新的优势和劣势。在信息技术环境中，掌握和应用信息技术的能力使组织和组织成员比以往任何时候更加体会到知识的力量和学习能力的重要。

技术（technology）包括智力和机械方法，组织用它将输入转换为产品或服务，以实现组织目标。

（一）信息技术带来的组织优势

1. 新的竞争手段

信息高速公路极大地改变了组织的沟通和运作方式。集成化的计算机、电缆和电信技术为企业提供了新的竞争手段。在网络化的组织中，时间、空间的距离造成的影响大大减小，企业可以在任何时间、任何地点进行交易。

2. 便捷与节约

网络为人们创造了一个虚拟的商业空间，信息技术改变了人们的生活、工作方式以及组织的盈利模式和雇佣关系。

专家系统（expert system）是一项极具诱惑力的技术变革。它是一套计算机应用程序，借助某一特定领域专家的知识来解决问题。专家系统有许多用途，包括向非专家提供建议、给专家提供帮助、代替专家以及作为组织中的培训和开发工具等。例如，医疗领域的专家系统 MYCILN 可以提供疾病诊断和治疗方案推荐的服务。①

3. 虚拟办公室

在虚拟办公室（virtual office）环境中，人们可以通过网络在任何时间、任何地点与任何一个人一起工作。员工不必集中到一个专门的办公场所，通过信息技术就可以完成工作任务。虚拟办公使得工作安排有了选择性，两种典型形式是远程办公（telecommuting）和卫星办公室（satellite office）。

远程办公是通过网络，将工作内容从家里的电脑中传送到办公室。IBM 是最早使用远程办公的公司之一。计算机、互联网、组织内外部的联网已经为员工创造了一个与以往不同的工作场所——网络化的组织。借助远程办公，人们在千里之外依然可以进行沟通，共同工作；组织也可以根据工作的变化安排不同的工作人员。软件开发员、系统分析师、专业作家、制图专家、图书编辑等都可以在家中、公园、咖啡厅等非传统的办公地点开展工作。当然，远程办公也存在员工注意力不集中、与其他同事的交往机会减少、缺乏与管理者的沟通以及缺乏组织认同等弊端。

卫星办公室常常坐落在成本相对便宜的城市和郊区，靠近员工的家。它们的装修和配置通常比中心地段的办公室简单、便宜。卫星办公室能为公司节约 50%的股东资产成本，对不愿在大都市工作的员工和喜欢使用新技术的员工很有吸引力。

（二）信息技术带来的组织劣势

1. 应用信息技术的战略风险

（1）确保信息技术应用的目的是提高企业效率和效益服务。然而，有的企业在采用信息技术工具的时候并没有考虑组织的实际情况，引进信息系统只是因为这个系统很时髦或者行业内的竞争对手都在用。比如，企业经常出现产品时而积压、时而脱销的尴尬局面，客户对产品的质量不稳定非常不满意，从而导致客户关系紧张。这时，企业如果简单地从客户关系紧张的表象着手引入客户关系管理（CRM）系统就可能使企业处于双重危险之中。一方面，原有的问题根源可能被掩盖，长期下去会导致客户关系更加紧张；另一方面，良好的客户关系管理系统依赖于适合的组织结构、企业文化和完备的客户档案数据库等基础条件，如果不具备这些条件，那么客户关系管理系统就可能成为消耗企业资源的黑洞。

---

① 参见黛布拉·L·纳尔逊、詹姆斯·坎贝尔·奎克：《组织行为学：基础、现实与挑战》，48 页，北京，中信出版社，2004。

（2）信息技术引发的流程再造风险。信息技术的应用不仅需要投入人力、物力和财力，而且可能会极大地改变原有的工作流程和组织结构。信息系统的使用可以为减少中层管理者、实现组织扁平化提供技术支持；信息技术的应用还可能改变原有的工作流程，增加或者减少某些职能部门，从而导致组织内部的权力结构发生变化；信息系统还可能因被寄予过高期望而使其在实施过程中遇到的风险得不到足够的重视。对引入信息系统的成本估计不足或者对信息系统可能带来的预期收益估计过高、信息系统本身可能存在的稳定性隐患、缺乏灵活性和压抑工作人员的创新性等问题也是企业引入信息系统时应该充分考虑到的。

2. 员工面临诸多压力

许多人都惊讶地发现：信息技术正在侵蚀人们的休闲时间和幸福感。

过去，管理者常常为如何把员工从休息间拉回办公桌而犯愁，现在他们却发现需要鼓励端坐在电脑前的员工多休息。长时间在电脑前操作会导致员工出现眼睛疲劳、颈部和腹部肌肉劳损、头疼等症状。

同时，习惯了电脑的快速反应，他们期望自己的同事也可以有类似的反应能力，一旦同事的反应没有他们想象的快，失望、苛责就很容易导致同事关系紧张。

目前，各公司基本上都安装有对员工的E-mail，MSN等的监控软件，管理者可以通过监控员工的邮件和聊天记录防止公司机密泄露、调查性骚扰等，还可以督促员工上班时间集中工作，少干私事。但是，受到监控的员工对自己隐私的暴露耿耿于怀，在沟通不足时甚至会降低对组织的信任感。

最后，全球化和网络技术让世界24小时不用休息，大型跨国公司中的管理人员抱怨自己早上5点钟要开美国总部的会议、6点钟要开亚太地区的会议、7点钟要开中国区的会议、9点钟要开始上班，而这个时间他们的妻子和孩子还沉睡在梦乡里。虚拟办公模糊了工作和生活的界限，让他们时刻处于工作的压力和紧张下。

三、多元化

西方学术界对员工多元化和雇主管理多元化的关注从20世纪90年代早期开始不断增加。① 员工多元化管理被认为是未来十年最重要的组织事件。今天组织的主要特征是劳动力多元化，即员工队伍在性别、种族、民族、年龄和其他特征方面更加多元化。②

许多国家的组织都面临着多元化的问题，比如美国和意大利的移民数量不断增加，日本的妇女劳动力数量增多，德国的工作人口老龄化，中国的员工流动性大、80后和90后员工大规模进入劳动力队伍与人口老龄化并存等。不同员工在宗教、价值观、生活方式、家庭需要和工作方式等方面的差异化需要带来了管理的日益复杂和组织成本

① Vidu Soni，"A Twenty-First-Century Reception for Diversity in the Public Sector：A Case Study"，*Public Administration Review*，Vol. 60，No. 5 (Sep. -Oct.，2000)，pp. 395-408.

② 参见斯蒂芬·罗宾斯、玛丽·库尔特：《管理学（第7版）》，40页。

的不断增加；同时，多元化的员工队伍也为组织带来了更广阔的视野，以及解决问题和沟通等多种技能，从而使企业具有更大的竞争优势。那么，如何理解组织的员工多元化，并成功地制定和执行员工多元化策略呢？

（一）多元化的定义和分类

福特汽车公司认为，工作场所中的多元化包括所有使每个人成为独特的个体的特征。文化背景、种族、民族、性别、国籍、年龄、宗教信仰、残疾、性取向、受教育程度、经验、观念和信仰等特征只是我们带到工作场所的区别中的一部分。通过相互理解、尊重和重视各自的差异，我们就能从多元化带给公司的利益中获益。①

多元化是指未来组织的员工、职业路径、激励系统、价值观等呈现出来的多样性状态。② 员工多元化是指一个群体中的员工由于在某一给定维度上存在的差异而被划分为不同类别。划分多元化的维度包括人口统计学、社会经济学、心理特征等。本书将员工多元化界定为组织中员工在性别、种族、民族、年龄、宗教、生理/心理残疾、性取向、社会阶层等方面的多样性（见表1—3）。

表1—3　劳动力多元化的主要方面

性别 现在，美国近半数的劳动者为女性，中国近四成的劳动者为女性。在世界许多国家，女性劳动者都是一个正在壮大的群体，公司要确保雇佣政策能够消除性别歧视，为个体创造平等的就业机会。
种族 拉美人、黑人、亚洲人在美国劳动力中所占的比例持续增加。公司要消除种族歧视，提供同等就业机会。
国籍 越来越多的美国工人是移民或者来自非英语国家。由于美国的雇主有权要求把英语作为工作语言，如果员工的英语水平不高，就会产生沟通问题。
年龄 美国的人口已步入老龄化阶段，最新的调查显示，越来越多的员工希望在超过传统退休年龄（65岁）之后仍然可以继续工作。公司要消除年龄歧视，为年老的工人提供工作岗位。
残疾 公司要确保提供的工作和工作场所对精神有问题者、身体残疾者及健康状况不佳者来说都是可接受的。
类婚姻同居者（domestic partners） 越来越多的同性恋员工、与异性同居的员工要求公司为他们的另一半提供与传统已婚夫妇同样的权利和福利。
非基督教徒 公司要谨慎对待非基督教徒（如犹太教、伊斯兰教、印度教、佛教和锡克教）的习惯、礼仪、假日及衣着打扮，并确保这些人不会因为衣着或行为遭受不利或打击。

资料来源：罗宾斯、贾奇：《组织行为学（第12版）》，16页，北京，中国人民大学出版社，2008。

劳动力队伍的人口统计学特征正在发生变化，管理者普遍认为，成功地处理多元化应该是一个特别值得重视的课题。原因在于：第一，管理者可能缺少激励多样性工

---

① 参见［美］罗伯特·哈里斯、阿米达·拉塞尔：《多元化趋势——众多变革失败的原因及对策》，16页，北京，华夏出版社，2004。

② 参见胡君辰、郑绍濂：《人力资源管理》，413页。

作团队的知识；第二，管理者可能并不清楚如何与具有不同价值观、文化背景、宗教信仰等的员工进行有效沟通。

（二）组织员工多元化的动力

员工多元化的需求与动机呈现一定的层次性和阶段性，一般而言，员工多元化策略受以下三种需要和动机的驱动（见图 1—5）。

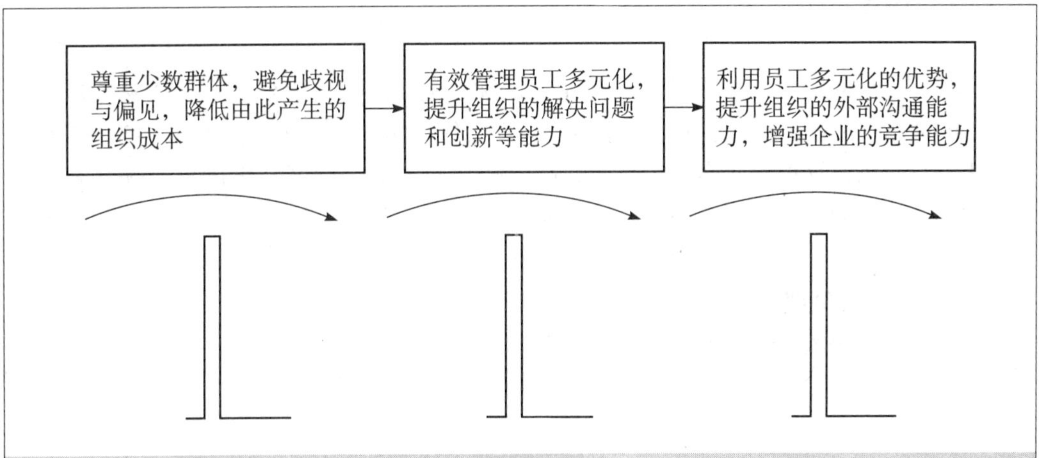

图 1—5　员工多元化策略的需求与动机

1. 员工多元化可以避免歧视与偏见，降低由此产生的组织成本

常见的员工多元化问题解决不好的显性和隐性成本有经济上的成本、市场声誉的损害以及由员工之间相互鄙视、怀疑等造成的组织信任和谐气氛的破坏。

在美国，公平就业机会委员会在报告中指出，与 20 世纪 90 年代中期相比，种族歧视案件的数量增加了 125%，用于解决这些案件的支出增加了 3 倍。1996 年，德士古公司为解决对少数工人的歧视案花费了 1.76 亿美元；2000 年，可口可乐公司为其对黑人员工的歧视付出了 1.925 亿美元的代价。[①] 员工多元化可以帮助形成健康的组织文化，避免组织因为员工多元化造成的不公平与歧视而陷入法律纠纷。

2. 员工多元化可以提升组织创新和解决问题的能力

员工多元化增加了组织解决各种问题的能力，因为不同的员工拥有不同的技巧和理解问题的方式，多元化为各种员工一起理解和解决问题提供了更大的可能性。[②] 这也是理解个体差异与组织创新水平和生产力之间关系的重要出发点。多元化员工所带来的能力、经验和文化等为组织提高生产力、创新与创造性水平起到了积极作用。

3. 员工多元化可以增强组织的外部沟通能力，提升组织竞争力

拥有多元化员工队伍的企业会在业务和沟通方面表现出更强的能力。从消极的角

---

① Sills, and Judd, "Experts Weigh in About What Makes Diversity Initiatives Effective", *Diversity Factor*, Fall 2005, Vol. 13, Issue 4, pp. 23-29.

② Barth, and M. John, "A Rewarding Journey", *Industry Week/IW*, Dec 2005 Special Leadership Report, Vol. 254, Issue 13, pp. 54-55.

度看，员工多元化会带来更多的冲突、沟通障碍以及群体凝聚力不强等现象，但是，有意识的员工多元化管理可以减少冲突，并使得拥有多元化员工的组织在与外部利益相关者（比如供应商、分销商、股东、社区、媒体、顾客等）沟通时比员工同一性较强的组织具有更强的理解和沟通能力。这种与外部利益相关者沟通能力的增强也有利于组织开展业务和参与市场竞争。

四、道德与伦理

道德和伦理问题比以往任何时候都让人担忧，企业的社会责任也在各种场合成为人们讨论的话题。遵循道德与伦理已经超越了社会约束的功能，成为企业可持续获得利润最大化，与股东、管理层、客户、员工、战略伙伴、政府、社区、媒体等实现多赢的要素。它不是组织的一项成本支出，而是一种战略投资，并最终会转化为丰厚的社会福利。

（一）道德与伦理概述

商业道德涉及社会对组织的期望及其将会如何影响组织目标的问题，它有三个不同的层次（见图1—6）。①

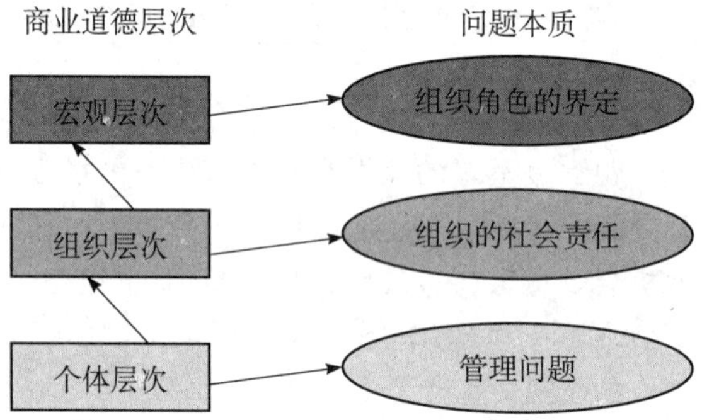

图1—6　商业道德的层次与问题本质

1. *宏观层次*

从宏观角度看，商业道德是关于企业和其他组织在国内和国际社会所应发挥的作用的问题。对于组织的期望存在两个极端：一种观点主张组织应当自由发展；另一种观点认为组织是社会的塑造者。同时，还有重要的国际关系问题以及企业在国际舞台上发挥作用的问题。管理者需要理解影响社会对组织期望的各项因素，特别是这些因素在多大程度上包含利益相关者对组织的影响。这是广义的道德立场。

2. *组织层次*

在宏观框架内，企业的社会责任和企业实体所面临的具体道德问题是相关的。也

① P. Werhane, and R. E. Freeman, "Business Ethics: The State of Art", *International Journal of Management Research*, Vol. 1, No. 1, March (1999), pp. 1-16.

就是说，组织应该在多大范围内超出公司治理和法律法规所规定的最低限度的责任和义务以及如何协调不同利益相关方之间的利益冲突，这些均与企业的社会责任相关。

3. 个体层次

在个体层面上，商业道德指的是组织内部个人的行为和活动。个人的行为和活动是组织管理的一个重要问题。在扁平化、裁员、组织期望提高和市场竞争激烈的职场中，组织成员发现自己日益陷入道德困境（ethical dilemmas）中。道德困境就是指组织成员需要对哪些是正确的行为、哪些是错误的行为进行界定。

（二）管理中的道德与伦理问题

管理中的道德与伦理既有组织层面的问题，也有个体层面的问题，在此，我们将组织内目前比较集中的几个问题展现出来，供大家思考。

1. 社会责任

有关社会责任存在两种截然不同的观点，古典的或称纯粹经济学的观点认为，管理当局唯一的社会责任就是利润最大化，任何管理者自作主张将组织资源用于“社会利益”的行为都会增加经营成本，从而间接转嫁给股东或者消费者。这一观点以弗里德曼为代表。

社会经济学的观点认为管理当局的社会责任不只是创造利润，还包括保护和增进社会福利。组织并不仅仅是经济机构，社会期待并鼓励组织参与社会的、政治的和法律的事务。

2. 工作场所暴力

越来越多的工作场所暴力让雇主和员工都遭受着巨大的损失。工作场所暴力涉及员工的性格、公司的政策、日常管理沟通效果、组织公平等多方面的因素。工作场所的暴力行为本质上只是员工表达自己不满的众多方式之一，如果管理者不能找出造成这种不满的根本原因并加以消除，这种消极事件会给公司带来方方面面的损失。

3. 性骚扰

美国公平就业机会委员会将性骚扰定义为不受欢迎的性企图，可以是言语上的，也可以是身体上的，它影响了一个员工的工作条件，或者产生了一种敌意的工作环境。法庭裁决扩大了性骚扰的定义，突破了工作关系的范围，将导致敌意工作环境的行为也纳入性骚扰的范围。

性骚扰分为三类，包括性别骚扰（gender harassment）、不受欢迎的性企图（unwanted sexual attention）和性强迫（sexual coercion）。性别骚扰包括粗鲁的评价、两性笑话以及其他贬损某人的性别，或对某种性别表示敌意的行为。不受欢迎的性企图包括不受欢迎的身体接触，或者死皮赖脸地要求约会。性强迫是以工作上的不利后果作为威胁，或者许诺给予工作上的奖励，来或明或暗地提出性行为的要求。①

---

① K. T. Schneider, S. Swan, and L. F. Fitzgerald, “Job-related and Psychological Effects of Sexual Harassment in the Workplace: Empirical Evidence from Two Organizations”, *Journal of Applied Psychology*, 1997 (82), pp. 401-415.

4. 职业道德规范

虽然每个人的道德观念和价值观可能存在差异，但是，作为从业者而言，职业道德规范应该成为衡量自身行为的标准，尤其是在个体缺乏内化的道德标准的时候。个人道德规范、职业宣誓和组织信条必须都纳入一个统一的伦理道德规范。这些规范、信条常常是开放式的，需要运用伦理理论审查道德标准并不断加以完善。

5. 员工的权利

与员工权利相关的道德问题首先是技术方面的，员工可不可以对自己在工作场所的通话、通信和行为拥有一定的隐私权？无处不在的电子监控是否应当让员工知道，让他们参与讨论这种做法的必要性和合理性如何？等等。

当组织流程再造、裁员或者降薪、冲突发生时员工是否可以享有言论自由、受到公平对待，公司是否可以获得同性恋员工、离异员工、拥有不同宗教信仰的员工等的个人隐私并且公布出来等，都在考验着管理者的道德伦理观念。

□ 本章小结

组织行为学的理论发展大致经历了三个阶段：古典科学管理阶段、人际关系学说阶段和当代组织行为学阶段。古典科学管理阶段的主要代表人物是泰勒和法约尔；人际关系学说阶段的主要代表人物是梅奥、马斯洛和麦格雷戈；当代组织行为学阶段的主要代表人物是威廉·大内。

组织行为学是研究组织中人的心理活动规律和行为规律的一门科学，是对组织内人的行为和态度进行的系统研究。其研究具有综合性、双重性和实用性等特点。组织行为学的研究目的是描述、解释、预测和控制组织成员的行为和心理，以达到提高组织工作质量和员工工作生活质量的目的。

组织行为学系统地研究组织内人的行为和心理，目的是使管理人员树立以人为本的管理理念，理解和运用人—人系统的基本原理和方法，掌握激励员工的方法，帮助管理者和员工了解组织以及组织中个体和群体的动力机制，从而为高绩效领导和组织管理提供理论依据。

信息技术降低了运输和交通成本，市场经济搭建了经济全球化的平台，这是全球化的两大动因。在全球化环境中管理，管理者需要应对组织变革，理解文化差异，增强外派员工的适应能力。

员工多元化可以界定为组织中员工在性别、种族、民族、年龄、宗教、生理/心理残疾、性取向、社会阶层等方面的多样性。

管理中的道德与伦理问题主要有五种：社会责任、工作场所暴力、性骚扰、职业道德规范和员工的权利。

□ 关键术语

组织行为学　全球化　网络化　扁平化　柔性化　民族文化　组织社会化　技术

员工多元化 道德困境 社会责任 工作场所暴力 性骚扰

□ 思考题

1. 组织行为学的发展经历了哪几个主要阶段？每个阶段有何特点？
2. 什么是组织行为学？与组织行为学相关的学科有哪些？试述它们之间的关系。
3. 组织行为学的主要研究内容及意义是什么？
4. 请结合企业的实践，谈谈管理者为何要学习组织行为学。
5. 简述全球化环境中跨国公司面临的主要机遇和挑战。
6. 如何理解不同国家之间的文化差异？请用霍夫斯泰德的文化五维模型来描述。
7. 信息技术环境中组织所拥有的优势与劣势有哪些？
8. 什么是工作场所多元化？
9. 组织进行员工多元化的动因是什么？为什么？
10. 简述商业伦理三个层次的主要内容。请举例说明。
11. 目前，管理中的伦理和道德问题主要有哪些？请举例说明。
12. 请结合实际，谈谈如何提高员工的道德水平。

□ 实践题

目前，组织正在发生着激烈的变化，新型组织的特征越来越呈现出全球化、多元化、网络化、柔性化和扁平化的特征。请找一家比较典型的企业，通过对企业管理人员的访谈，帮助他们描述企业的现状（访谈内容见下表）。

21 世纪的组织

企业简介

企业名称：____________________

业务类型：____________________

企业规模：（1）年销售额：______ （2）分公司数量：______ （3）员工人数：______

请简要描述一下您的组织

____

____

____

下列叙述中，哪一项描述最适合您的组织？

——符合新型组织的特征

——正在试图向新型组织转变，但仍具有传统组织的特征

——可以视为一个稳定的混合体，集中了新型、传统组织的特点

——符合传统组织的特征

请根据下述五个特征评价您的组织

	低	较低	一般	较高	高
扁平化程度	1	2	3	4	5
柔性化程度	1	2	3	4	5

网络化程度（内部）	1	2	3	4	5
（外部）	1	2	3	4	5
多元化程度	1	2	3	4	5
全球化程度	1	2	3	4	5

指标评分解释：

扁平化程度：1表示组织层级很多，决策权几乎全部集中在管理者手中
5表示组织层级很少，基层操作者也参与决策

柔性化程度：1表示组织内几乎没有临时性组织，规章制度和工作角色非常清晰
5表示组织内有很多临时性组织，员工从事多重任务，规章制度非常灵活

网络化程度：（内部）1表示组织内个体的沟通采取直线式，缺乏跨部门、跨级别的沟通
5表示组织内个体间的沟通是网络式的，团队作为组织内的基本单位
（外部）1表示组织的外部联系很少
5表示组织处在复杂的各种联盟、网络中

多元化程度：1表示组织成员在国别、种族、性别、年龄、宗教信仰等上几乎无差异
5表示组织成员在国别、种族、性别、年龄、宗教信仰等上具有很大的差异

全球化程度：1表示组织经营的地理区域非常集中
5表示组织经营的地理范围非常分散

资料来源：德博拉·L·安科纳等：《组织行为学：面向未来的管理》，14页。根据该书第14页的专栏1—1改编而得。

第2章

个体行为的基础

本章要点

1. 主要的传记特征及其在管理中的应用。
2. 能力的概念及维度。
3. 四种人格理论。
4. 影响个体成功的人格特征。
5. 情商的概念与内涵。

引 例

谁更合适当经理

某经营电信设备的大型跨国公司，目前中国区行政经理安跳槽到了另一家公司。公司中国区行政总监准备从2名比较有潜力的下属中提拔一位来填补这个空缺。他们的基本情况如下：

露西，会务部主管，女，1975年生人，中文本科。擅长文案写作、会议安排。做事认真细致，性格沉稳执著，不过有下属反映有些固执、不通情理。相貌一般。她毕业后先在一家报社做编辑，后跳槽到一家私企做了3年行政，到该公司已经2年。

斯蒂芬，后勤服务部主管，男，1966年生人，高中毕业。给人的感觉是成熟、稳重、做事拿捏到位，值得信赖。他是公司进入中国后的第一批员工，做过保安、宿舍管理、车辆调配等工作，他在公司工作已经超过10年，最近刚被提拔为后勤服务部主管。

请思考：

1. 请你根据所学知识，对露西和斯蒂芬进行分析与比较。
2. 如果你是该行政总监，你会提拔谁？为什么？

每个人都是一样的，又都是不一样的，组织在选拔、任用、培养和保留人才的时候都会有不同的考虑重点。那么，什么才是影响员工绩效的关键因素呢？作为管理者，应该如何通过了解人与人的相同和不同，来达到有效管理的目的呢？

本章将从个人的传记特征和心理特征两个方面来认识和了解管理中经常关注的个体因素以及这些因素在管理中的作用，最后一节将对影响个体成功的个性因素加以总结。

第1节　个人的传记特征

传记特征（biographical characteristics）是指可以从员工的人事档案中直接获得的信息，比如年龄、性别、婚姻状况、抚养人数、教育背景、工作经历、政治面貌、籍贯、经济条件等。传记特征比较容易获得，也是组织了解到的最初的员工信息。由于人们相信这些特征将会直接影响组织成员的绩效、工作满意度、流动率与缺勤率等，因此，研究和了解这些特征对管理有着重要的意义。

一、年龄

（一）为什么要关注年龄

员工的年龄之所以一直备受重视，主要有以下三个原因。

1. 人们的普遍认识

人们普遍认为，随着年龄的增长，个体的工作绩效会不断下降。因此我们可以看到，许多企业在招聘时把年龄作为主要的限制条件之一，尤其是在制造业和服务业等对体力要求较高的行业。

2. 劳动力市场的状况

劳动力市场的供给状况对需求会产生直接的影响。目前，我国青壮年劳动力资源丰富，他们也是劳动力市场需求的主体。从2007年第四季度部分城市劳动力市场供需状况资料可以看到，89.3%的用人需求对劳动者的年龄有所要求。16～34岁的劳动者构成了用人单位用人需求的主体，占总体需求的67.4%，其中对16～24岁、25～34岁劳动者的需求比重分别为31.1%和36.3%。从求职者的年龄构成来看，求职者同样以年龄在16～34岁之间为主体，16～34岁的求职者约占总求职人数的70.6%，其中，16～24岁的求职者占33.7%，25～34岁的求职者占36.9%。求职者的年龄构成与用人需求基本一致。从供求状况对比来看，16～24岁、25～34岁、35～44岁、45岁及以上各年龄组的求人倍率分别为 1.01，1.07，0.93 和 0.63（见图 2—1）。

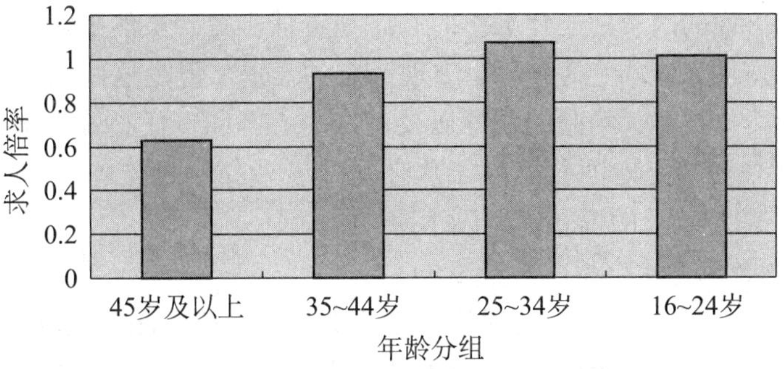

图 2—1　按年龄分组的供求人数比

资料来源：中国劳动力市场信息网监测中心：《2007 年第四季度部分城市劳动力市场供求状况分析》，http：//www.mohrss.gov.cn/gb/zwxx/2008-01/22/content _ 222087.htm，2009-04-21。

3. 法律规定

美国法律规定，不得以任何理由和任何目的强制员工退休，因此，即使到了 70 岁，美国工人也完全可以不退休。目前，我国国家法定的企业职工退休年龄是男性年满 60 周岁，女性工人年满 50 周岁、干部年满 55 周岁。2000 年我国进入老龄化社会后，出于延缓人口老龄化带来的社会养老保险资金缺口问题和让更多老年人发挥自身价值的考虑，2008 年年底我国人力资源和社会保障部等相关部门开始研究在 2030 年前将我国法定职工退休年龄延长到 65 岁的课题。然而，这种“晚退”的提议却遭到很多人的反对，主要的理由之一就是存在导致年轻人的就业面临岗位更加稀缺的威胁。①

（二）年龄在管理中的应用

雇主对于老员工的感情是复杂的：一方面，老员工在工作中表现出更多的经验、判断力，较强的工作道德感和对质量的承诺；另一方面，老员工缺乏灵活性，对新技术和变革的接受能力也较弱，这也是他们很容易被裁掉的原因之一。

1. 年龄与流动率

研究表明，员工年龄越大，越不愿意离开现有的工作岗位。这是因为，首先，年龄越大，可供选择的工作机会越少；其次，年龄越大，任职时间一般越长，加薪和享受的福利待遇越高。

2. 年龄与缺勤率

在年龄与缺勤率的关系上，如果把缺勤分为可以避免的缺勤和不可避免的缺勤两种，那么，年龄越大，可以避免的缺勤就会越少；而由于身体健康状况不佳和更长的疾病恢复时间，不可避免的缺勤则会越多。

① 参见曹作和：《我国退休年龄延至 65 岁惹争议》，http：//www.zj60.com/web/NewsInfo.asp?KindID=MT_00002_100011927&ID=MT_B0001_100035490，2008-11-11。

3. 年龄与生产率

影响生产率的因素较多，既有个体的知识、经验和技能水平，又有速度、力量、敏捷性和协调性等方面的因素，还有工作的心态和责任心等。虽然随着年龄的增长，人在速度、力量、敏捷性和协调性等方面会出现一定的衰退，但是这些衰退对生产率造成的消极影响会通过个体技能、经验的积累以及良好的心态和责任心等带来的积极影响得到弥补。研究表明，无论是专业技术性工作还是非专业技术性工作，绝大多数工作所需的身体技能不会随着年龄的增长而急剧下降。

4. 年龄与工作满意度

对年龄与工作满意度的关系的研究目前尚未得出一致结论。多数研究表明年龄与工作满意度呈正相关关系，但是，在对专业技能人员和非专业技能人员作对比研究时发现，专业技能人员的工作满意度随着年龄的增加而提高，而非专业技能人员的工作满意度与年龄的关系呈 U 形，年龄处于中等水平时，工作满意度最低。

二、性别

（一）性别受关注的原因

1. 就业女性增多

2001 年 5 月 22 日，国务院颁发了《中国妇女发展纲要（2001—2010 年）》，明确提出消除就业性别歧视，实现男女平等就业，保障妇女劳动权利，妇女从业人员占总从业人员总数的比例保持在 40%以上。在世界范围内，更多的女性走出了家庭，在职场上发挥自己的价值。近 30 年来，美国参加工作的女性比例不断上升，男性和女性在工作中的表现差异可能随着女性就业者比例的提高而逐渐变得不再明显。

2. 工作中的性别差异

一般而言，女性员工，尤其是家中有学龄前儿童的女性员工可能对工作的弹性具有很大的偏好。她们更喜欢兼职工作、弹性工作制、在家办公等，这样可以帮助她们实现工作—生活的平衡，使她们更从容地承担起家庭的责任。同时，可能由于传统上“男主外、女主内”思想的影响，女性在照顾家庭方面花费了更多的精力，也使她们的缺勤率比男性高。

3. 性别歧视

女性员工虽然占到总就业人数的将近一半，但在晋升方面，女性与男性相比会遇到更多的困难。目前，男性占据了绝大多数的高层管理岗位。《哈佛商业评论》的一项调研表明，只有 9%的男性和 15%的女性乐于在一个女老板手下工作，2/3 的男性和 1/5 的女性表示他们在一个女老板手下工作会感到不舒服。上海一家策划公司针对都市职业女性做了一个调查：在公司经理层中，男性为 57.9%，女性为 42.1%，但是在总经理的职位上，男性约为 83.4%，女性则锐减为 16.6%。

（二）性别在管理中的应用

女性是否可以与男性表现得一样好是一个颇具争议的话题。

研究证明，男性和女性之间没有什么重要的差异会影响到工作绩效，也没有证据表明性别会对工作满意度产生影响。比如，男女在问题解决能力、分析能力、竞争驱力、动机、社交能力、学习能力等方面没有表现出明显的不一致。心理学研究发现，女性更乐于遵从权威，男性则更具有进取精神，并且比女性有更高的成功预期，但是这些差异都很小。尤其是随着女性参加工作的比例不断提高，这方面的情况已经发生了相当显著的变化。

男性和女性在离职率上没有显著的差异，但是，考虑到女性在照顾家庭方面承担着较多的责任，因此，女性的缺勤率要高于男性。一些单位在招聘时更青睐男性的部分原因在于女性（尤其是育龄女性）可能会因为怀孕生子、照顾孩子而占用部分工作时间。

三、婚姻状况

在西方国家，婚姻状况是个人隐私，单位在招聘的过程中禁止要求应聘者提供有关自己婚姻方面的信息。然而，在我国，在招聘过程中，婚姻状况也是组织考察的一项内容。

组织考察应聘者的婚姻状况可能出于以下考虑：

首先，已婚的员工可能比未婚的员工面临更大的经济压力。有的用人单位认为：已婚者在家庭消费、偿还房贷、子女教育等方面可能需要更高的支出，因此他们可能会要求更高的工资待遇，也更可能对自己的薪酬福利感到不满意；如果是已婚但尚未有子女的话，他们可能因为怀孕生子而耽误更多的工作时间。然而，这种认识也存在很多误区：在现代社会，家庭经济状况好坏存在很大的差异，并且未婚的员工可能在买房、娱乐等方面有更多的预算和支出；而未婚的员工也可能会考虑自己的婚姻以及子女的问题。因此。在经济压力方面，是否结婚并不是主要的影响因素。

其次，已婚的员工可能对工作的稳定性有更高的要求。考虑到配偶和家庭的状况，已婚的员工对于长期出差外地、经常加班等可能会存在抵触情绪，未婚的员工则可以承担更多的出差任务。现实情况是，基于同样的工作性质，已婚的员工认为接受出差任务很正常，未婚的员工则有可能因为年龄较大、婚姻问题尚未解决而选择辞职、调岗等。

最后，组织的人力资源管理部门需要了解应聘者的婚姻状况。越来越多的组织在人力资源政策上体现出人性化的关怀。比如，有的企业给结婚的员工送红包，怀孕的女性员工可以享受弹性工作时间，在员工休产假期间保留员工的职位并给予额外的补贴等。因此，了解婚姻状况可以为今后的人力资源管理工作提供有益的信息。

总之，婚姻状况对员工的工作满意度、生产率、离职率和流动率等方面并没有重要的影响，管理者应该更多地考察员工的知识、技能等是否与其所在的工作岗位相匹配，而非根据其婚姻状况来决定员工的去留、升降等问题。

四、教育背景

在现代社会中，经济的发展和教育的普及使得学校已经成为塑造个体行为的重要环境因素。人们在学校中系统学习科学文化知识、社会行为规范和一定的职业技能。

教育背景包括个体的受教育程度、学校、所学专业、学习成绩、所受奖励等内容。

一般而言，个体的受教育程度越高，其知识水平相对越高、心态越好，在工作中的学习能力越强，更容易适应新的工作环境并能够创造更高的工作绩效。然而，并非学历越高越好。

现行的学校招生制度以选拔性考试为主，考试内容在很大程度上考察个体的智力高低。因此，一般而言，学校越好，它能够录取的学生智力水平总体上越高。这也是很多重视员工智力水平的跨国企业和大型国企在招聘时首先限定目标高校的原因。同时，学校知名度越高，教育资源相对来说越丰富，学生在校期间接触丰富的环境可以提高自己的综合素质和自信，这对于职业成功而言是非常重要的。

俗话说“隔行如隔山”，专业是否匹配虽然并非个体能否胜任某项工作的必然因素，但是个体所受的专业教育使其能够更容易接受该专业的相关信息，较快适应岗位的要求。大部分企业在招聘时会对应聘者的专业提出明确的要求。

学习成绩和所受奖励是个体在学校期间表现的直接反映。一般而言，学习成绩不仅反映个体的智力，更能反映个体的努力程度和学习态度；获得奖励的多少可以反映个体的心态是否积极。因此，人们相信，在学校表现优秀的个体在工作岗位上同样会表现比较优秀。

五、工作经历

组织重视工作经历的主要原因是考虑应聘者可能为组织提供价值的大小。工作经历一般可以反映个人的职业目标是否清晰、在以往的职业发展中积累的工作经验和技能是否与组织要求相匹配、可以带来何种潜在资源、流动意向等。有工作经历的人一般可以很快进入工作状态，而相关工作经验不足的员工还需要耗费组织的资源来进行培养。因此，可以理解组织为什么重视考察应聘者的工作经历。

然而，我们还应该看到，工作经历虽然可以节省组织的一部分费用，但是同时有工作经验的人可能会在工作中表现出保守和不善于学习的一面，因此可能是阻碍员工学习和发展的重要因素。可见，要确定应聘者是否符合岗位的要求，在很大程度要考察员工的工作态度以及学习能力等因素。

此外，应聘者的抚养人数、经济状况、籍贯以及政治面貌等也往往在人员招聘和选拔过程中被一些组织用来作为决策的参考依据。管理者在应用这些标准选拔人才的时候，应该警惕因偏见、刻板印象等而使得潜在的优秀人才被拒之门外。

第 2 节　个体的心理特点

个体的心理特点既与遗传有关，也与后天的环境有关。本节我们主要介绍与员工的工作绩效息息相关的几种心理特点。

一、能力

人的能力生来就不相同。每个人在能力方面都有自己的强项和弱项，这使得他们在从事某项工作时比其他人更具有优势或者劣势。管理者需要了解人们的能力具有哪些方面的不同，并尽可能使员工更好地从事自己的工作。

(一) 能力的分类

能力（ability）是指个体能够完成工作中各种任务的可能性。它是对个体现在所能做的事情的一种评估。能力可以分为心理能力和体质能力两大类。

1. 心理能力

(1) 心理能力的概念。心理能力（intellectual abilities）是指从事需要思考、推理和解决问题等心理活动所需要的能力。智力是心理能力的核心。

心理能力的构成包括七个维度，即算术、语言理解、知觉速度、归纳推理、演绎推理、空间视知觉以及记忆力（见表 2—1）。

表 2—1　心理能力的七个维度

维度	描述	工作范例
算术	快速而准确的运算能力	会计：在一系列项目中计算营业税
语言理解	理解读到的和听到的内容，理解词汇之间关系的能力	工厂管理者：推行企业雇佣政策
知觉速度	迅速而准确地辨认视觉上异同的能力	火灾调查员：鉴别纵火责任的证据和线索
归纳推理	确定一个问题的逻辑后果以及解决这一问题的能力	市场调查员：对未来一段时间内某一产品的市场需求量进行预测
演绎推理	运用逻辑来评估某种观点的价值的能力	主管：在员工提供的两项不同建议中做出抉择
空间视知觉	当物体的空间位置变化时，能想象出物体形状的能力	室内装饰师：对办公室进行重新装饰
记忆力	保持和记忆过去经历的能力	销售人员：回忆顾客的姓名

资料来源：罗宾斯、贾奇：《组织行为学（第 12 版）》，42 页。

不同的工作对员工心理能力的要求也不同。从信息加工要求的角度来看，一项工作越复杂，完成此项工作所必需的总体智力水平和语言能力就越高。智商并非所有工作的前提。在具有很高规范性的工作上，员工表现差异性的机会很少，此时，智商对完成工作的影响并不大。

但这并不意味着在低复杂性的工作中智商就不起作用。一般来说，聪明的人更容易发现事物的规律，对环境的适应能力也更强，因此，即使在对复杂性要求不高的工作中也能够表现出更多的创造性，提出更多改善绩效的方案。

延伸阅读 2—1

微软：小人物带来大利润

如果让 20 名最聪明的员工离开公司，那么我会告诉你，微软将会成为一家无足轻重的公司。

——比尔·盖茨

软件产品一直在不断变革，因此，能否开发出新的产品是成功的关键。微软公司的企业战略就是凭借其对快速变化的企业环境的认识和适应超越所有竞争对手的。为实现这一战略，微软公司需要一种鼓励个体间辩论的组织文化。那些没有这种技能和能力的员工不可能在这种环境中感到舒适或取得成功。

智力是微软每年在评价 12 万名应聘者时考虑的主要特征。招聘的目的是找到最聪明的人并给他们安排最合适的工作，以便发挥他们的智慧和能力。智力有时甚至比经验更受重视。微软公司一直以来因拒绝招聘那些有丰富的软件开发经验的应聘者而出名。相反，微软公司努力招聘那些来自大学数学系或物理系的学生——这些人在智力方面拥有“很大的马力”，但在软件开发方面没有任何经验。

员工招聘和工作安排对于微软是如此重要，以至于比尔·盖茨经常要亲自面试那些有希望的应聘者。盖茨相信智力和创造力是很难教会或学会的，因此在员工被录用后，微软公司不能在这方面投入太大的精力。他还认为，聪明的员工是微软成功的关键因素。一些行业专家同意微软的观点。他们的分析认为，微软公司的竞争优势来源于金融资本、出色的产品和一支聪明又积极进取的队伍。而且，微软已经把自己定位在为新的基于互联网的行业开发软件，公司员工的智力将继续成为取得成功的关键。

资料来源：达夫特、诺伊：《组织行为学》，65 页，北京，机械工业出版社，2004。

在各种各样的工作中，智力都是较好绩效的预测因素之一。这恐怕也是像亚马逊、微软这样的公司把求职者的智力水平作为招聘过程中的重点考察要素之一的原因。研究表明，虽然聪明的员工表现很好，并且容易获得更有趣的工作，但是他们对工作环境的要求也更加苛刻，预期也更高。因此，虽然智力是预测绩效的有效因素之一，但它并不能提高人们的工作满意度。

（2）心理能力的测量。温德利人事测验是招聘过程中广泛应用的智力测验，又称冯德利克人员测试或温德列克人事测验。它是用于工业选拔的一般智力团体筛选测验之一，在第二次世界大战期间广为流行。这种测试一共有 50 个项目，只需 12 分钟。共有五种测验形式：D，E，F，A，B，后两种是后来加的。本测验的分半信度介于 0.70～0.94 之间。常模取样是由有代表性的 3 万名工人组成的。

温德利人事测验作为多种认知能力测验的一项成果，包括字词、句子、短文、几何图形和情节问题等，考察被试者的逻辑推理能力。该测试建立在美国心理学家塞斯顿的多因素论的基础之上，七种基本智力分别是空间能力因素（S），计数能力（N），语言理解（V），词汇流畅性（W），记忆能力（M），推理与归纳能力（R）和知觉速度（P），且七种能力彼此之间是正相关的。

研究表明，本测验与操作性工作的相关性较高，与管理等工作的相关性较低。温德利人事测验既测试速度又测试能力，因此该测试的平均分很低，大约为 21 分（满分 50 分）。由于它能够以低廉的成本获得有关求职者智力水平的有效信息，因此被越来越多的公司在招聘中选用。温德利人事测验的几个例子如下：

1）一条绳子卖 10 美分/英尺，请问 40 美分可以买多少？

2）Resent（怨恨），Reserve（保留）这两个词的关系是下面的哪一种？

A. 有相似的意思　　B. 有相反的意思　　C. 意思既不相似，也不相反

3）三个命题中（a. 男孩子打棒球　b. 所有打棒球的人都戴帽子　c. 男孩子戴帽子），假设前两个都是真命题，请问第三个是：

A. 真命题　　B. 假命题　　C. 不确定

智能测试在美国非常流行，从考大学的 SAT，考研究生的 GRE，到考商学院的 GMAT，考法学院的 LSAT，都属于智能测验的范畴。温德利人事测验和这些测验一样有不完美的地方，比如经过专业辅导、反复训练之后，成绩会得到很大提高，而不相信这种测试的人在测试过程中满不在乎，其分数自然很低。但是总体来说，作为测验智力的工具，温德利人事测验的信度还是很高的。

2. 体质能力

体质能力（physical abilities）是指体力活动的基本能力，包括耐力、手指的灵活性、腿部力量以及其他相关能力等。

研究者对上百种不同的工作要求进行了调查，最后确定体力活动主要包括九项基本能力（见表 2—2）。这些能力之间的相关性极低，不同个体在每项能力上都存在一定程度的差异。如果管理者能够确定成功完成某一项任务所需的能力要求，并能保证从事此工作的员工具备这些能力，那么工作绩效无疑会得到很大提高。

表 2—2　　九项基本的体质能力

力量因素		
1	动力力量	不断重复或持续运用肌肉力量的能力
2	躯干力量	运用躯干部肌肉（尤其是腹部肌肉）以达到一定肌肉强度的能力
3	静态力量	产生力量阻止外部物体的能力
4	爆发力	在一项或者一系列爆发活动中产生最大能量的能力
灵活性因素		
5	广度灵活性	尽可能远地移动躯干和背部肌肉的能力
6	动力灵活性	进行快速、重复的关节活动的能力
其他因素		
7	躯体协调性	躯体不同部位同时进行活动时相互协调的能力
8	平衡性	受到外力推拉时，依然保持躯体平衡的能力
9	耐力	当需要延长努力时间时，持续保持最高努力水平的能力

资料来源：E. A. Fleishman，“Evaluating Physical Abilities Required by Jobs”，*Personnel Administrator*，June 1979，pp. 82-92.

（二）能力—工作的匹配

个体在心理能力和体质能力方面存在很大的差异，而且不同的工作对个体能力的要求也不相同。在解释和预测能力与工作绩效之间的关系时，工作本身对能力的要求明确了达到高工作绩效的个体所应该具备的心理能力和体质能力。比如，研究人员需要具备较高的逻辑推理能力、言语理解能力和记忆力；飞行员需要很强的空间视知觉能力；高层管理者需要很强的语言表达能力；建筑工人需要很强的体力和平衡能力等。

因此，仅仅关注个体的能力或者工作对能力的要求是不够的，员工的绩效取决于两者之间的匹配。当能力—工作不匹配时：如果个体能力达不到工作要求，那么员工很难胜任工作；如果个体能力远远超过工作要求，并且报酬可以反映个体在工作中的最高技能水平，那么管理者可能需要支付更高的报酬；如果报酬不能反映其技能水平或者员工无法在工作中施展自己的才华，那么工作的局限性会导致员工的工作满意度下降。

二、人格

（一）人格的内涵

1. 人格的含义

人格（personality）是指影响个体行为的、相对稳定的一系列心理特征和行为模式的总和。人格也称个性，来自拉丁文 persona，意为面具，是演员演出时佩戴的用来表示人物性格和身份的脸谱。

延伸阅读 2—2

吃素的狼崽

有一头狼崽天生吃素，狼爸狼妈绞尽脑汁训练狼崽捕猎。终于有一天，狼爸狼妈看到儿子正在狂追一只兔子，备感欣慰。只见狼崽一把掐住兔子的脖子，凶相毕露，恶狠狠地说：小子，快把胡萝卜交出来！

这则笑话说明：江山易改，本性难移。在日常管理中，深入了解个体的性格可以让我们预测对方的行为方式，从而使管理更加有效。同时，在管理培训中，员工的能力、态度、知识可以培训，但性格较难改变。不过，我们可以培训员工的思维和观念，前者是思考的方式，后者是思考的内容，它们都是可以通过培训改变的。

2. 人格的形成

人格的形成既有遗传的因素，也有后天环境的作用。对出生后即被分开的同卵双胞胎的研究表明，即使是在迥然不同的环境下成长的，他们仍然具有一些共同的人格特质和职业偏好。几乎一半的特质，如外向性、冲动性、灵活性等都是由遗传因素决定的。同时，一个人所处的成长环境，比如文化、家庭背景、教育和朋友等因素，对人格的塑造也起到十分重要的作用。

在遗传和环境之外，一个人所处的情境也会调节个体的心理和行为，比如，网络可以让沉默寡言、不善言谈的人表现得非常健谈；平日里侃侃而谈的人在面试、相亲等压力环境下也会表现得紧张、语无伦次等。

3. 人格的特点

（1）独特性。个体的人格是在遗传、环境等多方面因素的作用下形成的，因此，个体具有独特的心理特点和行为模式。

（2）稳定性。人格形成之后在较长时期内具有很强的稳定性，偶然发生的心理和行为变化不能称为人格，比如内向的人在偶然一次活动中因遇到自己的老朋友而表现出的健谈不能称为外向。当然，随着个体的成熟，人格也会发生变化。

（3）综合性。人格是由多种成分构成的一个有机整体，受自我意识的调节和控制，具有内在的一致性。人格的综合性是心理健康的重要标志。当个体的各种人格组成因素协调统一时，他的人格就是健康的；当它们出现矛盾和分裂时，个体就会无法适应或出现心理问题。

（4）功能性。人格会在很大程度上影响一个人的选择，使人形成不同的生活方式。比如，遇到挫折时，悲观的人会伤心悔恨、一蹶不振；乐观的人则会汲取教训、勇往直前。

（二）人格理论

1. 人格的类型理论

人格的类型理论将人的个性加以分类。

（1）四种气质类型。古希腊医生希波克拉底将人的气质划分为多血质、胆汁质、黏液质和抑郁质四种基本类型，它们的具体特点如下①：

1）多血质：感受性低而耐受性较高，不随意的反应性高；具有可塑性和外倾性；情绪兴奋性高，外部显露明显，反应灵活而且速度快。

2）胆汁质：感受性低而耐受性高，不随意的反应性高，反应的不随意性占优势，外部表现多；反应速度快，具有不稳定性。

3）黏液质：感受性低而耐受性高，不随意的反应性和情绪兴奋性均低；内倾性明显，外部表现少；反应速度慢，具有稳定性。

4）抑郁质：感受性高而耐受性低，不随意的反应性低；严重内倾；情绪兴奋性低而体验深，反应速度慢；具有刻板性，不灵活。

表 2—3 列出了上述四种气质类型的区别。

表 2—3　　气质与神经类型的行为特点

类型	内、外向	情绪稳定性	行为特点
胆汁质（兴奋型）	外向	不稳定	暴躁、好动、攻击、兴奋、善于社交、冲动、乐观、积极
多血质（活泼型）	较外向	稳定	有领导能力、无忧无虑、灵活、活泼、逍遥自在、敏感、健谈、开朗、善于社交

① 参见陈国海、李艳华、吴清兰：《管理心理学》，33 页，北京，清华大学出版社，2008。

续前表

类型	内、外向	情绪稳定性	行为特点
黏液质（安静型）	较内向	稳定	被动、谨慎、有思想、温和、能控制、可信赖、脾气好、安静
抑郁质（抑制型）	内向	不稳定	寂静、不善社交、保守、悲观、严肃、刻板、焦虑、忧虑

（2）A 型人格和 B 型人格。具有 A 型人格（type A personality）的人愿意从事高强度的竞争活动，长期具有时间紧迫感，总是不断驱使自己在最短的时间里做最多的事情，并对阻碍自己努力的其他人或事进行攻击。在竞争日趋激烈的社会，这种特点被高度推崇，直接影响到个体物质利益的获得。

A 型人格表现为以下五个方面：

1）运动、走路和吃饭的节奏很快。

2）对很多事情的进展速度感到不耐烦。

3）总是试图同时做两件以上的事情。

4）不能安排好休闲时间。

5）对数字着迷，以每件事中自己获益的多少来衡量成功与否。

具有 A 型人格的人不断给自己施加时间压力，总为自己制定最后期限，因此常常处于中度至高度的焦虑状态中。

相反，具有 B 型人格（type B personality）的人很少因为要从事不断增多的工作或要无休止地提高工作效率而感到焦虑。

B 型人格表现为如下四个方面：

1）从来不曾有时间紧迫感以及其他类似的不适感。

2）认为没有必要表现或讨论自己的成就和业绩，除非环境要求如此。

3）充分享受娱乐和休闲，而不是不惜一切代价表现出自己的最佳水平。

4）充分放松而不感到内疚。

从管理角度来看，具有 A 型人格的人愿意长时间、高效率地工作，但是由于对数量和速度的过分关注使得他们很难有很高的决策质量以及创造性解决问题的方法，很少根据环境的各种挑战改变自己应对的方法，因而其行为比具有 B 型人格的人更加容易预测。

延伸阅读 2—3

测试：你是具有 A 型人格的人吗

在下面各种特质中，你认为哪个数字最符合你的行为特点？本测验需要 5 分钟。

1. 不在意约会时间　1 2 3 4 5 6 7 8　从不迟到
2. 无争强好胜心　1 2 3 4 5 6 7 8　争强好胜
3. 从不感觉仓促　1 2 3 4 5 6 7 8　总是匆匆忙忙

4. 一时只做一事　　1 2 3 4 5 6 7 8　同时做好多事
5. 做事节奏平缓　　1 2 3 4 5 6 7 8　节奏极快（吃饭、走路等）
6. 表达情感　　　　1 2 3 4 5 6 7 8　压抑情感
7. 有许多爱好　　　1 2 3 4 5 6 7 8　除工作没有其他爱好

计分：累加7个问题的总分，然后乘以3。分数高于120分，表明你具有极端的A型人格。分数低于90分，表明你具有极端的B型人格。

分　　数：	120分以上	106～119	100～105	91～99	90分以下
人格类型：	A+	A	A−	B	B+

资料来源：陈国海、李艳华、吴清兰：《管理心理学》，43～44页。

2. 卡特尔的人格特质理论

20世纪40年代，美国心理学教授卡特尔（R. B. Cattell）编制的卡特尔16种人格因素问卷（sixteen personality factor questionnaire，16PFQ）被认为是分析个性的最经典问卷。该问卷在临床、工商业、政府部门以及教育方面有着广泛的应用。特别是在人才选拔、就业指导以及心理咨询方面有着较高的使用价值。

人格特质理论认为，人格是一个复杂的心理结构系统，由多种持久稳定的人格特质组成。这些特质的数量和组合因人而异，如果能够认识和了解这些特质，就可以预测个体的行为倾向。卡特尔从阿尔波特（G. Allport）使用的约18 000个关于人格的形容词中筛选出4 504个进行研究，通过语义区别辨认出100多个条目，最后用因素分析法确定了16种稳定而持久的人格因素（见表2—4）。

表2—4　　卡特尔的16种心理特质的特征

心理特质	低分者特征	高分者特征
A. 乐群性	缄默孤独	乐群外向
B. 聪慧性	迟钝、学识浅薄	聪慧、富有才识
C. 稳定性	情绪激动	情绪稳定
E. 恃强性	谦虚顺从	好强固执
F. 兴奋性	严肃审慎	轻松兴奋
G. 有恒性	权宜敷衍	有恒负责
H. 敢为性	退缩胆怯	冒险敢为
I. 敏感性	理智、注重实际	敏感、感情用事
L. 怀疑性	信赖随和	怀疑刚愎
M. 幻想性	现实、合乎成规	幻想、狂放
N. 世故性	坦白直率、天真	精明能干、世故
O. 忧虑性	安详沉着、有自信心	忧虑抑郁、烦恼多端
Q1. 实验性	保守、服从传统	自由、批评激进
Q2. 独立性	依赖、随群附众	自主、果断
Q3. 自律性	矛盾冲突、不明大体	知己知彼、自律严谨
Q4. 紧张性	心平气和	紧张困扰

资料来源：李剑锋：《组织行为学》，41页，北京，中国经济出版社，2002。

3. 大五人格理论

人格特质理论的研究发现，所有的特质最后都可以减少到五个维度，它们构成了所有人格因素的基础。这种人格模型被称为大五人格模型（big-five model of personality）。这五个人格维度是：

（1）外倾性（extraversion），描述的是个体对关系的舒适感程度。外倾者合群、健谈、自信、喜欢交往；内倾者保守、羞怯、安静。

（2）随和性（agreeableness），描述的是个体服从他人的倾向性。随和性高的人性情随和、富有同情心、关爱他人、合作性强、值得信任；随和性低的人封闭内向、胆小羞怯、安静少语、冷漠敌对。

（3）责任心（conscientiousness），描述的是细心、可靠和自律的程度。责任心强的人努力工作、有组织性、可靠、负责、始终如一、成就取向；责任心差的人懒惰、没有条理、不值得信赖。

（4）情绪稳定性（emotional stability），描述的是个体面对压力的反应和能力。情绪稳定性强的人冷静、自信、镇定、热情、有安全感；情绪稳定性弱的人紧张、焦虑、失望、缺乏安全感。

（5）经验开放性（openness to experience），描述的是个体对新鲜事物的接受和喜爱程度。经验开放性强的人充满好奇心、富有创造性、具有艺术方面的敏感和聪慧性；经验开放性弱的人保守、兴趣少、对熟悉的事物感到舒适和满足。

研究表明，大五人格维度与工作绩效之间存在重要关系。对于各种行业的人员而言，责任感这一维度都可以预测其工作绩效，其他人格维度的预测力因情境和职业的不同而不同。比如，外倾性可以预测管理和销售岗位的工作绩效；经验开放性可以预测培训效果的好坏；情绪稳定性与工作绩效无明显关系，这可能是因为被调查者都是受雇人员，而只有情绪稳定的人才能保住自己的工作。

4. 迈尔斯-布瑞格斯类型指标

迈尔斯-布瑞格斯类型指标（Myers-Briggs type indicator，MBTI）是目前使用最广泛的人格测验之一，苹果电脑、花旗集团、通用电气、3M 等许多著名公司都在采用该指标，每年仅美国本土就有 200 万人接受 MBTI 测验。

MBTI 测验包括 100 多道测试题，询问人们在不同情境中通常的做法或者感觉。对这些问题的回答会使被试者落在四个维度中的某一点上。

（1）社交倾向：外向型或内向型（E 或 I）。外向型的个体对人友好，能够影响他人，富有进取心，希望改变这个世界。外向者需要这样的工作环境：富于变化或活动取向，能够和其他人在一起，并能给他们带来相当丰富的体验和经历。内向型的个体被描述为羞怯、退缩，关注对世界的认识和了解。他们更喜欢安静专一、能够独处、使他们有机会对有限的体验进行深度探索和挖掘的工作环境。

（2）资料收集：领悟型或直觉型（S 或 N）。领悟型的人不喜欢新问题，除非有规范化的办法来解决这些问题。他们喜欢已经成型的规范做法，对细节问题表现出耐心，擅长精耕细作。直觉型的人喜欢解决新问题，不喜欢重复同样的工作，喜欢跳跃性地得出结论，对常规细节缺乏耐心，不喜欢在细枝末节上花费时间。

（3）决策偏好：情感型或思维型（F 或 T）。情感型的个体体察他人及他人的情感世界，喜欢和谐，不需要获得表扬和认可，不喜欢告诉别人不愉快的事情，富有同情心，常能与绝大多数人相处得很好。思维型的人则对他人的情感世界不感兴趣或难以动情，喜欢逻辑分析，能够把事情安排得井然有序。

（4）决策风格：感知型或判断型（R 或 J）。感知型的人充满好奇心、主动性、灵活性和包容性。他们把事情的开始看得至关重要，所以倾向于延迟决策，希望等了解所有信息之后再开始工作。判断型的人则坚决果断，目标明确，要求严格，是良好的计划者。他们致力于完成一项任务，能够迅速作出决策，只希望得到那些对工作开展十分必要的信息。

在这些倾向的基础上，得出了 16 种人格类型的描述，表 2—5 总结了其中的一部分。

表 2—5　MBTI 人格类型范例

类型	描述
INFJ（内向、直觉、情感、判断）	沉着坚定，有责任心，关注他人。这种人的优势在于持之以恒，思维独特，对任何必要和想要的东西都有一种做事的冲动。常常因为自己毫不妥协的做事原则而受到尊重
ESTP（外向、领悟、思维、感知）	心直口快但有时粗心大意。这种人能直面现实，很少焦虑紧张或担惊受怕。他们随遇而安，对任何事都能泰然处之。擅长那些需要进行分解组合的事情
ISFP（内向、领悟、情感、感知）	敏感而温和，谦逊而羞怯，待人十分友好。这种人非常不喜欢意见分歧，并且力图回避它们。他们是忠实的追随者，而且常常让事情干起来很轻松
ENTJ（外向、知觉、思维、判断）	热情而友好，直率而果断，通常擅长任何需要推理和智能的任务，但有时可能对自己的能力水平估计过高

资料来源：斯蒂芬·P·罗宾斯、玛丽·库尔特：《管理学（第 7 版）》，398 页。

在理解和预测个体行为方面，MBTI 是非常有用的工具之一。首先，它们会影响个体的社会交往和处理问题的方式。如果上级和你收集信息的方式不同：他是直觉型的，喜欢来自本能的直觉；你是领悟型的，喜欢用事实说话，那么，为了与上级和睦相处，你可能不仅要汇报关于工作的事实，而且还要谈谈你的感觉如何。另外，MBTI 还可以帮助管理者选择与某些具体工作类型相匹配的员工。

（三）人格特征与职业选择

人格与职业的匹配问题是组织行为学研究的一个重要课题。研究表明，个人的工作效率和成就与他的心理特点有着重要的联系。在一项对 800 名男性的追踪研究中发现，160 名成就最大的人与 160 名成就最小的人相比，智力上没有明显的差异，但是个性特征差异显著。成就大者有理想、有强烈的进取心，表现出自信、不屈不挠、谨慎认真的性格特点。

20 世纪 60 年代，霍兰德（J. L. Holland）提出的个性与工作匹配理论极大地影响了职业指导运动、人才招聘和甄选的实践。20 世纪 80 年代以来，人格与职业的匹配研究逐步拓展到人格与组织类型、环境的匹配研究等方面。

霍兰德的人格与工作匹配理论对工作要求与人格特点之间的匹配提供了最好的解释。该理论的主要内容包括三个方面：

首先，不同的个体在人格方面存在本质差异；

其次，不同的工作对人格有不同的要求；

最后，当工作环境与人格类型相互匹配时，会产生更高的工作满意感和更低的离职意向。

霍兰德把人格划分成六种类型，并认为每种人格类型都有与其相适应的工作环境（见表2—6）。

表2—6　霍兰德的人格类型与相应的职业范例

人格类型	人格特征	职业范例
研究型	分析、创造、好奇、独立；喜欢需要思考、组织和理解的活动	生物学家、经济学家、数学家、新闻工作者
现实型	害羞、真诚、持久、稳定、顺从；喜欢需要基本技能、力量、协调性的体力活动	机械师、钻井操作工、电子工、装配线工人、农场主
社会型	社交、友好、合作、理解；喜欢能够帮助别人和指导别人的活动	社会工作者、教师、议员、临床心理学家
传统型	服从、有效率、务实、缺乏想象力、缺乏灵活性；喜欢系统规范、有条理、清楚明确的活动	会计、银行出纳、档案管理员、办公室人员、秘书
企业型	自信、进取、冒险、独断、盛气凌人；喜欢能够影响他人的活动	法官、经纪人、公共关系专家、小企业经理
艺术型	富于想象力、杂乱、理想化、情绪化、不实际；喜欢需要创造性表达的、无规则可循的活动	画家、音乐家、作家、室内装饰设计师

资料来源：胡君辰、杨永康：《组织行为学》，105页。

在此基础上，霍兰德编制了职业偏好量表。该量表包括160个职业项目，被调查者回答是否喜欢这些职业，霍兰德根据调查数据判断个体的人格特征，并提出了六边形模型（见图2—2）。

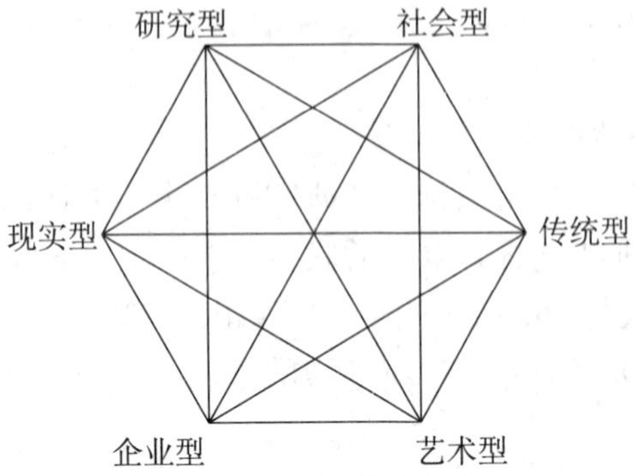

图2—2　人格与职业匹配模型

在六边形中，相邻的人格类型比较相似，位于对角线两端的人格类型最不一致。现实生活中，单纯属于某种人格的人很少，大多数人都是以一种类型为主、兼具几种类型特点的混合体。例如，某个人的人格以企业型为主导，兼具有社交型和研究型的特点，这种人非常适合商店经理的职业。

第 3 节　影响个体成功的人格特征

一、控制点

（一）控制点的概念

控制点（locus of control）是人们对于自己与命运的关系的信念，一些人相信自己能主宰命运，另一些人则认为自己受命运控制，相信生活中所发生的一切源于运气和机遇。内控型（internals）的人相信自己能够掌握命运；外控型（externals）的人相信自己的生活受到外部力量的控制。

（二）控制点对管理的启示

研究表明，外控型的员工对工作的卷入程度更低，他们对自己的工作环境更疏远，并且对工作更不满意。当因为工作绩效不佳受到上级责备时，他们会对上级怀有偏见，责备周围同事或强调自己无法控制的因素。内控型的员工则会从自己的活动出发解释同样的情况。

二、自尊

（一）自尊的概念

《现代汉语词典》将自尊定义为："尊重自己，不向别人卑躬屈膝，也不容别人歧视、侮辱"。纳撒尼尔·布兰登（Nathaniel Branden）博士的定义为："自尊是认为自己在经历中有能力对付生活的基本挑战，并有资格享受幸福的一种气质。"

（二）自尊对管理的启示

组织行为学对自尊的研究得出了一些有趣的结论，例如，自尊与成功预期正相关，高自尊者相信自己拥有工作成功所需要的大多数能力，他们往往更倾向于选择高冒险性的工作和非传统性的工作；低自尊者比高自尊者对外界影响更为敏感，他们需要从别人那里获得积极的评价，因此，他们更可能寻求他人的承认，更倾向于依照德高望重者的信念和行为行事。

从管理角度来看，低自尊者更注重取悦他人，因此，他们很少站在不受欢迎的立场上。自尊也可以作为预测工作满意度的指标之一。大量研究表明，高自尊者对他们的工作比低自尊者更满意。

三、马基雅维利主义

（一）马基雅维利主义的概念

马基雅维利主义（Machiavellianism，MACH）是以尼科洛·马基雅维利（Niccolo Machiavelli）的名字命名的。马基雅维利在16世纪撰写的如何获得和操弄权术的专著《君主论》中提出了要讲求实际、对人保持情感距离、相信结果能够替手段辩护的观点。

（二）马基雅维利主义对管理的启示

高马基雅维利主义者是不是好员工，取决于工作的类型，以及在绩效评估时是否考虑道德因素。对于需要谈判技能的工作（如采购经理）和工作的成功能带来实质效益的工作（如拿佣金的销售员），高马基雅维利主义者会表现得十分出色。而对于那些结果不能为手段辩护或者工作绩效缺乏绝对标准的工作，很难预期高马基雅维利主义者会取得良好的绩效。

四、自我监控

（一）自我监控的概念

自我监控（self-monitoring）是指个体根据外部情境因素调整自己行为的能力。

高自我监控者在根据外部环境调整自己行为方面表现出相当强的适应力。他们对外界线索十分敏感，能够根据不同的情境采取不同的行为，并且能够明确区分公开的角色与私人的自我。低自我监控者很难调节自己的行为，他们倾向于在各种情境下都表现出自己真实的性情和态度，因而在他们是谁以及做什么等方面存在高度的一致性。

（二）自我监控对管理的启示

自我监控越来越受到人们的重视，但是关于自我监控的研究目前尚处于起步阶段，因此很难对其做出准确的预测。不过，初步的证据表明，高自我监控者比低自我监控者更倾向于关注他人的活动，行为也更灵活多变。由于高自我监控者能够面对不同的观众呈现不同的“面孔”，扮演多重甚至相互冲突的角色，因此，我们可以得出推论，高自我监控者在管理岗位上可能更加成功。

五、冒险性

（一）冒险性的概念

冒险性（adventure preference）是指个体趋近或者回避风险的倾向性。人们对于冒险的意愿各不相同。冒险性对管理者作决策所用的时间以及决策之前所需要的信息量都有影响。例如，一项研究让两组管理者进行模拟人事练习，要求他们做出聘用决策。高冒险性的管理者比低冒险性的管理者决策速度更快，并且所使用的信息量也更少。有趣的是，两组决策的准确性是相当的。

（二）冒险性对管理的启示

管理者应该努力将员工的冒险取向与具体的工作要求相匹配，以达到使组织最有效的目的。例如，对于股票经纪人而言，高冒险倾向可能会带来更高的业绩；对于从事审计工作的财务人员而言，高冒险倾向则可能是其工作的一项主要障碍。

六、自我效能

（一）自我效能的概念

班杜拉对自我效能（self-efficacy）的正式定义为："个体关于自己在多大程度上能够有效地采取一系列必要的行动去处理未来某些情境的一种判断或信念。"

斯塔科维奇和鲁桑斯给出了一个稍微广泛一点、实用性更强的定义："自我效能是指个体对自己能力的一种确切的信念（或自信心），这种能力是自己在某个背景下为了成功地完成某项特定任务，能够调动起必需的动机、认知资源与一系列行动。"

简言之，自我效能是指个体认为自己可以胜任某项工作的自我评定。

（二）自我效能的来源

根据重要性的大小，影响自我效能的主要来源包括以下方面。

1. 拥有经验或现实绩效

这是形成自我效能信念最有力的潜在因素，因为它是直接与成功相关的信息。

2. 他人的经验或榜样作用

正如个体可以不必直接经历对个人行为的强化就能学到东西一样，他们可以通过观察那些与自己相关的、其行为获得强化的个体，以他们为榜样进行学习，自我效能感也可以如此。榜样与个体越相似，要完成的工作的关联性越大，对观察者效能的形成过程影响越大。

3. 社会说服

当受尊敬的、有能力的人说服个体使其认为自己具有完成一项特定工作所要求的实力时，个体关于自己效能的信念就可以获得加强。相反，不友善的话、负面的反馈毫无疑问都会严重损害和削弱个体的信心。

4. 生理和心理唤醒

人们为了评估自己的能力，常常会依赖于自己的生理和情绪上的感觉，这一因素的力量往往大于其他信息来源的影响。这种信息是负面的，它通常会极大地损害自我效能感；另外，如果这些生理或心理状态是良好的，它们不一定会对个体的自我效能有很大的贡献。

（三）自我效能的作用过程

自我效能不仅直接影响个体机能的发挥，而且还会间接作用于其他的决定因素，从而影响个体的绩效水平。

从直接作用的方面看，首先，人们总是倾向于权衡、评价并整合知觉到的关于自己能力的信息，而这一过程的最初阶段与个体本身的能力或资源没有什么关系，真正相关的是个体如何知觉或认为他们能在这个情境中运用这些能力或资源来完成既定的任务。

其次，这种评价/知觉会导致对个人效能的预期，这一预期又会决定个体：在何种情境下执行这个特定任务的决策；将会投入多大的努力来完成这个任务；如果出现问题、不利的证据和逆境，会在多大程度上坚持下去。

第4节 情 商

一、情绪的内涵

（一）情绪与情绪过程

情绪（emotion）是指个体对某人或某事的感受。这种情绪性感受指向某人或某事，它一直是组织行为学研究的重要变量。

情绪是如何产生的呢？情绪来自人的感受，而非理性思维过程，也即情绪来自“心”，理性思维来自“脑”。例如，经理辛辛苦苦写了一份新产品的营销策划案，拿给销售副总经理看。副总经理看后提了很多意见并要求经理将自己的想法反映到该方案的修改稿上。理智告诉经理，副总经理提的一些意见还是相当中肯的，但是，想到自己辛辛苦苦做出来的方案被改得面目全非，并且加上副总经理的想法后自己的劳动成果就被剥夺了，他还是闷闷不乐，满心怨气，并且回到部门后还因为一件小事将自己的某个下属批评了一通。

传统心理学研究认为，人格特质和心情状态都有各自的影响作用或情绪过程。有研究指出：心情状态与情绪性人格特质的个体差异交互作用，共同影响情绪过程，而且人格特质使个体更倾向于某种心情状态，从而影响情绪过程。也就是说，如果一个人希望有积极愉快的情绪，那么他必须具备外向型的人格特质，人格特质可以加强这种体验；另外，个体只有具备外向型的人格特质，才能产生并保持积极的情绪状态。

（二）情绪的类型

一些学者把情绪分为四种基本类型：愤怒、恐惧、高兴和悲伤。例如，个体目标达到就会高兴，目标受挫就会愤怒；当他感到环境不受自己控制的时候，就会产生恐惧等情绪。

1. 情绪坐标模型

情绪通常由两个或三个维度构成，图2—3所示的情绪模型是一种得到普遍认可的情绪维度划分方法。

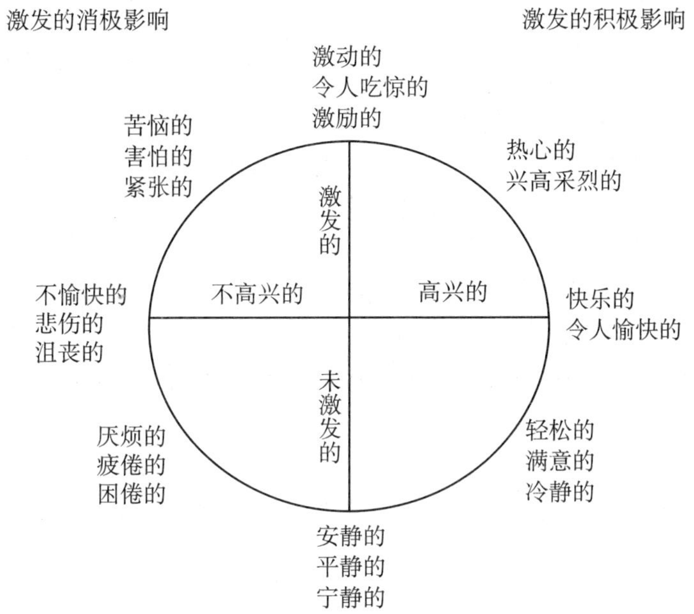

图 2—3 情绪坐标模型

资料来源：麦克沙恩、格里诺：《组织行为学（第 3 版）》，81 页，北京，机械工业出版社，2007。

2. 正性情绪与负性情绪

情绪可以分为正性情绪和和负性情绪两大类。个体在工作中体验到的是正性情绪还是负性情绪与他实现了目标（正性）还是没有实现目标（负性）有很大关系。例如，如果销售人员完成或者超额完成了销售目标，就会感到愉快、轻松并喜欢他们的客户，但是，如果目标没有达到，他就会出现焦虑、悲伤、厌烦、内疚等情绪，并且可能会抱怨上级定的目标太高或者客户刁钻、不配合。正性情绪和负性情绪的类型如表 2—7 所示。

表 2—7 正性情绪与负性情绪

正性情绪	其他描述
1. 爱/感情	接纳、爱慕、渴望、投入、陶醉
2. 愉快/欢乐	高兴、满足、幸福、喜悦、快乐、享受、迷恋、兴奋、兴高采烈、狂喜
3. 惊讶	惊愕、惊奇、吃惊、震惊
负性情绪	**其他描述**
1. 恐惧	焦虑、警觉、忧惧、担心、疑虑、恐惧、惊吓、害怕
2. 悲伤	悲痛、失望、伤心、忧郁、绝望、痛苦、沮丧
3. 生气	暴怒、恼怒、愤怒、愤慨、敌意、易怒
4. 讨厌	轻蔑、侮辱、憎恶、反感、嫌恶
5. 羞耻	内疚、懊悔、悔恨、困窘、羞辱

资料来源：鲁森斯：《组织行为学（第 9 版）》，212 页，北京，人民邮电出版社，2003。

（三）情绪的作用

在以下几个方面，情绪的作用不可忽视。

1. 员工甄选

关于情商的研究表明，对情绪的表达及管理在组织环境中有着重要的作用。情商高的人在工作中可以保持良好的身心状态并与他人保持和谐的人际关系，对周边环境的适应能力也更强。因此在强调人际交往的工作中，员工甄选需要考虑对情商的考察。

2. 领导选拔

领导需要依赖情绪表达来有效传递许多信息。当领导者表现出兴奋、热情、活跃时，他们更可能调动下属的积极性，并传递出胜任、乐观、喜悦的感受；当企业面临重大变革和不确定时，员工需要领导调动和唤醒他们积极的、勇往直前的情绪。

3. 人际关系

人际关系可以受到员工情绪的直接影响。善于了解、管理自己和他人情绪的员工更能够促使人际交往中正性情绪的展现，避免负性情绪的影响。情绪管理可以有效地减少人际冲突。

4. 组织决策

理性的组织决策考虑的是如何使组织利益最大化或者成本最小化，然而，在现实决策环境中，决策者的情绪状态将直接影响决策效果。通常，人们在极端的情绪状态下很难做出正确的选择，理性决策需要决策者冷静、沉着、审慎的态度和情绪。

5. 工作动力

人非草木，孰能无情？员工个体及其所处的环境时刻影响着员工的情绪。一般而言，积极、兴奋的情绪可以使人的工作效率和效果提高，消极、悲观的情绪则会降低员工的工作效率和效果。因此，如何激发员工的积极情绪，使其产生更大程度的工作投入，是管理者的一项重要工作。

二、情商及其作用

美国空军一般每年雇用约 400 名征兵工作人员，但是，总有 100 名左右因不能很好地完成征募工作而被解雇。遴选和培训 100 名新的征兵工作人员大约需要花费 300 万美元的成本，如果他们绩效不好则潜在成本也很大。于是，美国空军决定对 1 200 名征兵工作人员管理自己和他人情绪的能力进行测试，结果表明，那些最好的征兵工作人员往往更能够了解自己的情绪，善于表达自己的情感和思想，能够对他人的处境感同身受，并能感受到生活中的幸福。第二年，空军在遴选新的征兵工作人员时加入了这项测试，结果只有 8 名雇员一年后被解雇或者离职。①

（一）情商的概念

关于情商的第一个综合理论和定义，人们普遍认为是由心理学家萨罗威和梅伊尔

---

① 参见麦克沙恩、格里诺：《麦克沙恩组织行为学》，67 页，北京，中国人民大学出版社，2008。

(Salovey & Mayer) 提出的。他们在 1990 年提出，情商（emotional quotient，EQ）是一种个体监控自己及他人的情绪，并识别和利用这些信息指导自己的思想和行为的能力。

然而，使情商受到广泛关注的却是心理学家、新闻记者丹尼尔·戈尔曼（Daniel Goleman），他在 1995 年出版的畅销书《情商》中将它定义为："察觉自己和他人的感受，进行自我激励，有效地管理自己以及他人关系中的情绪的能力。"表 2—8 总结了戈尔曼确定的对理解工作中的行为最相关以及有最大影响的主要情商维度。

表 2—8　情商的维度及工作中的例子

情商的维度	特征	工作中的例子
自我察觉	对自己的了解；认识当前的真实感受	王总经理要任命一位生产部经理，但他意识到自己现在很沮丧，因此需要先调整一下心情再做这个重要的人事决策
自我约束	控制自己的情绪以利于而不是阻碍手头的工作；摆脱负性情绪并回到解决问题的建设性轨道上	从云南回来的旅游团游客代表就旅游过程中的不满愤怒地大声指责组团的小张，小张努力克制自己的情绪，集中精力听完游客投诉
自我激励	坚持追求理想中的目标；克服负性的情绪冲动，在实现目标后才感到满足	人力资源部经理在经费有限的情况下顺利地找到了技术部经理的合适人选
移情	能够敏感地觉察并理解他人的感受；能够感觉到他人的感受和需要	编好最后一道程序，张明知道他的团队成员付出了艰辛的努力，所以下班后他把所有人都带出去唱歌以庆祝项目的成功
社会技能	辨别社交场合的能力；顺利地与他人互动，形成社交网络；能够引导他人的情绪和行为方式	新政策发布后并没有立刻得到公司员工的认可，所以李副总经理找部门经理一个个面谈，解释他们可以如何从新政策中获益，并请他们向自己的部门推销新政

资料来源：鲁森斯：《组织行为学（第 9 版）》，215 页。"工作中的例子"由本书作者编写。

戈尔曼认为大脑通路有助于 EQ 起作用。EQ 由进化早期的、与情绪冲动相联系的内下皮组织所决定。同时他还发现，人格和行为理论中讨论的因素也会对 EQ 起作用。于是，戈尔曼提出了一个关于 EQ 的综合性理论基础，这一理论基于人类大脑的功能，同时认为学习也在 EQ 发展的过程中起作用。遗传因素、大脑、人格特质以及学习/发展过程等因素对情商分别起到的作用似乎是矛盾的，由此也产生了一些对戈尔曼关于 EQ 论述的批评。虽然围绕情商的发展和测量还存在一些争论，但在组织行为学领域，EQ 在工作中的积极作用越来越迫切需要人们加以认识和利用。

（二）工作中的情商

研究表明，情商对工作绩效有着重要影响。一项针对 15 家全球性大公司（包括 IBM、可口可乐、百事可乐、沃尔沃等）的调查表明：在普通公司和最佳公司之间，情商有着极为明显的差异。另外，那些被大家评价为工作出色的员工，其典型特点是情商高而非智商高。另一项有趣的研究考察了美国历史上 11 位总统的成败与哪些个人特点有关，研究者用 6 项品质来评估他们：沟通、组织、政治技能、愿景规划、认知风格和情商。研究表明，区别成功总统（罗斯福、肯尼迪、里根）与不成功总统（约翰逊、卡特、尼克松）的关键品质是情商。

人才搜寻专家费罗迪在《高情商企业》一文中选择了 250 个样本进行研究，试图辨别出成功候选人的一两个最显著的特征，并判断这些特征与他们在新工作中的成功或失败是否具有相关性。样本中的大部分人在拉丁美洲，227 位工作非常成功，而其余 23 位被看做工作中的失败者，因为他们未能达到预期业绩表现或实现人际关系方面的期望值。作者通过主要考察三类特征——智商、经验和情商，采用相对估值的方法，将每位成功聘用的候选人与其他候选人就每种类型进行相对排序分析。频数分结果如图 2—4 所示。

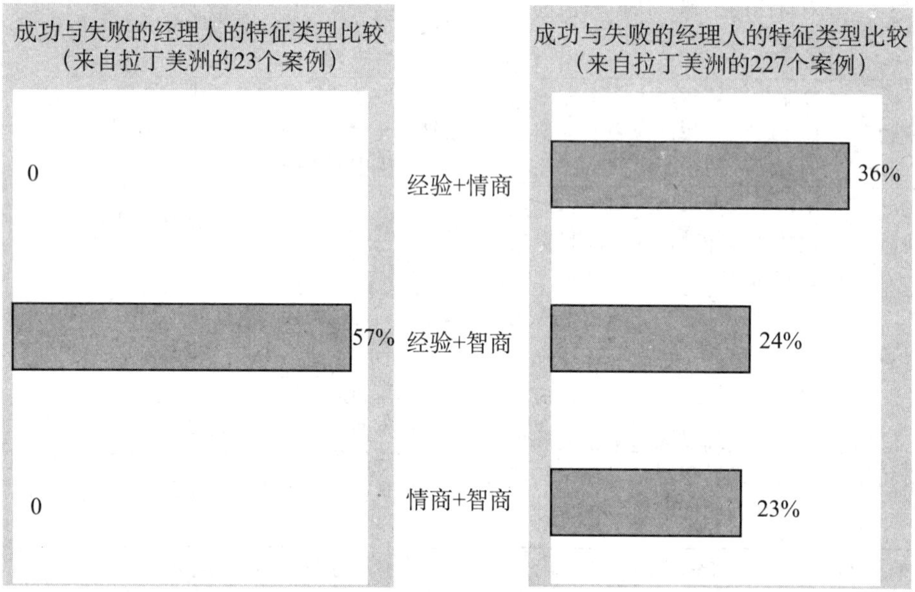

图 2—4　两种显著特性的组合

资料来源：费罗迪：《才经》，99 页，北京，东方出版社，2008。

基于图 2—4，费罗迪得出以下结论：

（1）在选择一位高层管理者时，如果只能考察两种特征，那么能预测成功的最好评估组合必然是相关经验和高情商。

（2）当候选人缺乏经验时，情商可以很好地提供补偿，促成经理人的成功。换言之，“情商＋智商”的组合和“经验＋智商”的组合对于经理人的成功能起到几乎同样的作用。

（3）也许我们从这个分布中可以获得的最重要的发现就是：如果没有高情商，相关经验和高智商的传统组合更有可能造就失败而不是成功的经理人。

（三）情商的培养

情商是可以培养的。理查德·布雅吉斯（Richard Boyatzis）不仅对成年人自我导向的学习进行了具有突破性的研究，还开创性地开展了一个侧重于发展这些能力的工商管理硕士项目。1996年，他在一篇论文中总结了自己在设计基于情商的能力培养方面的工作。结论是：人们能够提高自己的能力，尤其适合管理与绩效直接相关的能力。但是运用传统的培训方法是不可能做到这一点的。

在布雅吉斯、丹尼尔·戈尔曼和安妮·麦基（Annie McKee）合著的《最初的领导力》（*Primal Leadership*）一书中，他们提出了自我导向的学习理论，包括导向改变的五个必要步骤：第一步，确认“改变的动力”，并确定一个理想的自我——你想成为什么样的人；第二步，发现“真正的自我”，由于自我认知的限制，你需要得到他人的反馈；第三步，设立具有可操作性的学习计划以发展自己的强项、弥补自己的弱点，这同样需要他人的帮助；第四步，对新的行为、思想和感觉进行不断的练习，直到你掌握它们，这是关键的一步；第五步，也是最后的条件，对于之前的四步都适用，就是发展能够帮助、支持和促进前面四步的值得信赖的人际关系。

□ 本章小结

管理者从员工的人事档案中可以直接获得员工的传记特征，比如年龄、性别、婚姻状况、教育背景、工作经历等，作为人事决策的依据。这些因素被认为与员工的工作绩效有着直接的关系。

能力包括心理能力和体质能力。能力的个体差异性非常明显，管理者需要根据工作岗位的要求和员工的能力特点做到能力—工作的匹配，以达到使工作绩效最大化的目的。

人格的形成受先天遗传、后天环境的影响以及情境的调节。人格具有独特性、稳定性、综合性和功能性四个特点。主要的人格理论有气质理论、特质理论、大五人格理论和迈尔斯-布瑞格斯类型指标等。霍兰德提出的人格与工作匹配理论极大地影响了职业指导运动、人才招聘和甄选的实践。

影响个体成功的人格特征主要有控制点、自尊、马基雅维利主义、自我监控、冒险性和自我效能等。

情绪分为四种基本类型：愤怒、恐惧、高兴和悲伤。按照不同的标准，情绪有不同的划分方法。情绪在员工甄选、领导选拔、人际关系、组织决策以及工作动力方面有着重要的影响。

情商是个体察觉自己和他人的感受，进行自我激励，有效地管理自己以及他人关系中的情绪的能力。

□ 关键术语

传记特征　能力　心理能力　体质能力　人格　大五人格模型　外倾性　随和性　责任心　情绪稳定性　经验开放性　控制点　自尊　自我监控　冒险性　自我效能　情绪　情商

□ 思考题

1. 请列举影响个体行为的主要的传记特征，并谈谈它们在管理中该如何应用。
2. 什么是能力？心理能力和体制能力的概念和内涵是什么？
3. 简述人格的概念、形成及特点。
4. 简述人格的气质理论。
5. 大五人格理论的主要内容是什么？请举例说明它的五个维度与工作绩效的关系。
6. 迈尔斯-布瑞格斯类型指标的主要维度是什么？
7. 简述霍兰德的人格与职业的匹配理论。
8. 影响个体成功的人格特征有哪些？它们的作用机制是什么？
9. 什么是情绪？情绪作用的过程是什么？
10. 如何划分情绪的类型？
11. 在组织中，情绪有哪些作用？
12. 简述情商的概念及其内涵，并请举例说明如何在生活和工作中应用情商。

第3章

认知与决策

本章要点

1. 认知的基本知识。
2. 归因理论及常见的归因偏差。
3. 决策的过程与方法。
4. 群体思维的过程及技巧。

引　例

90后员工的苦恼

某银行新入职一年的柜员小张，1990年生人，调休了一周全家去旅游。跟他同时进来的两名关系不错的同事替他值了度假期间的午班。小张上班后两人要求小张把顶替的午班接过去。小张想到要连续三周中午值班，所以不同意，三人越吵越气，当着顾客的面大吵了一架。小张直接找支行行长评理，结果行长一听就火了，批评他："这点小事还不能自己解决，耽误工作还越级诉苦，真是幼稚。"

小丽1992年生人，今年7月大专毕业后在一家公司做销售。只过了两个月，她就想辞职：首先是感觉不公平，主管老让她跑腿、打杂，可分给她的指标一点都不少；其次是同事关系淡漠，大家上班谈工作，下班各走各的；再次是年轻主管太苛刻，部门60后、70后领导对职场新兵还比较包容，但80后主管却没什么耐性，员工做得不满意，第一次指出，第二次就发火；最后是委屈没人听，有时候被客户骂也没人开解。她想，既然做这份工作，委屈总要忍一忍，可要忍到什么时候呢？妈妈总说女孩子老加班、出差不好，将来要怎样发展呢？

资料来源：吴小云、杨国庆：《代际冲突视野下 90 后员工管理初探》，载《中国人力资源开发》，2012（12）。

请思考：

1. 你认为 90 后员工是否与其他员工截然不同？为什么？
2. 小组辩论：社会性错觉是管理捷径 VS 社会性错觉是管理陷阱。

对于同样的事情，人们在认知上会存在巨大的差异，而这种认知上的差异又会影响到人们的决策行为。组织中的每个人既有相同之处，又有不同之处，管理者只有明白这个道理并力图去了解员工之间的这种差异，才能够获得管理的成效。

第 1 节 认知、归因和社会错觉

一个人的知识与技能及其认知水平之间有很大关系。每个管理者都希望下属有相应的知识和技能，因此，了解员工的认知水平是每个管理者的一项重要工作。

一、认知的基本概念

所谓认知（cognition），是指人们对事物的认识过程，主要包括感知、注意、记忆、表象、思维、言语和智力。换句话说，就是人们对信息输入、变换、简约、加工、存储和使用的全过程。

（一）感知

办公室的电话铃响了，坐在电话机旁的小李听而不闻，正对着电脑认真核对一份报价单；坐在远处的小王却一个箭步冲上去接起电话，因为他正在焦急地等待一位重要客户的回电。这表明组织中员工对事物的感知受到各种因素的影响。

1. 感知及其种类

感知是感觉与知觉的统称。

感觉（sensation）是人脑对直接作用于感觉器官的当前客观事物的个别属性的反映。知觉（perception）是人脑对直接作用于感觉器官的当前客观事物的整体的反映。比如我们听到嗡嗡声，这是感觉，但是，如果我们知道是电脑散热吹风机发出的嗡嗡声，那就是知觉。同样，看到红色、闻到香味都是客观事物个别属性在我们大脑中的反映，属于感觉，而如果我们知道是苹果的红色或者香奈儿 5 号香水的香味，那就是知觉了。

人类运用大脑来完成下列功能：感知周围环境的信息；注意周围的世界；在初始阶段加工信息。信息加工的初始步骤是知觉（见图 3—1），在这一过程中，脑位于核心地位，其任务是对进入周围神经系统的事物加以理解并弄清楚它们的意义。周围神经系统（peripheral nervous system）是由除了脑和脊髓以外的神经构成的，其功能是感觉和知觉。①

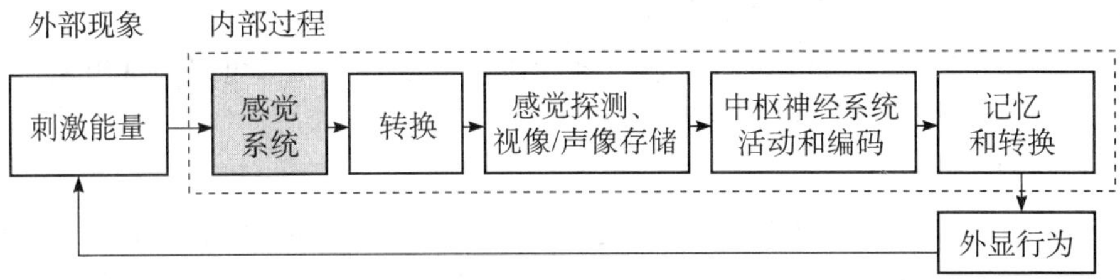

图 3—1 信息加工的各个阶段

资料来源：索尔所、麦克林、麦克林：《认知心理学（第 7 版）》，65 页，上海，上海人民出版社，2007。

2. 感觉的种类

人类的感觉有许多种类，用来接收内外部各种信息。例如视觉、听觉、味觉、嗅觉、触觉、运动觉、平衡觉、机体觉等。其中前五种称为五觉（见表 3—1），最主要的是视觉和听觉，因为人类接收的外部信息 90％以上依赖的是视觉和听觉。

表 3—1 人类的五种重要感觉

感觉	结构	刺激	感受器
视觉	眼睛	光波	视杆细胞和视锥细胞
听觉	耳朵	声波	毛细胞
味觉	舌头	化学物质	味蕾
嗅觉	鼻子	化学物质	毛细胞
触觉	皮肤	压力	神经细胞

资料来源：索尔所、麦克林、麦克林：《认知心理学（第 7 版）》，65 页。

3. 感知的基本特征

在管理中，经常可以发现不同的员工在同一环境中对同一对象会产生不同的感知。这主要是由感知的一些基本特征造成的。

（1）感知的选择性。感知的选择性（perceptual selectivity）是指人们在面对对自身有意义的事物时，对它们的感知会显得格外清晰。

感知的选择性与下列因素关系最为密切：个体的需要、动机、个性、经验，感知对象的大小、强度、对比、重复、新奇性、活动程度等。

（2）感知的整体性。感知的整体性（perceptual wholeness）是指人们往往把客观对象作为一个统一的整体来感知。

感知的整体性与下列因素密切相关：两个以上感知对象的相似、接近、连续、闭合、图形完整或者同属于一个区域等。

① 参见索尔所、麦克林、麦克林：《认知心理学（第 7 版）》，64 页。

（3）感知的理解性。感知的理解性（perceptual understandability）是指人们的感知受到自身知识和经验的影响，对理解的事物能更快感知。

感知的理解性与下列因素关系较为密切：记忆、思维和语言。

（4）感知的恒常性。感知的恒常性（perceptual constancy）是指人们的感知并不随着感知对象的变化而变化，表现得相对稳定。

感知的恒常性在事物的大小、形状、颜色以及明度等方面都可以表现出来。

（二）注意

某总经理坐在明亮、宽敞的办公室里，一边审阅各部门明年的财务预算，一边听他喜欢的古典音乐，偶尔还看一下玻璃门外大办公室中员工的表现。他的注意力分配适当，各项工作都胜任愉快。管理者的注意是影响企业绩效的一个重要因素。

1. 注意及其功能

注意（attention）是心理活动对一定对象的指向和集中。注意可以指向外部事物，也可以指向内部活动或行为。严格地说，注意不是一种独立的心理活动，而是某种心理活动的伴随现象。当人在注意某一对象时，他总是在感知着、记忆着、思维着、体验着什么。

注意有以下三种功能：

（1）选择功能。注意可以选择对个人有意义的、符合需要的和与当前活动有关的信息；避开或抑制不重要的、与需要冲突的和当前活动无关的信息，使心理活动更有效。

（2）保持功能。注意可以使心理活动的对象长期在意识和潜意识中保持，直到达到目标为止。这对实现目标相当重要。

（3）监督功能。注意可以使个体迅速地综合、概括、转移有用的信息，使个体的心理活动集中在应该完成的方面。有效发挥注意功能的个体可以更有效地提高心理活动的水平，进而更有效地创造业绩。

2. 注意的分类

注意可以分为两类：有意注意和无意注意。

（1）有意注意（intentional attention）。这是一种自觉的、有预定目的的、经过意志努力而产生并保持的注意。有意注意是人特有的一种高级注意形式，也是企业中要求员工发展的一种注意形式。

（2）无意注意（unconscious attention）。这是一种不自觉的、没有预定目的的、不需要意志努力而对某些事物产生的注意。无意注意是注意的一种初级形式。

3. 注意的特征

注意的特征主要有四个：注意的广度、注意的稳定性、注意的分配和注意的转移。

（1）注意的广度（scope of attention）是指个体在同一时间内能清楚地认知对象的特点的数量。

（2）注意的稳定性（stability of attention）是指个体在较长时间内把注意保持在某一事物上的一种品质。

(3) 注意的分配（distribution of attention）是指个体在同时进行两种以上的活动时，能把注意指向不同的对象。

(4) 注意的转移（displace of attention）是指个体根据目的主动地把注意从一个对象转向另一个对象。

(三) 记忆

在管理活动中，没有记忆的参与是不可想象的。各种例子比比皆是：组长向工人传达厂长的指示；经理向下属讲解销售的技巧；秘书回忆上午客户打来的电话；工程师写下中学时代学的计算公式等。

1. 记忆及其分类

记忆（memory）是人脑对过去经验的反映，包括识记、保持、再认或再现三个基本过程。记忆也可以认为是信息在人脑中的输入、编码、储存与提取的认知过程。

记忆以感知为基础，是思维的重要桥梁。认识记忆的性质与重要性，对管理者十分重要。

人类的记忆各种各样，因此记忆的分类法也五花八门。在管理中主要有两种分类法：时间分类法和内容分类法。

(1) 时间分类法。根据记忆保持时间的长短，主要可以分为瞬时记忆、短时记忆和长时记忆。瞬时记忆（instantaneous memory）又称感觉记忆，指持续时间仅约一秒钟的记忆。短时记忆（short-term memory）又称操作记忆、工作记忆或电话号码式记忆，指保持时间在一分钟以内的记忆。它是处于瞬时记忆和长时记忆之间的一个记忆阶段。长时记忆（long-term memory）是指保持时间长达多年，甚至终身的一种记忆。在管理中，员工的长时记忆十分重要。

(2) 内容分类法。形象记忆（visual memory）又称情境记忆，是一种以感知过的事物形象为内容的记忆。逻辑记忆（logic memory）又称语义记忆，是一种以字、词、概念、符号、公式以及它们之间关系为内容的记忆。情绪记忆（emotional memory）是以个体体验过的情绪或情感为内容的记忆。运动记忆（memory of movement）是以个体做过的运动状态或动作形象为内容的记忆。

在管理中，我们发现，上述四种记忆往往是相互联系的，其中运动记忆保持的时间最长。另外，每个员工有不同的记忆专长。

2. 影响记忆的因素

在一般情况下，员工都希望自己有较好的记忆力，但在实际工作中，不少员工的记忆并不理想。影响记忆的因素很多，主要有以下几种：

(1) 态度。一个人对记忆内容有积极的态度就较容易记忆。

(2) 年龄。年龄较小者，机械记忆能力较好；年龄较长者，意义识记能力较好。

(3) 知识结构。与个体原有的知识结构相关的内容较容易记忆。

(4) 及时复习。感知后尽早再感知的内容较易记忆，因为遗忘有先快再慢的特点。

(5) 记忆环境。一般认为较安静的环境有利于记忆；现在也有人认为，在优雅的古典音乐背景下更易记忆。

（四）表象

当我们回想起退休的老厂长时，他的音容笑貌就会浮现在脑海之中，犹如又看见他一样。这就是表象。

1. 表象及其种类

表象（idea）是指人或物并没有出现而人脑中出现该人或物的形象。表象可以分为两种：记忆表象和创造表象。

（1）记忆表象（memorial idea）简称表象，是指过去感知过的事物不在面前时又在人脑中再现出来的形象。

（2）创造表象（creative idea）又称想象，是指个体以已有的知识、经验为基础，在人脑中经过加工改造，形成新事物的形象。

2. 表象的特征

表象有两个特征：直观性和概括性。

（1）直观性是指表象和感知的形象较为接近，但与感知相比，得到的形象没有那么鲜明、正确、稳定。

（2）概括性是指表象反映同一事物或同一类事物在不同条件下多次感知所经常表现出来的一般特点。表象比知觉有更大的概括性，但弱于思维。

（五）思维

策划部经理正在为明年的企业策划案苦思冥想；车间工人小何反复思考如何向生产部经理提建议；工程部杨工程师正在为产品的纯度达不到标准而绞尽脑汁；营销部经理对下一阶段的促销活动深思熟虑；总经理反复推敲谁适合担任人力资源部经理。

企业中的员工在完成组织目标时，几乎都与思维有着密不可分的联系。

1. 思维及其特点

思维（thinking）是人脑对客观事物概括的、间接的反映。思维是以感知为基础，以记忆为中介的一种高级的认知过程。它主要凭借分析和综合、抽象和概括等思维工具对感知的信息以及记忆中的信息进行加工，以探索事物的本质和内在的联系。

根据思维的定义，思维的特点是概括性和间接性。

（1）概括性是指思维所反映的不是个别事物或事物的个别属性，而是同类事物的共同特征和本质特征。

（2）间接性是指思维所反映的不是直接作用于感觉器官的当前客观事物，而是通过其他事物的媒介作用来反映的。

2. 思维的形式

思维的形式主要有三种：概念、判断和推理。

（1）概念（concept）是人脑对同一类事物的属性或特征的抽象的、概括的反映。概念具有抽象性、概括性和间接性特点。概念具有外延和内涵两个方面。

外延（extension）是指具有该概念所反映的本质属性的一切事物。例如，企业概念的外延是所有各种各样的企业。

内涵（connotation）是指概念所反映的事物的本质属性的总和。例如，企业概念的内涵包含通过生产、流通商品和提供服务，以获取利润为主要目标的组织。一个概念的内涵增多，其外延就会减少。

（2）判断（judgment）是指对客观现实的对象之间的本质联系给出结论的一种思维形式。判断以概念为基础，以语句来表达。一般由主概念、系词、宾概念三部分构成。

（3）推理（reasoning）是指从一个或数个已知的判断中得出新判断。推理以判断为基础，以复合句或句组来表达。推理一般由前提和结论两部分构成。

3. 解决问题的思维过程

人类的思维是有目的的，因此，思维活动往往是为了解决某一个问题或实践问题。在解决简单问题时，思维过程很难划分。在解决复杂问题时，思维过程可以分为四个阶段：发现问题，分析问题，提出假设，检验假设。

（1）发现问题。在这个阶段中，人们发现有的经验不能解释新情况、解决新问题，通过思维活动，清晰地确立了一个问题。

（2）分析问题。在这个阶段中，凭借全面掌握的感性材料，通过思维活动，对问题进行详细的分析，了解问题的各个组织部分，以及各部分之间的相互关系。

（3）提出假设。在这个阶段中，以假设的形式提出可能解决问题的方法。提出的假设一般来自已有的经验，但一定要以事实为依据，否则，假设仅仅是假设。

（4）检验假设。“实践是检验真理的唯一标准”，提出的假设能否解决问题，需要通过实践来检验。如果问题解决了，该假设就是答案；如果问题未解决，再回到第二阶段。

（六）言语

“我从来没有见过像你这么笨的人，连这点小事都做不好！”厂长对着助理大声吼道。

“小张，你干得真不错，刚上班三个月，销量已经达到中上水平了，再向同事学一点处理客户抱怨的技巧，你的销量计划一定会有突破的。”销售部经理对新来的推销员和颜悦色地说。

不同的语言反映了不同的心理活动，也影响着他人的心理活动。俗话“一句话让人笑，一句话让人跳”说的就是这个道理。因此，管理者应该对语言有一个深刻的了解。

1. 语言和言语

语言和言语是两个完全不同的概念。

（1）语言（language）是按照一定的语法规则由词汇所组成的符号系统，如汉语、英语、日语等。它是一种社会现象。

（2）言语（speech）是人们运用语言与他人交往或自己思维时的一种过程。讲话、听说、书写、阅读等都是言语的一种方式。言语主要包括两个方面：表达，如讲话、书写等；理解，如听说、阅读等。它是一种复杂的心理活动。

（3）言语和语言的关系。这两者之间的关系十分密切，言语离不开语言，否则人们不能思维，不能表达思维，也不能与他人交往。同样，语言也离不开言语，如果某种语言不被人们言语，该语言就会被淘汰。

语言有较大的稳定性，而言语则有较大的差异性和多变性。

2. 言语的种类

言语的种类可如图 3—2 所示。

- 言语
  - 外部言语
    - 口头言语
      - 独自言语
      - 对话言语
    - 书面言语
  - 内部言语

图 3—2 言语的种类

人们的外部言语主要起人际交往作用；内部言语主要是思维时的言语活动。独自言语是指个体在一个较长的时间里阐述自己的观点，传播有关的信息，而不被他人插话打断的口头言语；对话言语是指两人或两人以上之间相互交流信息的口头言语。

（七）智力

月亮房地产公司招聘了两位推销员小林和小洪，他们刚刚从学校毕业，都没有推销经验。经过两周的推销上岗培训，小林很快入门了，并在三个月的工作中熟练地运用学到的知识和技能，销售业绩也和老员工不相上下。小洪却在三个月中一点建树也没有，还像一位新手一样，经理不得不安排他第二次参加培训。

企业中员工智力的高低对企业的生存和发展有着举足轻重的作用，因此，管理者应该相当重视员工的智力水平。

1. 智力及其重要性

智力（intelligence）是指个体的学习能力和适应环境的能力。智力是人的认识水平的综合体现，主要包括观察能力、记忆能力、想象能力和思维能力。

人的智力的高低主要受到遗传和环境两方面的影响。绝大多数人出生后智力相差无几，因此，后天环境因素起了至关重要的作用。

企业的成功与否主要取决于高素质的人，高素质的人的一个重要组成部分是具备较高的智力水平。因此，管理者必须吸引足够多的高智力的人，同时，把每个员工的智力尽可能地发挥出来，这样，这个企业才有成功的希望。当然高素质的人还需要具备其他的品质，如良好的个性、积极的心态、高尚的品德等。

2. 智力的测验

目前，许多企业采用智力测验来了解员工的智力状况。智力测验（intellective assessment）是指通过个体的认知活动来了解其智力水平的一种心理科学方法。智力的高低以智商（IQ）来表示。

一般人的 IQ 在 90～109 之间；110～119 属于中上水平；120～139 属于优秀水平；140 以上属于天才；79～89 属于中下水平；60～79 属于临界状态水平；60 以下属于智力缺陷，也称智残。

IQ 通过智力测验获得结果。智力测验的内容多种多样，主要有判断力、推理能力、记忆力、观察力、空间知觉能力、知觉速度、走迷宫、形状分析、快速计算、词汇量、综合知识、注意力、创造能力等。

目前智力测验的形式主要有纸—笔测验和计算机的人—机对话。

3. 对管理中运用智力测验的评价

智力测验在管理中已经运用了很长时期，但对智力测验有两种截然不同的看法：一种看法认为，智力测验对于了解员工的成功潜力至关重要，因此每个员工必须通过智力测验；另一种看法认为，智力测验完全无效，企业中应该严禁对员工进行智力测验。

其实，以上两种观点均有偏颇。应该说，智力测验有其本身的长短处。其长处在于能较迅速了解一个人的认知水平，比较科学，在招聘中运用比较公平；其短处在于可能被滥用而导致测试失准，甚至由于对智力有曲解而产生误会。

二、归因

老李今天上班迟到了，关于老李上班为什么迟到，不同的人有不同的看法：小王认为老李倚老卖老，迟到表明他对工作不重视；小赵认为老李平时从未迟到过，今天迟到一定是家里发生了什么大事；小谢认为，今天迟到的同事比较多，可能路上堵车比较严重……

人们总是试图对其他人的行为方式做出解释，这种解释往往又受到个体的信仰、价值观、态度、经验等的影响。因此，人们对人的知觉相对于对客观事物的知觉具有更大的差异性。

（一）归因理论

归因理论（attribution theory）认为，我们对个体行为的判断主要取决于我们如何解释个体特定行为的意义，在观察个体行为时，我们总是试图判断这种行为是由内因还是外因引起的。其中，内因是指个体认为在自己能够控制范围内的因素，外因是指超出个体控制范围的外部情境因素。

影响这种判断的因素主要有三个：区别性、一致性和一贯性（见图 3—3）。

1. 区别性

区别性（distinctiveness）是指个体在不同的情境下是否表现出不同的行为。如果一个迟到的员工平时在做其他事情的时候也是拖拉散漫，那么，人们往往可能把这次迟到归为他的工作态度消极，也即内部原因；如果同事们认为他做其他事情时非常认真负责，那么，这次上班迟到可能被认为是由外部原因引起的。

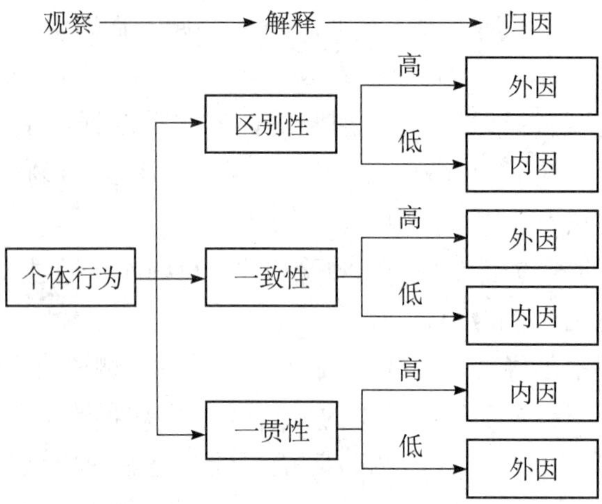

图 3—3 归因理论

资料来源：斯蒂芬·P·罗宾斯、玛丽·库尔特：《管理学（第 7 版）》，404 页。

2. 一致性

一致性（consensus）是指人们面对同一情境是否都有相同的反应。比如，某个员工上班迟到，如果乘坐同一班车的员工上班都迟到了，那么可以把迟到归为外部原因，比如班车误点或路上堵车；如果只有这一个员工迟到，人们就要从这个员工本身去寻找内部原因了。

3. 一贯性

一贯性（consistency）是指个体的行为是否随着时间的变化而有所不同。如果一个上班迟到的员工平时经常迟到，那么他的这次迟到可能被归为内部原因；如果他平时很少迟到或者几乎没有迟到过，那么人们可能会把他的这次迟到归为外部原因。

（二）归因偏差

归因理论的研究发现归因失真的错误常常会发生，并且这个现象非常有趣：人们总是把个人的成功归为内部原因，把自己的失败归为外部原因；即使有充足的证据，人们也总喜欢把他人的成功归为外部因素，而把他人的失败归为内部因素。前者称为自我服务偏见（self-serving bias），后者称为基本归因错误（fundamental attribution error）（见图 3—4）。

例如，当让人们总结自己为什么会成功时，我们往往会得到这样的回答："我很勤奋"、"我很聪明"、"我抓住了机遇"、"我态度很好"等；而让人们回想一下自己曾经的一次失败经历，并说明原因时，我们往往听到"市场形势变化太快"、"我被人算计了"、"那次纯粹是个意外"等。

同样，如果让人们发表一下小王为什么会成功时，我们经常听到"小王运气很好"、"领导是小王的舅舅"、"小王家庭背景显赫"等；而小王为什么会失败，则答案往往是"小王好吃懒做"、"小王没有经验"、"小王能力有限"、"小王没有文化"等。

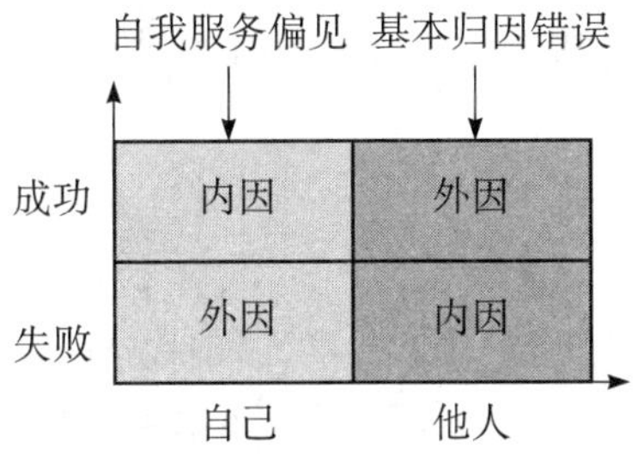

图 3—4 常见的归因错误或偏见

三、管理中常见的社会性错觉

所谓错觉（illusion），是指个体由于种种原因产生的感知与客观事物不一致的现象。错觉可以分为生理性错觉和社会性错觉。在企业中，管理者的社会性错觉往往会给企业带来损失。社会性错觉主要有以下几种。

（一）知觉防御

知觉防御（defensive perception）是指人们为了保护自己，较容易感知能满足自己需要的事物而造成的错觉。例如，炒股的人在看大盘的时候，往往认为上涨的股票多；不炒股的人则往往看到大盘股票一片下跌。进行股票投资时，满仓者感知股指会上涨。

（二）选择性知觉

选择性知觉（selective perception）是指观察者根据自己的兴趣、背景、经验和态度进行主动选择观察到的信息而造成的错觉。比如，老李、小王和小张下班后一起去看电影。电影结束后，老李说："片子不错，把社会世风日下的现实反映得淋漓尽致。"小王说："什么呀，这明明是讲两个年轻人爱情故事的嘛。"小李在旁边悄悄感慨："怎么会这样理解呢？这片子把人与人之间心灵的距离描绘得入木三分，你们怎么都没有看出来呢？"

（三）晕轮效应

晕轮效应（halo effect）是指人们以事物的某一特征为依据，忽视或扭曲事物其他特征而造成的错觉。比如，人事部吴经理平时对大家非常客气友好，因此，喜欢她的人认为她善良、美丽、有能力、成功等。然而，客观上看，吴经理长相一般，作为一个小公司的部门经理也谈不上多么成功。

（四）对比效应

对比效应（contrast effect）是指由于对两个事物进行比较而使知觉失真的现象。"瘸子里面挑将军"这句话就是对比效应的例子，在企业面试过程中，如果面试者的水平普遍比较低，那么，在这群面试者中一个能力一般的人很可能被认为是优秀的候选人。同样，一群优秀的候选人在一起竞争，他们中间表现稍差一些的人就会被别人看做失败或者糟糕。

（五）投射

投射（projection）也称像我效应，是指人们假定别人与自己相似，从而根据自己的情感、兴趣、动机、个性去判断他人而造成的错觉。例如，同一件任务交代下去后，性子急的经理会希望下属三天就把事情做好并向他汇报；性子慢的经理则认为做好这件事至少要两周时间。

（六）刻板印象

刻板印象（stereotyping）是指人们对某一类人或事物产生的比较固定、概括而笼统的一种错觉。比如，在企业中，人们普遍愿意认为男性“充满活力、雄心勃勃、喜欢出差”，而女性则“稳重、没有野心、喜欢稳定的办公环境”。跨国交往中，我们先入为主地认为：美国人直率、豁达；中国人含蓄、爱讲关系；德国人严谨、遵守规则；法国人浪漫、创新性强；日本人精明、对企业忠诚等。

（七）近期效应

近期效应（recent effect）是指人们根据他人当前的行为来判断他人而造成的错觉。比如，年终绩效考核时，经理认为老李兢兢业业，表现良好。实际上，老李在前半年由于老伴住院，三天两头请假、迟到，因为接近年终考核，最近两个月才表现出提前上班、每天加班的现象。小王工作非常努力，但是因为刚刚和经理大吵了一架，所以经理认为小王态度恶劣，工作一般。

（八）偏见

偏见（prejudice）是指人们只根据他们属于哪一类人来判断他人有哪些特征而造成的错觉。例如，公司来了一位新同事，他的爸爸是某市的市委书记。在见到这个同事之前，大家都非常肯定地认为：这个人一定是纨绔子弟，能力一般，爱摆架子，与他合作会非常困难。

（九）第一印象

第一印象（first impression）是指人们在第一次接触时对对方的综合感知。第一印象往往非常深刻，但常常也是不正确的。例如，公司来了一位穿着时髦另类、带着钻石耳环、手拎香奈儿手袋的应聘者。人力资源部经理看到这个应聘者就认为她是一个不务正业、能力一般的花瓶，没聊两句就认为这个人不符合公司的要求。其实，这是一位留学归来的硕士，她看到这家公司招聘公关人员，于是就打扮得非常时尚，希望能够让面试官一眼就觉得自己符合要求。

第 2 节 个体决策

个体和组织无时无刻不在进行着决策。决策是一项最基本的管理活动，某些重大的决策可以决定一个组织的生死存亡。因此，每一位管理者都应该对决策的过程、方法以及影响决策的心理因素有一个基本的了解，以使管理工作更加有效。

一、决策概述

（一）决策及决策过程

1. 决策的概念

决策（decision-making）是指从多个方案中选择其中一个方案的过程。例如，小李从家到公司上班的方案有六种：骑自行车上班；坐出租车上班；乘公共汽车上班；骑自行车换乘地铁上班；坐出租车换乘地铁上班；乘公共汽车换乘地铁上班。最后，小李根据速度、舒适、经济的原则，决定选择骑自行车换乘地铁上班的方案。

2. 决策的过程

几乎每个人每天都要作许多次决策，每一次决策都有一个完整的决策过程（见图 3—5）。在作不重要的决策时，这些过程一晃而过；只有在作重大决策时，才会在决策过程的各个环节上进行仔细研究。

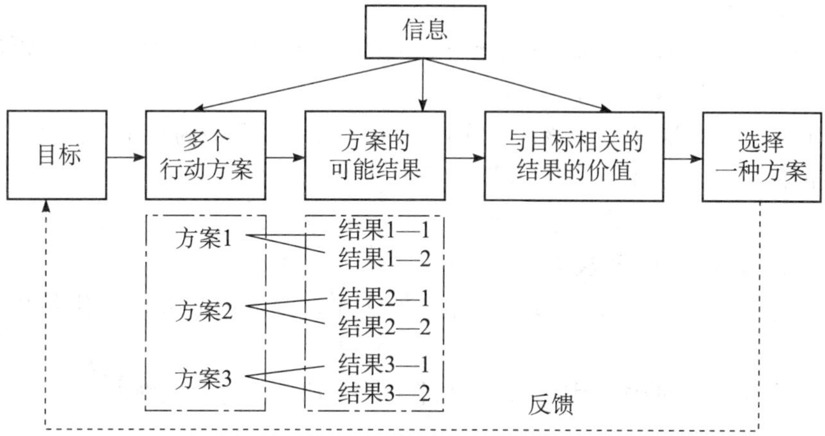

图 3—5 决策的过程

从图 3—5 中可以看出，决策过程有以下五个环节：

（1）目标。每一次决策都是以目标为导向的，尤其是组织中的重大决策，一定要有很明确的目标。事实上，每一次决策可能目标不明确，或目标不正确，但不可能没有目标。

（2）多个行动方案。如果只有一个行动方案，这不是决策，而是执行。只有面对两个以上的行动方案时，才会有决策。如果行动方案太多，则会给决策带来许多干扰。

（3）方案的可能结果。每个行动方案都有一个或数个可能结果。在决策过程中，要尽可能多地列出这些可能的结果。由于方案还未实施，这些结果一般只是根据以往的经验假设的。

（4）与目标相关的结果的价值。这是一个评价过程，看看每一种结果对达成目标是否有价值，有多大价值。在第二、三、四环节中，都受到信息的制约，缺乏必要的信息就不可能制定出多个行动方案，不可能了解每个方案的各种可能结果，也无法正确判断每一种结果对达成目标的价值。

（5）选择一种方案。这是决策的最后一个环节，也就是完成了一次决策。在选择一种方案后应该是一种实施行为，行为产生结果后应反馈到目标，看是否达到了目标。如果选择一种方案后不采取实施行为，这实际上是又作了一次决策。

（二）决策的类型

决策有许多类型，例如，根据目标的重要与否可以分为重大决策和普通决策；根据决策影响的时间长短可以分为战略性决策和战术性决策；根据信息的多少可以分为确定性决策、风险决策和非确定性决策；根据决策的其他性质又可以有竞争性决策、追踪性决策等。

1. 程序性决策和非程序性决策

根据决策时是否运用决策规划，可以把决策分为程序性决策和非程序性决策。

（1）程序性决策。程序性决策（procedural decision-making）是指经常运用已确定的决策规则的一种决策。

决策规则（regulations of decision-making）是指一种明文规定，它告诉决策者在特定的情境中应该选择哪个行动方案。

在管理中，一般决策都应该是程序性决策，如机器设备的使用。这样，既可以减少决策的时间，又可以减少决策失误。

（2）非程序性决策。非程序性决策（nonprocedural decision-making）是指不能运用已确定的决策规则的一种决策。

在管理中，许多重大决策都是非程序性决策，因此，非程序性决策更难、作用更大。

（3）两种决策的对比。程序性决策和非程序性决策的主要区别如表 3—2 所示。

表 3—2 两种决策的主要区别

区别内容	程序性决策	非程序性决策
决策类型	良好结构型	较差结构型
频率	重复与日常的	新的和不常见的
目标	清晰、特定的	模糊的
信息	较易获得	不易获得，渠道不明确

续前表

区别内容	程序性决策	非程序性决策
重要性	较小	较大
组织层级	较低层级	较高层级
解决问题时间	短	较长
解决问题基础	决策规则已设定的程序	判断力和创造力

从表 3—2 中我们可以看出，程序性决策常常发生在组织的较低层中，解决问题的时间较短，解决的问题不太重要，主要依赖决策规则和已设定的决策程序，目标具体且清晰。属经常发生、信息也较易获得的那一类。

非程序性决策与程序性决策有很大区别。非程序性决策常常发生在组织的较高层级，解决问题的时间较长，解决的问题一般比较重要，主要依赖决策者的判断力和创造力，目标也模糊不清。属较少遇到、信息也不易获取的那一类。

2. 竞争性决策和追踪性决策

(1) 竞争性决策。竞争性决策（competitive decision-making）是指有竞争对手的动态的决策。

在进行竞争性决策时，决策者必须注意以下几点：

1）充分认识到这是一种动态的决策，一定要以动制动，一旦决策后还经常要做必要的修正，这样才能最后达到目标。

2）尽可能地了解竞争者。有时竞争对手不止一个，因此，在作决策前应花大量的时间与精力了解竞争者的长处和短处，了解竞争者的状态和可能作出的决策，然后制定相应的决策。

3）充分了解自己。在竞争性决策中，由于变量复杂，往往容易导致决策失误，因此更要充分了解自己的长处和短处，了解自己的处境，作出正确的判断，然后才能作出相对正确的决策。

4）发挥创造力。竞争性决策的效果往往看能否战胜竞争者，因此，发挥创造力、出奇制胜是竞争性决策的重要内容。

5）遵守竞争规则。在竞争性决策时要遵守竞争规则，如政策法律、道德规范等，否则后果不堪设想。

(2) 追踪性决策。追踪性决策（tracing decision-making）是指在实施原有决策的过程中发现问题，为了达到目标，对原有决策进行根本性改变的一种动态的决策。追踪性决策和竞争性决策一样，都是十分复杂的决策。

在进行追踪性决策时，必须注意以下几点：

1）重视回顾分析。追踪性决策一般都是在原有决策的基础上进行的，因此要对原有的决策过程和实施过程进行全面的回顾分析，尽可能客观地分析当初作出原有决策的环境和条件，然后进一步分析在哪个环节出了差错，应该如何补救。

2）坚持零起点。如果原有的决策未发生过，现在该如何决策，这就是所谓的坚持零起点。

3）尽量减少损失。在作追踪性决策时，发现在实施原有决策时出了问题，为了达到目标，不断地修正原有决策，使决策优中取优，或者“损失少即为获利”，使损失减少到最低限度。

4）防止心理排斥。在改变原有决策，尤其是改变原有重大决策时，或多或少会遭到原有决策者的心理排斥。当制定追踪性决策者和原有决策者是同一人时也会出现自我心理排斥现象。这种心理排斥现象会使分析和评价不科学、不公正、不客观。这种情况会为制定正确的追踪性决策设置障碍，一定要注意防止。

（三）决策需要的信息

决策希望带来预期的结果，但是没有信息就不知道什么是预期的结果。

有三种决策信息条件：确定性、风险性和不确定性（见图 3—6）。

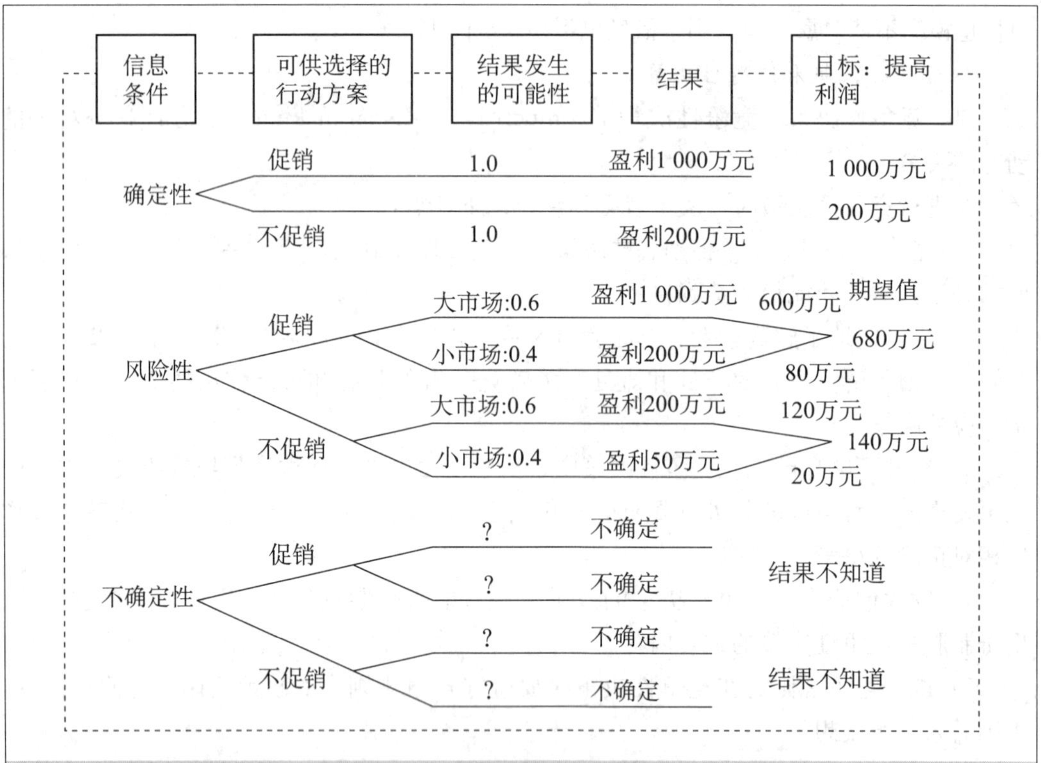

图 3—6　不同信息条件下决策的结果

1. 确定性

如果信息条件是确定性的，那么决策的每个结果都是可知的。图 3—6 是一个企业的例子，可选择的行为方案是两个：促销或不促销，结果发生的可能性都是 100%，即 1.0。结果十分确定：促销则盈利 1 000 万元，不促销则盈利 200 万元。在这种情况下，决策似乎很容易，为了达到扩大利润的目标，当然选择“促销”方案。

在信息条件为确定性的情境下，决策者要注意以下几点：

（1）可选择的方案可能不止两个，要选择最佳方案时，尽可能用数学方法解决。

（2）一旦选择了最佳方案，要及时行动，否则确定性会变成不确定性。

2. 风险性

如果信息条件是风险性的，决策者并不知道每个结果的确定性，但可以估计出每个结果发生的可能性。图3—6显示，在风险性的条件下，“大市场”结果发生的可能性是0.6，“小市场”结果发生的可能性是0.4。这样采取“促销”方案时，在“大市场”可盈利600万元，在“小市场”可盈利80万元，期望值可达680万元；而采取“不促销”方案时，期望值可达140万元。

在信息条件为风险性的情境下，决策者要注意以下几点：

（1）选择最有希望的方案实施；

（2）准备好第二方案，当估计的可能性发生变化时可以备用；

（3）尽量多收集新的信息，使风险性转化为确定性；

（4）留有余地。

3. 不确定性

如果信息条件是不确定性的，决策者缺乏足够的信息来估计结果发生的可能性，因此结果无从知晓。在这种条件下决策最难，但在管理实践中，许多时候不得不在这种条件下作决策。

在信息条件为不确定性的情境下，决策者要注意以下几点：

（1）准备好追踪性决策，针对目标，随时准备修正原方案；

（2）将主要精力集中在收集信息上，尽可能了解结果发生的可能性；

（3）实施方案时可以慢一点，观察一下反应后再行动；

（4）如果有可能，可以同时推进两个方案，哪一个方案效果理想，就继续实施哪一个。

二、决策方法

正确的决策对实现组织目标而言至关重要。管理者应该掌握各种决策方法，以便在不同的情境中使用。

（一）理性决策方法

1. 理性决策方法概述

理性决策方法（rational decision-making method）是指决策者在决策时遵循一个系统的、逐步的过程的决策方法。

在运用这种方法时，一般要求决策者有明确的目标以及足够的信息。从目标的陈述开始，到控制结束，共有八个步骤（见图3—7）。

2. 理性决策方法的步骤

（1）陈述情境目标。理性决策方法的第一步是陈述情境目标，也就是陈述希望得到的最后情境。例如，市场部的目标可能是年底扩大市场份额；财务部的目标可能是在年底提高利润等。

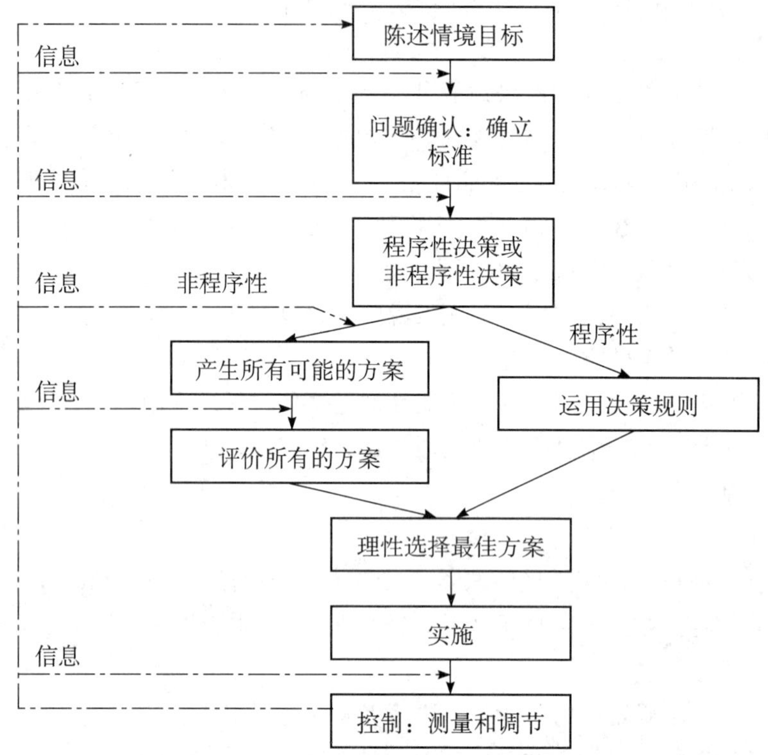

图3—7　理性决策方法的步骤

（2）问题确认。问题确认的目的是在目标的基础上收集信息。当目标与实际情况有差异时，就需要有行动。以市场部来说，就要收集公司有关实际市场份额的信息，并且与希望达到的市场份额进行比较。这两者之间的差别表明存在的问题，需要作一个决策。在这一步骤中，可靠的信息非常重要，如果信息不正确，很可能导致该作决策时不作决策，不该作决策时反而去作决策。

（3）决定决策类型。在这一步骤中，决策者必须决定采取何种决策类型。如果采用程序性决策，该用何种决策规则。采用程序性决策看起来似乎很简单，其实在实际操作中还是相当复杂的。因为有可能选择了错的决策规则，也可能在应该用非程序性决策时误用了程序性决策。一旦这一步走错，决策者可能既浪费了时间，又浪费了资源。

（4）产生所有可能的方案。如果决策者已决定这个问题需要一个非程序性决策，第四步就是产生所有可能的方案。

（5）评价所有的方案。根据实际确立的决策标准，评价所有的方案。最终的决策依据应该是“此方案是否有利于我们达到目标？”决策者必须以事实为依据，检查每一个方案在理想状态和现实状态之间的差距。评价过程一般包括以下几方面：

1）写出每一个方案的预期结果；

2）评价每一个方案的预期成本；

3）评价每一个方案的不确定性和风险性。

对于大部分决策，决策者并不可能拥有关于所有方案结果的全部信息。有时决策者的确会了解确切的结果，但有时决策者对结果会一无所知。通常存在一定的风险是最常见的情境。

（6）理性选择最佳方案。无论是程序性决策还是非程序性决策，选择最佳方案在决策过程中总是最关键的一步，决策者要根据所有方案的优点、成本、风险和不确定性，选择一个成功可能性最大、效果最好的方案。

即使在理性决策方法中，最佳方案的选择也困难重重。第一，当两个以上的方案具有相同结果时，决策者必须获得更多信息，或者用其他的标准来进行决策；第二，如果没有单一方案可以达到目标，必须用两三个方案进行组合；第三，如果组合也无效，这时决策者必须获取更多信息，产生更多方案，或者干脆改变目标。

在此步骤中，一个重要的方面就是要考虑情境计划。情境计划（contingency plan）是指在实行最佳方案时出现预料不到的情况时的备用方案。

（7）实施。实施就是通过参与者的承诺以及领导者的激励手段使决策真正得以贯彻。在此步骤中需要有效地利用各种资源和熟练的管理技巧。一个组织要实施方案并获得成功，需要高超的领导艺术、完善的奖励系统、健全的沟通渠道以及良好的心理氛围。

有时，在此步骤中会开始怀疑自己的选择。这种怀疑，称作决策后不协调或认知不协调。这种不协调可以降低决策带来的焦虑和压力，决策者会希望获得新的信息，追求更理想的决策。

（8）控制。这是理性决策的最后一个步骤。根据原定的目标测量决策的结果，比较一下，判断是否解决了问题。如果目标达到了，决策者可以启动另一个决策循环，设立新的目标，也可以根据原有的目标再启动一个决策循环。如果决策者对以前的决策不满意，可以修正决策的每一个步骤来避免错误。

（二）行为决策方法

1. 行为决策方法产生的原因

理性决策方法假设管理者是以逻辑推理来进行决策的，行为决策方法则认为在决策过程中，人的行为发挥了重要的作用。在行为决策方法中的一个关键假设是：决策者的理性往往是有限度的。

行为决策方法的假设基础是：虽然每个人都希望找到解决问题的最好方法，希望获取有关问题的所有信息，要求选择最佳方案，但是这一切超出了大多数决策者的能力。这样，决策者将会认为一种并非建立在完全理性上的、比理想方法稍差一点的方法是可行的。决策者会以个人的偏好和逻辑推理进行有限的理性决策。

2. 行为决策方法的内涵

（1）定义。行为决策方法（behavioral decision-making method）是在决策中运用经验、次级优化（suboptimizing）和知足化（satisfied）的一种综合方法。

（2）基本特点。根据行为决策方法的定义，我们可以看出该方法有三个特点：运用经验、次级优化和知足化。

1）运用经验。最初，可以通过对程序和经验的使用降低决策中的不确定性。例如，某公司对新招聘的推销员进行为期三天的培训后，明显地提高了推销员的能力，销售业绩较好。当后来又招聘推销员时，根据经验，公司很容易作出决策：对新来的推销员进行为期三天的培训。

2）次级优化是指有意接受比最佳的可能结果稍差的结果。通常，在现实生活中，要获得最佳决策是不可能的，因此，为了给决策者减轻压力，使组织避免其他的消极影响，决策时可采用次级优化。例如，在某一行业中，每个员工创造的最高销售额是每年 100 万元，而某公司目前只达到了 60 万元。为了提高绩效，该公司做了一个决策：目标是达到人均 80 万元，而不是 100 万元，这就是次级优化。

3）知足化是指决策者检验每一种行动方案，直到有一种方法可以满足最低要求，接下来再寻找更好一点的方法。寻找方案通常是一个系列过程，可以根据以前相似问题有关经验来寻找方案。当遇到第一个最起码可以接受的选择时，寻找就停止了。这个选择可能刚刚填补了要求与现实之间的差距，但它并不是最佳方案。接下来再重复选择过程，不断地改善方案的质量，使问题解决得越来越好。

（三）实践决策方法

1. 实践决策方法的定义

实践决策方法（practical decision-making method）是指在组织中把理性决策方法的步骤与行为决策方法的步骤结合起来，创造出的更现实的一种决策方法。

由于理性决策方法的不现实性、有限性，再加上行为方法的难以操作性，因此，人们认为把两者的优点结合在一起的实践决策方法将更受欢迎。

2. 实践决策方法的框架

实践决策方法的基本步骤（见图 3—8）与理性决策方法完全相同，但增加了一些行为决策方法的认知条件，使得决策步骤更贴近现实。

在实践决策方法中，理性决策方法提供了一个分析的网络，决策行为方法则提供了一种修正的影响，这样可以使决策更有效。

其实，在实践中决策者往往混合运用三种方法来进行决策。有些决策者在决策时从容不迫，用各种方法收集尽可能多的信息，然后分析、评价各种方案。他们也会向一些足智多谋的顾问咨询，最终作出较为理想的决策。有些决策者往往快速决策，他们利用自己以往的知识和经验，不花很多时间和精力来收集信息，有时也会作出不错的决策。关键是提高管理者的基本素质和管理技能。

三、决策者的心理特点

决策的优劣不仅与环境因素、欲解决问题的难易等有关，而且与决策者的心理特点息息相关。

（一）决策者的智力特点

决策者的智力特点主要涉及三方面：智商、教育水平和经验。这三者有一定的联系，但又是各自独立的。

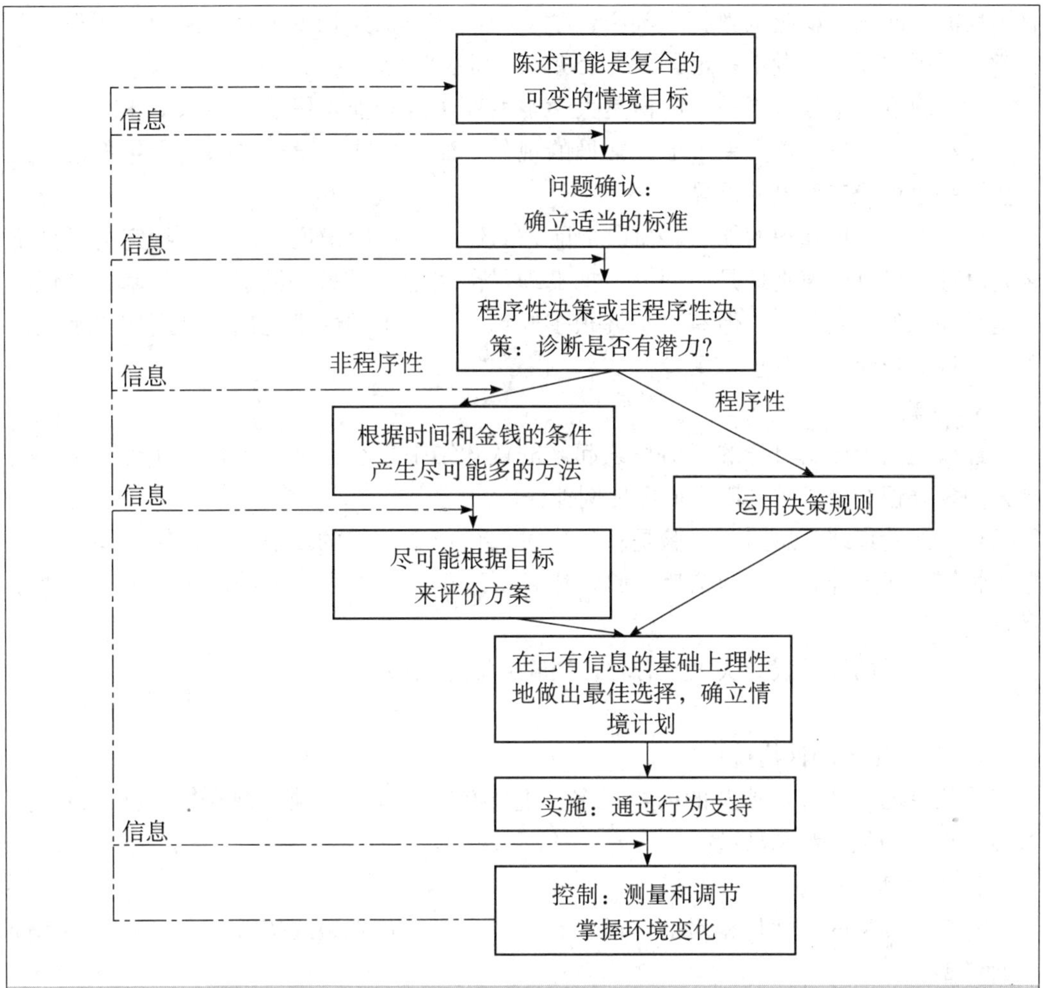

图 3—8 实践行为决策方法的框架

1. 智商

一般来说，智商高的管理者比智商低的管理者更能发现问题或作出决策来解决问题。这似乎是显而易见的，但是在实践中，有时会出现例外，可能与下列因素有关。

(1) 智商太高者反而不如智商较高者。管理中的各种问题往往与人有关，而智商太高者往往不太善于处理人际关系，因此在决策时反而不如智商较高者。

(2) 智商高者有时太注重方法。对于管理中的一些简单问题，不一定都要用理性决策方法来解决。

2. 教育水平

教育水平高的经理应该比教育水平低的经理更能解决问题，这似乎也是理所当然的事，否则为什么学历在许多企业中是涨工资的一个重要条件？但是，在实践中也会有不少例外，可能与下列因素有关。

(1) 应试教育的影响。教育应该使受教育者在德育、智育、体育各方面都得到平衡的发展，应该使受教育者在整体素质方面有所提高。但是我国的传统教育方法有一种不良的倾向，即以应试教育为轴心，学生的学习在很大程度上是为了应付考试，获得学历。因此高学历者不一定具有决策所需的高水平。

（2）教育质量参差不齐。同样是大学本科商学院毕业，甲学校出来的学生可能水平明显高于乙学校，这是一个十分常见的现象。而且，同一学校中，不同年份毕业的学生水平也可能有明显的差异。

（3）善于运用知识的能力。知识是前人的经验，一般来说，知识在特定的条件下才是真理。而且知道真理是一回事，把真理付诸实施又是另一回事。当然掌握知识者有运用知识的有利条件，但有时掌握很多知识者，由于不善于运用，其真实水平反而低于掌握知识较少但善于运用者。

3. 经验

经验是指个体由自身的经历积累起来的认知结果。经验丰富者较能作出决策也是普遍现象，但会由于下列因素而出现例外：

（1）经验束缚了思路。经验是从经历过的情境中获得的，现在的情境往往会与以前的情境有所差异，一味地依赖经验，势必束缚思路，作出低劣的决策，不能解决新的问题。

（2）错误的经验误导决策。有时，经验恰恰是错误的。

（二）决策者的性格特点

决策者的个性特点涉及的内容很多，主要有三个方面：独立型和依赖型、逻辑型和直觉型、利他型和利己型。

1. 独立型和依赖型

这两种类型的个性是相对的，很少有人是完全的独立型或依赖型，一般总是偏向某种类型。

（1）独立型。独立型的决策者往往喜欢依赖自己的判断来进行决策。他们一般比较固执，比较坚强，能迅速地选择方案。

这类决策者在某些紧急情境中决策往往效果十分明显，如果这类决策者素质较高，在某些重大问题决策上也会屡见奇效。但是如果长期依赖这类决策者，容易跌大跟头。

（2）依赖型。依赖型的决策者往往喜欢依赖他人的力量来进行决策。他们一般比较民主，比较善于与人交往，也比较优柔寡断。

这类决策者喜欢听取下级的意见，喜欢吸收顾问们的建议。在一些重大问题决策中，慎之又慎，往往能取得最佳方案。但在一些紧急情境中，也会由于优柔寡断而坐失良机。

2. 逻辑型和直觉型

这是两类泾渭分明的决策者，但在实践中通过训练，两者可以相互转变。

（1）逻辑型。这类决策者喜欢用理性决策方法，在决策中尽可能多地占有信息，然后进行逻辑推理，找出最佳方案。这类决策者决策时间较长，决策质量较高，在进行重大问题决策时较占优势。

（2）直觉型。这类决策者在作决策时主要凭借知觉和洞察力，如果问他为什么要作这样的决策，他很难作出令人信服的解释。但有些决策还真管用，快速而有效地解决了问题。不过直觉型决策者失误的概率较大，当面临重大决策时，应尽可能不用或少用这类决策者。

3. 利他型和利己型

这两种类型的个性涉及决策者的价值观与道德水准，对决策有重要影响。

（1）利他型。这类决策者在作决策时首先考虑的是他人的利益、公司的利益和社会的利益，因此，有时决策会损害部分个人利益。这类决策者如果其他能力较强的话，将是企业优秀的管理人才，因为他们的决策往往是正确的。但是组织有时也要照顾这类决策者的个人利益，否则很难长期坚持下去，也很难有仿效者。

（2）利己型。这类决策者在作决策时有一条标准：自己能从中得多少利益。如果个人利益大，就是好方案；如果个人利益不大，或受到了伤害，就是差方案。这类决策者在个人生活问题上常有如此行为，久而久之，必无朋友来往。他们一旦掌握了组织中的权力，决策往往失误而给组织带来重大损失。值得注意的是，有些决策者原来是利他型的，后来由于种种因素转变为利己型了；有些决策者不是在所有问题面前都表现出利己型的；有些决策者在决策中有许多理由为其利己目的美化，使他人误认为是利他型的。一旦在组织中发觉利己型决策者，应该果断中止其决策权。

（三）决策者的情感特点

应该说，决策主要是一种理智行为，但事实上决策受到许多情感方面的影响。例如，消费者作购买饮料的决策时，应该根据解渴、价廉、质优、味佳等因素选择甲饮料，但事实上，消费者因喜欢某品牌而选择了乙饮料。喜欢作这样的决策就是情感的影响。

对决策者的情感特点进行分类，主要有三种结果：稳定型和波动型、压抑型和冲动型以及乐观型和悲观型。

1. 稳定型和波动型

这两种类型的情感是相对的，我们只能说某位决策者倾向于稳定型或者倾向于波动型。

（1）稳定型。这类决策者的情感较为稳定，不会出现大喜、大怒、大悲、大惧的情绪波动，因此，决策时受到情感的影响较少，决策较为理智。高层决策者最好具有这种类型的情感。

（2）波动型。这类决策者的情感波动起伏较大，他们刚才还愁眉苦脸，一会儿则眉开眼笑，用不了多久又会怒发冲冠。因此，他们在决策时会明显受到情感的影响，朝三暮四就成了自然的现象。

2. 压抑型和冲动型

这两种类型的情感对决策的影响各有千秋，有时压抑型的决策者占优，有时冲动型的决策者抢先。

（1）压抑型。这类决策者的情感一般不外露，他们有了情绪体验后往往放在心里。

因此，在决策时人们很难观察到他们受情感影响的痕迹。

（2）冲动型。这类决策者的情感往往让人一览无遗，他们有了情绪体验后就在表情、行为上表现出来。因此，如果正好决策时情感发生波动，决策受情感的影响十分明显。

3. 乐观型和悲观型

这两种类型的决策者各有长短，因此，在一个组织的高层决策群体中，最好兼有这两种类型的决策者。这样，重大决策将会比较正确。

（1）乐观型。这类决策者往往看好现实和未来，他们以乐观的心态来看待各种信息，他们决策时比较超前、比较自信，不做最坏的打算，很少制定情境计划。在士气低落时，这类决策者往往能够起到激励士气的作用。

（2）悲观型。这类决策者往往看坏现实和未来，他们以悲观的心态来看待各种信息。他们决策时比较保守、比较谨慎，经常做好最坏的打算，常常制定情境计划。在许多人盲目乐观时，这类决策者的见解往往可以起到清醒剂的作用，使决策趋于理智。

第3节 群体决策

在组织中的人们往往是在不同的群体中工作，因此，群体对决策有一定的影响。

一、群体决策概述

（一）群体决策的概念

群体决策（group decision-making）是指两人以上共同作出的决策，如开会决议、投票表决等都是一种群体决策。

（二）群体决策的优势

1. 广泛性

由于有较多的群体参加决策，因此可以收集到更广泛的信息，可以获取更广泛的知识、较充分的集思广益，提高决策的水平。

2. 周密性

一般情况下，群体决策是允许每个参与者发表自己的观点、提出自己的方案，由于各自的地位、角色不同，提出的方案会有较大差别，这样最终的决策会更周密。

3. 实施性

决策后的实施是决策重要的一环，如果不实施，或实施不力，再好的决策也会变得无效或效果不佳。在群体决策时，由于实施者可能也参与了决策，因此对决策有比较全面和深刻的了解，这样更有利于实施决策。

4. 激励性

群体决策使参与者愿意承担更大的责任，使其感觉到自己的重要性，激励参与者更努力地为实现组织目标而工作。

（三）群体决策可能存在的劣势

1. 从众

为了使其成为群体内受欢迎的成员，个体往往有一种从众的倾向，这样就可能使正确意见得不到表达，或不能坚持，对正确决策带来不良影响。

2. 压制

当一个群体中有一个地位明显高于他人的领导者，这个领导者的领导风格又是专制的，而且他能力强、个性强、口才佳、威信高时，群体决策往往会变成个人决策。这位领导人压制了其他成员发挥创造力的机会，群体讨论会流于形式。

3. 情面

在群体决策时，受到情面因素的影响，可能会出现甲成员明知乙成员的方案欠佳，也不提出修正意见；丙成员明知丁成员对自己的方案的修正意见不错，还是坚持自己的错误方案等现象。这样可能使群体决策找不到最佳方案。

（四）群体的极化

群体的极化（polarization of group）是指在群体中成员讨论后的平均态度比讨论前的平均态度更极端的一种倾向。群体的极化对群体决策是有影响的，因此，要充分了解这种现象，为正确决策奠定基础。

群体的极化是成员之间观点相互激荡而产生的一种强化效果。当一个人的观点得到他人支持时，他会更加坚定不移地相信自己的观点。有时，争论也会使人们强化自己的观点，因为往往会在争论中对自己的观点作一个较全面、较深入的阐述，这时会感到自己的观点越来越有道理。

二、群体思维

群体决策受群体思维的影响。

（一）群体思维的概念

杰尼斯对群体思维有较深入的研究。他认为群体思维是一种思维模式，常常出现在一些凝聚力很高的群体中。采用这种思维模式的结果往往是不顾客观的环境，违反社会准则，作出错误决策。

群体思维的发展依赖于三个条件：

（1）群体内有很高的凝聚力；

（2）群体与外界很少接触；

（3）群体的领导者支持从众。

（二）群体思维的症状

一个群体中如果有群体思维，就会出现下列八大症状。

1. 产生战无不胜的错觉

大部分成员由于产生了这种错觉，会自认十分强大，对前景盲目乐观，对困难估计不足，这样就会去冒极大的风险。

2. 轻视警告

群体会认为警告无足轻重，尤其是一些成员文过饰非的所谓合理化建议被群体认同时，更会以为这些警告无非杞人忧天。

3. 盲目坚持群体内部的道德标准

群体成员错误地认为内部的道德标准高于社会准则，甚至高于法律。不顾决策错误带来的严重后果。

4. 固执地认为对方的领导者是愚蠢的

群体成员低估他人的力量，认为在低水平、邪恶的领导者领导下的对方不堪一击；认为对方愚蠢软弱，不是好人，绝不与他们接触或谈判。

5. 对异己者施加压力

群体内一旦发现有人对群体的道德标准、清规戒律、已有的方案持不同意见，就会群起而攻之，直接施加压力，不允许有不同意见存在。

6. 自我审查与群体的一致性

群体成员尽量与群体的观点保持一致，一旦发生差异，就自我审查，检查自己的不同观点，自己说服自己，克服自己的怀疑与不信任。万一暂时不能真正与群体观点达成一致，就保持沉默。

7. 产生“团结一致”的错觉

群体内假设沉默就是同意。口头表示同意就是内心也同意，因此会产生“团结一致”的错觉。

8. 争当自我观点保护者

一旦遇到外界不同的观点时，群体成员会自动担当自我观点的保护者，他们采用各种不合逻辑的辩词，抵制外界观点，坚持群体观点，保护群体免遭影响和损害。

（三）群体思维的过程

摩海德等人（G. Moorhead et al.）在 1991 年提出了一个群体思维过程（见图 3—9）。

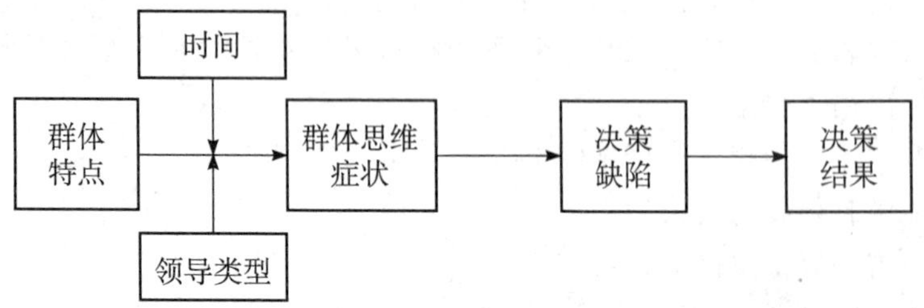

图 3—9 群体思维过程

从图 3—9 中可以看出，群体思维由四个环节组成。

1. 群体特点

严格地说，任何一个群体都可能产生群体思维，但是凝聚力强的群体显然更易产生群体思维。

2. 群体思维症状

在专制型领导与时间的作用下，往往会产生八种群体思维症状（见前）。

3. 决策缺陷

由于群体思维的影响，在作决策时会有如下一些缺陷：

（1）目标确定不慎重；

（2）对信息了解不够；

（3）处理信息有偏见；

（4）可供选择的方案不多，或不够成熟；

（5）选择方案时，对风险考虑不足；

（6）不制定情境计划；

（7）缺乏对环境与竞争对手的认识。

4. 决策结果

常见的结果是：由于不正确的决策，选择了不是最佳的方案，最终群体会为此付出相应的代价。

（四）群体思维的预防

既然群体思维对正确的群体决策有不良的影响，就应该对群体思维进行适当的预防。

1. 从领导角度进行预防

（1）在群体进行讨论时，不要先发表有倾向性的观点；

（2）邀请外部专家来参加讨论；

（3）指定一位成员在群体决策快要形成同一意见时故意提出相反的观点，这个“唱反调”的角色可以轮流担任；

（4）鼓励群体内有反对意见；

（5）规定每个成员要发表评论性的观点。

2. 从组织角度进行预防

（1）成立几个独立的小组来研究同一个问题；

（2）训练管理者和群体领导者掌握预防群体思维的技能。

3. 从群体成员角度进行预防

（1）要求每个人都成为有批判眼光的思考者；

（2）与一位值得信任的外人一起讨论，把结果向群体报告。

4. 从过程角度进行预防

（1）事先把群体分成几个小组进行讨论；

（2）花一定的时间来研究外部因素；

（3）在作决策前，开第二次会议，重新考虑一下原来讨论的问题；

（4）规定每次讨论一定要有反对方。

三、群体决策的方法

虽然群体决策耗时较多，但是它的成功率较高，因此在进行重大决策时，往往运用群体决策。群体决策有许多方法，目前较成熟、运用较多的是下列四种：脑力激荡法、名义群体法、德尔菲法和专家系统。

（一）脑力激荡法

脑力激荡法（brain storming，BS）又称头脑风暴法，由美国创造学家奥斯本在1939年首次提出，从20世纪50年代开始流行的一种激发性思维方法。头脑风暴直译为精神病人的胡言乱语，奥斯本用这个词来形容会议的特点——让与会者敞开思想，使各种设想在脑海的相互碰撞中激起创造性的"风暴"。

头脑风暴法一般可分为直接头脑风暴法和质疑头脑风暴法。直接头脑风暴法是在专家群体决策的基础上尽可能激发创造性，产生尽可能多设想的一种方法；质疑头脑风暴法则是对前者提出的设想、方案进行质疑，并分析其实现可行性的方法。①

该法常用在决策的早期阶段，目的是解决组织中的新问题或重大问题，一般只产生方案，而不进行决策。

（二）名义群体法

名义群体法（nominal group technique，NGT）主要用在重大而新颖的问题上。它的主要优点是消除权威的影响，以及清除语言表达上的影响。

名义群体法的具体操作如下。

1. 召集有关人员

这些人员应该都是有关方面的专家，可以是组织内部的高级管理人员和高级科技人员，也可以是组织外部的有关专家，人数以7～10人为佳。

2. 开始

在NGT开始时，召集人把需要决策的问题告诉大家，然后给每个参与者发一叠白纸，要求每个人在每张纸上写方案，多多益善。不必写姓名。

3. 公布方案

十分钟以后，召集人把每个人的方案都收上来，请记录员抄在白板上。每个参与者都可以看方案，但不讨论。

4. 重复

召集人在方案公布后，再请大家参与讨论这些方案。由于受他人方案的启发，不少人又会产生新的方案。这些都会写在白板上。

5. 讨论

对公布的每一个方案进行讨论，从优点和缺点两方面讨论，然后无记名投票，选

---

① 参见西武：《如何管理：影响世界经济进程的28种管理工具》，4页，北京，机械工业出版社，2004。

出得票数最高的十个方案（如果产生的方案少，也可以是五个方案）。

6. 排列顺序

对十个方案，请每个参与者根据优劣排出顺序，例如最佳方案为1，次佳方案为2，依次类推。然后综合大家的排序，公布在白板上。

7. 作出决策

让每位参与者考虑五分钟，再排列一次顺序。最后，排在第一位的方案就被认为是最佳方案。

在运用名义群体法时，可以结合脑力激荡法，即可以在讨论前把脑力激荡法产生的方案也公布在白板上。运用此法时，时间要充裕一点，尤其在讨论时，要让每个人都发表观点，允许有争论。

(三) 德尔菲法

德尔菲法是由美国兰德公司的研究人员在20世纪40年代设计的一种决策方法。

德尔菲法的具体操作如下。

1. 选择一个合格的主持人

这位主持人必须明确要解决的问题，并且真正掌握德尔菲法。

2. 确定专家名单

参加决策的人一定要是与这个问题有关的专家。人员可少可多，但不要少于五位。如果太多，可能时间、经费会有问题。

3. 第一轮决策

不必将专家召集在一起，主持人把要解决的问题寄给专家，请专家提出一个解决方案。规定专家要在何时反馈回来，并简单陈述理由。

4. 整理第一轮的信息

把专家的方案分类，每一类都有综合理由，并注明每一种方案的人数，但不透露姓名。

5. 第二轮决策

把整理出来的信息寄回给专家，要求专家进一步选择一种方案，并陈述理由。规定要在何时反馈回来。

6. 循环

整理第二轮的信息，然后反复多次，一般从第三轮到第七轮。经过多轮决策后，各专家的意见将趋于一致。

7. 结束

把专家们经过多轮决策后的最终方案作为最佳决策。

德尔菲法的特点是专家们相互之间不沟通，每个专家都是独立地、自由地进行思考，作出判断，因此，很少受群体思维的影响。

(四) 专家系统

1. 专家系统的概念

专家系统（expert system）是人工智能在群体决策方面的一种运用。人工智能是指计算机在模拟人类智慧方面的运用活动，这是第二次信息革命。第一次信息革命是指计算机在常规数据处理方面实现自动化。专家系统是指把专家们的决策经验储存在计算机内，当需要决策时，只要把有关问题的信息输入到计算机内，计算机就会根据专家们的经验作出最佳决策。

2. 运用专家系统的注意事项

在组织中运用专家系统可以使决策自动化，因此可以大大促进生产率的提高。在运用专家系统时要注意以下几点：

（1）自己开发一套复杂的专家系统成本甚高；

（2）购买一套现有的专家系统可能只适用于程序性决策；

（3）专家系统中的信息库决定了该系统的效用，一旦信息库中的信息失真或不足，将影响决策；

（4）一些新问题无所谓专家，因此面对新问题时，不能依赖专家系统。

□ 本章小结

认知水平影响人的知识和技能水平。认知包括感知、注意、记忆、表象、思维、言语和智力。

感知是感觉与知觉的统称。注意是心理活动对一定对象的指向和集中。记忆以感知为基础，是思维的重要桥梁。表象是指人或物并没有出现而人脑中出现该人或物的形象。思维是人脑对客观事物概括的、间接的反映。言语是一种复杂的心理活动，是人们运用语言和他人交往或自己思维时的一种过程。智力是指个体的学习能力和适应环境的能力。

归因理论认为，我们对个体行为的判断主要取决于我们如何解释个体特定行为的意义，在观察个体行为时，我们总是试图判断这种行为是由内因还是外因引起的。影响这种判断的因素主要有三个：区别性、一致性和一贯性。常见的归因偏差是基本归因错误和自我服务偏见。

管理中常见的社会性错觉包括知觉防御、选择性知觉、晕轮效应、对比效应、投射、刻板印象、近期效应、偏见和第一印象。

决策是指从多个方案中选择其中一个方案的过程。决策过程有五个环节：目标、多个行动方案、方案的可能结果、与目标相关的结果的价值、选择一种方案。决策信息条件有三种：确定性、风险性和不确定性。决策有理性决策方法、行为决策方法和实践决策方法。

群体决策是指两人以上共同作出的决策。群体决策具有自身的优势和劣势。群体思维是一种思维模式，常常出现在一些凝聚力很强的群体中。采用这种思维模式的结果往往是不顾客观的环境，违反社会准则，作出错误决策。群体决策的方法主要包括脑力激荡法、名义群体法、德尔菲法和专家系统。

□ 关键术语

认知 感觉 知觉 注意 记忆 表象 思维 概念 判断 推理 自我服务偏见 基本归因错误 错觉 知觉防御 选择性知觉 晕轮效应 对比效应 投射 刻板印象 近期效应 偏见 第一印象 决策 决策规则 群体决策 群体的极化

□ 思考题

1. 什么是感知？感知有哪些种类？请举例说明感知的基本特征。
2. 什么是注意？注意有哪些功能和特征？在实践中如何运用注意？
3. 记忆有哪些基本类别？影响记忆的因素有哪些？如何增强员工的记忆力？
4. 什么是表象？表象有哪些特征？在管理中如何运用？
5. 什么是思维？请简述思维的基本特点、形式及思维的过程。
6. 什么是言语？它和语言有什么区别？
7. 什么是智力？在管理中应该如何认识智力测试？
8. 简述归因理论的基本内容。举例说明常见的归因偏差。
9. 管理中常见的社会性错觉有哪些？请举例说明。
10. 描述决策的基本过程。试进行一次模拟决策。
11. 决策有哪些类别？
12. 什么是理性决策方法？理性决策的过程是什么？
13. 什么是行为决策方法？为什么要进行行为决策？
14. 什么是实践决策方法？时间决策方法的基本过程是什么？
15. 决策者的主要心理特点有哪些？请举例说明。
16. 群体决策常用的方法有哪些？如何使用这些方法？

第4章

价值观、态度与工作满意度

本章要点

1. 价值观的作用、形成与类型。
2. 态度的概念及 ABC 模型。
3. 态度的形成、类型与主要理论。
4. 工作满意度测量和评价的方法。

引　例

员工敬业驱动因素在世界各地的差异

法国员工：当然是生活

与其他国家的员工相比，法国员工更注重工作与生活的平衡，他们觉得持续的工作压力已经开始挤占35个工作小时之外的时间。不过，他们也很乐意为客户提供超值服务。而且，他们需要得到更多的尊重，对法国员工来说，这是最重要的敬业驱动因素。在参与调查的受访者中，近一半的法国员工认为自己在工作中有尊严并得到尊重，低于40%的法国员工认为他们被鼓励进行创新。

美国员工：更看重是否受到尊重

美国员工渴望受到尊重，并愿意为自己的职业发展付出更多。在那些感觉得到应有尊重的员工中，4/5以上的人表示愿意做自己职责范围之外的事情以帮助公司取得成功。此外，相信职业目标可以实现对美国员工来讲是影响敬业度的一个关键因素。在能够看到自己职业发展机会的前提下，近90%的员工愿意付出更多的努力。

加拿大员工：他们想要的东西往往是自己已经获得的

有三个因素对加拿大员工来说非常重要：能够得到应有的尊重，在工作和生活之间维持良好的平衡，以及感觉到自己能够给公司的客户提供良好的服务。总体上看，加拿大员工认为雇主很好地满足了自己的需求。有3/4的受访者感觉自己能够得到应有的尊重，并且其公司在客户服务方面拥有良好的信誉。将近2/3的员工表示，他们能够在工作和私人生活之间保持很好的平衡。

巴西员工：一种强烈的认同感

总体来说，巴西员工对其公司的看法相当积极：3/4以上的受访者为能够在公司工作感到自豪，4/5的员工相信公司未来一定能获得成功。此外，4/5的员工表示他们对公司感到很满意，并且对公司有强烈的责任感。但是巴西员工对培训、自我发展以及实现工作与生活的平衡不是特别在意。

英国员工：关注客户

英国员工非常认同公司客户导向的做法，有4/5的受访者表示其所在部门了解顾客的需求。但他们认为公司产品及服务的声望已经滞后。他们对自己在工作中实际拥有的自主权也感到非常满意，但对于管理层的信任和满意度不太满意。其敬业驱动力的关键组成部分是能够从工作中获得个人成就感，大约有70%的受访者对此持肯定态度。

瑞典员工：尊重是试金石

可以肯定的是，瑞典员工认为得到尊重的重要性远远高于任何其他因素。将近1/3的受访者表示他们能够得到应有的尊重，无论其职位或背景；4/5以上的员工证实了他们在工作中拥有足够的授权使工作得以有效进行。瑞典人尤其注重他们所参与工作的价值；80%以上的受访者认为他们的工作能够带来个人成就感。

中国员工：请提供更多的培训

对于中国员工来说，实际收益对于激发敬业度尤为重要。但是在这方面，许多员工并不满意。一个有意义的反思可能是由于中国社会缺少健全的社会保障体系，只有很少一部分员工相信自己能够获得足够的机会参与培训与开发。将近1/4的受访者认为其所在公司不能提供良好的培训机会以提升其未来的职业竞争力；仅有约一半的受访者反映其经理积极鼓励他们参加培训。

澳大利亚员工：辅导是必需的

澳大利亚员工更注重公司内部人际关系的质量。有人说他们的经理在员工辅导中不能发挥积极和经常性的作用，60%的员工考虑离开自己所在的公司。事实上，同样比例的受访者正在考虑辞职，因为他们认为公司在保留人才方面做得不让人满意。

印度员工：敬业，更关注当下

在印度，工作类型及晋升机会是员工敬业的首要激励因素。大部分公司都能满足员工这方面的需求。员工对认同感发出良好的反馈：4/5的受访者表示会推荐其公司为“工作的好去处”。印度管理者应继续就员工关心的问题采取主动，包括帮助员工了解奖励体系和公司的培训计划。

日本员工：绩效报酬虽好，基本工资怎么办?

在日本，基本工资和绩效报酬对员工来说尤为重要。相对来说，日本人对他们的基本工资普遍不满意，但他们认为绩效报酬能够激发工作积极性。给管理人员的提示是：基本工资问题必须得到解决，但不应该在绩效报酬项目中支出。

资料来源：《员工敬业驱动因素在世界各地的差异》，http：//finance. sina. com. cn/leadership/mrlzy/20090331/00076044072. shtml，2009-03-31。

请思考：

1. 什么是员工敬业度？从本案例中，你认为造成各国员工敬业度差异的原因是什么？

2. 价值观对员工敬业度有影响吗？为什么？请谈一谈你的看法。

第 1 节　价值观

你认为对的，其他人不一定认为对；你认为好的，其他人不一定认为好；你认为美的，其他人不一定认为美。为什么相同的事物，在不同的人心目中却有不同的认识？根本原因在于人们的价值观存在差异。

一、价值观的概念及作用

（一）价值观的概念

罗克奇（Rokeach）认为，价值观（values）是一系列基本信念的总和，是个人或社会对某种特定的行为方式或存在的终极状态所持有的持久信念，它是人们判断好与坏、对与错的基本信念。

我们认为，价值观是个体或群体的一种心理判断基础，表示什么事物是值得的或可取的，它影响人们对行为方式、手段和目的的选择。

价值观包括内容属性和强度属性。内容属性是指某种行为模式或存在状态是否重要；强度属性是指该行为模式或存在状态有多么重要。

个体对人或事物有一系列比较稳定的基本信念，这些按照强度排列的基本信念形成的组合，就是价值体系（value system）。

比如，工作能够给员工提供薪资福利、工作的安全性、发展机会、社会地位等不同的满足。有的人把工作中的发展机会列在首位，有的人则把工作安全性看得最为重要；有的人陶醉于工作代表的社会地位，有的人则认为薪资福利的高低才是选择工作时应该考虑的重中之重。不同的员工对这些基本要素按照重要性排列而形成的组合就是个体的价值体系。

（二）价值观的作用

员工的价值观对其态度、动机、思维模式、行为等存在重要的影响。价值观的作用主要表现在以下几个方面。

1. 了解员工的态度与动机

价值观是员工对特定的人或事物所持有的好坏、对错的基本信念，它会影响到员工的感知。因此，了解员工的基本价值观可以帮助管理者了解员工的态度，预测员工的动机。

2. 影响员工的认知和思维模式

思维模式是人们看待人或事物的方式、观点、参考结构和信念。一个人对人或事物重要性的认识和排序将会使他有选择地对人或事物形成感知，并且会影响他思考问题的方式。

3. 影响员工的决策和行为

需要决定动机，动机决定行为。个体对需要的重要性排序不同决定了他们在相同的情境下可能具有不同的动机，从而导致不同的行为。员工的价值观具有相对稳定性，如果能够了解员工在工作中的基本价值观，比如，他更看重物质、稳定性、发展性或同事关系等，就可以预测并借助一定的措施影响员工的决策和行为。

4. 与组织文化息息相关

组织文化对处于该组织内的员工而言具有一定的约束力，它往往是员工普遍认同的一些“本该如此”的假设，因此，员工的价值观具有一定的影响。但是，由于员工的一些基本价值观可能在进入组织之前就已经形成，因此，组织文化对价值观的影响还受到文化的强度、员工进入组织的时间长短等变量的调节。

二、价值观的形成及其影响因素

（一）价值观的形成

一个人的价值观从出生开始就在家庭、社会、学校等的影响下逐渐形成和稳定下来。个体所处时代背景、家庭经济和社会地位、父母的职业和价值观、学校教育等，对其价值观的形成具有决定性的作用，报纸、广播、电视、网络等媒体的影响也不容忽视。在成长过程中，孩子通过模仿家长、老师的行为和语言逐步形成自己对是非的判断。长大之后，与他人的互动形成的经验会加强或改变个体的价值观。

（二）影响价值观形成的因素

影响价值观形成的因素很多，主要有文化、父母、老师、朋友、经验等。

1. 文化

一个地区的文化具有很强的传承性和稳定性，人的价值观形成受到文化潜移默化的影响。比如，在中国，孝顺父母、勤奋节俭、不蒸馒头争口气等文化观念至今仍然得到广泛认同。

2. 父母

父母是孩子的第一任老师。孩子来到世界上首先通过与父母的交流获得对世界的基本看法。“龙生龙，凤生凤，老鼠生来会打洞”不仅表示遗传基因相同，还表达了价值观作为社会基因在家庭内部的继承和延续。

3. 老师

正规教育对人的价值观的形成具有重大影响，因为正规教育在人生中可谓密集、冗长。老师通过对什么是对的、什么是错的、什么值得表扬、什么该被批判等的引导和教育，形成了个体对世界、人生的系统看法。

4. 朋友

近朱者赤，近墨者黑；物以类聚，人以群分。朋友往往是个体交往比较多，同时也比较相似的一个群体，群体内化的压力和归属的需要使得个体在与朋友的交往中不断调整自己对人和事物的基本认识，从而对价值观的形成具有重要的影响。

5. 经验

经验是个体在成功或失败后对成功或失败原因的一种深刻反思。经验可以加强也可以改变人们的价值观，甚至同样的经历由于个体的感知不同，也会对人的价值观产生不同的影响。比如，有的人认为自己在商业上能够取得成功源于冒险精神，于是，他认为冒险具有非常重要的价值；有的人认为自己的人脉关系是成功的首要因素，于是，他就非常注重在日常生活和工作中建立和维持广泛的社会关系；而有的人认为，成功主要靠自己运用资源的能力，于是，他就在学习和掌控资源能力方面投入足够的精力。

三、个体价值观的类型

（一）奥尔波特的价值观分类

德国学者斯普兰格（E. Spranger）在《人的类型》一书中把人的社会生活归纳为六个方面，并因此将人相应地分为六种类型：理论型、经济型、审美型、社会型、政治型和宗教型。美国心理学家奥尔波特（G. W. Allport）及其助手发展了该分类，并编制了问卷，用以了解这六种价值观对被调查者的重要性程度。他们认为这六种价值观是存在的，而不是指有六种类型的人，因为每个人都可能同时具有不同类型的价值观，只不过以一种价值观为主导。这六种价值观在人的行为上表现为①：

（1）理论型。重视以批判和理性的方法寻求真理，求知欲强，喜欢追根问底，富于幻想，喜欢空谈，爱做理论分析，不愿与人交往。

（2）经济型。强调有效和实用，务实，讲享受，追求实用价值，不愿高谈阔论，属于现实主义者。

---

① 参见孙健敏、李原：《组织行为学》，95页，上海，复旦大学出版社，2005。

（3）审美型。也称艺术型，重视外形及和谐匀称的价值，注重外在形象的美和心灵的感受，用美来衡量客观事物，自身也注重给人以美感。

（4）社会型。强调对人的热爱，以爱护他人、关心他人为崇高职责，热心社会活动，喜欢与人交往，随和，能容忍他人，肯牺牲自己。

（5）政治型。重视拥有权力和影响力，喜欢支配和控制他人，固执己见，具有反抗性，爱表现自己，对权威则恭敬顺从。

（6）宗教型。关心对宇宙整体的理解和体验的融合，相信命运，注重超自然的力量和感觉的东西，宁愿相信直觉而不愿正视现实或逻辑的推理，喜欢沉思。

（二）格瑞夫斯的价值层次论

格瑞夫斯（C. W. Graves）根据组织中人员行为表现形态的差异将人的价值观和生活方式划分为七个层次，这一理论对价值观的研究产生了较大的影响（见表4—1）。

表4—1　　格瑞夫斯的价值层次及其特点

层次	类型	价值观特点
一	反应型	只对自己的基本生理需要作出反应，典型的是新生婴儿，在组织中很少见
二	宗族服从型	以高度服从为特征，其行为和观念受权威、传统和权力的影响，服从习惯与权势，喜欢按部就班
三	自我中心型	关注个人，进取精神强烈，主要服从权威
四	顺从型	喜欢事事问个明白，对价值观与自己不同的人很难接受，希望别人接受自己的价值观
五	操纵型	渴望通过控制别人或操纵事情来达到自己的目的，是绝对的功利主义者，追求显赫的社会地位和他人认可，喜欢炫耀自己
六	社会中心型	把受人喜欢和与人友好交往看得比个人的表现更重要，为人和善，与世无争，更愿意放弃
七	存在主义型	能够高度容忍不确定性和与自己价值观不同的人，喜欢创新和灵活性，反对僵化的体制、限制性的政策、等级地位等

资料来源：孙健敏、李原：《组织行为学》，95页。

（三）罗克奇的价值观分类

罗克奇对价值观的分类最经典。他把社会中个体的价值观与行为模式以及存在的终极状态联系起来，把价值观定义为个体关于怎么做人或做什么人以及追求什么人生目标的考虑和判断。

个体的价值观分为工具性价值观和终极性价值观两类。工具性价值观（instrumental values）是指达到目标的手段，也即为了达到某种终极状态而采取的可接受的行为，比如雄心、诚信、勇气等。终极价值观（terminal values）是指所要达到的目标或存在的终极状态，比如幸福、自由、爱、自尊等。终极价值观反映了个体的奋斗目标，工具性价值观则是实现目标的可行方法。罗克奇鉴别出来的终极价值观和工具性价值观如表 4—2 所示。①

表 4—2　　罗克奇的终极价值观和工具性价值观

终极价值观	工具性价值观	终极价值观	工具性价值观
世界和平	诚实	友谊	情感/爱
快乐	宽容	成熟之爱	礼貌
平等	乐于助人	乐趣	理性
成就	自控	自由	责任
内心平静	独立	智慧	勇气
自然与艺术的美	服从	繁荣	能力
家庭安全	雄心	国家安全	愉快
自尊	开朗	社会尊重	智力
救赎	整洁	刺激、有活力的生活	想象力

罗克奇编制了价值观调查问卷，该问卷包括两种价值观类型，每个类型有 18 个具体项目（见表 4—2）。他认为这些价值观在个人心目中的重要性可以用不同的等级来表示，人与人的差异关键在于价值体系中每条价值观的重要性和排列模式的不同。

四、价值观的历史演变和文化差别

个体是社会的产物，社会的时代烙印必然会对人的价值观产生一定的影响。美国学者罗宾斯（Robbins）将美国人的价值观发展分为四个阶段（见表 4—3）。

表 4—3　　美国当今劳动力中占主导地位的价值观

人群	退伍军人	“婴儿潮”一代	X 时代	下一时代
进入劳动力队伍的时间	20 世纪五六十年代	1965—1985 年	1986—2000 年	2001 年之后
目前年龄	60 岁以上	40～60 岁	25～40 岁	25 岁以下
工作价值观	努力工作、保守、遵从、对组织忠诚	成功、成就、雄心、藐视权威、对职业忠诚	工作与生活之间平衡、团队导向、不喜欢规则、对关系忠诚	自信、财务上的成功、自我依赖但团队趋向、对自我和关系忠诚
终极价值观	生活舒适、家庭安全	成就感、社会认可	真正的友谊、幸福、快乐	自由、舒适的生活
主要影响事件	经济大萧条、两次世界大战、安德鲁斯姐妹等	民权运动、女权主义、甲壳虫乐队	全球化、双职工父母、艾滋病、电脑	网络、手机、全球恐怖事件、文化多样性

资料来源：孙健敏、李原：《组织行为学》，100 页。

一代人的价值观存在共性并不能掩盖同时代人个体之间价值观存在的巨大差异。

① 参见黛布拉·L·纳尔逊、詹姆斯·坎贝尔·奎克：《组织行为学：基础、现实与挑战》，123 页。

然而，这种分类还是可以帮助我们预测和理解不同时代的个体行为。比如，60岁以上的员工可能比“婴儿潮”一代的同事更容易接受权威，X时代的员工较其父辈可能更容易出现拒绝周末加班的情况，下一时代的人进入工作后可能会不断跳槽，寻找自己理想的工作和生活状态。

不同文化背景下的人，价值观也存在较大的差异，荷兰学者霍夫斯泰德提出的文化的五个维度为理解不同文化背景下的个体价值观差异提供了有用的帮助。具体内容见第2章。

第2节 态 度

“我们不能延伸生命的长度，但可以拓展生命的宽度；我们改变不了过去，但可以改变现在；我们不能控制他人，但可以掌握自己；我们不能左右天气，但可以改变心情；我们不能事事顺利，但可以事事尽心。”有时候工作中很多事情我们不能够改变，但是我们可以用正确的态度去认真对待；工作中不乏幸福和快乐，缺乏的是我们发现的眼光和享受的欲望。

一、态度概述

(一) 态度的概念

态度（attitude）是个体对事情的反应方式，这种积极的或消极的反应是可以进行评价的，它通常体现在个体的信念、感觉或者行为倾向中。态度主要由情感、行为和认知三种成分组成。

情感成分（affective component）是态度中的情感要素，它与个体对某事或某人的情绪体验有关。情感成分一般由生理指标（比如皮肤电反应和血压等）来测量，这些生理指标的变化可以显示情感的变化。

行为成分（behavioral component）是指个体以某种行为方式对某人、某事、某物表现出来的目的和意图。行为成分可以通过观察或者询问有关行为和意图的问题来测量。

认知成分（cognitive component）是指人的知觉和信念的一种陈述评价。认知成分可以通过态度量表进行测量。

情感、行为和认知这三种成分组成了态度的ABC模型。这种划分有助于我们理解态度的复杂性以及态度与行为之间的潜在联系（见表4—4）。[①]

这三种成分之间存在密切的关系，通常我们认为认知导致了情感，情感又导致了行为，但事实上，这些成分通常很难区分，尤其是认知成分和情感成分，两者在很多方面都不可分离。

---

① M. J. Rosenberg, C. I. Hovland, W. J. McGuire, R. P. Abelson, and J. H. Brehm, *Attitude Organization and Change*, New Haven: Yale University Press, 1960.

表 4—4 态度的 ABC 模型

	要素	测量	举例
A	情感成分	生理指标 对情感的语言表达	我一看到老板就生气
B	行为成分	观察到的行为 对意图/目的的语言表达	我从来不主动找老板沟通
C	认知成分	态度量表 对信念的语言表达	我认为我的老板在工作中偏心

（二）态度的特征

员工的态度主要有三个特征：两极性、稳定性和参照性。

1. 两极性

两极性是指人的态度总是处在两个相对的位置上：积极的态度或消极的态度。完全不偏不倚的中立态度是没有的。

积极的态度包括肯定的态度、赞成的态度、支持的态度等。积极的态度会导致积极的行为，如参与、接近、支持等。

消极的态度包括否定的态度、反对的态度、抵制的态度等。消极的态度会导致消极的行为，如躲避、抗议、破坏等。

2. 稳定性

稳定性是指人的态度一旦形成就相当稳定。人的态度是在感知的基础上形成的，一般来说，某种态度的形成需要一定的时间，一旦形成，在一段时期内就会显得相对较稳定。但是这种稳定并不是不能改变的。

3. 参照性

参照性是指人对某一事物的态度总是受其他相关态度群的影响。

一个人处在包罗万象的大千世界中，会对许许多多事物形成各种各样的态度，这些态度的全部综合为个体的态度群。每个人的态度群都有差异，每个人的每种态度或每种行为都会受到态度群的影响。

（三）态度的形成及其影响因素

1. 态度的形成

态度的形成对人类的行为影响重大，因此，管理者应该了解态度的形成。对员工态度的形成可以从以下三个方面来认识。

（1）态度是后天形成的。刚出生的婴儿无所谓态度，随着感知的不断发展，经验不断积累，他开始形成态度。例如，婴儿对小猫刚开始时并不存在态度，但过了一段时间，态度形成了：有的孩子喜欢小猫（对小猫持积极态度），有的孩子害怕小猫（对小猫持消极态度）。

（2）态度是感知的结果。没有感知就没有态度，对某一件事物感知多，就会较早形成态度，或者态度的极性较明显。例如，画家的儿子对画画的感知较多，很早就可能对画画形成态度，并且喜欢画画或者不喜欢画画的态度极性将比其他人更明显。

（3）态度的形成需要思维的参与。我们知道，态度是一种评价性陈述，既然是评价，就必然和分析、综合、推理、判断等思维活动紧密相连。例如，一位中学教师的儿子，看到父亲有较高的社会地位，收入也不菲，工作虽然辛苦，但每年有寒暑假。通过比较、权衡，他认为当教师是一个很好的职业选择，最后报考了师范大学。教师的儿子就是在思维的参与下，对教师职业形成了一种积极的态度，进而产生了积极的行为。

2. 影响态度形成的因素

影响态度形成的因素有很多，有外因也有内因，其中内因占主导地位，尤其是成年人，内因的作用更大。在众多内因中，年龄、智力、自信心、感知的事实数量和价值观比较重要。

（1）年龄。一般来说，较年轻的个体较易形成新的态度，而较年长的个体较难形成新的态度。主要原因是随着年龄的增长，一个人的感知会不断积累，经验也会不断丰富，这样将形成许多观点、意见、思想、成见和偏见。因此，造成了不易形成新态度的结果。

（2）智力。一般来说，智商较高的人较易自己形成新的态度，智商较低的人则较易受别人影响而形成新的态度。这主要是因为智商较高的人对新事物较敏感，较易吸收新知识，较能内化有用信息。智商较低的人则相反。

（3）自信心。通常，自信心较强的人较易自己形成新的态度，倾向于认为自己是正确的，其他人的看法只能作为参考。自信心较弱的人则较易受别人影响形成新的态度，倾向于认为自己对事物的认识缺乏基础，因此喜欢听听他人的意见。

（4）感知的事实数量。一般而言，一个人感知的事实数量越多，他形成的态度就越稳定。其实，在现实生活中，感知的事实数量并不说明问题的实质，这是因为一个人感知的面相对来说总是比较狭窄的。

（5）价值观。价值观是影响态度形成的一个最主要的因素。一个人形成的态度只要与其价值观结合起来，这种态度就相当稳定，轻易不会改变。

（四）态度的类型

组织行为学对态度研究的注意力集中在有限的、与工作相关的几种态度上。这些态度包括员工对工作环境等方面的评价，最常研究的三种态度是工作满意度、工作参与和组织承诺。

1. 工作满意度

工作满意度（job satisfaction）是指员工由于对工作特点进行评估而产生的对工作的积极感觉。如果员工拥有较高的工作满意度，说明他对该工作持积极的态度；如果员工的工作满意度较低，说明他对该工作持消极的态度。人们在谈论员工的态度时，往往是指工作满意度，因此，这两个词经常可以互换。

2. 工作参与度

工作参与度（job involvement）是指个体从心理上对其工作的认同程度以及认为他的绩效水平对自我价值的重要程度。工作参与度高的员工对工作有强烈的认同感，并非常在意自己的工作。心理授权（psychological empowerment）与工作参与度密切相关，是指员工对工作环境、工作能力、工作意义以及工作自主性的影响程度的感知。优秀的管理者可以通过授权让员工参与决策、让员工感觉到自己的工作很重要，并且让员工认为他们是在做自己的事情，从而增加员工的心理授权。

3. 组织承诺

组织承诺（organizational commitment）是指员工对于特定组织及组织目标产生认同，并且希望保持组织成员身份的一种心态。组织承诺强调员工对所在组织的认同，而工作参与强调员工对自己工作的认同。组织承诺包括三个维度①：

(1) 情感承诺（affective commitment）是指员工对组织的情感依赖以及对组织价值观的认同。比如，老李乐善好施，他在一家社会责任感很强的公司工作，公司每年都要在慈善事业上捐献大笔的金钱。这让老李对公司产生了很强的情感承诺。

(2) 持续承诺（continuance commitment）是指员工感受到的留在组织中比离开组织更高的经济价值。例如，一家公司的老板非常重视与公司员工家人的沟通和联系。对于在公司服务满三年的员工，公司都会全额出资让员工的家人到上海旅游一周，每年公司还给员工的父母发放 2 000 元红包。因此，一旦有员工想离开公司，就会遭到家人的强烈反对。这就是员工持续承诺的一种。

(3) 规范承诺（normative commitment）是指员工基于道德及伦理原因而产生的留在组织中的责任感。与老板一同打江山的员工，平时老板很仗义，他们在公司遇到困难或者面对其他组织的高薪诱惑时选择留在企业就是出于自己对公司的规范承诺。

4. 其他工作态度

(1) 感知到的组织支持（perceived organizational support）是指员工对组织如何看待他们的贡献以及关心他们的利益的一种感知和看法。研究表明，如果员工认为他们的报酬是公平的、能够参与决策，并且主管能够提供支持，他们就会认为组织具有支持性。

(2) 员工敬业度（employee engagement）主要是指员工对工作的参与度、满意度以及工作的热情。员工的敬业度可以通过询问员工资源是否有效、是否具有学习新技能的机会、工作对他们的重要性和意义、与同事或上级的互动是否有收获等来了解。②

研究表明，这些与工作相关的态度之间存在强相关关系，说明这些态度之间存在大量的交叉重叠。因此，作为管理者，如果知道了员工的工作满意度，也就大致知道了员工对组织以及工作的基本看法。

---

① J. P. Meyer, N. J. Allen, and C. A. Smith, "Commitment to Organizations and Occupations: Extension and Test of a Three-component Conceptualization", *Journal of Applied Psychology*, 1993, No. 4, pp. 51-538.

② D. R. May, R. L. Gilson and L. M. Harter, "The Psychological Conditions of Meaningfulness, Safety and Availability and the Engagement of Human Spirit at Work", *Journal of Occupational and Organizational Psychology*, 2004, No. 1, pp. 11-37.

二、关于态度改变的理论

使员工建立正确的态度，改变错误的态度，是管理者的一项重要工作。关于态度改变的理论有很多，主要有认知失调理论和平衡理论。

（一）认知失调理论

认知失调理论是美国学者费斯廷格（L. Festinger）在 1957 年提出的，又称费氏认知失调理论。这种理论的科学性和实用性已经得到了实践的广泛检验。

认知失调理论认为，认知元素是态度的基本单位。所谓认知元素，是指相对于个体整个认知结构而言的某一种认知。因此，个体对客观事物的任何一种观点都是一个认知元素。

两个认知元素之间必然存在一种关系，共有三种关系：协调关系、不协调关系和不相关关系。例如：

认知元素 A：老赵是位好经理。

认知元素 B：我要服从赵经理的指挥。

认知元素 C：我不愿意在赵经理的领导下工作。

认知元素 D：我今晚想去打保龄球。

以上四个认知元素中，A 和 B 处于协调关系中，因为两者是一致的；A 和 C 处于不协调关系中，因为两者是矛盾、冲突的；A 和 D 处于不相关关系中。

认知失调理论指出，如果个体的认知元素之间处于协调关系中，个体就会感到愉快；如果个体的认知元素之间处于不协调关系中，个体就会感觉到不愉快，随后就会产生一种内驱力，促使自己采取某种行为来减轻或者消除这种不协调关系。

个体想要减轻或者消除不协调关系的内驱力的强弱，取决于个体认知元素之间关系不协调的程度。如果在上例中认知元素 A 是"老赵是位众所周知的优秀经理"，这时 A 和 C 之间的不协调程度就更大，个体想要消除认知元素之间矛盾与冲突的内驱力也更强烈。

费斯廷格认为，要减轻或消除认知元素之间的不协调关系，主要有两种办法：

(1) 改变两个不协调认知元素中的任何一个，使两个认知元素趋于协调。在上例中，认知元素 A 可以变为"老赵不一定是位好经理"，或者认知元素 C 可以变为"我愿意在赵经理的领导下工作"，这样就消除了认知元素 A 和 C 之间的不协调，但改变 A 也可能引起与认知元素 B 的不协调，又会引起新的改变。个体态度就是这样改变的。

(2) 增加一个新的认知元素，来缓和不协调元素之间的冲突。在上例中，可以增加认知元素 E"在昨天惩罚小马这件事上，赵经理不对"。这样，认知元素 A 和 C 之间的冲突减少了，内驱力也随之降低，态度也会发生一定的变化。

（二）平衡理论

平衡理论是 1958 年由美国学者海德（F. Heider）提出的，又称海德平衡理论，这种理论在管理中也有较大的实用价值。

平衡理论认为，一个人认知的对象可以包括世界上所有的事物，这些对象相互之间有的有关系，有的没有关系。相互之间有关系的两个对象称为单元关系。一般来说，个体对同一单元中的两个对象的态度趋于一致。例如，甲喜欢乙，则对乙的兴趣爱好也支持；甲痛恨丙，则对丙喜欢的朋友丁也表示讨厌。

海德指出，当个体对一个单元中的两个对象态度一致时，其认知系统处于平衡状态，这样就会产生一种愉快的情绪；当个体对一个单元中的两个对象态度不一致时，其认知系统处在不平衡状态，这样就会产生一种不愉快的情绪。这种不愉快的情绪会成为促使个体改变态度的一种内驱力。

海德提出，可以用一种三角形关系来说明一个人和两个对象之间的态度关系。其中，P 为个体，O 为对象（一般指另一个体），X 为另一对象（人或事物）。＋表示持积极态度，－表示持消极态度。

1. 态度的平衡状态

态度的平衡状态共有四种（见图 4—1）。在图中，四种平衡状态分别用 1，2，3，4 表示。

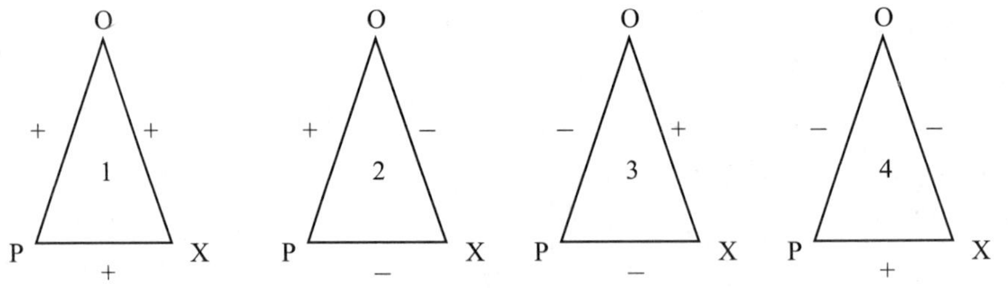

图 4—1　态度的四种平衡状态

资料来源：胡君辰：《管理心理学》，68 页，上海，东方出版中心，1997。

例如，P 是推销员小黄，O 是销售经理老许，X 是一项促销活动。小黄对老许和促销活动有下列四种平衡状态。

第一种平衡状态：小黄尊敬老许，老许支持促销活动，因此，小黄也支持促销活动。

第二种平衡状态：小黄尊敬老许，老许反对促销活动，因此，小黄也反对促销活动。

第三种平衡状态：小黄讨厌老许，老许支持促销活动，因此，小黄就反对促销活动。

第四种平衡状态：小黄讨厌老许，老许反对促销活动，因此，小黄就支持促销活动。

2. 态度的不平衡状态

态度的不平衡状态也有四种（见图 4—2）。在图中，四种不平衡状态分别用 5，6，7，8 表示。

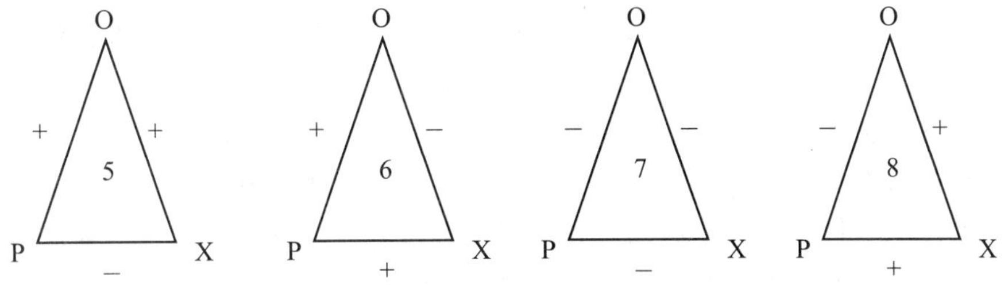

图 4—2 态度的四种不平衡状态

资料来源：胡君辰：《管理心理学》，69 页。

第一种不平衡状态：小黄尊敬老许，老许支持促销活动，而小黄反对促销活动，这时小黄往往转变为平衡状态 1 或者 3。

第二种不平衡状态：小黄尊敬老许，老许反对促销活动，而小黄支持促销活动，这时小黄往往转变平衡状态 2 或者 4。

第三种不平衡状态：小黄讨厌老许，老许反对促销活动，而小黄也反对促销活动，这时小黄往往转变为平衡状态 2 或者 4。

第四种不平衡状态：小黄讨厌老许，老许支持促销活动，而小黄也支持促销活动，这时小黄往往转变为平衡状态 1 或者 3。

三、态度管理

（一）态度调查

态度调查（attitude survey）是指借助调查问卷了解员工工作态度的一种方法。调查问卷一般是由一套陈述性的题目或者问题以及代表其同意程度的用分数表示的评估等级构成的。

态度调查有助于管理者了解员工的工作态度，预测员工的工作行为，从而为管理管理员工态度提供有用信息。

（二）在管理中转变员工的态度

转变员工的态度是管理者经常要做的重要工作之一，这是因为员工的态度将会直接影响员工的工作效率和质量。

1. 态度的转变

个体态度一旦形成就比较稳定，但态度并不是一成不变的，后天形成的态度在一定的条件下是可以改变的。

（1）极性改变与程度改变。态度具有两极性：积极的与消极的。从积极的态度转变为消极的态度，或者从消极的态度转变为积极的态度，都是极性改变。如果都在同一极，只是程度上有所改变，就是程度改变。

例如，原来小周极力反对计件工资制，害怕自己的工作强度会增大，收入会降低。

一种情境是：公司强行推行之后，小周按照计件算下来工资比以前高出许多，而且比同事拿得还多，因此，他由原来的极力反对变成了衷心赞成。这是一种极性改变。另一种情境是：经过同事的劝说，小周虽然还不支持计件工资制，但已明显变成轻微反对了。这就是一种程度改变。

（2）积极态度与消极态度。积极态度不一定是一种正确的态度，例如老张支持小李装病去请病假，目的是能够与他一起去郊外钓鱼。显然老张对小李的装病持积极态度，但这是一种错误的态度。

消极态度不一定是错误的态度，例如小张讨厌同事们下班去打麻将而影响第二天的工作。显然小张对打麻将持消极态度，但这是一种正确的态度。

管理者的工作之一就是使员工形成正确的态度，改变错误的态度。

2. 培训——转变员工态度的主要方法

现代企业中，转变员工态度的一个主要方法就是进行培训。以前，企业培训的主要任务是提高员工的知识水平和技能水平。认知心理学认为，个体不可能去做自己认为做不到的事情。因此在许多情况下，员工具有完成任务的知识和技能，但是由于缺乏正确的态度，导致不能完成任务。

目前，转变员工态度的培训日益受到企业界的重视。这类培训一般以心理学理论为基础，以正确的态度为导向，以员工参与为基本手段，在轻松愉快的气氛中使员工改变原来错误的态度，进而收到良好的效果。

3. 宣传——转变员工态度的常用方法

宣传主要是指通过口头语言沟通转变他人观点的一种方法，运用恰当时，会对转变员工态度起到快速而明显的作用。

不可否认，如果宣传不当，有时效果几乎为零，有时反而会有负效果。要使宣传成功，我们必须注意以下四个方面：宣传者、宣传对象、宣传内容和宣传形式。

4. 转变员工态度的其他方法

转变员工态度的方法有很多，这些方法都可以在培训中运用。下面介绍一些其他方法。

（1）员工参与法是指让员工参与某些活动来转变其态度的一种方法。它又分为两种：强迫参与法和诱导参与法。

1）强迫参与法是指不管个体是否愿意，规定其一定要参加某些活动，来改变其态度的一种方法。

2）诱导参与法是指通过某些方法使员工对某些活动感兴趣、自愿参加后改变其态度的一种方法。

（2）团体规定法是指通过权威人士或权威机构公布团体成员必须遵守的规章制度来改变员工态度的一种方法。在许多情况下，宣传的效果会显得缓慢和微小，这时用团体规定法可以取得快速而有效的结果。

（3）角色扮演法是指让员工身临某种情境、担任某一角色来改变其态度的一种方法。这种方法又称心理剧，在管理中运用时，可以使员工设身处地地了解对方的困难和心境，从而改变对对方的错误态度。

（4）管理者预言法是指通过管理者对员工进行积极的预言，使其改变错误态度的一种方法。

这种方法的理论基础是：一个人（或一群人）被他人给以一种预定的看法之后，这种预定的看法就可能实现。这个理论在管理中，可以用下列公式来表示：

员工的态度和行为＝f(管理者的期望)

也就是说，员工的态度和行为是管理者期望的函数，是随着管理者期望的变化而变化的。

为了有效地达成组织目标，管理者要根据不同的情境、不同的对象，采取不同的方法，才能帮助员工形成正确的态度，改变错误的态度。员工只有在正确态度的引导下，才能充分发挥潜能，运用自己掌握的知识和技能，有效地为组织工作。

第 3 节　工作满意度

一、工作满意度及其重要性

（一）评估工作满意度的意义

对工作满意度的评估是对大量工作元素进行综合的结果。比如工作性质如何、工作环境好坏、人际关系优劣、规章制度公平与否等。

（二）工作满意度的重要性

员工在工作中对工作形成满意或不满意的态度时，相应地会产生一定的行为。这些行为与组织的工作绩效密切相关。

1. 员工对工作不满意时的反应

按照建设的/破坏的、积极的/消极的两个维度，员工对工作不满时的反应可以用图 4—3 表示。①

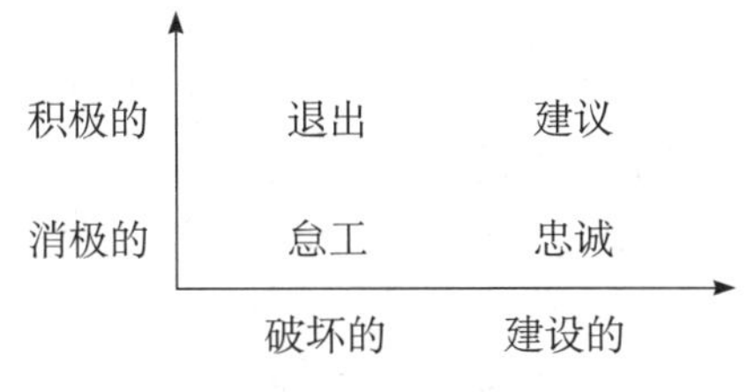

图 4—3　员工对工作不满意时的反应

（1）退出（exit）指员工直接离开组织，包括辞职、寻找新的工作岗位等。

① J. S. Hammond，R. L. Keeney，and H. Raiffa，*Smart Choices*，Boston：HBS Press，1999，p. 191.

（2）建议（voice）指员工采取主动的、建设性的努力来改善工作条件，包括提出改进建议、主动与上级或其他团队一起讨论面临的问题等。

（3）忠诚（loyalty）指员工被动但乐观地等待工作条件的改善，包括面对外部批评时为组织说话，相信管理层及组织会做出“正确的事”等。

（4）怠工（neglect）是指员工被动地听任事态越来越糟，包括长期缺勤或迟到、降低努力程度和增加失误率等。

该模型中的退出和怠工行为包括生产率、缺勤率、流动率等绩效变量，同时也补充了员工的建设性反应方式，比如建议和忠诚。这些建议性的行为能够使个体容忍不愉快的情境或者重新恢复满意的工作条件。这个模型也有助于我们理解为什么有的组织员工工作满意度不高，但是同时流动率也不高的现象。

2. 工作满意度与员工绩效的关系

关于工作满意度与绩效之间的关系，目前存在因果关系论、非因果关系论和重新定义概念论三大观点。①

早期多数学者认为工作满意度与绩效之间存在简单的因果关系，该观点又分为工作满意度导致绩效、绩效导致工作满意度和两者交互作用三种观点。

非因果关系论又分为无关系论和影响变量论两种，前者支持工作满意度与绩效之间不存在直接的关系，后者认为工作满意度与绩效之间通过工作投入、组织承诺、目标提高等中介变量和绩效工资、分配公平性、自尊心等调节变量的作用而产生虚幻的联系。

重新定义概念论则认为两者之间的关系是客观存在的，可以通过重新定义工作满意度或者绩效的途径来提高两者之间的相关系数。部分学者建议用积极情绪、幸福感等代替工作满意度，有的学者则建议将绩效概念扩展到包括组织公民行为、亲社会行为等。

常用的绩效指标有生产率、缺勤率、流动率、组织公民行为、客户满意度等。下面我们分别看一下工作满意度对它们的影响。

（1）工作满意度与生产率。就个体而言，满意的员工不一定有高的生产率，同时不满意的员工生产率不一定就会很低。然而，如果从组织而非个体层面来考察组织的整体工作满意度与组织整体生产率之间的关系，高满意度的组织就是更高产的组织。②

（2）工作满意度与缺勤率。研究发现，工作满意度与缺勤率之间存在稳定的负相关关系。虽然不满意的员工旷工的可能性要比满意的员工大，但是两者的关系由于存在其他因素的影响而并非高度相关。比如，如果组织对员工的病假提供慷慨的福利，那么这无形中会鼓励一部分满意的员工也去申请休病假。

（3）工作满意度与流动率。研究证明两者之间呈现显著的负相关关系。由于影响流动率的因素有很多，比如劳动力市场供需状况、员工的绩效水平、员工对工作的期望水平等，因此虽然研究表明工作满意度与流动意向显著负相关，但是工作满意度与

---

① 参见惠调艳、杨乃定：《工作满意度与绩效关系研究》，载《软科学》，2006（4）。

② 参见孙健敏、李原：《组织行为学》，119页。

流动率的相关度比前者要低。

(4) 工作满意度与组织公民行为。工作满意度与组织公民行为之间似乎逻辑上应该存在显著的正相关关系，但是研究表明，它们之间呈现的中等程度的关系以公平感作为中介变量。如果控制公平感这一因素，两者之间几乎没有相关性。这说明，员工是否愿意更多地承担工作之外的职责，关键取决于他对组织公平的认识和由此产生的信任程度。

(5) 工作满意度与客户满意度。针对服务行业所做的工作满意度与客户满意度的研究表明，感到满意的员工会提高顾客的满意感和忠诚度，同时不满意的顾客也会造成员工工作满意度的下降。那些致力于创造满意客户的服务型企业，应该高度关注员工的工作满意度，通过雇用乐观友好的员工、了解员工的工作满意度现状、培训员工认识顾客满意的重要性、激励优秀的服务人员来提高企业的客户满意度。

二、工作满意度的影响因素

关于影响工作满意度的因素，赫兹伯格认为影响工作满意度的因素分为物理环境因素、社会因素和个人心理因素。物理环境因素包括工作场所的条件、环境和设施等；社会因素是指员工对工作单位管理方面的态度，以及对该单位的认同、归属程度；个人心理因素则包括对本职工作意义的看法、态度以及上级的领导风格等。我们将影响工作满意度的因素分为个体因素和工作因素两类。

（一）个体因素

1. 正性情感/负性情感

研究者把相对稳定的情感模式称为气质性情感（dispositional affect），可分为正性情感和负性情感两种。不同个体的情感模式会有差异，它能够反映个体间的人格差异。由于这种差异具有跨时间和情境的稳定性，因此气质性情感被认为是一种人格特质，也称特质情感（trait affect）。

正性情感和负性情感对于预测工作满意度具有重要作用，研究发现它们与工作满意度显著相关，在控制了诸如工作自主权和技能多样性等工作特征变量后相关仍然显著。对工作满意度和正性情感/负性情感所做的元分析表明，正性情感与工作满意度的相关性比负性情感要高，这可以用外倾性和神经质的生物决定因素解释：外倾性与生理反应的关联要高于神经质，而正性情绪与外倾性有关，负性情绪与神经质有关。①

2. 核心自我评价

贾吉等人（T. A. Judge et al.）提出，核心自我评价（core self-evaluation）是指个体对自己能力和价值所持有的最基本的评价，是由自尊（self-esteem）、一般自我效能

---

① J. J. Connolly, and C. Viswesvaran, "The Role of Affectivity in Job Satisfaction: A Meta-analysis", *Personality and Individual Differences*, 2000, 29: 265-281；张兴贵、郭杨：《工作满意度研究的特质取向》，载《心理科学进展》，2008, 16 (1)。

(generalized self-efficacy)、神经质（neuroticism）和控制点（locus of control）这四个具体特质组成的宽泛的人格建构。[①] 研究表明，核心自我评价能够非常好地预测工作满意度。

3. 大五人格特质

大五人格模型将构成人格的五大因素划分为：外倾性、随和性、责任心、情绪稳定性和经验开放性（详见第 2 章）。大五人格特质通过正向情感/负向情感影响个体的工作满意度。

外倾性是描述一个人善于社交和言谈、果断自信的人格维度，外倾性的个体更容易拥有和经历导致工作满意的正向情感。

随和性是描述一个人随和、热情、合作且信任的人格维度，高随和性的个体有更强的动因获得亲密的人际关系，幸福感更高，工作满意度也更高。

责任心是描述一个人的责任感、可靠性、持久性和成就倾向方面的人格维度，具有高度责任心的个体对工作投入程度高，更有可能获得令人满意的工作回报，因此可能具有更高的工作满意度。

情绪稳定性是描述一个人紧张、焦虑、失望和不安的人格维度，是负性情感的主要来源，情绪稳定性较低的个体工作满意度低。

经验开放性与科学和艺术上的创造力、发散性思维、不迷信和政治上的自由主义相关，它可以使个体同时具有更多的正向情感和负向情感，因此与工作满意度的关系不明确。

多项研究表明：外倾性、责任心和情绪稳定性都可以显著预测工作满意度。

（二）工作因素

1. 绩效

20 世纪六七十年代，劳勒（E. E. Lawler）和波特（L. W. Porter）综合考察了努力、绩效、能力、环境、认识、奖酬和满意等变量及其相互关系，认为员工工作满意度是来自工作绩效的公平、公正的客观回报，不同的绩效带来了不同的奖酬，从而产生不同的满意度。于是，他们提出了“绩效导致工作满意度”的观点。该观点在实践中得到了广大学者的支持。洛克（Lock）认为，工作满意度产生于绩效，是员工行为目标与其实现价值的函数，同时绩效本身的内在激励特性亦可提高工作满意度。德希和瑞安（Deci & Ryan）在自我决定理论中指出，工作满意度来自工作行为带来的回报。此后，有多项实证研究得出了相同的观点。但是，也有研究认为绩效对工作满意没有显著的影响。

绩效导致工作满意的观点的理论基础是社会心理学的自我知觉理论，即态度形成于行为之后，用以解释已经发生的行为的意义而非指导行为。

2. 工作

惠调艳等人综合前人的研究成果，将工作满意度细分为内在工作满意度和外在工

---

① T. A. Judge, E. A. Locke, and C. C. Durham, “The Dispositional Causes of Job Satisfaction: A Core Evaluation Approach”, *Research in Organizational Behavior*, 1997, pp. 151-188.

作满意度，其中内在工作满意度包括工作本身、成长与成就、工作压力三个方面；外在工作满意度包括薪酬、晋升、工作条件、社会支持四个方面。因此，工作本身、工作所提供的成长与成就、工作压力、薪酬、晋升以及工作条件等都会影响员工的工作满意度。

综合各项研究可知，有四项因素影响高水平的工作满意度：富有挑战性的工作、公平的报酬、支持性的工作环境和融洽的同事关系。①

三、工作满意度的测量

测量工作满意度的方法很多，应用最广泛的一种方法是工作描述指标（job descriptive index，JDI）。这一方法要求员工对一系列与工作有关的表述回答“是”、“不是”或“无法确定”，以此来测量工作满意度的各个方面。

另一种流行的测量方法是明尼苏达满意度量表（Minnesota satisfaction questionnaire，MSQ）。这一调查要求员工针对各种工作描述作答，从“非常不满意”到“非常满意”，使用5级评分制。图4—4提供了每种测量方法的一些测量项目样本。

工作描述指标

想想你目前所从事的工作，下面的每个词或者短语在多大程度上正确地描述了你的工作？在每个词的空白处写下：

Y，如果它正确地描述了你的工作；N，如果它没有正确描述你的工作；?，如果不能确定

你目前所做的工作是：

______日常工作；______令人满意；______好的。

想想现在与你合作的大多数人，或者你在工作中接触到的人，下面的每个词或者短语在多大程度上正确地描述了他们？在每个词的空白处写下：

Y，如果它正确地描述了与你合作的人；N，如果它没有正确描述他们；?，如果不能确定

你的同事：

______令人讨厌的；______负责的；______有才智的。

明尼苏达满意度量表

1=非常不满意，2=不满意，3=无法确定，4=满意，5=非常满意

对于目前的工作，我的看法是：

______独自工作的机会（独立）

______工作中进步的机会（进步）

______告诉别人该做什么的机会（权威）

______因为好的工作而获得的赞扬（认可）

______工作量和报酬（报酬）

图4—4 满意度量表的测量项目样本

资料来源：黛布拉·L·纳尔逊、詹姆斯·坎贝尔·奎克：《组织行为学：基础、现实与挑战》，118页。

MSQ分为长式量表（21个分量表）和短式量表（3个分量表）。短式量表包括内在满意度、外在满意度和一般满意度三个分量表。其主要维度是能力使用、成就、活

① 参见孙健敏、李原：《组织行为学》，121～122页。

动、提升、权威、公司政策和实施、报酬、同事、创造性、独立性、道德价值、赏识、责任、稳定性、社会服务、社会地位、监督—人际关系、监督—技术、变化性和工作条件。长式量表包括100个题目，可测量员工对20个方面的满意度及一般满意度。①

目前满意度量表调查多采用两种评估方法：单一整体评估法（single global rating）和工作要素总体评分法（summation score）。单一整体评估法要求被调查者就其对工作的总体感受作答，该方法虽然可以知道企业的相对满意度水平，但不利于管理者改进工作；工作要素总合评分法针对工作中的多种关键要素编制测量项目，虽然操作相对比较复杂，但是可以帮助管理者有效改进工作，提高员工的工作满意度。

在工作满意度的研究中，我国的王文慧和梅强应用二级综合模糊评价模型对某高科技企业进行了员工满意度研究（见表4—5），殷红霞在调查中运用层次分次法，将反映员工工作满意度的内容归纳为工作本身、工作回报、工作条件、工作群体和企业历史文化五个基本维度（见图4—5）。他们的研究在评估方法上比较具有代表性。

表4—5　员工满意度综合评估指标体系

因素 U_i	权重 a_i	子因素 U_{ij}	权重 A_i
对工作回报的满意度	0.345	薪酬与福利 工作被认可 培训与晋升	0.44 0.28 0.28
对工作本身的满意度	0.19	工作胜任感 责权匹配度 工作安全感	0.27 0.56 0.17
对企业的满意度	0.2	企业文化 规章制度 组织参与感	0.36 0.3 0.34
对工作协作的满意度	0.12	领导支持与信任 沟通与尊重 信息开放度	0.35 0.48 0.17
对环境的满意度	0.145	工作时间 工作空间 工作配备	0.54 0.19 0.27

资料来源：王文慧、梅强：《企业员工满意度的评估模型与对策研究》，载《科技进步与对策》，2002（11）。

延伸阅读4—1

测量自己的工作满意度

想想你现在从事的工作，或者你曾经从事过的工作，使用以下的等级，指出你对以下各个工作方面的满意程度如何。

1＝非常不满意，2＝不满意，3＝有点不满意，4＝无法确定，5＝有

---

① 参见卢嘉、时勘、杨继锋：《工作满意度的评价结构和方法》，载《中国人力资源开发》，2001（1）。

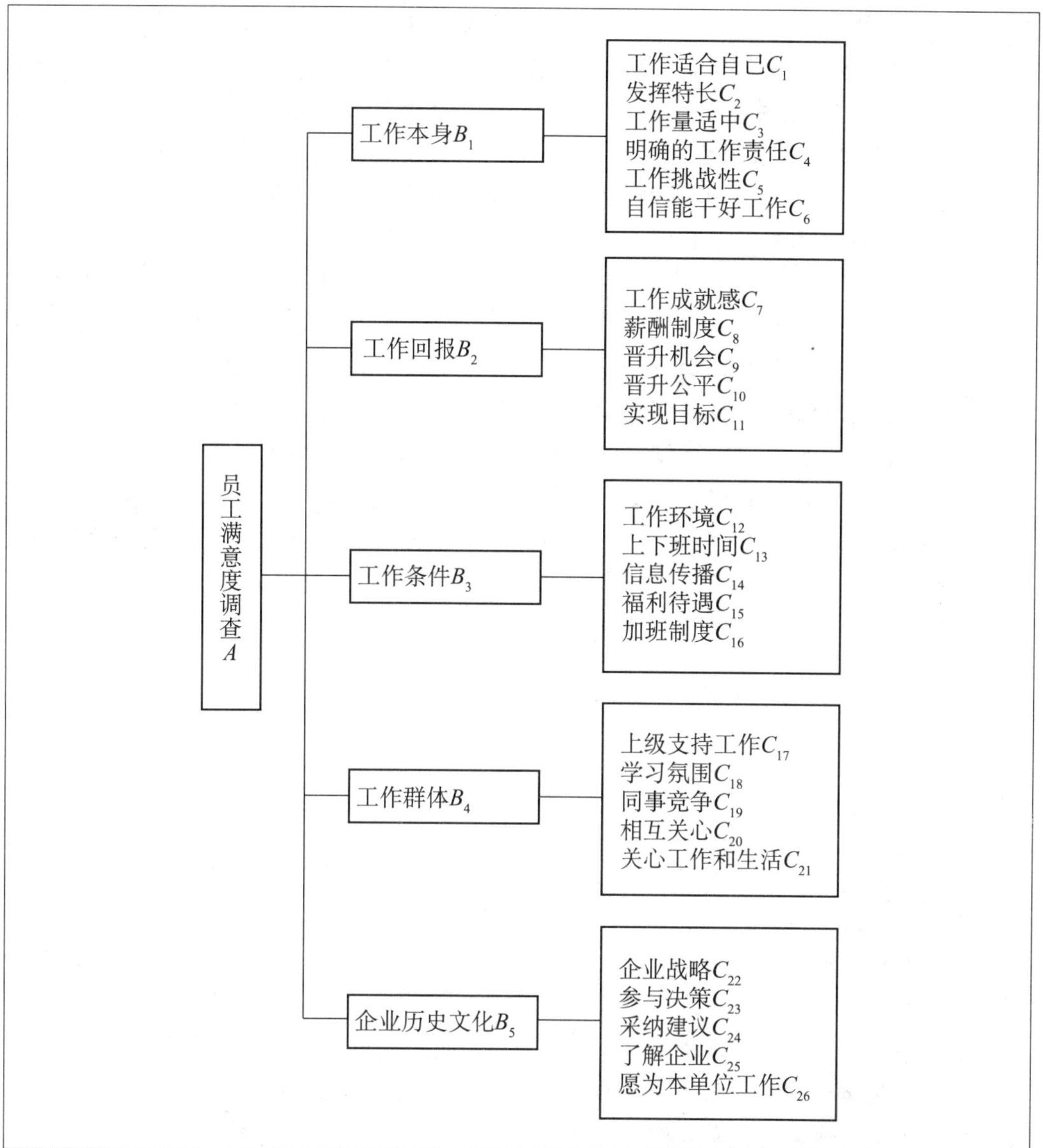

图 4—5　员工工作满意度的 AHP 分析模型

资料来源：殷红霞：《西部高科技企业员工工作满意度调查与激励体系的重新设计》，载《西安财经学院学报》，2004，17（5）。

点满意，6＝满意，7＝非常满意

1. 工作安全性的程度。

2. 报酬和额外福利。

3. 在工作中获得的个人成长和发展的机会。

4. 在工作中交谈及合作的人。

5. 从老板那里得到的尊重程度和公平待遇。

6. 在工作中获得的成就感。

7. 在工作中认识其他人的机会。

8. 上级给予的支持和指导。

9. 根据为公司所作贡献支付报酬的公平程度。

10. 在工作中可以独立思考和行

动的次数。

11. 自己在公司的未来是否可靠。

12. 在工作中帮助他人的机会。

13. 工作的挑战性。

14. 工作中获得指导的总体质量。

现在，计算各方面工作满意度的得分。

工资满意度：(Q2＋Q9) /2＝

安全性满意度：(Q1＋Q11) /2＝

社交满意度：(Q4＋Q7＋Q12)/3＝

监管满意度：(Q5＋Q8＋Q14)/3＝

成长满意度：(Q3＋Q6＋Q10＋Q13)/4＝

得分在1～7之间，如果得分低于4分，说明需要改变。

这个量表是一个简化的工作诊断调查表，它可以广泛应用于个体工作态度的测评。将你在每一方面的得分与下面由大量管理者样本得出的平均数比较一下：

工资满意度：4.6；安全性满意度：5.2；社交满意度：5.6；监管满意度：5.2；成长满意度：5.3。

你的得分如何？可以采取哪些行动来提高你的工作满意度？

资料来源：黛布拉·L·纳尔逊、詹姆斯·坎贝尔·奎克：《组织行为学：基础、现实与挑战》，117页。

□ 本章小结

员工的价值观对他的态度、动机、思维模式、行为等存在重要的影响。价值观包括内容属性和强度属性。

奥尔波特将价值观分为六种类型，包括理论型、经济型、审美型、社会型、政治型和宗教型。格瑞夫斯根据组织中人员行为表现形态的差异将人的价值观和生活方式划分为七个层次。罗克奇将个体的价值观分为工具性价值观和终极价值观两类。

态度由认知、情感和行为三种成分组成。三种成分密切相关，通常很难区分。态度具有两极性、稳定性和参照性三个特征。

态度的形成可以从三方面加以认识：态度是后天形成的；态度是感知的结果；态度的形成需要思维的参与。内因在影响态度形成中占主导地位，主要的内因有年龄、智力、自信心、感知的事实数量和价值观。

态度的主要类型有工作满意度、工作参与度、组织承诺、感知到的组织支持以及员工敬业度等。

认知失调理论和平衡理论经常用来指导管理者改变员工错误的态度、建立正确的态度。

态度调查可以帮助管理者改变员工的态度。在管理中，要转变员工的态度有多种方法，比如培训、宣传、员工参与法、团体规定法、角色扮演法、管理者预言法等。

工作满意度是组织行为学领域研究的核心内容之一，工作满意度与绩效息息相关。影响工作满意度的因素很多，可以从个体和工作两个角度来考察。工作满意度测量的常用方法有：工作描述指标、明尼苏达满意度量表等。常用的评估方法有单一整体评估法和工作要素总体评分法两种。

□ 关键术语

价值观　价值体系　工具性价值观　终极价值观　态度　情感成分　行为成分　认知成分　工作满意度　工作参与　心理授权　组织承诺　情感承诺　持续承诺　规范承诺　感知到的组织支持　员工敬业度　态度调查　退出　建议　忠诚　怠工　气质性情感

□ 思考题

1. 什么是价值观？在管理中，价值观有什么作用？请举例说明。
2. 请举例说明影响价值观形成的因素。
3. 价值观的分类有哪些主要方法？请分别予以简要介绍。
4. 价值观是否存在时代和文化差异？请谈谈自己的观点。
5. 什么是态度？请结合具体例子，谈谈你对态度的ABC模型的理解。
6. 态度具有哪些特征？在工作中如何运用？
7. 态度是如何形成的？影响态度形成的因素有哪些？请举例说明。
8. 请结合实践，谈谈组织行为学主要关注的一些态度类型。
9. 什么是认知失调理论？请举例说明。
10. 什么是平衡理论？请举例说明。
11. 试述管理者应该如何转变员工的态度。
12. 企业为什么要关注员工的工作满意度？
13. 从个体和组织两个角度，谈谈影响工作满意度的因素有哪些。
14. 常用的工作满意度测量和评价方法有哪些？

第5章

激励理论

本章要点

1. 激励的基本概念及过程。
2. 早期的主要激励理论。
3. 当代的主要激励理论。
4. 整合的激励理论。

引　例

麦肯锡特殊的人才激励制度

麦肯锡的人力资源管理制度十分独特，比如每年招聘人员的数量一般保持在20～30名。全球各分公司每年都可以收到大量个人简历，这是人选来源之一。最主要的是麦肯锡公司每年都从美国著名的几所大学录取名列前茅的高才生，同时接收其他学校推荐的优秀学生。

麦肯锡的人员70%来自具有MBA学历的人选，30%来自具有高级专业学位（法学博士、医学博士等）的人选，除了应聘人员的工作经历和商业背景，它主要看中的是他们解决问题的能力。麦肯锡对初选人员要经过六轮面试，面试中通过提出商业案例来考察其实际分析和解决问题的能力和素质。所以，一般局限于象牙塔中、没有实际经验的人获选机会不大。

一旦进入麦肯锡公司，人员的晋升与出局都有严格的规定：从一般分析员做起，经过两年左右考核合格升为高级咨询员，再经过两年左右考核升至资深项目经理，这是晋升董事的前身。此后，通过业绩审核可晋升为董事。所以，一个勤奋、有业绩的人在 6~7 年里可以做到麦肯锡的董事，但是在他每一个晋升的阶段，如果业绩考核并未达到要求，就要离开麦肯锡。

在晋升考核中不仅要看业绩，而且要看他对所在团队的引导，即他的潜力能否得到同事的信任。因此，在麦肯锡，所有的员工都能获得同等公平的机会，但必须勤奋。每年麦肯锡的人员流动率达 25%~30%，这个比率相对于其他企业来说是比较高的，但对于麦肯锡而言，处于合理的范围内。据我所知，离开麦肯锡的人一般有两种情况：一是机会非常好主动离开的，比如许多麦肯锡的董事离开后去一些大公司任经理，如美国运通、IBM，也有一些优秀人员离开后自己当了老板；另外一种是被请出局。

作为全球性的咨询公司，麦肯锡现在有 700 多位董事，即合伙人。毫无疑问，他们是麦肯锡最优秀的员工，也是麦肯锡的管理者和老板。但这并不意味他们具有终身在麦肯锡工作的保障。每年，麦肯锡从 600 多名合伙人中轮流选出十几位合伙人组成评审小组，对各位合伙人的业绩进行考察，如果未达到要求，同样要被请出局。对合伙人的唯一优惠是考察期限稍长一些。所以，麦肯锡人员享有高薪待遇，但没有谁可以止步不前。

资料来源：整理自对麦肯锡中国董事吴亦兵的采访记录。原文见《人力资源：麦肯锡独特的人才激励机制》，http://www.examda.com，2007-11-13。

请思考：

1. 麦肯锡公司主要的人员激励措施是什么？这些措施的效果可用哪些理论来解释？
2. 你如何看待咨询行业人员激励中竞争性和稳定性的作用？
3. 你认为，在管理咨询行业还有哪些比较有效的激励措施？

麦肯锡咨询公司作为全球领先的管理咨询公司，在员工激励方面拥有很多值得他人借鉴的经验。麦肯锡在人才甄选、晋升、解聘、职业生涯管理等方面的独特做法，使得制度本身的激励作用非常巨大，优秀的人才、卓越的公司制度使得麦肯锡在激烈的市场竞争中始终保持咨询行业的领导地位。

从管理者的角度来看，激励的目的应当是引导员工努力完成企业的目标。

激励员工在企业中高效能地工作是管理者的主要任务之一。这意味着要使员工按时上班、努力工作，为实现企业的使命而作出积极的贡献。

当然，员工的效能并不仅仅取决于激励，还受到能力和环境的影响，可以用以下公式来表示：

$$P = f(3M \times 2A \times E)$$

式中，P 指员工的效能，即工作水平；M 指激励；A 指能力；E 指环境。其中激励的影响最大。

第1节 激励概述

一、激励的基本概念

（一）激励的内涵

激励是指激发、鼓励、引导人们以某种特殊方式行动的一系列动机。激励不等于激情，它不是一个人的特征，缺乏激情的人可能是由于天生懒惰或者缺乏动机。企业中如果同一部门的多数员工出现慵懒情绪，则往往可能是对该部门员工激励不足导致的。

1. 激励是个体和环境相互作用的结果

同一公司的两位销售员，一位觉得做销售压力很大，很难找到客户，又要经常出差；另一位觉得做销售得心应手，善于与人交往的个性让他很容易与客户建立信任关系，加上自己尚未成家，出差让自己的生活丰富多彩！这是相同环境下由于个体差异而导致的工作激励效果的差异。

同一个大学生，一学期都未能把一本教材读完，但是在考试开始前一周，他就将这本教材仔细读了两遍。这是不同的环境对个体造成的激励效果的差异。

所以，在分析激励概念时，我们应当看到，不仅个体之间激励水平会不同，而且同一个个体在不同环境下的激励水平也会不同。

2. 努力、组织目标和需要

激励的产生以满足个体的某些基本需要为前提，其目标是使组织成员产生一种以实现组织目标为意愿的高水平的努力。因此，理解激励的三个关键要素是努力、组织目标和需要。

（1）努力要素是强度指标，当一个人被激励时，他会努力工作。

（2）组织目标与工作绩效相关，并非努力程度越高就越好，这种努力只有在与组织目标相一致时才能够带来较高的工作绩效。

（3）需要是指个体认为特定结果对其具有吸引力的某种内部状态。激励的产生以个体存在某种未被满足的需要为前提。

（二）激励过程

当个体存在未被满足的需要时，机体就会感到紧张，进而在内部产生内驱力。这些内驱力会产生寻找行为，去寻找能够满足需要的特定目标，如果目标达到，需要就会满足，并降低机体的紧张程度。这就是激励过程（见图5—1）。

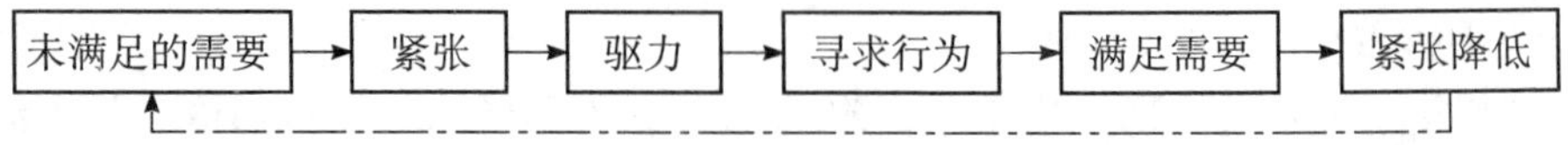

图5—1 激励过程

因此，我们可以认为，被激励的员工处于一种紧张状态，员工为缓解紧张而努力工作，紧张强度越大，努力程度越高。这里有个基本前提，即员工个体的未被满足的需要必须与组织的需要相一致，否则就会出现员工的努力程度很高，但是这种努力并未给组织带来高的工作绩效，甚至可能与组织的利益背道而驰的现象。例如，希望满足社交需要的员工上班期间经常聚在一起聊天喝咖啡，这种时间消耗对组织而言并不见得是一件好事。

二、激励的分类

（一）按照研究侧面的不同划分

按照研究侧面的不同，激励理论可以划分为内容型激励理论、过程型激励理论、行为矫正型激励理论和综合型激励理论。

1. 内容型激励理论

内容型激励理论将“需要”作为激励理论的基础，重点在于对能够起激励作用的因素进行研究，故名。代表性的理论有马斯洛的需求层次理论、阿尔德弗的 ERG 理论、麦格雷戈的 X—Y 理论、麦克莱兰的需要理论以及赫兹伯格的双因素理论等。

2. 过程型激励理论

过程型激励理论主要研究激励的过程，重点在于研究动机的形成以及目标的选择。代表性的理论是弗鲁姆的期望理论、亚当斯的公平理论和归因理论等。

3. 行为矫正型激励理论

行为矫正型激励理论重点研究激励的目的，即矫正个体的行为使之朝向实现组织目标。代表性的理论有斯金纳的强化理论和挫折理论等。

4. 综合型激励理论

有学者试图寻找各种激励理论之间的内在联系，并最终形成了综合型激励理论。代表性的理论有波特-劳勒综合激励模型以及迪尔的综合型激励模型。

（二）按照理论形成时期划分

按照形成的时期，激励理论大体上可以划分为早期激励理论、当代激励理论以及整合的激励理论。

1. 早期激励理论

20 世纪早期，社会学和心理学的知识被引入管理学研究领域，行为科学理论（也即人际关系理论）试图从人的心理、需要、行为等方面来改善生产中的人际关系，从而达到提高组织目标实现效率的目的。马斯洛的需求层次理论、赫兹伯格的双因素理论以及麦格雷戈的 X—Y 理论等拓展了早期行为科学理论的范畴，并成为组织行为学中经典的激励理论。

2. 当代激励理论

早期的激励理论为激励理论研究提供了重要的基础，有确切的支持性文献，并且在某些情况下依然是解决员工激励问题的重要理论工具。然而，遗憾的是，早期激励理论经不起严密的推敲。当代激励理论代表了当前对员工激励艺术的解释现状。比较典型的代表理论有 ERG 理论、麦克莱兰的需要理论、强化理论、公平理论以及期望理论等。

3. 整合的激励理论

众多的激励理论为人们在实践中应用和理解理论提供了有益的不同视角，然而，这也无形中使事情变得更加复杂。是否可以用一个理论模型来解释所有的激励问题呢？这个问题的探索导致整合的激励理论模型的出现。整合的激励理论将各种激励理论的内部联系挖掘出来，以提供一幅完整的关于激励理论的知识地图。

第 2 节 早期激励理论

一、需求层次理论

（一）需求层次理论的结构

需求层次理论（hierarchy of needs theory）由马斯洛提出，它假设每个人都存在以下五种需求层次（见图 5—2）。

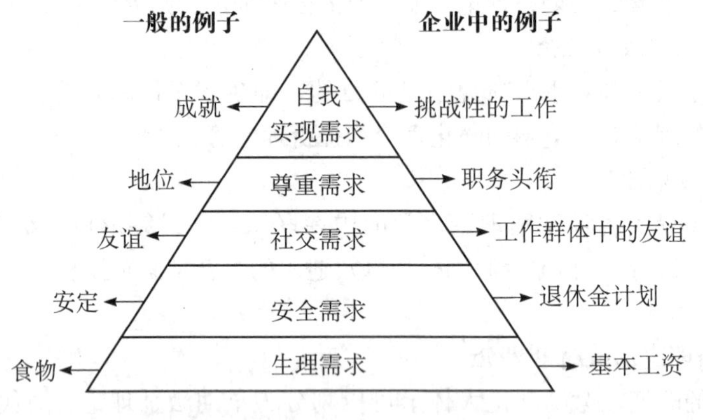

图 5—2 马斯洛的需求层次结构

（1）生理需求：包括饥饿、口渴、性和其他身体需求。

（2）安全需求：保护自己免受生理和心理伤害的需求。

（3）社会需求：包括爱、归属、接纳和友谊。

（4）尊重需求：内部尊重因素包括自尊、自主和成就；外部尊重需求包括地位、认可和关注等。

（5）自我实现需求：一种追求个人能力极限的内驱力，包括成长、发挥自己的潜能和自我实现。

前三种需求称为缺乏型需求，也称较低层次需求，只有满足了这些需求，个体才能感到基本舒适。后两种需求称为成长型需求，也称较高层次需求，因为它们主要是为了个体的成长与发展。

研究发现，缺乏型需求几乎人人都有，而成长型需求并不是所有的人都有，尤其是自我实现需求，相当部分的人没有。实际上，满足需求并不一定要从最低层次开始，因为可能会出现为满足高层次需求而牺牲低层次需求的现象。并且在经济繁荣的时期，几乎所有被长期雇用的工人较低层次的需求都得到了满足。

（二）需求层次之间的相互关系

马斯洛认为，各层次之间存在以下一些关系：

（1）一般来说，这五种需求就像阶梯一样，从低到高。较低层次的需求获得满足之后，就会向较高层次的需求发展。

（2）这五种需求不是每个人都能够满足的，越是靠近顶部的成长型需求，满足的百分比越少。

（3）同一时期，个体可能同时存在多种需求，因为人的行为往往是受多种需求支配的，每一时期总有一种需求占支配地位。

总之，当任何一种需求基本上得到满足后，下一个需求就成为主导需求。然而，虽然并非只有在所有的需求基本得到完全满足之后才会出现下一种需求，但是那些基本获得满足的需求已经不再具有激励作用。因此，根据马斯洛的需求层次理论，如果要激励员工，管理者需要了解员工目前处于需求层次的哪个水平上，然后去满足这些需求以及更高层次的需求。

二、X 理论与 Y 理论

麦格雷戈认为，真正的管理问题在于管理者的宇宙观和价值观的改变，这个问题解决了，如何执行的问题只是细枝末节而已。

X—Y 理论是两种完全不同的人性假设。X 理论是管理者对员工人性的消极假设；Y 理论是管理者对员工人性的积极假设。通过观察管理者对待员工的方式，麦格雷戈得出结论：一个管理者关于人性的观点是建立在一组特定的假设之上的，他倾向于根据这些假设选择自己对待下属的行为。

（一）X 理论的主要假设

从马斯洛的需求层次理论框架来看，X 理论假设低级需求主导个体行为。X 理论的四个基本假设是：

（1）员工天生讨厌工作，并尽可能回避工作；

（2）由于员工天性不喜欢工作，因此，要想实现组织目标，只能运用强迫、惩罚、控制等强制性手段；

（3）一般人胸无大志，逃避责任，并尽可能地寻求被领导；

（4）大多数员工认为安全感在工作相关因素中最重要，并且没有什么进取心。

（二）Y 理论的主要假设

从马斯洛的需求层次理论框架来看，Y 理论假设高级需求决定人的行为。Y 理论的四个基本假设是：

（1）员工天性并不讨厌工作，而是把工作看做与休息或游戏一样自然的事情；

（2）如果员工对组织作出承诺，无须对员工严加监督或者惩罚威胁，他们就能够为达到组织目标而进行自我引导和自我控制；

（3）普通人能学会接受甚至寻求责任；

（4）人们普遍具有创造性的决策能力，而不只是处于管理层的核心人物才具有这种能力。管理者的最大职责是协调好人际关系，在完成组织目标的同时兼顾员工的个人需要。

麦格雷戈认为 Y 理论比 X 理论更加符合实际情况，建议管理者有效地运用 Y 理论，诱导出员工的工作热情，充分发挥员工的想象力和创造性，让员工参与到决策过程中来，在工作中进行自我管理、自我引导，并在融洽的群体关系中实现组织目标。

然而，没有证据证明哪一组假设更加有效，也无证据证明在接受 Y 理论的基础上改变员工的行为会使更多的员工受到激励。事实上，无论是 X 理论还是 Y 理论，其假设在某一特定环境下都可能是有效的。

三、双因素理论

双因素理论在 20 世纪 50 年代末期由赫兹伯格与其同事共同创立，是现代管理中有重要影响的需要型激励理论。

赫兹伯格在对约 200 名会计师和工程师进行调查后发现，企业存在两种因素：激励因素和保健因素。

（一）双因素理论的框架

赫兹伯格提出了一个与传统观点有所不同的理论框架（见图 5—3）。

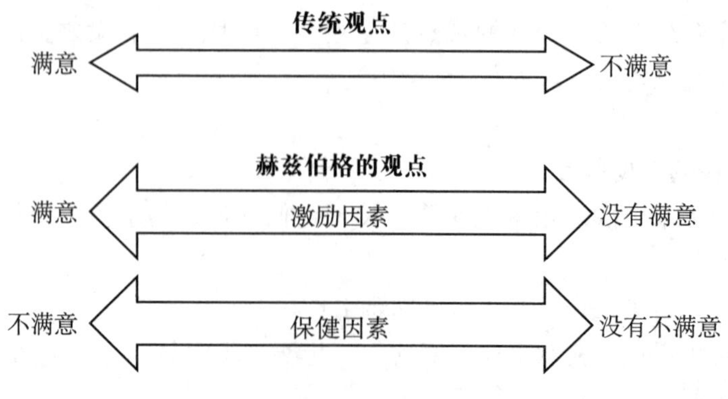

图 5—3 赫兹伯格的双因素理论框架

传统观点认为，员工要么满意，要么不满意。赫兹伯格却认为，满意相对的应该是没有满意，在这个维度中表现出来的是激励因素；不满意相对的应该是没有不满意，在这个维度中表现出来的是保健因素。

（二）两种因素

双因素理论因其提出两种因素而闻名。

（1）激励因素是指能促使员工产生满意的一类因素。这些因素主要有工作中的成就感、工作中得到的认可和赞赏、工作本身的挑战性和趣味性、工作职务的责任感以及个体晋升与发展的内在因素。

（2）保健因素是指可能促使员工产生不满意的一类因素。这些因素主要有监督、工作条件、人际关系、薪金、工作安全感、公司政策等外在因素。

赫兹伯格认为，只有充分运用激励因素才能使员工感到满意，而充分运用保健因素最多只能使员工感到没有不满意。

第 3 节　当代激励理论

一、需要理论

美国哈佛大学心理学家戴维·麦克莱兰及其合作者在 20 世纪 50 年代发表的一系列论文中提出了需要理论（theory of needs）。需要理论将人的高层次需要划分为对权力的需要（need for power）、对归属或社交的需要（need for affiliation）以及对成就的需要（need for achievement）三个基本类别。其中，麦克莱兰对成就的需要研究最为深入，因此，该理论也称成就需要理论。

（一）需要理论的主要内容

麦克莱兰认为，人在生存需要得到基本满足的前提下，最主要的高层次需要有三种。

1. 对权力的需要

对权力的需要是指试图影响他人和改变环境的内驱力。具有权力需要的人希望制造对组织的影响，并愿意为此承担风险。如果权力需要为的是获得机构权力，而不是个人权力，他们将会成为优秀的管理者。机构权力是指为了整个组织的利益而影响他人的行为的需要。具有这种需要的人通过正常手段获得权力。但是，如果权力需要为的是个人权力，那么这个人往往很难成为成功的组织领导者。①

这样的人常常喜欢争辩、健谈、直率和头脑冷静，并且善于提出问题和要求；他们也常常喜欢教训别人，乐于演讲。

---

① 参见纽斯特罗姆、戴维斯：《组织行为学：工作中的人类行为》，109 页，北京，经济科学出版社，2000。

2. 对归属的需要

对归属的需要是指建立友好和亲密的人际关系的欲望。具有归属需要的人通常能够从友爱、情谊、人际关系等社会交往中获得快乐和满足，并总是设法避免因被某个组织或社会团体拒之门外而带来的痛苦。他们喜欢保持一种融洽的社会关系，享受亲密无间和相互理解的乐趣，随时准备安慰和帮助处于危难中的伙伴。

3. 对成就的需要

对成就的需要是指追求卓越，实现目标，争取成功的内驱力。具有强烈成就动机的人追求的是成就本身而不是成功的报酬。有成就需要的人对胜利和成功有强烈的要求，同时也担心失败；他们乐意，甚至热衷于接受挑战，往往为自己树立有一定难度却不至于高不可攀的目标；他们敢于冒险，又能以现实的态度面对冒险，绝不以迷信和侥幸心理对待未来，对问题善于进行分析和估计。他们愿意承担所做工作的个人责任，但对所从事的工作希望得到明确而又迅速的反馈。这类人一般不常休息，喜欢长时间工作，即使失败真正出现也不会过分沮丧，一般来说，他们喜欢表现自己。①

（二）关于高成就需要者的一些结论

（1）如图5—4所示，具有高成就需要的人更喜欢有个人责任、能够获得工作反馈和具有适度的冒险性的环境。当工作具备了这样的特征时，对具有高成就需要的人而言，工作的激励作用会很强。

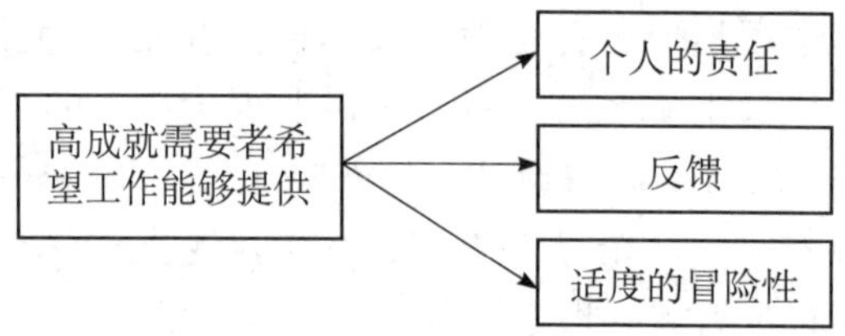

图5—4 使高成就者与工作相匹配

（2）高成就需要者不一定是一个优秀的管理者，尤其是在一个大的组织中。高成就需要者追求个人如何把工作做得更加完美和有效率，而不是如何影响他人把工作做好。

（3）归属和权力需要与管理者的成功有密切关系。最优秀的管理者有高权力需要和低归属需要。实际上，高权力需要可能是管理有效性的一个必要条件，当然，两者之间谁是因谁是果有待确定。也有人认为，有权力的职位会成为高权力动机的刺激因素。

（三）培养高成就需要者的建议

研究发现，高成就需要既可以是人的个性，也可以通过培训培养出来。麦克莱兰

① 参见胡君辰、杨永康：《组织行为学》，199页。

提出了培养高成就需要的四点建议。

（1）安排成就反馈。这是计划任务的一项艺术，使员工逐步取得成功。员工的每一次成功都获得奖励，从而增强其对成就的愿望。

（2）找出成功楷模。周围人取得成功，会刺激员工也想取得成功。

（3）改变认知形象。有高度事业心的人会知难而进，并且要求他的成功不断得到反馈。麦克莱兰认为，重塑一个人的认知形象需要不断为他提供关于事业心、成功的经验和反馈，这些经验和反馈有助于人们发展出这种需要。

（4）有意控制意识。人的自我对话一直在有意识和无意识之中进行着，应该培训员工有意识地控制自己的意识，鼓励他们进行积极的自我谈话，避免消极思想的产生。

（四）对麦克莱兰需要理论的评价

麦克莱兰需要理论对我们把握管理人员的高层次需要具有积极的参考意义。例如，成就需要强调了精神的作用、榜样的作用、教育和培训的意义等。

但是，麦克莱兰的研究也有一定的局限性。比如，他把一个国家经济发展的驱动力归结为一批高成就追求者的成就需要，抹杀了其他重要的物质基础。

研究发现，在人的基本需要得到满足之后，能力需要（competence motivation）也是人的一种高层次需要。能力需要是指争取在某些方面有所专长，使得个体能够完成高质量工作的内驱力。具有能力动机的员工追求工作熟练，以发展和运用他们解决问题的能力为荣，在工作中面临困难时努力创新。他们从过去的经验中受益，并且持续不断地提高个人能力。通常他们能够高质量完成工作是由于他们能够因高质量地完成工作而感到内心满足、从注意到他们工作的人那里获得自尊。①

二、ERG理论

ERG理论是由阿尔德弗在1972年创立的。相对来说，这是一种较新的需要型激励理论。

（一）ERG理论的基本观点

1. 何谓ERG

所谓ERG，是指三种需要：生存需要（existence needs）、关系需要（relatedness needs）和成长需要（growth needs）。由每种需要的英文第一个字母组成ERG。

ERG理论认为，人主要有三种需要：生存需要、关系需要和成长需要。其中生存需要是人类最基本的需要，不满足这种需要，个体将无法生存，例如食物、衣服、住房等；关系需要是指个体与他人交往的需要；成长需要是指个体在事业、工作、前途等方面要求发展的需要。

---

① William S. Silver, and Terence R. Mitchell, "The Status Quo Tendency in Decision Making", *Organizational Dynamics*, Spring 1990, pp. 34-46.

2. ERG 理论的框架结构

从 ERG 理论的框架结构（见图 5—5）中，我们可以更全面地了解 ERG 理论。

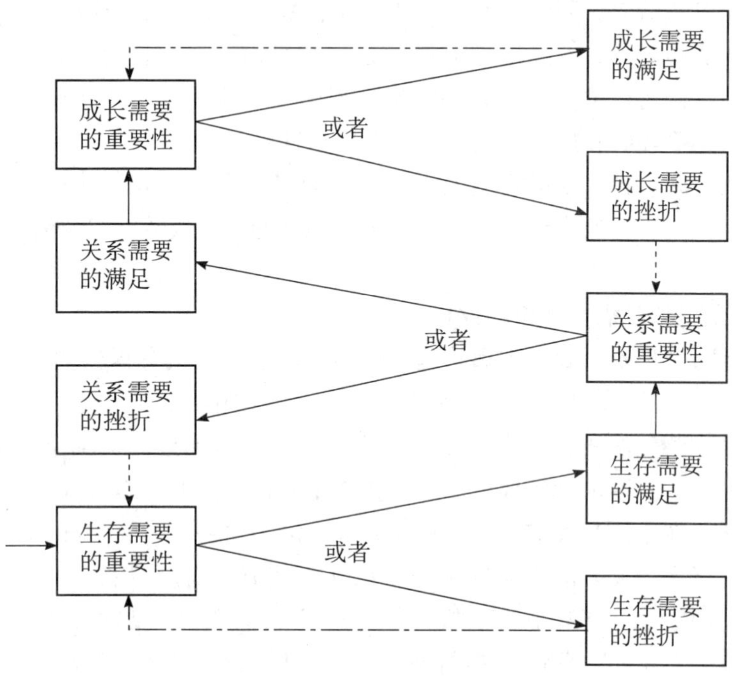

图 5—5 ERG 理论的结构框架

这个理论还包括两个重要概念：挫折—回归和满足—前进。这两个概念是指，一个人如果需要受到挫折就应该降低需要；如果需要得到满足就应该发展更高级的需要。

图 5—5 中实线是上升通道，即满足—前进通道，虚线是下降通道，即挫折—回归通道。

例如，一位经理已经满足了关系需要水平中的一些基本需要，因此开始尝试满足他的成长需要。可是出于种种原因，比如组织的制约（几乎没有挑战性的工作）和晋升机会缺乏，他无法满足成长的需要。根据 ERG 理论，他又回到关系需要水平，把关系需要作为一种激励。根据《全球展望》杂志的统计，20 世纪 90 年代以来，在欧洲的许多企业中，挫折—回归通道出现的可能性正在逐步上升。

（二）对 ERG 理论的评价

1. 基本思想简明扼要

ERG 理论对需要的论述简明扼要，容易理解。ERG 理论将人的需要分为三种，其中生存需要包括了马斯洛理论中的生理需求和安全需求；关系需要包括了马斯洛理论中的社交需求和尊重的需求；成长需要相当于马斯洛理论中的自我实现需求。

2. 实用性强

ERG 理论提出，个体在同一时间内，可以受到一种以上需要的激励。另外，回归—前进概念很好地解释了人类个体的动机。

3. 简单化

人类的需要多种多样，虽然可以分为三大类，但是在激励个体行为方面，有许多复杂的关系，ERG 模型对此的解释似乎过于简单化了。

三、公平理论

激励的公平理论的基础是组织中的员工希望被他人公平对待。公平理论对组织成员的生产率、满意度、缺勤、离职等具有很强的解释力。对组织公平的研究目前已经获得了许多重要文献的支持。

（一）基本概念

1. 公平与不公平

公平是指员工在组织的与他人关系中感到平等。不公平是指员工在组织的与他人关系中感到不平等。

2. 公平观念的形成

人们形成公平观念，一般要经历四个步骤：

第一步，评价自己在组织中受到什么待遇。

第二步，评价比较对象在组织中受到什么待遇。这些比较对象可以是工作群体中的其他成员，也可以是组织中其他群体的成员，甚至是社会上的人。

第三步，比较各自的情境。

第四步，产生公平或不公平的观念。

3. 比较公式

公平理论把个体的比较过程用投入与产出的比较来描述。

（1）投入是指个体对组织的贡献，比如受教育程度、经验、技能、努力程度、忠诚等。

（2）产出是指个体在组织中得到的回报，比如薪金、认同感、社会交往、精神鼓励等。

（3）公式。比较理论的比较公式如下：

$$\frac{\text{产出}_{\text{自己的}}}{\text{投入}_{\text{自己的}}} \quad \text{比较} \quad \frac{\text{产出}_{\text{他人的}}}{\text{投入}_{\text{他人的}}}$$

个体在评价投入、产出时，有的可以量化（如工资收入），有的不可以量化（如认同感）。如果个体在心理上认为等式两边是平衡的，就会产生一种公平感。如果个体认为两边是不平衡的，就会产生一种不公平感，进而产生一种压力，想使之平衡。

（二）对公平与不公平的反应

图 5—6 总结了人们对公平和不公平的反应。

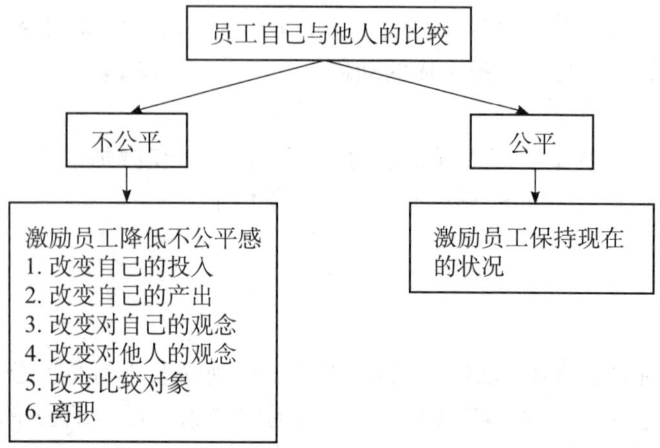

图 5—6 人们对公平与不公平的反应

1. 对公平的反应

从图 5—6 中可以看出，如果员工在组织中通过比较，认为是公平的，就会设法保持现状，自己的投入不会减少。一旦产出更多时，个体就会更主动地投入，以保持等式两边的平衡。

2. 对不公平的反应

如果员工在组织中通过比较，认为不公平，就会产生一种动机来改变这种不公平。不公平感越强烈，这种动机也越强烈。

人们一般有六种方法来改变这种不公平：

（1）改变自己的投入。员工可能会消极怠工，想方设法偷懒等。

（2）改变自己的产出。个体可能要求加工资或奖金，也可能要求晋升职务，甚至可能做出有损公司利益的事情。

（3）改变对自己的观念。这是一种较为复杂的反应。当个体感到不公平时，他可能改变原先的自我评价，认为实际上自己对组织的贡献并不大，而组织给自己的产出并不少，从而感到公平。

（4）改变对他人的观念。员工可能改变对他人的投入和产出的看法，例如，他可能会觉得他人的工作时间更长，或者拿到的奖金并不多。

（5）改变比较对象。例如，个体可以认为，最近的比较对象是上级的亲朋好友；或者认为这个人有特殊的技能；或者认为大多数人都不像他这样幸运。总之，应该换一个人比较才对。

（6）离职。这是应对不公平的最后一招。如果员工感到实在不公平，或者自己对于改变不公平现状无能为力，可能会提出调离本部门，或者干脆提出辞职。

（三）对公平理论的评价

1. 对公平的理解和量化

（1）公平是相对的。在世界上，不公平的现象随处可见，因此，不公平是绝对的。

例如，出生在不同家庭、受到不同教育、在不同企业工作等。但是，人类还是不断地追求相对公平。可以说，公平只是一种相对平衡的心理感受。

（2）公平理论的投入和产出在现代企业中很难量化，尤其是管理工作和科技工作，几乎无从比较。

2. 公平理论的应用

在管理过程中，应该使企业的奖励体系尽可能公平，这样有利于激励员工。公平理论向管理者传递了三条消息：

（1）组织中的个体需要了解奖励的基础。应该使每个人都了解奖励的原则，如奖励是以质量优先，而不是以产量优先。

（2）人们对奖励倾向于采取一种多重观点。根据他们的经验，奖励可以是有形的，也可以是无形的。

（3）人们的行动是以自己的感受为基础的。可能有两位员工工资一样多，但他们都感到对方拿了更多的工资。这时虽然管理者知道实际上对他们的奖励是公平的，但是这两位员工并不这样认为。

四、期望理论

与公平理论相比，期望理论更复杂，影响也更大。从诞生开始，期望理论就不断得到发展。期望理论提供了对员工生产率、缺勤率以及流动率方面的有力解释。

（一）期望理论的基本模型

期望理论的基本模型最早是由托马斯（K. W. Thomas）和勒温（K. Lewin）在 1932 年提出的（见图 5—7）。

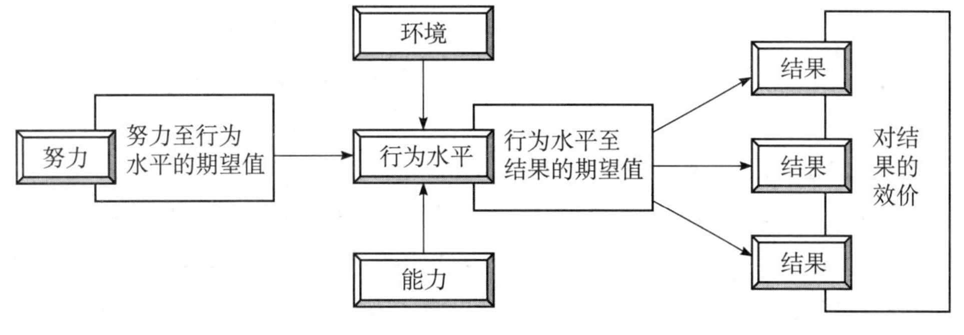

图 5—7　期望理论的基本模型

资料来源：胡君辰：《管理心理学》，131 页。

1. 努力至行为水平的期望值

努力至行为水平的期望值是指个体通过努力可达到高水平行为的可能性。如果个体相信，只要他努力，就可以有高水平的行为，这意味着期望值很高，最高可达到

1.0。这里的期望值1.0是指几乎可以肯定通过努力能够达到很高水平的行为。

如果个体认为，不管如何努力，都不可能提高自己的行为水平，那么他的期望值很低，最低可至0。这里期望值为0是指个体认为努力对提高行为水平几乎无效。因此，努力至行为水平的期望值在0～1.0之间。

2. 行为水平至结果的期望值

行为水平至结果的期望值是指个体认为行为水平将导致某一结果的可能性。如果一个员工认为高水平的行为一定可以使薪金提高，这时的期望值为1.0。同样，如果一个员工认为薪金与行为水平完全无关，那么，这时的期望值为0。如果员工认为薪金提高与行为水平有一定的关系，那么，期望值就在0～1.0之间。

在企业中，有些行为水平至结果的期望值是相关的，如图5—7所示，一种行为水平必然会产生几种结果，每种结果都会有自己的期望值。

3. 对结果的效价

结果是指由行为水平可能产生的任何事情。一种高水平的行为可能产生薪金提高、晋升、上级表扬等结果；也可能产生疲惫、压力增加、他人嫉妒等结果。

效价是指对从事的工作或要达到的目标的价值估计。

对结果的效价是指一个结果对个体的相对吸引程度。薪金、晋升、上级表扬可能都是正效价，而疲倦、压力增加、他人嫉妒可能都是负效价。

对结果的效价每个人各不相同。工作压力增加对张三来讲可能是一个主要的负效价，而对李四来讲可能只是一个很小的负效价。同样，增加工资对张三来讲可能是一个主要的正效价，而对李四来讲可能只是一个很小的正效价，对王五来讲甚至可能是一个负效价，因为可能要缴纳更多的所得税。

4. 激励的作用

根据期望理论的基本模型，要激励员工必须符合三个条件：

（1）努力至行为水平的期望值在0以上。

（2）行为至结果的期望值也在0以上。

（3）对结果的效价是正的。最好是产生的每个结果的效价都是正的；其次是有些结果的效价是正的，有些结果的效价是负的，但各种结果效价平衡后还是正的。

（二）弗鲁姆的期望理论

维克多·弗鲁姆是第一个把期望理论运用到管理中去的人，在1964年，他发展了期望理论。他认为，期望理论很好地解释了为什么在管理中同一事物对甲有激励作用，而对乙没有激励作用。激励作用主要取决于个体对结果的喜欢程度，以及达到目标的可能性大小。

1. 期望理论的公式

期望理论的公式由激励强度、效价和期望值组成，用公式表示如下：

$$P=V\cdot E$$

式中，P为激励强度，V为效价，E为期望值。

（1）效价。效价是个体对于某一特定结果如何感觉的一种度量。效价可以是正值，也可以是负值，取决于结果造成的影响如何，以及个体对其有什么感觉。在现实生活中，由于个人的需要不同，所处的环境不同，不同的人对同一目标的效价也往往不同。比如，有一个人希望通过努力工作得到提升的机会，也就是说，他对提升的欲望很高，于是提升在他心目中的效价也很高。如果一个人安于现状，对是否提升漠不关心，那么提升对他来说，效价等于零。相反，如果一个人不但没有提升的要求，而且害怕提升，这时，提升的效价就是负值。

（2）期望值。期望值是指个体对某项目标能够实现的概率的估计，也可理解为激励对象对目标能够实现的可能性大小的估计。期望值使人们相信，在某一特定行为之后，必定有某一特定结果接踵而至。这种相信的程度变化可以很大，从行为与结果之间全无关系，一直到行为与结果之间有必然的联系。期望值也叫期望概率，在日常生活中，一个人往往根据过去的经验来判断一定行为能够导致某种结果或满足某种需要的概率。

（3）激励强度。激励强度是指通过效价和期望值的相互作用，某一事物对个体起到的激励作用的大小。

2. 激励作用

根据弗鲁姆的期望理论，效价可以从－1～＋1，即从个体极端害怕某一事物或某一结果到个体十分喜欢某一事物或某一结果。期望值可以从 0～100％，即个体认为完全不可能达到目标到个体认为完全有把握达到目标。

根据期望公式，由于效价和期望值不同，会产生不同的激励程度。

（1）效价高×期望值高＝激励程度高；

（2）效价中×期望值中＝激励程度中；

（3）效价低×期望值低＝激励程度低；

（4）效价高×期望值低＝激励程度低；

（5）效价低×期望值高＝激励程度低。

由此可见，要使激励强度达到最大，应该是效价和期望值都高，只要在效价和期望值中有一个很低，就达不到激励员工的目的。

（三）波特-劳勒的期望理论

期望理论在 20 世纪 60 年代受到广泛的重视，许多心理学家对期望模型作了修改，其中最值得重视的是波特和劳勒在 1968 年提出的期望理论。

1. 波特-劳勒的期望模型

波特-劳勒的期望模型（见图 5—8）与最初的期望模型已经有了很大的差别。

（1）在这个模型中，努力与能力、特质和角色概念有关。

（2）在激励循环开始之际，努力成为对员工潜在奖励的评价（效价）和认为努力—奖励的可能性（期望值）的函数，用公式表示如下：

努力＝f(效价×期望值)

（3）努力和能力、特质、角色概念一起来决定真正的行为水平。

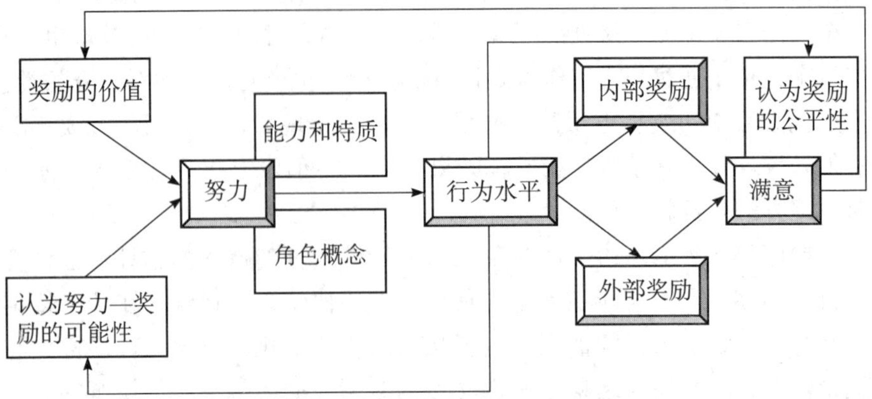

图 5—8 波特-劳勒的期望模型

资料来源：胡君辰：《管理心理学》，135 页。

（4）行为水平可以引起两种奖励：内部奖励和外部奖励。一般来说，内部奖励是无形的，例如成就感、自豪感等；外部奖励是有形的，例如增加工资、晋升等。

2. 激励作用

波特-劳勒的期望理论是通过下列途径起到激励作用的：

（1）如果个体认为内部奖励和外部奖励是公平的，就会得到满足感。这样使期望理论和公平理论有了一定的结合。

（2）一旦个体得到满足，就要提高奖励的价值，进入又一个期望—激励循环，起到激励的作用。

（3）个体的行为水平能否得到公平的奖励，将会影响到个体认为努力—奖励的可能性。

五、强化理论

（一）强化理论的主要内容

强化理论的思想源于学习理论，包括古典条件反射理论、操作性条件反射理论和认知心理学学习理论。

1. 古典条件反射理论

古典条件反射理论是巴甫洛夫在 1927 年确立的。

（1）古典条件反射的基本概念。非条件刺激是指能引起个体本能反应的一类刺激。条件刺激是指原本不能引起个体条件反射的一类刺激，又称中性刺激。中性刺激可以是世界上的任何事物。

非条件反射又称本能反射，是指人类生来就有的一类反应。

条件反射是指形成条件反射后开始出现的反应。

古典条件反射是指与非条件刺激联系在一起的条件反射形成后的一种简单的学习形式。

（2）古典条件反射形成的步骤如图 5—9 所示。

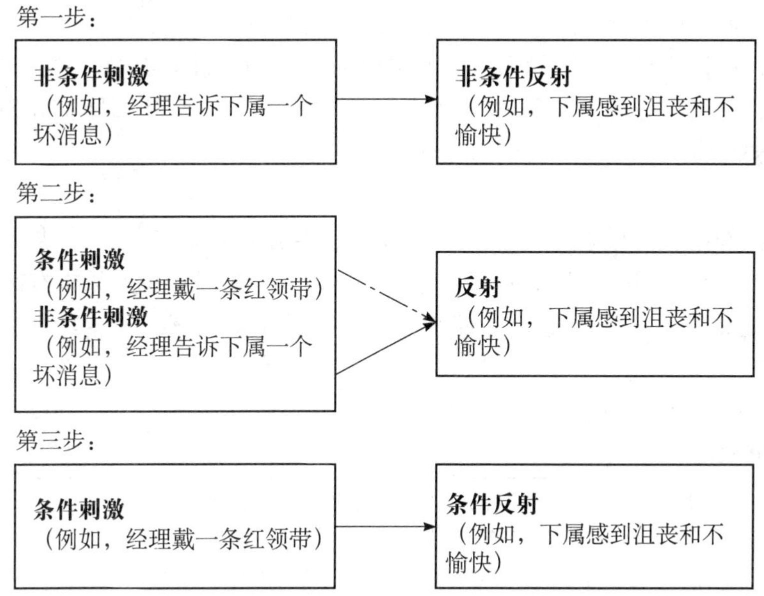

图 5—9　古典条件反射形成步骤

2. 操作性条件反射理论

操作性条件反射理论又称强化理论，1953 年由美国著名管理心理学家斯金纳创立，其研究成果在企业管理中广泛应用，收到了良好的效果。

操作性条件反射理论认为：行为是结果的函数，个体的行为会随着结果的变化而变化。在任何情境中，个体会尝试各种可能的行为，前一次行为的结果会影响到后一次行为的选择。这与刺激—反应的古典条件反射理论有明显的区别，可以解释企业中许多用古典条件反射理论解释不了的现象。

3. 认知心理学学习理论

认知心理学是当代心理学的一个主要流派，该理论认为，学习是一个涉及结果与行为的认知过程（见图 5—10）。

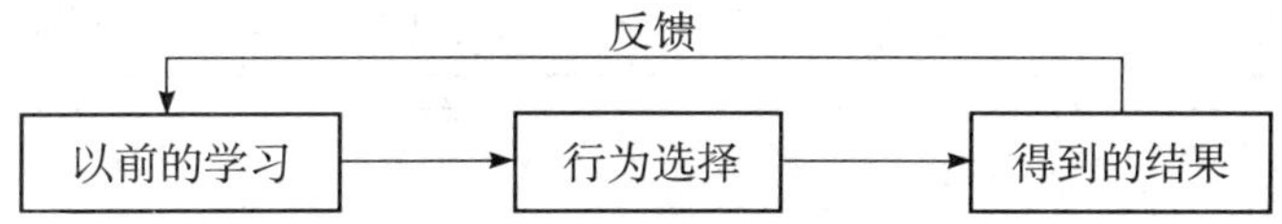

图 5—10　学习是认知的结果

从图 5—10 中我们可以了解到：

（1）根据认知心理学的观点，人们依照他们的经验和利用以前的学习来作为当前行为的基础。例如，一位员工面临工作地点的选择，他就会运用以前的经验并参考他人的建议，来决定在市区工作还是去郊区工作。

（2）人们对行为做出选择。例如，这位员工将在去郊区和留市区中作出选择。

（3）人们认识到选择的结果。例如，这位员工认识到如果留在市区工作，上下班都比较方便，但发展机会不大。为了追求发展，他选择了去郊区工作。

（4）人们评估这些结果并纳入到自己的学习系统中，进而影响未来的选择。例如，这位员工选择去郊区工作后，不久果然得到晋升，他会为自己选择正确而感到高兴。以后选择时他会告诉自己，要有长远眼光。

4. 强化的类型与时间表

强化是操作性条件反射的一个重要概念。所谓强化，是指行为的结果。在企业中有各种各样的强化，强化实施的时间表也不同，当然产生的激励效果也有区别。

（1）强化的类型。强化主要有四种类型：正强化、躲避、自然消退和惩罚（见图5—11）。

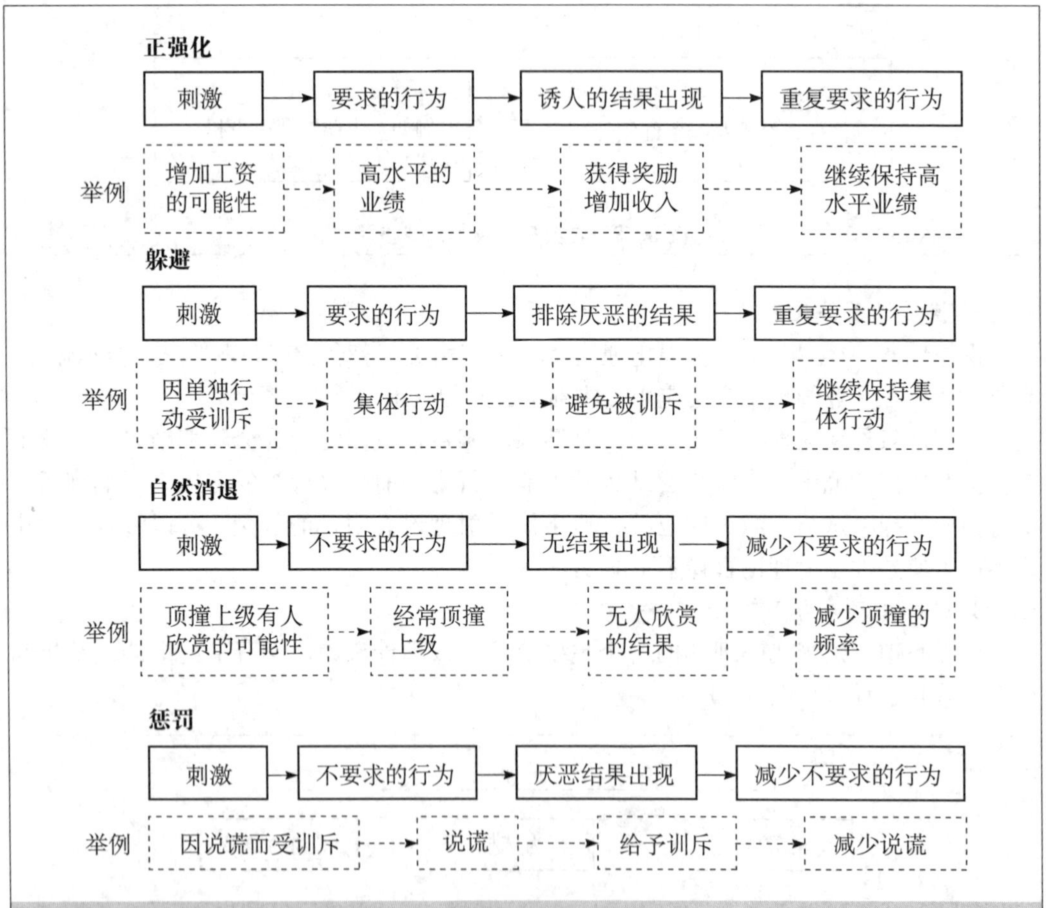

图5—11 强化的主要类型及举例

正强化是指个体表现行为后希望得到的奖励或其他的积极结果。在企业中正强化的典型例子有表扬、加工资、发奖金、晋升、配车、换大办公室等。

躲避又称负强化，是指个体表现行为后躲避不喜欢的环境的一种现象。例如，一个员工看到其他员工上班时因为衣着随便而受到上级批评，那么他为了避免上级的批评，就衣着整齐地去上班。

自然消退是指个体表现行为后没有奖励或没有得到希望的结果而使该行为频率减少的现象。例如，员工小李以前很希望小王找他闲聊，后来小李想利用业余时间学习电脑，几次推托了小王的邀请，后来小王就不去找小李闲聊了。

惩罚是指个体表现行为后出现一个不喜欢的令人讨厌的结果来减少不被要求的行为出现的频率。在企业中惩罚的典型例子有批评、扣工资、降级、辞退等。

（2）强化的时间表是指在何时施以强化，主要有六种方法。

1）连续强化是指每次行为后马上给予强化。

2）间隔强化是指不是每一次行为后都给予强化。

3）固定比例强化是指每几次行为后给予一次强化。例如，每三次行为后给予一次强化。

4）变化比例强化是指每若干次行为后给予一次强化。例如，有时是三次行为后给予一次强化，有时是八次行为后给予一次强化。

5）固定间隔时间强化是指每隔一段时间给予一次强化。例如，每两个月发一次奖金。

6）变化间隔时间强化是指每隔若干时间给予一次强化。例如，有时是一个月发一次奖金，有时是四个月发一次奖金。

以上六种方法的强化效果因人而异，因此，管理者要根据不同的对象灵活运用，才能收到良好的激励效果，使之为达成组织目标而努力工作。

（二）对强化理论的评价

强化理论对控制行为的因素提供了有力的分析工具。不过，强化理论并没有考虑引发行为的因素，所以严格地讲，它并不是一种激励理论。

强化理论忽视了情感、态度、期望和其他已知的会对人的行为产生影响的认知变量。

强化理论对解释人的行为有着重大影响，不过，同一行为也可以从目标、公平以及期望等方面来解释。比如，员工对工作的投入程度和在不同任务之间分配精力、时间的方式受到这些行为带来的结果的影响。

六、激励理论的整合

整合的激励理论将各种激励理论的内部联系挖掘出来，以提供一幅完整的关于激励理论的知识地图（见图 5—12）。

第一，如果一个人认为努力—绩效、绩效—奖励、奖励—个人目标的实现有密切的联系，那么他的努力程度就会提高。每一种关系都受到一定因素的影响。

第二，我们可以清楚地认识到，机会可能促进也可能妨碍个人的努力。个人的努力还受到其目标的影响。

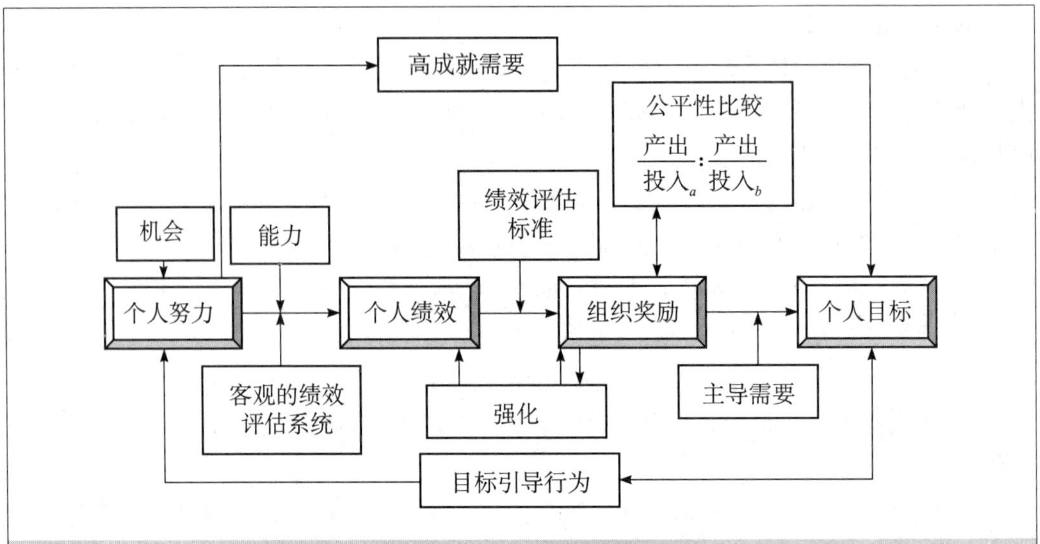

图 5—12　当代激励理论的整合

资料来源：斯蒂芬·罗宾斯：《组织行为学（第 7 版）》，183 页，北京，中国人民大学出版社，1997。

第三，员工的能力和对绩效评估系统公平性的认知会影响努力—绩效的关系。在努力程度一定的情况下，员工的能力对取得高绩效具有重要的作用。并且，如果员工认为组织的绩效评估系统是客观和公正的，那么，个体的绩效就会通过获得高的绩效来争取组织的奖励。

第四，绩效—奖励关系受到个体知觉到的绩效评估标准的调节。如果组织奖励是根据个人绩效而非资历、评估这个人喜好或其他标准进行的，那么个人的努力就会得到加强。

第五，奖励—个人目标实现之间对个人的努力也有着关键的影响。奖励水平的高低取决于一个人由于高绩效得到的奖励能够在多大程度上满足与其个人目标相一致的主导需求。奖励—目标的关系在期望理论和 ERG 理论中可以得到很好的解释。

第六，成就需要理论认为，高成就追求者的努力主要取决于个人目标实现本身带来的激励作用，而不是组织对其绩效的评估以及组织奖励的激励。工作提供的个人责任、反馈以及适度的冒险，提供了高成就需要者的内部激励。

第七，强化理论的观点也反映在整合后的激励模型中。如果管理层设计的奖励系统被员工看做对个人高绩效的报酬，那么奖励就会强化并鼓励持续的高绩效。奖励也是公平理论的关键部分，个人会比较自己与他人的付出与收获的公平性，知觉到的不公平会影响到个人的努力程度。

□ 本章小结

激励是指激发、鼓励引导人们以某种特殊方式行动的一系列动机。激励员工在企业中高效能地工作是管理者的主要任务之一。员工的效能并不仅仅取决于激励，还受到能力和环境的影响，可以用以下公式来表示：$P=f(3M\times 2A\times E)$，式中，P 指员工的效能，即工作水平；M 指激励；A 指能力；E 指环境。其中激励的影响最大。

按照研究的侧面不同，激励理论可以划分为内容型激励理论、过程型激励理论、行为矫正型激励理论和综合型激励理论。按照理论形成的时期，激励理论大体上可以划分为早期激励理论、当代激励理论以及整合的激励理论。

本章共介绍了四种需要理论，分别是马斯洛的需求层次理论、ERG 理论、麦克莱兰的需要理论以及赫兹伯格的双因素理论。需要理论为理解人们的需求提供了重要的依据，不过，每种理论都未能获得广泛的支持。其中，麦克莱兰的需要理论对成就需要的研究最为深入，理论说服力也更强。

X—Y 理论提出了人性消极和人性积极这两种关于企业员工的主要假设，并认为，管理者关于人性的观点建立在一组特定的假设之上，他们倾向于根据这些假设选择自己对待下属的行为。

激励的公平理论的基础是组织中的员工希望被他人公平对待。公平理论对组织成员的生产率、满意度、缺勤、离职等具有很强的解释力。对组织公平的研究目前已经获得了许多重要文献的支持。

期望理论提供了对员工生产率、缺勤率以及流动率方面的有力解释。

强化理论的主要思想来自学习理论。强化的类型、实施的时间表不同，强化的激励作用也有区别。

整合的激励理论综合了需要理论、公平理论、强化理论等对激励的主要观点，将各种激励理论的内部联系挖掘出来，以提供一幅完整的关于激励理论的知识地图。

□ 关键术语

激励　激励因素　保健因素　对权力的需要　对归属的需要　对成就的需要　ERG　古典条件反射　正强化　躲避　自然消退　惩罚

□ 思考题

1. 什么是激励？请举例说明。
2. 简述动机的产生过程。
3. 什么是需要理论？请分别简述需求层次理论、成就需要理论、ERG 理论以及双因素理论的主要内容以及评价。
4. 麦克莱兰的需要理论对预测管理人员的绩效有何启示？请举例说明。
5. 什么是公平？简述公平理论的主要观点，并举例说明。
6. 如何理解期望理论？如何在管理实践中应用期望理论？
7. 强化有哪些类型？就每种类型各举一例。如何确定强化的时间表？
8. 根据自己的感受谈谈你对整合的激励理论的理解。

第6章

激励在管理中的应用

本章要点

1. 目标管理的概念、过程及评价。
2. 参与管理、代表参与和质量圈。
3. 激励性报酬的概念及方案类型。
4. 工作设计的常见方法。
5. 工作特征模型理论。
6. 挫折心理、产生原因及行为表现。

引 例

瑞安航空公司的唯一目标：低成本、低价格

瑞安航空公司（Ryanair）首席执行官（CEO）奥利里（Michael O'Leary）在设计这家英国航空公司时模仿了美国西南航空公司低成本和低价格的制胜模式。瑞安公司的票价往往只有竞争对手的一半甚至更低，最低曾经达到99便士。瑞安公司的网站上向应聘的员工说明了公司的总体目标："低票价和友好、高效的服务——这就是我们的追求。怎样才能做到这一点？我们靠的是严格的成本管理。"

奥利里对成本管理丝毫也不放松，并将这一愿景传递给员工和外部人士。瑞安公司董事长邦德曼（David Bonderman）指出："奥利里和他的管理团队绝对是实行制胜战略并且贯彻始终的最佳人选。"

然而，为瑞安公司的低成本战略作出最大贡献的还是它的员工。与人们对低成本航空公司的预期相反，瑞安公司员工的报酬基本上不低于行业平均水平，有时甚

至高于该水平。2004 年是航空业萧条之年，但瑞安公司的员工还是得到了 3%的加薪，高于其竞争者的水平。

瑞安公司关注的不是降低工资，而是提高生产力。生产力的度量方法之一是每一美元劳动力费用创造的收入——该比率越高，生产力水平越高。该比率在欧洲大航空公司为 3.9，在美国航空公司为 2.3，在瑞安公司高达 9.5。瑞安公司在世界的商业航空公司中排名第一。

员工费用是航空公司最大的成本项目，前奥林匹克航空公司 CEO 多加尼斯（Rigas Doganis）认为，“生产力—成本之间的关系是经营的关键”。在商业作家詹宁斯看来，瑞安公司高生产力的关键是用一个特别的问题来考察每一项业务活动，即：“这样做在商业上究竟有什么利益?”公司利用这一问题推进工作简单化和标准化，以提高效率和生产力。

瑞安公司生产力的另一项决定因素是对绝大多数员工的工作进行“奖励”。这家公司向高绩效团队提供的奖励包括加薪、奖金、股票期权和快速提升。全公司大约一半的员工在公司上市时享有股票期权，从而提高了员工对组织目标的忠诚度。

团队工作也是高生产力的源泉之一。詹宁斯说：“高生产力企业共同的特质使它们将员工组建到团队中，并舍得为此花钱。”公司发展出频繁的内部沟通，特别是在组织的目标和进步方面。

瑞安公司在降低成本的同时并未忽视安全问题。公司的战略陈述包括这样的内容：“管理层认为，低成本运营战略不适用于安全、保养、培训或品质的领域。”

瑞安公司的低成本、低价格战略获得了可观的回报。这家公司是欧洲票价最低、准点率最高、航班取消次数最少、行李丢失率最低的航空公司。这家公司的网站上写道：“我们与欧洲规模最大的和最强的企业竞争，每次都将它们打得狼狈不堪。”

资料来源：格里芬、摩海德：《组织行为学（第 8 版）》，213～214 页，北京，中国市场出版社，2008。

请思考：

1. 你认为瑞安公司实现低成本、低价格的公司目标所采用的关键策略是什么?
2. 这些策略中应用到了哪些激励理论? 你认为还有哪些好的方法可以帮助它实现目标?
3. 请查阅有关资料，说明美国西南航空公司和英国瑞安公司在实现公司低成本、低价格的目标上有哪些异同，从中你获得了哪些启示。

第1节 目标管理

彼得·德鲁克曾经讲过，任何企业都必须形成一个真正的整体。企业每个成员所作的贡献虽然各不相同，但是他们都必须为一个共同的目标而奋斗。他们的努力必须全都指向同一方向，他们的贡献必须融为一体，没有冲突，没有不必要的重复劳动。目标管理提供了实现这一目标的一套管理理论和工具。目标管理在企业、卫生机构、教育部门、政府和非营利组织中的应用越来越广泛。

一、目标管理的概念

目标管理是1954年德鲁克在《管理实践》一书中首先提出的一个具有划时代意义的概念，它是德鲁克最有影响、最重要的管理理念之一，已成为现代管理体系的重要组成部分。20世纪80年代，目标管理发展成为一套成熟的管理制度。

目标管理（management by objective，MBO）是指一个组织从上到下全面地设立一个共同认可的目标的过程。目标管理是让组织的主管人员和员工亲自参加目标的制定，并让他们靠自己的积极性去完成，在工作中实行“自我管理”的一种管理制度或方法。①

目标管理强调员工参与目标的设置工作，这些目标应当是明确的、可检验的和可测量的。目标管理强调把组织的整体目标转化为各组织单元和个体的具体目标，通过设计一种使目标延伸至各组织各层级的程序，使目标的概念具有可操作性。

（一）目标层级

如图6—1所示，组织的总体目标可以转化为下一层级的目标。由于低层级单元中的管理者共同参与了目标的设置过程，因此目标管理不仅有由上而下的运作，也有由下而上的运作，其结果是形成了一个目标层级，各层级的目标与其他层级的目标相互联系。②

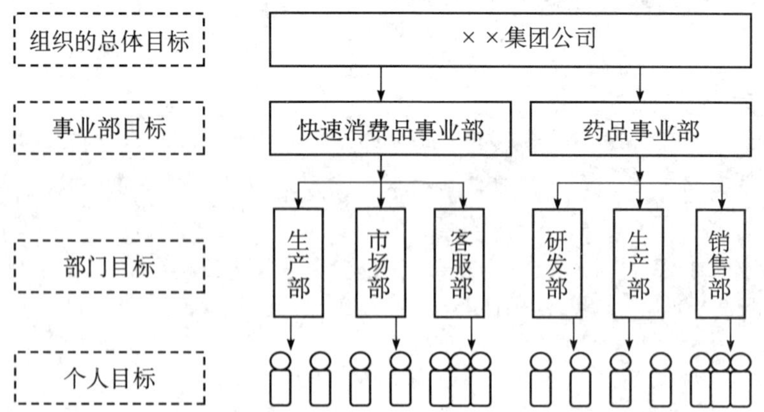

图6—1 目标层级

① 参见西武：《如何管理：影响世界进程的28种管理工具》，107页。
② 参见罗宾斯、贾奇：《组织行为学（第12版）》，169～170页。

（二）目标管理的要素

目标管理方案的四个重要组成部分是目标的具体性、参与决策、明确的时间限定和绩效反馈。目标管理方案的四个重要命题与目标设置理论具有很大的相似性。其中，目标的具体性、明确的时间限定与目标设置理论中的目标具体性相匹配；参与决策增加了目标设置理论提出的目标的接受度和目标的承诺性；绩效反馈也是目标具体化的一个关键因素。

目标管理与目标设置理论在目标设置环节的区别在于：前者强调员工应当参与决策，而后者认为，由上而下的目标设置效果与参与决策同样有效。

二、实施目标管理的原则

（1）不僵化。有时环境出现明显变化时，要及时更改或取消原目标，因为有些事在设立目标时是估计不到的。因此，要注意调整目标，但也不能任意调整，否则就失去了设立目标的意义。

（2）力求一致。尽可能使广大员工对目标管理这一方法持一致观点，至少管理人员要意见统一，否则很难实施目标管理。

（3）防止文件泛滥。只发必要的文件，无关的文件太多会使员工产生反感情绪。

（4）使员工获利。企业实行目标管理的首要问题是要使国家、集体获得利益，但是一定要十分注重使员工在实施中也获得利益。只有这样，才能得到员工持久有力的支持，目标管理才能长期坚持下去。

三、目标管理的过程

（一）目标管理的一般过程

目标管理关注行为的结果而非过程，管理者通过目标而非手段或程序管理下属，这样，管理的重点就从关注输入转向关注输出，也即生产率。然而，目标管理本身也要遵循一定的程序，通过这个程序，组织中的上下级一起协商，根据组织的发展目标确定一定时期内组织的进展计划，由此决定上下级的责任和分目标，并将这些目标作为组织经营、评估和奖励每个单位和个人的标准。

格里芬（Griffin）在 1993 年设计了一个操作性较强的 MBO 过程（见图 6—2）。目标管理过程可以分为以下几个步骤。

1. 组织目标的设置

一项成功的目标管理计划一定要得到最高管理层的支持，并从最高管理层开始设置组织的目标。当然，这个目标可以由最高管理层提出，再与下级讨论，也可以由下级提出，由上级审核。

2. 共同认可的目标的设置

最高管理层设置组织目标之后，企业中从主管到员工，应当全面地设置共同认可的目标。首先，要使每个员工都知道组织的目标。其次，每位管理者都应该以会议的形

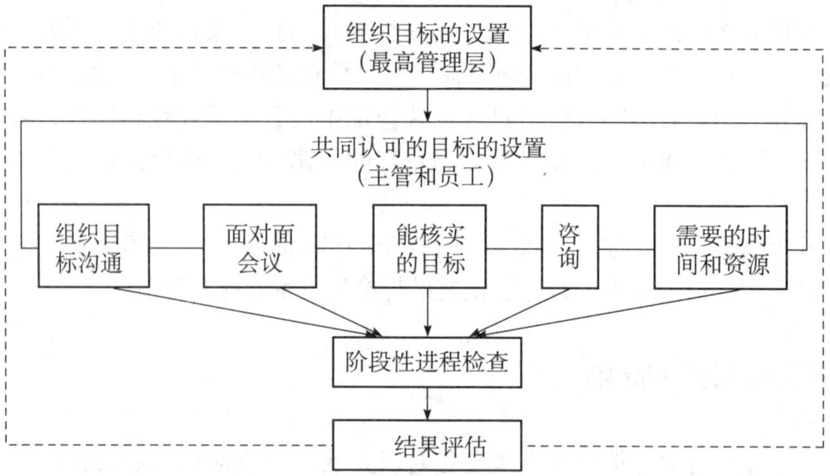

图 6—2 目标管理的过程

资料来源：胡君辰：《管理心理学》，139 页。

式向下属解释部门的目标，并介绍有效达成目标的方法。再次，管理者帮助下属确立能核实的目标，如降低能耗 10%、增加产量 3%等，而不是“我尽力而为”之类的目标。然后，员工向管理者咨询与目标相关的各个细节。最后，确定达成目标所需要的时间和资源。

3. 阶段性进程检查

一般来说，完成一个目标的时间是一年。但是，管理者应该进行阶段性进展检查，可以每月检查一次，也可以每季度检查一次，了解员工达成目标的进展。有时需要修正目标、提供额外的资源或采取其他行动。

4. 结果评估

在年终时，管理者应该召开一个评估会议。参加会议者应该评价一下：今年达成目标的程度如何？为何成功？有哪些不足之处？明年将如何改进？这种评估会议应该成为例会，每年根据会议的评估结果，调整薪金，决定奖惩，并作为下一年度目标管理循环的基础。

（二）憧憬—目标管理过程

憧憬—目标管理（management by vision and objective，MVO）是指企业通过设置憧憬和目标来进行管理。憧憬—目标管理可以分为六个步骤（见图 6—3）。

1. 建立憧憬目标

憧憬—目标管理只有在最高管理层的推动下才能进行。建立憧憬目标由最高管理者负责，憧憬不是建立在“可能”的基础上，而是建立在“想要”的基础上。憧憬目标一般最少需要十年，憧憬往往用一句话表达，这句话就像灯塔，引导企业这艘巨轮前行。憧憬建立后需要向员工反复宣传，使每个员工都知道企业正在朝着什么方向前进。

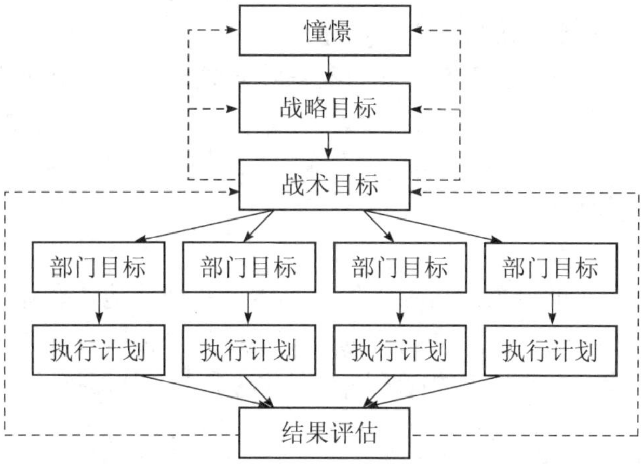

图 6—3　憧憬—目标管理的过程

2. 设置战略目标

这一步骤往往由中高层管理人员共同推进。在憧憬目标的基础上，在几个主要方面设置一个长期目标。时间一般在 3～5 年。在设置战略目标时，要尽量使有关的管理者参与，听取各方面的意见，兼顾“可能”和“想要”两个方面。设置战略目标后应向员工广泛宣传。

3. 设置战术目标

这一步骤也需要由中高层管理人员共同推进。在战略目标的基础上，在企业的各方面设置一个战术目标，时间为一年。战术目标以憧憬为导向，以“可能”为基础，制定时尽量听取全体员工的意见。

4. 设置部门目标

这一步骤一般由部门中的管理人员推进。根据战术目标，设置各部门的具体目标，时间也是一年，但其中可以设置一些短期目标，时间为 1～3 个月不等。在设置部门目标时，要与市场紧密结合，详细分析本部门在市场竞争中有哪些优势、劣势，有哪些机会、挑战等。

5. 执行计划

这一步骤又可以分为两个方面：第一，编制年度计划。根据部门目标把一年中应该完成的任务明确、定量地写下来，其中包括每个项目的具体内容、项目的负责人、完成项目的时间表、检查项目的时间表以及检查者等，时间以天为单位。第二，执行年度计划。根据确定的年度计划，不折不扣地去执行，这是关键的一步，如果执行不好，可能会前功尽弃。

6. 结果评估

这是最后也是十分重要的一个步骤，一般由中高层管理人员负责。主要包括评估战术目标，总结经验，表彰优秀员工，吸取教训，提出下一步的改进意见。

评估的结果可用于修正下一年的战术目标。一般来说，结果评估在年底进行，而下一年的战术目标在当年的7—9月开始制定。如果战术目标达成太容易或太困难，要考虑修正战略目标，甚至考虑修正憧憬目标。

在企业中，憧憬—目标管理应每年进行一次，这样才能激励员工为达到憧憬目标而努力工作。

四、对目标管理的评价

目标管理在第二次世界大战后被美国、日本、欧洲等地的企业广泛采用，并在世界范围内产生了重要影响。但是，我们也应该认识到目标管理实施中存在的问题，正确评价目标管理可能给企业带来的优势以及存在的弱点，从而扬长避短。

（一）目标管理的优势

（1）目标管理关注组织的总体要求和目标，通过目标分解在组织内系统地制定目标和绩效评估标准，定期审核、评估结果可以有效促进组织目标的成功实现。

（2）目标管理对于组织内易于量化和分解的目标可以带来良好的效果。对于那些责权利明确、技术上具有可行性的工作，目标管理常常可以带来明显的改善。

（3）在目标的指引和限定下，员工能够明晰自己的岗位职责，促使员工有意识地弥补自身知识结构的缺陷，为职业发展规划提供一定的帮助。

（4）鼓励员工制定既富挑战性又具可行性的目标。管理者通过目标管理可以提高员工的工作积极性和绩效，满足员工的成就感。

（5）目标管理有利于高层管理者与下级的沟通，可以提高管理有效性。高层管理者通过目标管理可以预先了解下级的工作，便于与下级沟通并对其进行指导；下级在明确、公开、透明的绩效评估标准下较易形成对薪酬管理制度公平性的认知，从而提高自己的工作满意度。

（二）目标管理的劣势

1. 目标制定困难

目标管理面向的是未来的、具体的工作结果。组织经营环境的变化是未来不确定性的重要因素，较大的波动、易变的环境使得组织在制定长期目标时往往比较容易，但是，短期目标的制定就比较难。同时，目标的具体性涉及目标的可量化、可分解性，但是，并非所有的目标都可以进行硬性量化和分解，过分强调目标的量化可能会使管理走入误区。

2. 管理成本增加

目标管理强调目标制定过程中的沟通、协调和员工参与，从而在组织内部形成自觉、自治和承诺的组织氛围。然而，双向甚至是多向沟通的时间和精力成本是很高的，尤其是目标管理要克服本位主义、利己主义等急功近利的消极思想，形成相互协调、上下一致的组织目标，这更加需要成本的投入。

3. 缺乏灵活性

目标管理要取得成效，就必须保持其明确性和稳定性，如果目标经常改变，那么周密的目标实现计划就变得毫无意义。计划的未来性决定了目标必须根据环境的变化进行调整，调整目标和制定目标一样耗时耗力，大的环境改变甚至会迫使组织放弃目标管理。

因此，从了解和把握工作性质本身出发实施目标管理，才是成功应用目标管理的重要起点。

第 2 节　员工卷入方案

员工卷入方案符合内容型激励理论和成就需要理论的主要观点，比如 Y 理论关于人在工作中的主动性假设，双因素理论中员工在工作中对成长机会、责任以及工作本身的介入所感受到的对内部动机产生的激励作用。员工卷入方案满足员工在责任、成就、认可、成长和自尊的需要也与成就需要理论和 ERG 理论的主要观点是一致的。

一、员工卷入方案的概念

员工卷入方案（employee involvement）是指利用员工的投入来增加他们对组织成功的承诺的一种参与过程。该方案背后隐含的逻辑基础是：让员工参与到与自己有关的决策中，并增加他们对工作生活的自主权和控制力，会提高他们的积极性、组织忠诚度、生产率以及工作满意度等。

不过，员工卷入方案会受到不同国家文化传统的影响。美国等西方国家文化具有较低权力差距的特点，员工卷入方案很容易被员工接受并对员工产生较大的激励作用。然而，在印度等具有高权力差距的国家文化中，试图通过授权给员工以提高其工作积极性的管理人员在员工的评价中得分很低，员工的满意度也随之降低。

二、员工卷入方案的类型

员工卷入方案主要有三种形式：参与管理、代表参与和质量圈。

（一）参与管理

参与管理（participative management）是指在不同程度上让员工和下属参与组织的决策过程以及各级管理工作，让他们与企业的高层管理者处于平等的地位来共同研究和探讨组织中的重大问题。①

参与管理方案的显著共同特征是共同决策。下属在很大程度上可以与直接上级共享决策权。参与管理需要员工具备决策所需的能力和知识，并且员工参与解决的问题要与自己的切身利益相关。只有这样，参与管理方案才能够让参与各方建立起信任和

① 参见西武：《如何管理：影响世界进程的 28 种管理工具》，99 页。

信心、对员工起到激励作用。成功实施参与管理有四个关键要素，分别是权力、信息、知识和技能、报酬。

（二）代表参与

代表参与（representative participation）是指由一小群员工代表参与组织内部涉及员工切身利益的经营方针、权力分配、人事安排、劳动报酬和福利待遇等决策的制度安排。

代表参与被认为是在世界范围内最广泛使用的一种以立法形式出现的员工卷入方式。代表参与的目的是在组织内部重新分配权力，平衡员工、资方和股东的利益。该方案中员工并不直接参与决策，而是由一小部分员工代表参与决策。几乎所有的西欧国家都有某种形式的法律条文规定公司要实施代表参与。代表参与最常采用的两种形式是职工监事委员会（works councils）和董事会代表（board representative）。

（三）质量圈

质量圈（quality circle）是一种常见的员工卷入计划形式（见图 6—4），它主要讨论质量方面的问题，分析问题出现的根源，提出解决问题的方案并监督实施修正计划。20 世纪 80 年代，质量圈在北美和欧洲风靡一时。

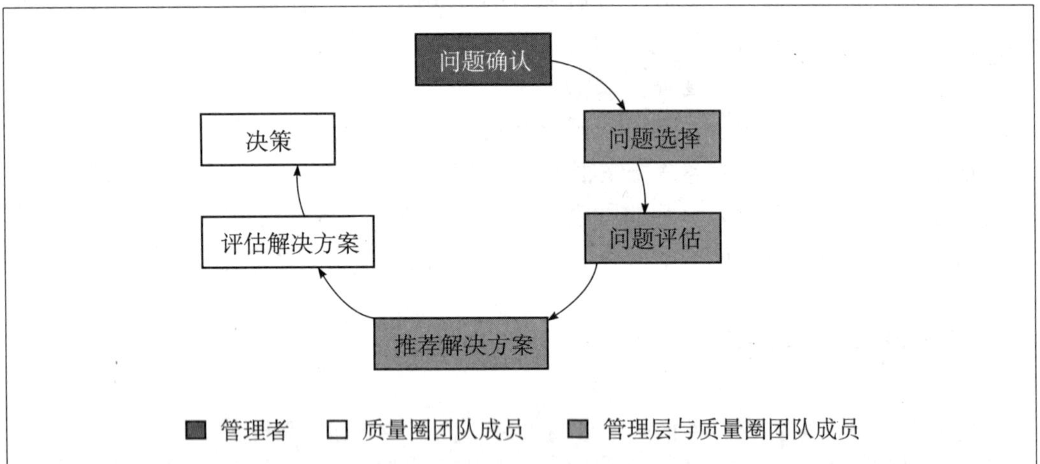

图 6—4 典型的质量圈运作

资料来源：斯蒂芬·P·罗宾斯：《组织行为学（第 7 版）》，201 页。

质量圈通常是一组由员工和监管者组成的共同承担责任的工作群体。他们定期或不定期会面，讨论技术问题，探讨问题存在的原因，并提出解决方案。他们承担着解决质量问题的责任，并对反馈意见进行评价。由于许多员工不具备分析和解决质量问题的能力，因此质量圈还包含对参与的员工进行质量测定与分析技巧、群体沟通技巧等方面的培训。

有证据表明，质量圈对生产有积极的影响，但是，对员工满意度的影响很小，甚至为零。质量圈对生产的影响没有任何确切保证，许多质量圈方案因为不能带来预期的收益而被停用。质量圈是员工卷入方案的一种简单应用，员工实际上的参与程度十分有限，这也是导致质量圈失败的重要原因。

第3节 员工奖励方案

一、激励性报酬

（一）激励性报酬

1. 激励性报酬的概念

激励性报酬（incentive compensation）是指当员工达到个体、团队、部门或组织目标时组织给予员工的奖励，诸如股票或现金等。

2. 激励性报酬方案的类型

目前，许多组织都在使用各种类型的激励性报酬方案，以激励员工实现更高水平的绩效（见表6—1）。

表6—1 激励性报酬方案

激励报酬方案	实施目的
绩效工资	按照员工的绩效贡献奖励员工，也称价值工资。
收益共享	当预定的绩效目标实现后，奖励该业务单元的所有员工和管理者，鼓励团队工作。
员工持股计划（ESOP）	给予员工部分公司的所有权，使他们能够共享绩效提高带来的利润。
一次性支付的奖金	基于员工的绩效用一次性现金支付来奖励员工。
知识工资	将员工工资与其所获得的任务技能的数量相联系。鼓励员工多学习与工作相关的技能，以此增加公司的灵活性和效率。
基于团队的报酬	奖励某些行为和活动，例如合作、聆听和授权他人等对团队有利的员工。

资料来源：达夫特、诺伊：《组织行为学》，155页。根据该书中的表6—5调整而得。

（二）激励性报酬方案的实施原则

并非所有激励性报酬方案的实施都能够带来组织绩效的改善。有研究表明，近半数绩效奖励计划是有负面效果的，财务激励与绩效的质量没有关系，而仅与绩效的数量有关。只有当激励计划与那些提供给员工内部奖励和满足更高层次需要的激励相结合时，激励计划才能够取得良好的效果。有效使用激励的原则包括①：

（1）组织应当首先识别使用激励计划要实现的目标。

（2）如果不存在激励作用，就不使用。

（3）获得奖励的员工需要具备一定的资格，以便激励人们去追求这种资格。

① 参见达夫特、诺伊：《组织行为学》，157页。

（4）激励必须是可见的。

（5）好的激励计划必须能够奖励过去的行为，并激发未来的行为。

（6）激励需要能够以时间为基础进行管理。

（7）最好的激励是员工不能自动获得的激励。

（8）不要低估非财务激励的作用。

（9）让同事、下属和客户共同参与选择激励因素的决策过程。

（10）员工需要理解他们的行为和获得激励之间的关系。

（三）对激励性报酬方案的批评

激励性报酬方案被假设与绩效密切相关，然而，越来越多的批评指出，与绩效相关的激励性报酬并不能够鼓励组织希望看到的员工行为的发生。这种“胡萝卜加大棒”的方法是与工业时代相适应的，今天组织所需要的创新、突破等是金钱等财务奖励所无法激励的行为。原因主要是：

（1）外部激励假定人们被较低层次的需要驱动。金钱等物质激励主要可以满足人们较低层次的需要，自尊、成就感以及自我实现等较高层次的需要则往往是由工作本身提供的。因此，过分强调外部激励对绩效的贡献可能会降低追求成就感、自我实现等高层次需要人才的内部激励。

（2）外部激励降低内部激励。无论工资、奖金如何与绩效挂钩，它们都是工作之外的东西。当人们关注追求外部激励时，通过完成工作本身获得的工作满意感就会下降。当人们在工作中缺乏内部激励时，员工的绩效仅仅与能够获得激励的标准相一致。

（3）外部激励效果的短期性。提供外部激励可能会获得短期的成功，但是不能获得长期的高绩效。如果人们在追求外部激励的过程中丧失了工作兴趣、创新精神等，他们的工作方法就很难得到改良和提高。

二、常见的员工奖励方案

（一）浮动工资方案

1. 浮动工资方案的概念

浮动工资方案（variable-pay programs）是指有别于根据工作时间或资历决定工资的传统方案而将工资的一部分与个人或组织的绩效水平挂钩的工资方案。

浮动工资没有保障，因此，员工的报酬随着绩效水平的变化而上下波动。通过浮动工资，组织的一部分固定劳动成本转化为可变成本，在组织效益低的情况下支出费用也会减少。同时，工资与绩效的结合使得收入不再仅仅依靠职务、资历获得，而是与个人的贡献大小相连，这种方案对作出较大贡献的员工具有很好的激励作用。

2. 浮动工资方案的形式

浮动工资方案的常见形式有计件工资、工资奖励、利润分成、奖金和收入分成等。其中，广泛使用的浮动工资形式有四种，分别是计件工资方案、利润分成方案、奖金和收入分成方案。

（1）计件工资方案（piece-rate pay plans）是指对工人完成的每一单位产品付给固定报酬的工资方案。计件工资已存在近一个世纪，作为生产工人的薪资形式一直盛行不衰。如果员工没有基本工资，报酬完全取决于生产的产品数量，那么就是纯粹的计件工资；如果在基本小时工资的基础上加上计件工资，那么就是修改后的计件工资。例如，自行车装配工每小时工资 10 元，再加每装一辆自行车 5 元就是一种修改后的计件工资。

（2）利润分成方案（profit-sharing plans）是指在组织范围内根据公司利润制定的某一特定公式来分配报酬的工资方案。这些报酬可以是直接的现金支付，也可以是股权。后者主要用于激励高层管理人员。比如，迪士尼公司前任 CEO 迈克尔·艾斯纳（Michael Eisner）超过 2 亿美元的年收入中，绝大部分是基于公司利润的股权收入。

（3）奖金（bonus）可单独支付给管理人员和所有员工。奖金方案在组织内可以与个体、群体和组织范围的绩效相结合。例如，美国电话电报公司个人奖金的最大部分是基于公司整体效益的；斯考特造纸公司约 70%的奖金与员工所在部门或分部的效益相连，另外 30%取决于个人绩效。

（4）收入分成方案（gain-sharing plans）是指根据公司的生产收入，按照一定的公式分配由群体生产力提高所决定的可用于分配的工资总量的群体激励方案。生产节余的部分在公司和员工之间的分配比例可以有多种，但是 50∶50 最常见。与利润分成方案不同，收入分成方案根据生产收入而非利润对较少受到外部因素影响的具体行为给予奖励，甚至在公司不盈利的情况下，员工依然可以得到激励性报酬。

浮动工资方案可能与期望理论的预测最接近，如果要使激励水平达到最高，个人应该看到他们的绩效与报酬之间有密切关系。群体和组织范围内的奖励能够强化和鼓励员工为部门或组织的最大利益做出努力。通过将团队绩效与报酬相联系，员工就会受到激励，为所在团队的成功做出额外的努力，因此，以群体绩效为基础的奖励也是那些致力于形成较强团队意识的组织的一种自然选择。

（二）灵活福利

灵活福利（flexible benefits）是指允许员工根据自己的需要和具体情况从众多福利项目中进行自由选择的福利安排。组织为每个员工建立一个灵活的、通常以其工资的一定百分比为基础的消费账户，员工可以根据账户中的资金多少选择明码标价的各种福利项目。

选择项目可以包括承保项目较少的便宜医疗方案，承保项目较多的昂贵医疗方案，听力、牙齿和眼睛保险，假期选择，一系列的储蓄和养老金方案，生活保险，大学教育费补偿方案，延长的假期等。①

这种福利方案改变了半个世纪以来一种方案适用于所有组织成员的情况。灵活福利可以满足不同员工的需要，使员工的报酬个性化。实践证明，绝大部分员工在实行

---

① 参见斯蒂芬·P·罗宾斯：《组织行为学（第 7 版）》，210 页。

了灵活福利计划后改变了他们的福利组合。

（三）技能工资计划

1. 技能工资的概念

技能工资（skill-based pay）是指按照员工展示出的工作技能和能力确定其薪酬的工资方案。在实施技能工资方案的组织中，员工的薪酬取决于个体展示出来的工作技能范围、深度和类型，而非岗位、资历等。有的员工由于在原来工作岗位上发展出新技能，或者在工作单位上学会了执行其他工作而获得工资的增长；有的员工每学会一种新的工作技能，就可以获得工资的提升；大部分公司要求员工掌握一套新的技能，而这套技能的学习可能需要几年的时间。

技能工资系统的运行要求存在大量的培训，还需要具有为工作公平定价和确认员工技能的方法。

2. 技能工资的优点

（1）技能工资为员工积极发展与工作相关的技能和胜任多种工作提供了强大的激励。

（2）技能工资强化了员工的自豪感。技能工资系统鼓励更多员工发展出多样化的工作技能，并有机会在不同的工作岗位上轮岗，工作的丰富性更强。

（3）该方案为组织提供了灵活的劳动力资源。当某一职位空缺的时候，很快可以有其他人补上。

（4）完善的技能工资系统更容易让员工自觉体会到报酬系统的公平性。他们可以感受到学习新技能和新工作的成本获得了报酬，并且他们也获得了高于任务本身的报酬。

3. 技能工资的缺点

（1）过高的支付。由于大多数员工愿意学习新的技能并从事更高水平的工作，因此组织支付的平均小时工资率要高于平常水平。

（2）组织需要投入更多的资源用于员工培训，尤其是管理人员和员工需要花费更多的时间和精力用于教导和帮助下属与同事。

（3）那些不愿意在新技能或新工作学习上投入太多时间和精力的员工可能会因为组织的要求而感受到较大的压力，这种对压力的不满还可能导致产生员工离职等消极影响。

第4节　工作特征模型与员工激励

管理者的关注点在于如何使员工乐于工作，工作特征模型为组织设计出既灵活、有效，又具有激励作用的工作提供了一般框架和具体指导。仔细考察组织及组织的运作方式，我们可以发现，它是由为数众多的不同任务组成的，这些任务以一定的方式聚合成为各个岗位的工作。

一、工作设计的方法

（一）工作设计的概念

工作设计（job design）是指将各种任务组合起来构成全部工作的方法。工作设计需要反映出环境变化、组织技术、技艺和能力、员工的偏好和要求等。能够反映上述要求的工作设计可以充分发挥员工的工作潜能。

（二）工作设计的方法

1. 工作扩大化

工作设计越来越趋向细化和专业化，但是，当工作范围变得越来越窄时，员工明显感觉到了泰勒制在带来效率的同时对人性的压抑。工作日益简单化、专业化，工人工作、管理人员管理的工作设计让员工明显感觉到枯燥乏味、所学减少。因此，在这种背景下，如何激励员工就成为一个现实的难题。通过扩大工作范围来克服工作细化产生的缺陷是组织在努力解决该问题的过程中找到的一种重要方法。

工作范围（job scope）是指在一个工作中要求的工作任务数量以及这些任务被重复的频率。

工作扩大化（job enlargement）是指通过扩大工作范围而横向扩展工作的工作设计方法。比如，医院的超声波检查医生的工作可以从检查病患的体内状况，扩大到检查结果单据的填写、检查结果的初步咨询以及提供相关检查内容建议等。

工作扩大化不一定能够在增加任务完成数量的同时收到良好的激励效果。不过，研究表明，在工作中使用知识范围的扩大对员工产生了积极的影响，比如满意感提高、客户服务状况改善、差错率降低等。然而，总体而言，大多数的工作扩大化并未能给员工提供具有挑战性和更有意义的活动，尽管工作扩大化的本意是避免由于工作过度细化而导致工作缺乏变化性。

2. 工作丰富化

工作丰富化（job enrichment）是指通过增加计划和评估责任而使工作纵向扩展的工作设计方法。工作丰富化增加了工作深度（job depth），即员工对于自己工作的控制程度，把传统上认为应该由管理者完成的工作授权给员工来做。

工作丰富化使员工在完成任务时拥有更大的自主权、独立性和责任感。这些任务还应该提供反馈机制，使个体能够评估和调整自己的业绩水平。工作丰富化有助于改善工作的质量、员工的积极性和满意度，但是，尚无足够的证据使这一结论成为定论。

3. 工作轮换

工作轮换（job rotation）也称交叉培训法，是当员工感觉到一项工作活动已不再具有挑战性时，让员工到水平、技能要求相近的另一个工作岗位上去工作的工作设计方法。

工作轮换的优点在于，员工工作活动内容的丰富多彩会减少员工对工作的枯燥感，提高工作积极性。同时，工作轮换还可以给组织带来好处，员工在岗位轮换过程中获得的工作技能的扩大使得管理人员在安排工作、适应变革、填补职位空缺时具有更大的灵活性。

工作轮换的缺点在于，工作轮换会增加组织的培训费用；如果员工在原有工作岗位上具有较高的工作效率，轮换到新的岗位上可能会使他的工作效率降低；新岗位上的工作人员需要投入时间和精力帮助新成员适应新的工作并与之进行工作磨合；对于那些愿意在原有岗位上钻研的员工而言，工作轮换会消耗其精力，并打击其工作积极性。

4. 自治工作群体

自治工作群体是企业内一些根据有关合约成立的工作群体，这些群体在保证完成每天的生产任务的同时，可以自主地决定工作的节奏和休息的时间，也可以自主地决定奖惩办法。

二、工作特征模型

哈克曼（J. R. Hackman）和欧汉姆（G. R. Oldham）在 1975 年提出了发展的工作诊断调查工具，即工作特征模型。工作特征模型（job characteristics model，JCM）给我们提供了工作分析的理想框架，并为管理者设计具有激励作用的工作提供了指导。

（一）工作特征模型概述

1. 工作特征模型的内涵

工作特征模型总结了五种主要的工作特点，并分析了这些特点之间的关系，以及它们对员工生产率、积极性和满意度的影响（见图 6—5）。

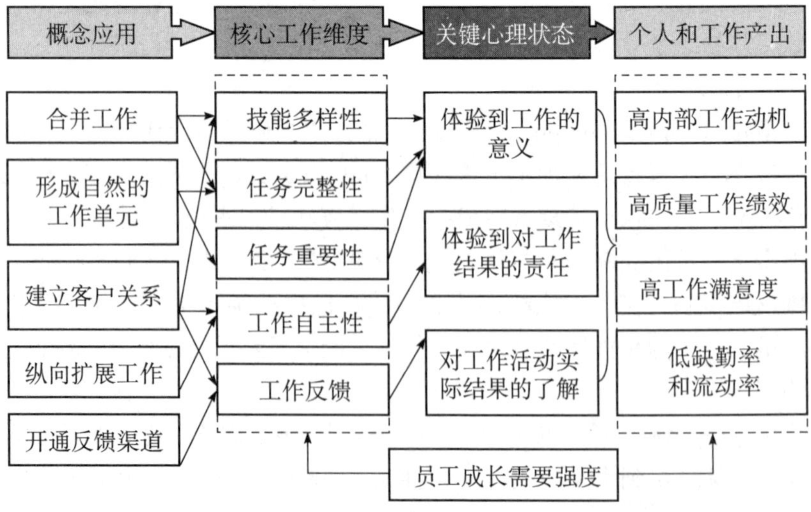

图 6—5 工作特征模型

2. 工作特点

根据工作特征模型，任何工作都可以用以下五种核心维度进行描述。

(1) 技能多样性 (skill variety) 指一项工作中要求员工使用各种技能和才干以完成不同类型活动的程度。

(2) 任务完整性 (task identity) 指一项工作中要求完成一项完整的和可识别的任务的程度。

(3) 任务重要性 (task significance) 指一项工作对员工生活或其他人工作的实际影响程度。

(4) 工作自主性 (autonomy) 指一项工作给任职者在安排工作内容、确定工作程序方面，实际上提供了多大的自由度、独立性及自主性。

(5) 工作反馈 (feedback) 指员工在完成任务的过程中，可以直接而明确地获得有关自己工作绩效信息的程度。

3. 关键心理状态

(1) 体会到工作的意义。当一项工作具有技能的多样性、任务完整性和任务重要性三种特点时，员工就会觉得他的工作是重要的、有价值的和有意义的。

(2) 体会到对工作结果的责任。如果员工拥有工作自主权，他们就会感到自己应该对结果承担责任。

(3) 对工作活动实际结果的了解。如果给员工提供反馈，他们就会了解到自己工作的效率如何。

4. 员工成长需要强度

从激励的角度来看，当员工认识（反馈）到自己可以干好（通过工作的自主性体验到责任感）他认为有意义的工作（技能多样性、任务完整性、任务重要性）时，他就可以获得一种内在的奖励。工作能够满足员工的关键心理越多，员工的工作积极性越高，满意度越高，缺勤率和流动率可能越低。

工作特征模型表明，工作各维度与效果之间的联系受到个体成长需要的影响，这意味着，相对于低成长需要的个体而言，当工作中包括核心维度时，高成长需要的个体有更强的心理体验，并会作出更积极的回应。这一点可以解释有关工作丰富化研究当中得到的不一致结果：在工作丰富化的基础上，低成长需要的个体并不会有更高的工作业绩和满意度。

但是，把员工的成长需要强度作为核心工作维度与个人和工作产出的中介变量最近越来越受到人们的怀疑。有人认为，其他变量，例如社会暗示作用的存在与否、与对照群体相比自己的公平感、不断吸收别人工作经验的倾向等在调解工作核心维度和产出之间的关系时，或许比员工成长需要强度更有效。因此，在应用工作特征模型时，我们不应全盘接受理论模型提出的观点，而要加入自己的批判性思考。

（二）工作设计指导原则

工作特征模型为管理者设计具有激励性的工作提供了具体的指导原则（见图 6—5）。这些原则具体说明如何通过工作中的一些改变来改善工作的核心维度。

(1) 合并任务。管理者应该把现有的零散任务重新组合起来，构成新的更大的工作模块，也即工作扩大化，以提高技能多样性和任务完整性。

（2）形成自然的工作单元。管理者应该把工作设计成完整的、具有意义的整体，以提高员工对工作的拥有感，鼓励员工感觉到自己的工作意义重大，而并非无关紧要和枯燥乏味的。

（3）建立客户关系。客户是组织提供的产品和服务的消费者，只要有可能，管理者就应该让员工与客户建立直接联系，以提高技能多样性和工作自主性，并增加反馈信息。

（4）纵向扩展工作。工作的纵向扩展，也即工作丰富化，把传统上认为由管理者承担的责任和拥有的权力授权给员工。它尤其缩小了工作中“做”和“控制”方面的差距，增强了员工的自主性。

（5）开通反馈渠道。通过反馈可以使员工了解到任务的完成情况以及工作业绩的变化，从理论上说，员工应该在他们工作的同时直接获得绩效反馈，而不应是偶尔从管理者那里获得。

延伸阅读 6—1

弹性工作制

弹性工作制（flexible working system）是指在保证规定的上班时限的条件下，每天除了在一定的规定时间内员工必须全部在工作岗位上，其余的时间可以根据每个员工的需要自行安排的一种管理方法。

弹性工作制由德国经济学家提出后，由梅塞施密特波尔考布朗姆公司首先采用。目前，许多西方企业采用弹性工作制。

弹性工作制的执行方法如图 6—6 所示。

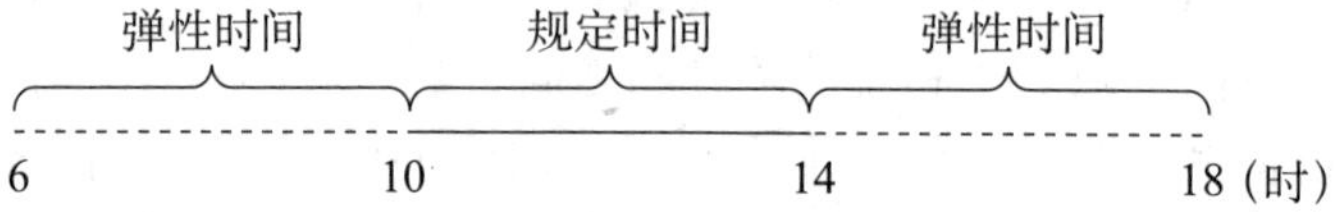

图 6—6　弹性工作制的时间分配

从图 6—6 可以看出，每个员工规定上班时限是 8 小时，上午 10 点到下午 2 点是规定时间，每个员工必须全部在工作岗位上，一般必须大家参与的活动可以在此期间进行。上午 6 点到 10 点，下午 2 点到 6 点，是弹性时间，可以由个人自行安排。即你可以从上午 6 点工作到下午 2 点，也可以从上午 10 点工作到下午 6 点，当然也可以从上午 8 点工作到下午 4 点。

弹性工作制的优点在于：使员工避免上下班交通拥挤之苦；可以照顾家庭；可以按自己的习惯作息；减少迟到早退和缺勤；能安排自己的社交活动。同时可以使企业增加营业时间；减少加班费支出；可以吸引人才；提高工作效率；满足员工的高层次需要，等等。

弹性工作制的缺点在于：不适用于需要集体协作的工种，如流水线上的工作；管理难度增加；有一些额外支出，如电费；需要员工具备较高的素质，等等。

(三) 工作特征模型的激励作用

1. 激励潜能分数

激励潜能分数（motivating potential score，MPS）是用来衡量工作激励性的预测性指标，其计算方法如下：

$$\text{激励潜能分数}=\left[\frac{\text{技能多样性}+\text{任务完整性}+\text{任务重要性}}{3}\right]\times\text{工作自主性}\times\text{工作反馈}$$

激励潜能高的工作，在使工作有意义的三个因素中至少在其中一个因素上的得分会很高，同时在工作自主性和工作反馈上的得分也都很高。

如果激励潜能高，那么可以预测工作将对员工的工作动机、工作绩效和工作满意度产生积极的影响，而员工的出勤率和流动率会有所下降。

2. 工作特征模型的启示

有研究已经证明了该理论一般框架的正确性，但是，在工作特征模型的五个核心维度、激励潜能分数的倍增性以及作为中介变量的成长需要强度的效度等问题上目前仍然存在大量的争议。以下结论目前比较成熟：

（1）一般来说，从事工作特征性较高职业的人，其激励水平较高，工作绩效和工作满意度也较高。

（2）工作维度并不直接影响员工个人的工作产出，而是通过心理状态反应起作用。因此，重视对员工心理状态的研究很有必要。

第 5 节 员工的挫折心理及其矫正

组织不可能做到让每个员工的每一种需要都得到满足，每一种动机都能实现。这样，员工就可能产生挫折心理，管理者在激励员工时一定要正确引导挫折心理的释放。

一、挫折心理及其产生原因

(一) 挫折与挫折心理

1. 挫折

挫折（frustration）是指个体在先体验到奖赏后又体验到无奖赏时出现的情况。

2. 挫折心理

挫折心理又称挫折感，是指个体在先体验到奖赏后又体验到无奖赏时的心理状态。

在现实生活中，个体以前是否体验到奖赏、体验到什么奖赏、体验到的奖赏的程度如何，都很难确切地知道。因此，挫折心理也可以认为是个体在从事有目的的活动过程中遇到障碍或干扰，致使其不能实现动机、不能满足需要时的心理状态。

3. 受挫者

受挫者是指遇到挫折、产生挫折心理的个体。

在企业中，每个员工都可能是受挫者，区别在于有的人长期是受挫者，有的人短期是受挫者；有的人是积极的受挫者，有的人是消极的受挫者。

（二）员工产生挫折心理的原因

一个人因需要而产生动机，由动机而导致行为。一般来说，动机产生后有四种可能的结果：

（1）行为没遇到障碍，个体轻而易举地实现了动机；

（2）行为虽然遇到了障碍，但个体通过努力也实现了动机；

（3）行为遇到障碍，个体通过努力也无法逾越障碍，动机不能实现；

（4）当行为正在进行时，个体又出现了另一个更强烈的动机，就中止原有行为而去实现后一种动机。

在上述四种情况中，如果出现第三种情况，就会产生挫折心理。

产生挫折心理的原因很多，主要可以分为两大类：环境因素和个体自身因素。

1. 环境因素

环境因素是指阻碍个体目标达成，从而使个体产生挫折心理的外界事物或情境，主要有两种。

（1）自然环境因素。主要包括地理距离、区域间隔、时间紧迫、工作的物理环境不理想等。

（2）社会因素。主要包括法律、社会道德、规章制度、管理方式、同事关系、工作心理环境等。

2. 个体自身因素

个体自身因素是指阻碍个体目标达成，从而使个体产生挫折心理的个体自身因素，主要有两种。一般来说，个体自身因素尤其是心理因素的作用远远大于环境因素的作用。

（1）生理因素。主要包括生理缺陷、容貌不佳或太漂亮、身材太高或太矮、年龄太小或太大、性别差异等。

（2）心理因素。主要包括需要冲突、期望值太高、嫉妒心理、归因心理、智力、性格、兴趣、态度等。

二、员工遇到挫折后的行为表现

由于员工的心理状态存在明显差异，而且产生挫折心理的原因五花八门，因此，员工遇到挫折后的行为表现也多种多样，主要可以分为三大类：建设性行为、中性行为和破坏性行为。

（一）建设性行为

建设性行为是指个体遇到挫折时，采取积极进取的态度，做出减轻挫折心理和满足需要的积极适应性行为。员工的建设性行为主要有五种：升华、加倍努力、模仿、重定目标和补偿。

1. 升华

升华是指个体在遇到挫折时，把一些消极因素转化为积极因素，进行更有效的活动的行为过程。

2. 加倍努力

加倍努力是指个体在遇到挫折时，认清前进的方向，继续努力，最后达到目标的行为过程。

3. 模仿

模仿是指个体在遇到挫折时，学习其他人的行为、方法、态度等，使自己能克服障碍，最后达到目标的行为过程。

4. 重定目标

重定目标是指个体在遇到挫折时，重新修订目标，包括延长达成目标的期限和确立新目标，以利于达成目标的行为过程。

5. 补偿

补偿是指个体在某一方面遇到挫折时，转移目标，使自己在其他方面获得成功的行为过程。

（二）中性行为

中性行为是指个体在遇到挫折时，采取消极等待的态度，做出使挫折心理减轻的消极适应性行为。员工的中性行为主要有六种：折中、合理化、反向行为、退缩、逃避和抑制。

1. 折中

折中是指个体在遇到挫折时，采取折中调和的方法，减少由于需要冲突而引起的挫折心理的行为过程。

2. 合理化

合理化是指个体在遇到挫折时，用一些理由来为自己解释，以此减少挫折心理的行为过程。

3. 反向行为

反向行为是指个体在遇到挫折时，努力压制自己的兴趣爱好、需要和动机，勉强去做一些违背自己意愿的事，以此减少挫折心理的行为过程。

4. 退缩

退缩是指个体在遇到挫折时，知难而退，放弃原来的目标，以此减少挫折心理的行为过程。

5. 逃避

逃避是指个体在遇到挫折时，不敢面对现实环境，而从其他活动中寻找乐趣，以此减少挫折心理的行为过程。

6. 抑制

抑制是指个体在遇到挫折时，运用意志的力量，把挫折带来的消极情绪从记忆中剔除出去，努力忘记一些痛苦经历，以此减少挫折心理的行为过程。

（三）破坏性行为

破坏性行为是指个体在遇到挫折时，采取消极或对抗的态度，对事物进行破坏，以此来发泄内心不满情绪的行为。破坏性行为主要有六种：攻击、放弃、回归、幻想、表同和推诿。

1. 攻击

攻击是指个体在遇到挫折时，产生愤怒的情绪，采取一些冲动的、消极的、破坏性的行为的过程。攻击也可以分为三种：直接攻击、迁移攻击和自身攻击。

（1）直接攻击是指个体对造成其挫折心理的人或事物采取直接攻击的行为过程。

（2）迁移攻击是指个体在遇到挫折时，由于种种原因不能直接攻击，就迁怒于他人或其他事物的行为过程。

（3）自身攻击是指个体在遇到挫折时，把攻击的矛头对准自身的行为过程。

2. 放弃

放弃又称冷漠，是指个体在遇到挫折时，信心丧失，采取自暴自弃的态度，做出得过且过、混日子等行为的行为过程。

3. 回归

回归又称倒退，是指个体在遇到挫折时，做出一种与年龄、身份、地位极不相称的幼稚行为的过程。个体会出现回归，群体也会出现回归。

4. 幻想

幻想是指个体在遇到挫折时，做白日梦，胡思乱想，以此来逃避现实，做出精神寄托的行为过程。

5. 表同

表同是指个体在遇到挫折时，通过模仿理想中的某个人物的言行或穿着打扮，在心理上分享他人成功的喜悦，以此来减少自己挫折心理的行为过程。表同在严重时会变成心理变态。

6. 推诿

推诿又称投射，是指个体在遇到挫折时，否认自己的不良行为，或者把自己的不良行为说成是他人的行为，或者认为这种不良行为人人有之，以此来为自己的不良行为辩解，减轻自己内疚、不安、后悔、忧虑等挫折心理的行为过程。

三、员工对挫折的容忍力

（一）对挫折的容忍力的概念

对挫折的容忍力简称容忍力，是指个体遇到挫折时免于行为失常的一种能力。

在组织中，每个人每天会遇到各种各样的挫折。有时挫折来自工作，有时挫折来自环境，有时挫折来自人际关系，有时挫折来自家庭。

面对挫折，个人的表现不尽相同。在挫折面前，有的人镇定自若，谈笑风生；有的人失魂落魄，狼狈不堪；有的人幽默乐观，一笑了之；有的人大发雷霆，怨天尤人；有的人从容不迫，继续奋斗；有的人垂头丧气，寻死觅活。可见，每个人对挫折的容忍力是不同的。

（二）影响员工容忍力的因素

管理者应该尽量提高员工的容忍力，这样员工在遇到挫折时会采取更多的建设性行为。

影响员工容忍力的因素有很多，但主要有六个方面：人生观、社会经验、判断、预见、健康水平和经历。

1. 人生观

人生观是影响员工容忍力的一个最主要的因素。一般来说，人生观正确的人容忍力较强，反之则容忍力较弱。

2. 社会经验

一般来说，社会经验丰富的人容忍力较强，社会经验较缺乏的人容忍力较弱。

3. 判断

同样的挫折，由于个体对其判断不一样，容忍力的强弱也会大不一样。例如遭人辱骂，有人认为是小事一桩，只当耳边风；有人认为是奇耻大辱，非要拼个你死我活。

4. 预见

一般来说，能预见挫折可能来临者，容忍力较强；而未预见挫折可能来临者，一旦挫折真的来临，容忍力就较弱。

5. 健康水平

一般来说，身体健康者、身强力壮者容忍力较强；身体虚弱者、疾病缠身者容忍力较弱。

6. 经历

一般来说，以往的经历坎坷不平者容忍力较强，以往的经历一帆风顺者容忍力较弱。

四、对员工挫折心理的矫正

（一）员工受到挫折后对组织的影响

员工一旦受到挫折，往往会给组织带来许多消极的影响，主要表现在四个方面：工作效率下降、迟到、缺勤、流动。

1. 工作效率下降

企业中的员工受到挫折后，往往会使工作效率下降，甚至快速下降。有研究指出，员工挫折心理的严重程度与工作效率下降的速度成正比。

工作效率下降的主要原因有三种：

（1）情绪不稳定。有时员工遇到挫折后，情绪波动较大。这样，他们在工作时注意力不易集中，小肌肉群活动不易控制，因而降低了工作效率，可能生产出更多次品或废品，甚至使某些生产设备遭受破坏。

（2）消极怠工。有些员工遇到挫折后，为了发泄内心的不满情绪，就消极怠工。明明今天可以完成的工作，偏要拖到明天再说；明明可以干得更好一点的工作，却敷衍了事，造成工作效率下降。

（3）有意破坏。一些品性恶劣的员工在遇到挫折后，为了宣泄内心的不满情绪，会有意损害企业的各种有形资产和无形资产，主要表现为故意出废品、浪费原材料、损坏工具和设备、造谣诬蔑等。

2. 迟到

员工遇到挫折后，就可能对工作不感兴趣，或者对组织中的人产生厌恶心理，因此会采取躲避行为。最常见的躲避行为就是迟到（也包括早退），迟到的目的是缩短工作时间，以此来发泄自己的不满。相关研究指出，挫折感的强度与迟到率成正比。

迟到者可以分为以下几种类型：

（1）偶尔迟到者。这类迟到者已养成准时上班的习惯，在正常情况下，不管春夏秋冬、刮风下雨，他们都能准时上班，只有在非常特殊的情况下，才会出现迟到现象。

（2）无责任迟到者。这类迟到者多数是一些进企业不久的青年员工，他们责任感较差，认为迟到无所谓。

（3）故意迟到者。这类迟到者又可以分为两种：长期性迟到者和突发性迟到者。

虽然迟到者的表现形式、表面原因各不相同，但一般均与挫折有一定的联系。突发性迟到者与挫折的联系最明显，而其他几种迟到者往往在潜意识中认为企业没有吸引力。

对不同的迟到者，管理者应该采取不同的态度和方式来处理。有些企业通过一些规章制度来制约迟到（如对迟到者扣发奖金等），有一定的效果，但事后也应该采取一些辅助手段，使迟到者能自觉地不迟到。

一般来说，对偶尔迟到者应多采取鼓励、安慰的方法，体谅对方的难处；对无责任迟到者要加强纪律教育，同时力争使工作更有吸引力，使企业内部更有温暖感；对长期性迟到者要严厉批评，必要时要予以相应处分，直至开除，同时要了解他们真正的心理活动，解决他们的实际困难；对突发性迟到者要指出迟到手段的不正确性，同时要了解他们最近遇到的挫折，倾听他们的诉说，鼓励他们克服挫折感，勇敢面对挫折，还应该及时帮助他们解决客观困难。

3. 缺勤

员工在遇到挫折后缺勤是一种比迟到更严重的行为。缺勤率提高将无法保证任务完成，严重地制约企业的发展。

缺勤可以分为两大类：有因缺勤和无故缺勤。

（1）有因缺勤是指员工提出适当的理由向有关上级申请，得到有关上级同意才不来上班的一种行为。

有因缺勤有时会反映出员工挫折心理的程度。有因缺勤主要有三种：病假、事假、公假。

（2）无故缺勤也称旷工，是指员工没有经过有关上级的同意但不来上班工作的一种行为。

无故缺勤主要有两种：申请后无故缺勤和无申请无故缺勤。

1）申请后无故缺勤是指员工向有关上级提出过申请，但未获准就不来上班工作的一种行为。

2）无申请无故缺勤是指员工没有向有关上级提出过申请就擅自不来上班工作的一种行为。

4. 流动

这里的流动主要指企业内的员工离开本企业的行为，又称外向流动。

适当的、合理的流动是企业发展必不可少的一种手段，但是不适当的、不合理的流动会使企业走向衰亡。

流动有很多种类（见图 6—7），其中与挫折心理关系较密切的主要有辞职和除名。

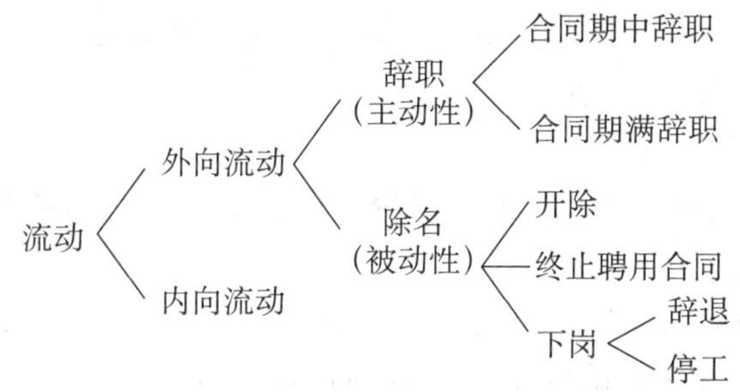

图 6—7　流动的种类

（1）辞职是指员工主动提出的要求离开企业的一种行为。目前许多研究都指出，辞职和挫折心理有明显的正相关关系：挫折心理越强，辞职的可能性越大；受挫折的人数越多，辞职率越高。因此，许多人把辞职，尤其是合同期中辞职，看成是挫折的直接结果。

员工辞职的主要受挫原因是收入太低、福利待遇不好、人际关系紧张、上级有偏见、工作太繁重、上班路程太远、家庭负担太重等。

（2）除名是指企业要求员工离开本企业的一种行为。除名往往会引起员工严重的挫折心理。因此，企业应该尽可能妥善处理被除名的员工，使其挫折心理降到最低限度，同时防止未流动的员工产生挫折心理。

除名主要有三种形式：开除、终止聘用合同和下岗。

开除是企业中最高形式的处罚手段，即由于员工犯了不能容忍的错误，企业强迫员工离开的一种行为。

终止聘用合同是指企业在聘用合同期满后不再续订合同，请员工离开的一种行为。

下岗是指企业由于各种原因，要求一部分员工离开工作岗位的一种行为。

员工下岗以后允许再返回企业工作的称为停工，不允许再返回企业工作的称为辞退。

（二）矫正员工挫折心理的常用方法

既然员工经常会遇到各种挫折，挫折往往会引起许多消极情绪，这些消极情绪又会明显降低工作效率，因此管理者有责任了解员工挫折心理的起因，掌握矫正员工挫折心理的方法，使挫折心理带给企业的损失降到最低限度。

矫正员工挫折心理的常用方法有三大类：思想疏导法、精神宣泄法和心理咨询法。

1. 思想疏导法

思想疏导法，又称做思想工作，是我国传统的行之有效的矫正员工挫折心理的一种方法，其内容主要包括：倾听抱怨；帮助员工改善人际关系；帮助受挫者改善其环境；协助解决员工的家庭困难；容忍受挫折的某些行为；积极鼓励员工努力向上。

2. 精神宣泄法

精神宣泄法是指创造一种适宜的条件或环境，通过让受挫者可以自由表达压抑在内心的不满情绪来缓解挫折心理的一种方法。员工在遇到挫折后，往往会心理失去平衡，同时产生不满情绪。如果这种不满情绪压抑在内心，会使心理不平衡的趋势日益严重，进而产生更大的挫折心理。精神宣泄法有许多种方法，主要有空旷地宣泄法、写信宣泄法、宣泄室宣泄法三种。

3. 心理咨询法

心理咨询法是指企业聘请职业心理学家为受挫的员工进行心理疏导和纠偏，减轻其挫折心理的一种方法。

一般来说，心理学家从以下几方面来帮助受挫员工：更全面、更正确地了解自己；对他人、对事物树立正确的观点；正确地认识挫折及其产生原因；疏导消极情绪的发泄；解除心理压力；养成良好的习惯；学会适应环境的技巧等。

在企业中推行心理咨询法对减少由于员工受挫带来的损失有明显的效果，但是由于费用较高，可以采用聘请心理学家担任常年顾问的方法。

在企业中推行心理咨询法的形式有专栏咨询、演讲咨询、通信咨询、个别咨询等。

□ 本章小结

目标管理提供了一套管理理论和工具，让组织中的主管人员和员工亲自参与到目标的制定、实施和绩效衡量中。它是调动员工积极性，让其在工作中实现自我管理的一种管理制度和方法。

员工卷入方案符合内容型激励理论和成就需要理论的主要观点，它是指利用员工的投入来增加他们对组织成功的承诺的一种参与过程。常见的员工卷入方案主要有三种形式：参与管理、代表参与和质量圈。

激励性报酬是指当员工达到个体、团队、部门或组织目标时组织给予员工的奖励，诸如股票或现金等。常见的员工奖励方案包括浮动工资方案、灵活福利和技能工资计划。

工作设计是指将各种任务组合起来构成全部工作的方法，需要反映出环境变化、组织技术、技艺和能力、员工的偏好和要求等。常见的工作设计方法有工作扩大化、工作丰富化和工作轮换。

员工会因需要不能满足、动机不能实现而产生挫折心理，管理者需要了解员工挫折的意义、产生的原因及可能出现的行为表现，掌握矫正员工挫折心理的方法。

□ 关键术语

目标管理　员工卷入方案　参与管理　代表参与　质量圈　激励性报酬　浮动工资方案　计件工资方案　利润分成方案　收入分成方案　灵活福利　技能工资　工作设计　工作范围　工作扩大化　工作丰富化　工作轮换　弹性工作制　工作深度　挫折　挫折心理　对挫折的容忍力　精神宣泄法

□ 思考题

1. 什么是目标管理？目标管理方案有哪些重要组成部分？
2. 请简述目标管理的一般过程。你认为目标管理存在哪些优势和劣势？
3. 举例说明什么是员工卷入方案。
4. 什么是激励性报酬方案？如何正确认识激励性报酬方案？请举例说明。
5. 工作设计有哪些主要方法？请举例说明。
6. 简述工作特征模型的主要内容及其对工作设计的建议。
7. 什么是挫折和挫折心理？
8. 员工产生挫折心理有哪些原因？
9. 试论员工遇到挫折后的行为表现。
10. 试论影响员工容忍力的因素。
11. 结合实践，谈谈员工受到挫折后对企业的影响。
12. 你如何认识员工受到挫折后的流动问题？
13. 你在管理中运用什么方法来矫正员工的挫折心理？举例说明。

第7章

群体行为

本章要点

1. 群体动力论模型。
2. 非正式群体的分类、作用及管理。
3. 群体中的利他与攻击。
4. 群体凝聚力的作用及其影响因素。
5. 群体士气的作用及提高士气的方法。
6. 群体中的从众产生的原因及其意义。

引　例

一位教学校长的苦恼

先锋培训学校（以下简称先锋）是一家常年进行中小学外语辅导，附带进行寒暑假中小学语文、数学和升学辅导的培训机构，成立于20世纪90年代中期，位于某省会城市中心地区。先锋在当地外语辅导市场上所占份额很小，主要生源是居住在学校附近的几所中小学的学生，大部分辅导班安排在周末，班级规模很小，一个班的学生一般不超过15人，最小的班级只有6名学生。

先锋有教职员工20余人，校董4人。校董也是出资开办这家培训机构的投资人，都是当地的大学教师，平时几乎不在先锋露面。教职员工队伍中，有一名专职教务员，一名兼职办公室接待员，12名在校大学生兼职英语教师，以及几名只有暑期、寒假才来这里兼职上课的中学教师。

为了应对日益激励的市场竞争、提高教师的教学质量、提高学生升班率以及降低教师流动率，校董事会研究后决定聘请一位专职教学校长负责管理学校的教学工作。专职教学校长的主要职责是：系统建立学校的规章制度；维护教学秩序；加强教师队伍管理，强化教学纪律；组织和安排教师招聘、配置、培训、考核、辞退等工作。每半年，校董事会根据学校的学生升班率、教师流动率和家长投诉率对教学校长进行考核，决定其奖金部分的发放。

新招聘上岗的教学校长刚刚从某大学外语系本科毕业，名叫李冰，性格沉稳、话不多，表情严肃。这位教学校长上任一个月就发现学校里存在许多矛盾和问题，这让他感到头疼不已。

经过一个月的观察和分析，他认为学校教学上存在的学生流失率高、教师流动率高、教学质量不稳定、家长投诉率居高不下等问题，根源在于小团体问题严重和对教师的激励不足，而教师队伍存在的问题根源在于学校管理制度的落后和管理工作不顺畅。

首先是教师队伍中的小团体问题。由于先锋教师的待遇不高、市场上外语培训机构林立、各学校培训项目大同小异，并且各培训学校又都常年进行教师招聘，因此，先锋的教师队伍流动率很高，现有的 12 名教师前后大致分 5 批来到先锋。每批来 1～3 人不等，同一批教师在招聘、培训和安排课程过程中见面的机会较多，与其他老师只有在每两周一次的全体教师会和来学校上课时在课前课后及课间可能见面。因此，同时入校的老师之间存在天然的亲近感，而与其他老师之间却彼此感觉陌生。先入校的教师在带课的优先权、对新教师教学的评估以及是否同意其他新教师听课等方面拥有一定权力，这也使得新教师经常抱怨自己带不到课、分到的课程不满意或者培训次数很多，但是收效甚微。有的老师来自同一所大学，彼此之间关系密切，在全体教师会上几乎每次都坐在一起，窃窃私语，发泄对学校的不满情绪等。

其次是对教师的激励不足。兼职教师所拿的工资完全取决于课时费、授课课时数和学生的升学率。前两者决定其固定工资，后者决定其奖金。在李冰上任前，学校的教师招聘由校董事会直接进行，每一位教师的待遇由他与学校谈判的情况决定，学校实行保密薪酬制度。因此，教授同样课程的教师课时费差距很大，从 10 元每小时到 25 元每小时不等。按照奖金条例的规定，由于学校班级都不大，因此一般来说，一个班的课程结束后，只要有两名学生退学，教师就基本拿不到奖金了。教师的代课费实际上只剩下了固定部分，也即课时费×代课量。当教师之间关系熟悉之后，保密薪酬制度名存实亡，大家心里都很清楚谁拿多少。因此，一部分教师因为自己的课时费太低而愤然辞职；一部分教师努力争取多代课而与其他教师心存芥蒂；一部分教师由于课时费较高而被他人嫉妒和疏远；有的教师虽然课时费较高，但是与其他学校相比就很不平衡，现在只是苦于合同期未到而暂时留在这里而已……

作为教学校长，李冰清楚自己可以采取哪些改革措施，但是，他也很清楚这些改革措施势必会招来很多人的抵制。而学校给自己的权力很小，考核期又只有半年，他很担心自己的改革会给自己带来不小的麻烦。因此，他对下一步该怎么办颇感苦恼……

请思考：

1. 先锋存在的小群体是如何形成的？这些群体属于什么类别？它们的存在给学校带来了什么样的结果？

2. 如果你是教学校长，如何认识先锋目前存在的问题以及这些问题背后的原因？

3. 你认为像先锋这样的培训机构可能存在什么样的人际关系？这些人际关系该如何妥善处理？

4. 如果你是教学校长，你将怎样一步一步展开自己的工作？

徐小林经历过两次笔试、三次面试终于如愿以偿进入了全球500强之一的跨国企业。公司收入高、福利待遇好，职业发展道路明确，但是，一年后他辞职去报考了国家公务员。回顾这一年的经历，徐小林说，在这家公司中，同事之间的关系很冷漠，直接上级与他的性格又格格不入，虽然收入不错，但心情一直不舒畅，考虑再三，还是决定走为上策。

在企业中，每个人都必须与他人交往，必须参与某个群体。不同的群体，会使员工产生不同的心理活动和行为。因此，管理者有必要了解企业群体心理的起源、发展与影响因素，以更好地发挥员工的积极性，实现组织的目标。

第1节　群体和群体动力论

一、群体及其种类

群体（group）又叫团体，是指两个以上的个体遵守同一规范、在同一目标指导下协同活动的人群组合体。

群体介于个体与组织之间，是企业各种经营管理活动的基本单位。可以认为，企业是由大小不同、多少不一、性质有别的各种群体组成的。

（一）群体的特征

1. 成员遵守同一规范

规范（norms）是指群体多数成员普遍同意的行为准则。这些准则可能是成员之间长期交往的结果，也可能是明文规定的。群体规范是让群体成员知道自己在一定的环境条件下应该做什么，不应该做什么。从个体角度看，群体规范意味着在某种情境下群体对个人的行为方式的期待。

当群体规范能够促进、强化和维持群体的存在，增加群体成员行为的可预测性，减少群体成员间令人尴尬的人际关系问题时，群体规范显得非常重要。多数群体规范是以下列方式中的一种或几种途径形成的：第一，群体核心成员（例如，主管或有影响力的人）的明确陈述；第二，群体历史上的关键事件；第三，私人友谊；第四，过去经历中的保留行为等。

群体成员认可群体规范之后，规范就成为以最少的外部控制影响群体成员行为的手段。当一个新成员加入某一群体时，该群体的其他成员就会期望他遵守同一规范。例如，当一个新员工加入一个生产小组后，小组的老成员就会期望他遵守同一规范，如按时到达工作岗位、服从组长的指挥、休息时一起聊天等。

2. 成员有共同的目标

目标是群体存在的基础。没有共同目标，人们也可能会一起聚一下，但不久就会各奔东西。为了共同目标，成员将担任不同的角色。

如果一个组织拥有严密的组织纪律，那么，拥有正确目标的群体就称为集体，比如学校一个班的学生为了升学的共同目标而一起学习、生活就形成了班集体；而拥有错误目标的群体就称为团伙，比如，为获得巨额利润而进行贩毒、抢劫的一个群体就形成了团伙。

3. 成员之间彼此意识到对方的存在

成员具有明显的群体意识和归属感，成员要有“我们是同一群体的人”、“我是这个群体的成员之一”的感受。

（二）群体的种类

组织中有各种各样的群体，根据不同的标准可以划分为不同的种类，这样有利于识别群体，了解群体成员的心理活动。

1. 正式群体和非正式群体

根据是否有明文规定，群体可以分为两种：正式群体和非正式群体。

（1）正式群体（formal group）是指有明文规定的群体，在企业中往往是根据组织结构或有关的规章制度建立起来的职务分配明确的群体，例如部门、车间、小组等。正式群体是组织中完成任务的主要群体，也是管理者平时接触最多的群体。

（2）非正式群体（informal group）又称随意群体或小团体，是指员工为了满足社会交往的需要在工作环境中自然形成的群体，它既没有组织的明文规定，也没有正式结构。非正式群体在现代组织中发挥着越来越重要的作用，下面将详细阐述。

2. 职能群体和任务群体

根据组织内部不同目标，正式群体又可以划分为两类：职能群体和任务群体。

（1）职能群体（command group）是指组织结构规定的群体，其目标是组织长远的主要目标，由直接向某个主管人员报告工作的下属组成。如公司中的部门、工厂中的车间、学校中的班级等。一般来说，职能群体是组织中的主要群体。

（2）任务群体（task group）也是由组织结构规定的，它是为完成一项工作任务而在一起工作的人，但其目标往往是组织的短期目标。如检查团、评比委员会、攻关小组、协调小组等。在企业中适当地建立一些任务群体是必要的，但过多的任务群体会干扰职能群体的正常运作。

3. 工作群体和休闲群体

根据群体的活动主要是安排在工作时间还是安排在休闲时间，群体可以划分为两种：工作群体和休闲群体。

（1）工作群体（work group）是指群体活动主要安排在工作时间内的群体，其目的是完成组织的主要目标。一般是一种正式群体。

（2）休闲群体（leisure group）是指群体活动主要安排在休闲时间的群体，其主要成员自愿参加，其目的是促进成员的兴趣爱好或情感交流，也可以是非正式群体。现代管理者相当重视休闲群体的建立与发展，认为它有利于组织文化的建立，有利于协调人际关系，有利于信息沟通，有利于情感交流，有利于员工心理平衡。

4. 利益群体和友谊群体

根据群体成员结合在一起的动机，群体可分为利益群体和友谊群体两类。

（1）利益群体（interest group）是指为了实现某个共同关注的特定目标而走到一起的一群人。比如，组织中的员工为了增加福利、争取休假、帮助被解雇的同事等结合在一起以实现他们的共同利益而形成的群体。

（2）友谊群体（friendship group）是指员工在工作环境之外因为具有某些共同的特点而形成的群体。这些共同的特点可能是相近的年龄、信仰、政治观点、兴趣爱好、教育背景等。

5. 大群体和小群体

根据群体成员的多少，群体可以分为两种：大群体和小群体。

（1）大群体（large group）是指成员人数超过 12 人的群体。大群体有以下特征：有明确的领导人；领导人的指挥作用明显；规章制度正规化程度较高；一般成员参与决策的机会较少；成员之间相互沟通较少；容易再形成小群体；对领导者的要求较高等。

（2）小群体（small group）是指成员人数少于或等于 12 人的群体。小群体的特征与大群体相反，一般来说，组织的基层工作单位以小群体为好。

6. 长期群体和临时群体

根据群体维持时间的长短，群体可以分为两种：长期群体和临时群体。

（1）长期群体（long-term group）是指维持时间超过一周的群体。企业中大部分正式群体是长期群体。

（2）短期群体（short-term group）是指维持时间在一周之内的群体。短期群体特征不是很明显，但有以下一些特征：成员之间冲突较少，相互之间不够了解；需要更强有力的领导；群体目标明确而单一，等等。

7. 紧密群体和松散群体

根据成员之间的关系程度，群体可以分为两种：紧密群体和松散群体。

（1）紧密群体（intimate group）又称核心群体，是指成员之间关系相当紧密的群体。在紧密群体中，各成员之间有深厚的感情，有共同的价值观，相互之间高度信任。

（2）松散群体（loose group）是指成员之间关系不太紧密的群体。在松散群体中，由于成员之间相识时间较短，或者成员之间交往较少，或者群体成员之间差异性较大，因此成员之间矛盾较多。

二、非正式群体

某公司下班后，人都走了，如果追踪一下的话，就会发现一个有趣的现象：小赵、小征、小吴是江西老乡，下班后去宿舍打牌聊天；小周、小黄、小何是复旦大学的校友，下班后一起去打保龄球；小贺、小林、小张是集邮迷，下班后相约去逛邮票市场……这类非正式群体随处可见。

非正式群体最早是由梅奥在霍桑试验中发现的，虽然非正式群体在现代企业中不占主体地位，但是由于它对员工的心理活动影响颇大，因此应引起管理者的高度重视。

（一）非正式群体的作用

在组织中，非正式群体既有积极作用，又有消极影响，主要取决于非正式群体的目标是否与组织目标一致。

1. 积极作用

当非正式群体的目标与组织目标基本一致时，非正式群体往往能发挥积极的作用。其主要的积极作用有以下几种：

（1）促进劳动生产率的提高；

（2）满足员工的心理需求；

（3）有利于企业内部的信息沟通；

（4）协调员工之间的人际关系；

（5）充实员工的闲暇生活；

（6）弥补正式群体中的各种不足。

2. 消极影响

当非正式群体的目标与组织目标差距很大，或者非正式群体的领头人行为不良，或者非正式群体的规范有严重问题时，非正式群体往往会有消极影响。主要的消极影响有以下几种：

（1）干扰正式群体的活动；

（2）制造员工之间的矛盾；

（3）引起员工不健康的心理活动和行为；

（4）破坏生产或工作，阻碍组织目标的实现。

（二）非正式群体的形成基础

组织中的正式群体是为了实现组织目标、依据组织结构建立的，因此，不可能满足员工的各种需要。但是，组织中员工的需要和兴趣爱好各不相同，有的喜欢健身，有的喜欢看电影，有的喜欢阅读，有的喜欢社会交往等。于是，满足员工多层次、多种类的需要就成为形成非正式群体的基础。

在组织中，员工形成非正式群体的基础还有以下几点。

1. 利益一致

这是一个很重要的基础。员工有各自的利益，但一些员工的利益会趋于一致，这些利益一致的员工为了自身的利益往往会形成非正式群体。

2. 价值观一致

俗话说："酒逢知己千杯少，话不投机半句多。"员工在交往中，如果价值观一致，会使双方的心理距离迅速缩短，这样很容易形成非正式群体。

3. 兴趣爱好一致

人们的交往在一定程度上基于兴趣爱好，因此，兴趣爱好一致的员工会经常聚在一起，久而久之则形成非正式群体。

4. 个性相似

人们在与个性相似的他人交往中发现自己的影子，于是喜欢与对方交往，时间长了就渐渐形成非正式群体。

5. 个性互补

有时外向的人喜欢与内向的人交朋友；善于讲的人喜欢和善于听的人结成伙伴。这就是性格互补的现象。由于个体不太喜欢自己的个性，希望在对方的个性中找到自己喜欢的个性，因此愿意与跟自己个性相反的人交往，也较容易形成非正式群体。

6. 背景相似

背景相似的人有许多共同语言，相互交往比较容易。背景包括很多内容，主要指以往经历、受教育程度、家庭出身、年龄、性别、职业、父母的地位、生活的地点等。

（三）非正式群体的种类

组织中非正式群体的种类五花八门，运用非正式群体类型模型（见图 7—1）就可以很容易地把握各种类型。该模型中共有三个维度，分别是作用维度、起源维度、结构维度，三个维度形成多个立方体，每个立方体代表一种类型的非正式群体。

（四）管理者该如何对待非正式群体

在管理中，如何对待非正式群体是衡量一位管理者管理水平高低的标准之一。

1. 正确认识非正式群体

非正式群体是正式群体的孪生兄弟，只要正式群体一成立，非正式群体几乎同时伴随着产生。因此，管理者不要只想着取消非正式群体，而是要正视它，因为非正式群体也有其积极作用。

2. 充分利用非正式群体的特点

一般来说，非正式群体成员之间关系较融洽，信息沟通较快，凝聚力较强，群体内的压力较小。在某种情形下，正式群体不能完成的任务，可以由非正式群体来完成。在时机成熟时，也可以把一些非正式群体转变为正式群体，使其更有效地为组织服务。

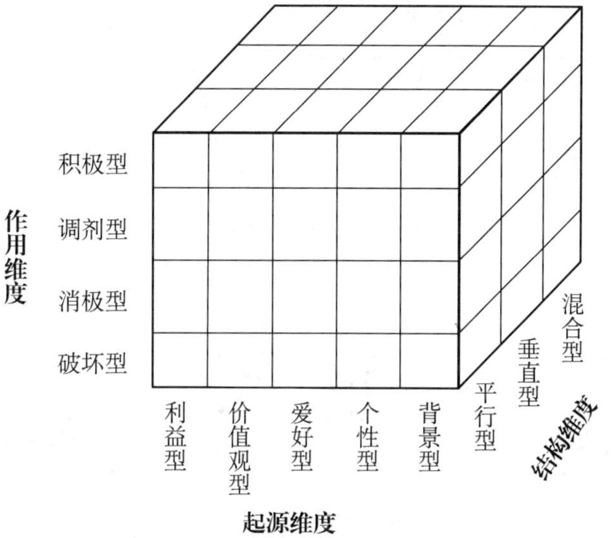

图 7—1 非正式群体类型模型

3. 重视非正式群体的带头人

一般来说，结合较紧密的非正式群体无意中总会形成一两位领导人。这些人人缘好、智商和情商较高、能力强、知识面较广、威信高。控制住他们，基本上就控制住了这些非正式群体。因此，管理者要根据不同的情况，采取不同的方法来影响、控制这些人。但是不要迁就他们的无理要求，否则会得不偿失。

4. 区别对待各种非正式群体

在管理中，一定要弘扬正气，压制、打压歪风邪气，在各种场合尽可能鼓励员工参加正式群体的活动，也不反对员工形成积极型或调剂型的非正式群体，会使这部分员工拥有荣誉感和安全感。对消极型非正式群体的成员要批评、教育，使其感到压力，产生焦虑，进而退出这类非正式群体。对破坏型非正式群体成员要严肃处理，触犯法律的要由司法机关依法惩治。

三、群体动力论

（一）群体动力论概述

社会心理学家勒温提出，个体的行为是他与环境中各种相关因素作用的结果，可以用下列函数式来表示：

$$B = f(P, E)$$

式中，B 指个体行为的方向和强度；P 指个体的内部动力与特征；E 指个体所处的群体环境。该公式的含义是：群体中个体的行为方向和强度取决于个体内部的心理活动与外部群体的各种因素。

勒温认为，群体不是一成不变的，而是在相互适应中不断变化的。群体的行为不是群体中各个成员个体行为的算术和。在群体中，个体的行为可以通过互补而增长，也可以通过抵消而减少，用公式表示可以有三种情况出现：1＋1＞2；1＋1＝2；1＋1＜2。其中，1＋1＝2 的情况是很少见的特例。

（二）群体的发展阶段

1. *群体动力论模型*

管理心理学家摩海德和格里芬根据勒温的观点在 1995 年创立了一个群体动力论模型（见图 7—2）。

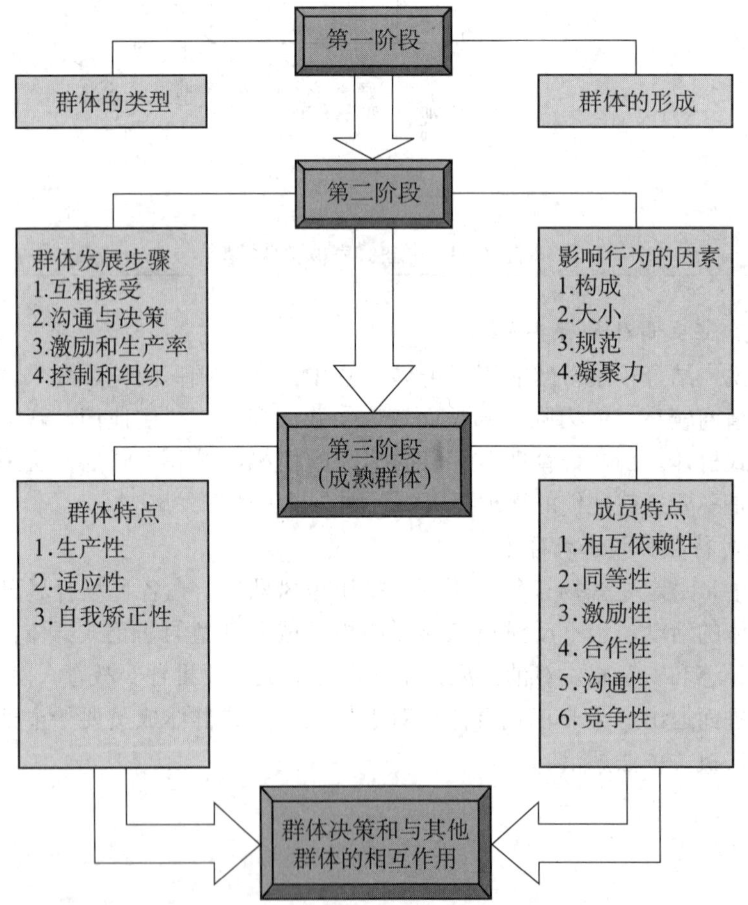

图 7—2 群体动力论模型

资料来源：胡君辰：《管理心理学》，78 页。

从这个模型中我们可以看到，群体的成长有三个阶段。

在第一阶段中，主要涉及群体形成的原因和形成群体的类型。这可以看做一个群体的诞生阶段。

在第二阶段中，一方面涉及群体发展的四个步骤；另一方面涉及影响成员行为的四个主要因素。这可以看做一个群体的发育阶段。

在第三阶段中，群体有三个鲜明特点，成员也有六个鲜明特点。在此阶段中，群体决策和与其他群体相互作用这两方面都比较成熟。因此，这可以看做一个群体的成熟阶段。

我们认为：根据群体发展的一般规律，群体的成长应该还有两个阶段：第四阶段（衰老阶段），在这个阶段中，群体和群体成员出现许多消极特点，如冲动性、不适应性、盲目性、保守性、冲突型、嫉妒性、封闭性、斗争性等；第五阶段（死亡阶段），在这个阶段中，群体成员各自的目标差异越来越明显，这最终破坏了共同规范而导致群体解体。

2. 间断—平衡模型

对十多个任务型群体进行的现场和实验室研究表明，群体的发展不会经历完全相同的阶段，但是群体的形成和变革运作方式的时间阶段是高度一致的，如图7—3所示。①

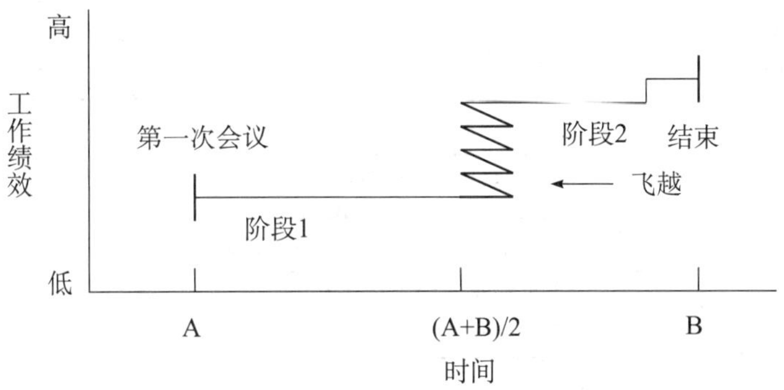

图7—3　间断—平衡模型

该模型反映了以下研究发现：

（1）群体成员的第一次会议决定群体的发展方向；

（2）第一阶段的群体活动依惯性进行；

（3）在第一阶段结束后，群体发生一次转变，该转变时间处于群体寿命周期的中间阶段；

（4）转变会引起群体的重大变革；

（5）转变之后，群体的活动又依惯性进行；

（6）群体的最后一次会议的特点是：完成工作任务的活动速度明显加快。

群体的间断—平衡模型的特点是：群体在其长期的依惯性运行的存在过程中，会有一个暂时的变革时期，这种变革主要由群体成员意识到完成任务的时间期限和紧迫感所引发。该模型将群体的发展划分为群体形成、规范和低效执行的第一阶段，冲突、震荡、飞越变革、群体高效执行和结束的第二阶段。

① 参见罗宾斯、贾奇：《组织行为学（第12版）》，256页。

（三）群体发展的步骤

群体不是静止不动的，而是在不断发展变化的。一般来说，群体的发展有四个步骤：相互接受；沟通与决策；激励和生产率；控制和组织。具体内容如图 7—4 所示。

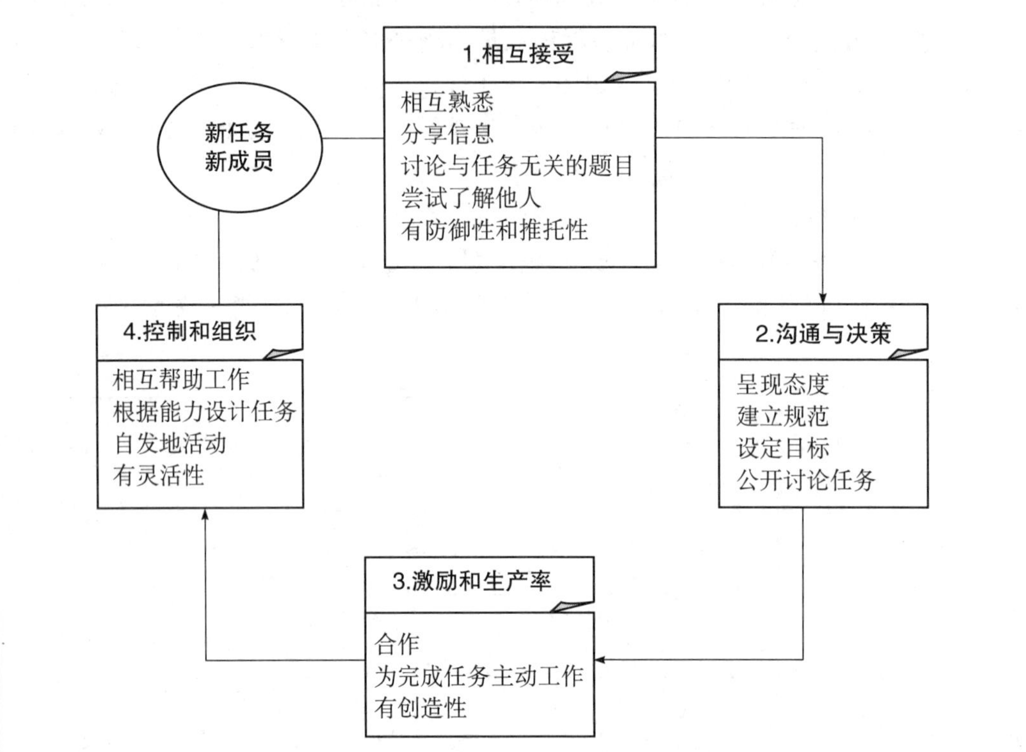

图 7—4 群体发展的步骤

1. 相互接受

该步骤最大的特点是成员之间相互熟悉和分享信息。人们经常会通过谈论天气、体育运动或新闻等来尝试了解他人。当讨论的问题开始涉及群体内部的严肃问题时，群体发展便进入下一个步骤。

2. 沟通与决策

这时群体成员更公开地讨论他们的感受，同意群体的目标以及在群体中的个人角色。他们可能表现出对反对意见更大的宽容性，对面临的问题探索不同的解决方法。

3. 激励和生产率

在该步骤中，群体成员齐心协力，相互帮助，强调个人利益服从群体目标，群体成员有高度的自觉性和创造性，群体正在有效地向着其目标前进。

4. 控制和组织

在该步骤中，群体已成为一个成熟群体，成员为目标而有效工作，成员的活动自发而又灵活。群体根据成员的能力设计任务，如果有必要，群体会评价自身的活动和未来的结果，并矫正自己的活动。

如果有新任务出现，或新成员加入，群体有可能再进入“相互接受”这一步骤，开始新的循环。

并不是所有群体都要经过这四个步骤，有些群体在进入最后的步骤后就消失了，有的群体只能停留在前几个步骤中，也有的群体可能在发展中跳过某个步骤。

四、影响群体心理的因素

个体的心理受群体的影响，群体心理也受到各种因素的影响。

（一）群体心理及其特点

“孙经理在电影院门口与人打架”的消息周一迅速传遍了公司。许多人不相信这是事实，因为平时孙经理待人和蔼可亲、彬彬有礼，连粗话都从不出口，怎么会与人打架呢？其实，很可能这是事实，不相信这件事是群体心理的反应。后来据了解，孙经理当时和一群朋友看电影出来，不小心踩到了一个人的脚，因对方无理取闹，先和对方争吵，后来在朋友的怂恿下不知怎么就动起手来了。

1. 群体心理的概念

群体心理（group psychology）是指个体在加入了某一群体后产生的各种心理活动的总和。

群体心理可能产生良好的结果，也可能产生可怕的结果，管理者应该了解这一点。

2. 群体心理的特点

群体心理有以下一些主要特点：

（1）能力扩大化。个体加入群体后往往会感觉到群体的支持，进而认为自己的能力突然变强了，会觉得更有力量，因此更敢于冒险和挑战。

（2）合理化。成员往往会认为群体行为都是合理的，所谓“不识庐山真面目，只缘身在此山中”，恰恰反映了个体身在群体中时会忽视客观事实的存在。

（3）轻信化。成员往往轻易相信本群体的道德规范是正确的，因此较易感情用事，较少理智地去分析群体的规范。

（4）排他性。成员往往把反对本群体的人看做坏蛋、蠢人或弱者，不太愿意与群体以外的人交往。

（5）忠诚化。群体要求其成员对群体的目标、规范、决策毫不怀疑。一旦有人不忠诚，就会受到群体的压力。

（6）趋同化。群体要求其成员的行为保持一致。一旦某些成员在某个问题上保持沉默，就会被认为是默许。当成员的观点与群体背离时，会无意识地自我调整，以求与群体观点趋同。

（7）保护化。成员会自觉地保护群体利益不受侵害，一旦其他人或不利群体的信息侵入，成员会群起而攻之。

（二）影响群体心理的环境因素

环境对群体心理有一定的影响作用，环境因素主要包括两个方面：自然环境和社会环境。

1. 自然环境

自然环境在一定程度上会影响群体心理。自然环境千差万别，主要有高山、平原、沿海、内陆、沙漠、森林、岛屿、热带、温带、寒带等。在各种自然环境中，个体形成群体的动机有所不同，例如在沙漠地区，个体形成群体的直接动机可能是消除孤独感；在森林地区，个体形成群体的直接动机可能是防御野兽袭击。

2. 社会环境

与自然环境相比，社会环境对群体心理的影响更大，社会环境也千差万别，主要涉及社会制度、经济发展水平、文化背景、受教育程度、人口分布、城市规模、企业所有制、法律制度、道德规范等。在不同的社会环境中，个体形成群体的动机有所不同，例如在甲地组织一个治安队是为了保护地区成员的安全，而在乙地组织一个治安队是为了非法谋取利益。

（三）影响群体心理的合群因素

合群因素是指群体本身的一些因素。这些因素也会明显地影响群体心理。合群因素主要包括群体的规模、群体的领导者、群体成员的构成、群体的规范、群体的目标、群体的凝聚力等。

1. 群体的规模

群体的规模对群体心理可能产生的影响如表 7—1 所示。

表 7—1　群体的规模对群体心理可能产生的影响

范围	群体规模			群体心理
	2～7 人	8～12 人	13 人以上	
领导者	低	中	高	对领导者的要求
	低	低至中	中至高	领导者与一般成员的区别
	低	低至中	中至高	领导者的指挥作用
成员	低至高	中至高	高	对领导者指挥的容忍力
	低	中至高	高	少数成员的支配力
	高	中	低	一般成员参与决策
其他	低	低至中	中至高	规章制度的正规化
	少	中	中至多	决策所需时间
	小	中至大	大	再形成小群体倾向

2. 群体的领导者

群体的领导者主要通过以下三个方面来影响群体心理：

（1）奖惩。控制奖惩权是领导者的一项重要工作，通过奖惩，领导者可以有效地影响群体心理。

（2）从众。使少数成员无条件地服从大多数成员的决定，必要时领导者将施加压力。

（3）引导。说服一部分成员改变原来的想法，以利于群体行为的顺利进行。

3. 群体成员的构成

群体成员的构成可以有很多种，这里主要指角色构成。在群体中成员可以分为三类角色：重任务角色、重关系角色和重自我角色。在一个群体中，如果重任务角色和重关系角色者较多，该群体的效能多半较高；如果重自我角色较多，该群体的效能多半较低。

4. 群体的规范

群体的规范，是指衡量群体成员行为正确与否的标准。因此，规范在某个情境中就是成员期望的行为或行为模式。规范往往在群体发展到第二步骤（沟通与决策）时建立，并延续到成熟阶段。

产生规范的原因是综合性的，可以涉及成员的个性特点、情境、任务、群体的历史传统以及凝聚力等。

规范有以下四个作用：

（1）有助于群体的生存。群体倾向于抵制背离行为，因为这种背离行为不利于完成群体目标，在群体受到威胁时，也不利于群体的生存。因此，一个成功的群体对背离行为更宽容，因为它并未处于威胁之下。

（2）简化群体成员被期望的行为，更易预测他们的行为。规范意味着成员对某一情境的反应不必分析各自的行为和决策。群体成员在规范的基础上积极行动，通常有利于提高生产率和达成目标。

（3）有助于群体避免难堪的情境。群体成员常常要避免伤害其他成员的人格形象，也常常要避免某些个体可能伤害成员的情感，规范可以起很好的保护作用。

（4）显示群体的核心价值观，并以此与其他群体区分开来。例如在某一情境中的服装、姿势、表情、行为可以很明显地表示出个体属于哪个群体，或不属于哪个群体。

规范取决于成员的行为，不取决于成员的想法或情感。积极的规范可以使群体心理朝有利于组织的方向发展，消极的规范可以使群体心理朝不利于群体的方向发展。

5. 群体的目标

群体的目标是影响群体心理的一个重要因素。原则上讲，群体的行为是为了达成群体的目标，而群体心理是群体行为的基础，因此，群体目标可以直接影响群体心理。

一个群体一旦树立了崇高远大的目标，就会促进群体心理健康发展，因为群体心理不健康是无法达到这一目标的。一个群体如果树立了卑鄙低下的目标，群体心理就会严重不健康，甚至变成病态心理。

6. 群体的凝聚力

群体的凝聚力，简称凝聚力，是指群体成员留在群体内的愿望以及乐意为群体承担义务的强烈程度。

一般来说，凝聚力高的群体往往群体心理的特征比较明显，而凝聚力低的群体往往群体心理特征较不明显。

第 2 节　群体中的人际关系

群体中的人际关系是指群体成员之间心理上发生的联系。人际关系在管理中所起的作用相当大。良好的人际关系会使群体蓬勃发展，恶劣的人际关系会使群体绩效降低。

一、群体中的喜欢

喜欢（liking）是指个体对他人在心理上持积极评价的态度，在行为上愿意接近对方的一种心理活动倾向。如果群体中的成员彼此喜欢，那么这个组织的人际关系一定良好。

与喜欢相对的是厌恶。厌恶（dislike）是指个体对他人在心理上持消极评价的态度，在行为上想躲避对方的一种心理倾向。如果群体中的成员相互厌恶，那么这个群体的人际关系一定很糟糕。

影响喜欢的因素有许多，主要涉及四种：接近性、个体品质、熟悉与报答。

（一）接近性

接近性是指个体之间的物理距离较近时，较易产生喜欢。常识告诉我们，如果一个人住在中国的上海，另一个人住在墨西哥的墨西哥城，那么素不相识的他们几乎不会成为朋友。事实上，邻居、同学、同事等物理距离较近的个体更容易成为朋友。

1. 接近如何产生喜欢

一般认为，离得近的人比离得远的人更有用。在工作中，员工常常需要得到他人的帮助，而离得近的人提供帮助比离得远的人更容易，往往提供的帮助也较多，这样就容易产生喜欢。

另外，离得近的人见面的次数较多，必然会更了解对方，这样也较容易产生喜欢。

2. 接近性的例外

接近容易产生喜欢，但并不是说，相近的人相互之间一定会产生喜欢，如果一开始个体就对对方产生了厌恶，那么在其他条件不变时，很难产生喜欢。

接近的效果只是对积极主动的、有吸引力的、愿意提供帮助的人才会产生喜欢。

（二）个体品质

一个人的品质优秀会引起他人的喜欢。换句话说，几乎每个人都喜欢与具有优秀品质的人交往。优秀品质一般有如下几种。

1. 真诚

真诚是指待人真实诚恳，不虚假。

心理学家安德森（J. Anderson）曾做过一次调查，列出了 550 个描写人的形容词，让被调查者指出他们喜欢具有哪些特点的人，结果发现，人们最喜欢真诚的人（见表 7—2）。

表7—2 个体品质受到喜欢的程度

顺序	最喜欢的品质	最不喜欢的品质
1	真诚	说谎
2	诚实	假装
3	理解	邪恶
4	忠诚	冷酷
5	真实	不老实
6	信得过	虚假
7	理智	讨厌的
8	可靠	恶毒
9	有理想	信不过
10	体贴	不友善

资料来源：胡君辰，杨永康：《组织行为学》，250页。

从表7—2中我们可以看出，在十个人们最喜欢的品质中有五个与真诚有关：真诚、诚实、真实、信得过和可靠。在十个人们最不喜欢的品质中则有五个与不真诚有关：说谎、假装、不老实、虚假和信不过。

2. 热情

热情是对人和事物表现出喜欢，并且予以赞美。一个热情的人不富有批评精神，不会厌恶、轻视对象，也不说对方的坏话。也就是说，热情的人对事物总是倾向于持积极的评价。

心理学家维卡斯（W. Vicars）和西尔斯（D. Sils）所做的一系列试验都证明，热情是受人喜欢的重要品质。换句话说，喜欢他人的人备受他人的喜欢。

3. 魅力

这里的魅力主要指个体外表方面的魅力。在其他品质相似，或者双方还不相互了解的情况下，有魅力的人往往比没有魅力的人更讨人喜欢。因此，新员工刚进入组织时，讨人喜欢的程度往往与魅力有很大关系。

（三）熟悉

熟悉（acquaintance）是指对事物了解得很清楚。在人际交往中，熟悉会在不同程度上影响到相互之间的喜欢程度。

1. 对积极评价的事物的影响

事实证明，对积极评价的事物，熟悉往往会导致喜欢，所谓相见恨晚就是这种心理活动的生动描写。个体之间的价值观、品质、需要、兴趣很一致，熟悉会使他们都能喜欢对方。如果个体是好人，人们会用“英雄惜英雄”来形容；如果个体素质不太好，人们会用“臭味相投”来形容。

2. 对消极评价的事物的影响

事实证明，对消极评价的事物，熟悉往往会导致厌恶。当个体之间的价值观、品质、需要、兴趣等不一致，或者有矛盾时，熟悉反而会使他们相互厌恶。这时，接触越多，矛盾越多，厌恶情绪越强烈。在这种情况下，分离是减少矛盾的有力手段。

3. 对中性评价的事物的影响

人们对许多事物往往作中性评价，尤其是对某些陌生人，或者不容易深入了解的对象，如领导、明星等。研究发现，熟悉往往会导致喜欢。因此，可以说，熟悉导致喜欢，只有在特殊情境下，熟悉才导致厌恶。

（四）报答

报答（return）是指个体用实际行动来感谢对方。人们普遍喜欢懂得报答的人。

善良的人经常报答他人，因此也受到他人更多的喜欢。如果有人报答我们，我们一般对报答做出肯定的评价。我们会把这种肯定的评价与这个人联系起来，进而就会更加喜欢他。

1. 互相性

互相性是报答中经常体现出来的一种原则。即你对我好，我也对你好。在组织中经常可以观察到这种现象：老李对新来的小郑友好地笑了一笑，小郑就对老李有了好感；老张为小朱带了午餐，小朱为老李去拿饮料。

2. 需要性

报答能够满足人们自尊和受到他人尊重的需要。每个人在这方面的需要是不一样的，一般来说，较成功的人，这方面的需要较少，因为他们已经获得了很多；而较不成功的人，这方面的需要较多，因为他们获得的较少。因此，报答对于较不成功者更有效，他们会对报答者更喜欢。

二、群体中的利他

刘经理得知推销员小沈的母亲最近得了重病，手头比较拮据，于是在小沈的抽屉里塞进一个信封，装了人民币 1 000 元，还有一张写有“祝你母亲早日恢复健康”的信纸。刘经理的行为就是一种利他行为。

（一）利他及其分类

1. 什么是利他

利他（altruism）是指个体不期望他人报答的一种自愿的助人行为。在组织中，利他越多，群体的凝聚力越强。许多优秀的企业文化都鼓励利他。

利他有以下一些特征：

（1）无条件性。利他者不期望他人的报答，也就是说，在帮助他人时没有任何附加条件。

（2）自愿性。利他完全是个体自发的行为。

（3）益他性。利他以有益于他人为基本目的，这种益他是主观的。

（4）自损性。即在利他过程中，利他者本人会有损失。以举手之劳帮助他人不能算真正意义上的利他。

2. 利他的分类

利他是助人行为的一种，有各种类型（见图 7—5）。

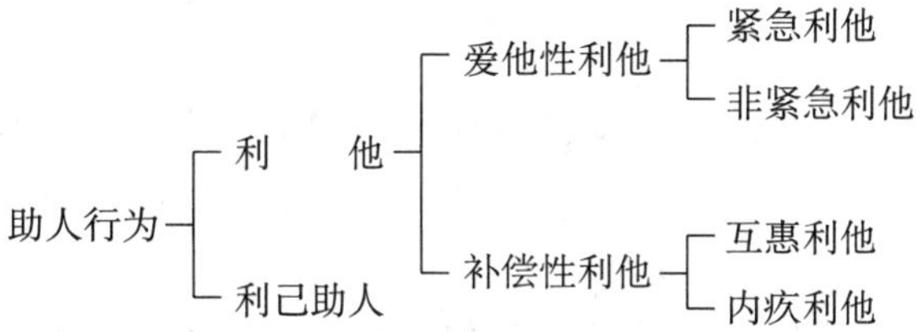

图 7—5　利他的类型

利己助人是指个体为了自己的利益而帮助他人的一种行为。例如，小王帮助小李背工具箱是为了向小李借 DVD 碟片。

利他有两大类：爱他性利他和补偿性利他。

(1) 爱他性利他。这是一种不期望回报，纯粹以给他人好处为目的的自发的助人行为。爱他性利他又可以分为两种：紧急利他和非紧急利他。

1) 紧急利他是指在具体的危险逼近于他人时的一种助人行为。紧急利他有以下一些特征：有明显的威胁因素存在；利他者可能需要付出较大的代价，有时甚至以失去生命为代价；事前往往缺乏必要的信息；利他者生理状态变化明显；利他者需要采取一些紧急措施。

2) 非紧急利他又称日常利他，是指个体经常可以进行的一种助人行为。非紧急利他有以下一些特征：没有明显的威胁因素存在；利他者付出的代价较小；事前有必要的信息；利他者生理状态变化不明显；利他者不需要采取紧急措施；长期坚持较困难。

(2) 补偿性利他。这是一种认为自己有责任、有义务帮助他人的助人行为。补偿性利他又可以分为互惠利他和内疚利他。

1) 互惠利他是指个体经常得益于他人而向他人回报的一种助人行为。

2) 内疚利他是指个体因为自认为有过失而形成内疚心理，促使其报答他人的一种助人行为。

(二) 利他的基础

组织中的群体有各种各样的利他基础，因此，员工中会出现许多利他行为。利他的基础主要有以下五方面。

1. 社会交换原则

不少人认为，人与人之间的关系主要建立在相互交换的基础上，因此，曾受惠于他人者，一定要设法报答他人。

2. 公平原则

在同一群体中，群体成员自觉或不自觉地遵循着一个公平原则。当不公平出现时，得利者会向失利者利他，以此来维护公平原则。

3. 利他规范

在一个群体中，成员要遵守群体的规范。如果违反规范，就可能受到其他成员的排斥；如果遵守规范，就可能受到其他成员的奖励。一个群体如果有利他规范时，这个群体成员交易利他。

4. 内疚心理

在群体中，个体一旦违反了某种道德规范，就会产生一种内疚心理，这种内疚心理可能促使该成员利他。

5. 优秀的道德观

人类优秀的道德观是提倡利他的，例如我为人人、人人为我，先公后私，全心全意为人民服务等，都有助于组织员工的利他行为产生。

（三）影响利他的因素

一个群体中有许多因素影响利他，其中有些涉及利他者本身，有些涉及被利他者的特点，有些又涉及群体中的其他人。研究发现，主要有以下五种因素影响利他。

1. 利他者的个性

一般来说，正直的人、热情的人、富有同情心的人、豪放的人、外向的人利他行为较多；虚伪的人、利己的人、冷漠的人、吝啬的人、内向的人利他行为较少。

2. 利他者的身心状态

一般来说，一个人在身体较健康、心境较愉快时利他行为较多。另外，心理成熟程度较高的个体往往表现出较多的利他。

3. 文化背景

不同文化背景的个体往往有不同的价值观，对待利他的态度也不同，因此发生利他的频率也不同。

4. 他人的行为

他人利他会明显促进利他；他人旁观会减少利他；他人反利他会明显减少利他。

5. 被利他者的特点

一般来说，被利他者常是外表正派者、女性、小孩、老人、病人、残疾人等。

三、群体中的攻击

在群体中很可能存在大量的攻击行为。请看下面的例子：

在下班的途中，工人老许的自行车不小心碰了小刘一下。小刘认为这是老许因为被扣奖金向他出气，于是便破口大骂，老许也不是省油的灯，结果两人扭作一团……

在经理工作会上，外方的市场部经理马克埋怨中方的销售部经理老曾领导不力，销量上不去。老曾说："这主要是广告没做好。"马克马上说："我们在全球都是这么做的。"老曾反唇相讥："你懂不懂中国的国情？"接下来是一场无休止的舌战……

在配料现场，外方的工程部经理威廉说："请按这个配方投料。"中方高级工程师老周一看配方，根据自己的经验认为不行，于是向威廉指出。威廉说："不能改配方，就这么决定了。"接着老周对工人小吴说："就照老外说的去做，尽快证明他是错的。"结果当然不理想。威廉说，配方没错，工人加工的工艺和流程有问题。老周说，我早就说过不行的，可是威廉硬要这么干……又是一场争吵。

（一）攻击及其分类

攻击（aggression）又称侵犯，是指个体有意伤害他人身心的一种行为。

群体中的攻击有许多类型，巴斯（B. M. Bass）认为攻击可以从三个维度来进行分析（见图 7—6）。

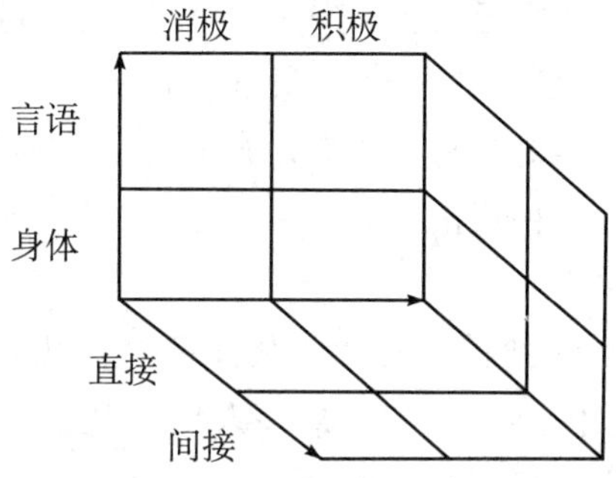

图 7—6　巴斯的攻击分类模型

根据巴斯的攻击分类模型，攻击可以分为八种：

（1）身体积极直接型。例如，撞人、踢人、拉头发、拳打、捅刀子、开枪等。

（2）身体积极间接型。例如，雇凶打人、暗杀、设陷阱让对方受伤等。

（3）身体消极直接型。例如，绝食、以自伤要挟对方等。

（4）身体消极间接型。例如，罢工、静坐、怠工等。

（5）言语积极直接型。例如，讽刺人、骂人等。

（6）言语积极间接型。例如，散布谣言、恶意中伤等。

（7）言语消极直接型。例如，不理对方、不回答对方的提问等。

（8）言语消极间接型。例如，当对方遭到非难时，不肯为他辩护。

（二）攻击产生的基础

在群体中，管理者应该尽量减少成员之间的相互攻击。因此，了解攻击产生的基础就显得相当有必要了。

1. 需求不满足

需求不满足是指由于某种障碍而妨碍了个体自身需求的满足。当个体意识到该障碍是人为造成的，就可能对设置障碍的人进行攻击，目的是消除该障碍以满足自身的需求。

需求不满足引起攻击不是必然的，而是后天的条件反射形成的。一般认为，这种攻击会受到两次强化作用的影响。第一次强化是宣泄了内心的不满而降低了攻击动机，第二次强化是看到对方由于被攻击遭受痛苦而感到愉快。

2. 报复心理

“以牙还牙”是报复心理的一个注释。报复心理（revenge mind）是指个体认为自己曾受到对方的攻击，决心反攻击对方的一种心理活动。

个体在群体内受到攻击往往会使个体的身心受到伤害。如果他转而去攻击对方或其他成员，势必会引起连锁反应，使攻击行为一发不可收拾。管理者应尽量减少或消除成员的报复心理。

在群体中最易引起报复心理的是通过攻击使对方的自尊心受到伤害。

由报复心理引起的攻击一般有三种：直接攻击、间接攻击和转移性攻击。直接攻击是指攻击的能量直接朝向使自己受到伤害的对象释放。间接攻击是指攻击的能量间接朝向使自己受到伤害的对象释放。转移性攻击（displacement）是指受挫折的个体克制直接报复（特别是当别人会对这种行为表示反对或者进行惩罚时），而将这种敌意转移到一些较安全的目标上的一种攻击行为。

3. 攻击习惯

个体如果在攻击他人后受到积极强化，久而久之，就会形成一种攻击习惯。一旦攻击形成习惯，纠正就比较困难。例如，某些人出口就是脏话；动手打人成为家常便饭；对传播不负责任的小道消息很有兴趣等。

攻击习惯的养成与家庭、学校、社会各方面的因素有关。一旦发现员工有攻击习惯，要立即纠正，方法是在每次发生攻击时尽可能给予消极强化。如果员工本人没有改正攻击习惯的意愿，又在较长时间内屡教不改，应该予以解雇。

（三）如何减少员工的攻击

虽然某些攻击可能有一定的积极意义，但是，一般来说，攻击的消极影响更大。因此，管理者应该想方设法减少员工的攻击。

社会学习理论的观点建议：可以通过消除引发攻击的因素来控制它——通过减少令人厌恶的刺激、奖励和塑造非攻击行为，以及产生与攻击行为不一致的反应。①

减少员工攻击有许多措施，针对组织的具体情境，我们主张采取以下三个方面的措施：树立榜样、合理惩罚和净化感情。

1. 树立榜样

如果在群体中对攻击采取认可的态度，如鼓励、默许等，那么群体中的攻击将会越来越频繁。

要使员工清楚地了解到，优秀员工是非攻击型的。尽量表扬、宣传、奖励非攻击型员工。

2. 合理惩罚

惩罚是减少攻击的必要手段，但在实际工作中往往会遇到许多问题。管理者一定要了解员工攻击的真正目的是什么，然后对症下药进行惩罚，使他明白，通过攻击是不可能达到目的的。

严格地说，惩罚也是一种攻击，利用惩罚去减少攻击是一种“以毒攻毒”的方法。当然，一定要采取合理、合法的手段，否则可能会产生负面作用。

① 参见迈尔斯：《社会心理学（第8版）》，306页，北京，人民邮电出版社，2006。

3. 净化情感

个体在情绪烦躁、生气时，特别容易出现攻击行为，如果能使发怒、生气、烦躁转化为平静、快乐、安稳，那么攻击行为就不会发生了。

净化情感主要是由员工身心内部发生的，但组织可以起到促使其净化的作用。例如，正确的思想政治工作、想象攻击的害处、提高员工的心理素质、转变员工的消极态度、改变员工的不良思维方法等都可以在一定程度上净化员工的感情。

另外，严禁吸毒、赌博、酗酒等也是防止出现攻击行为的必要措施。

第 3 节　群体中的基本行为规律

在组织中，群体会对个体产生重大的影响，个体在群体中产生的心理活动和行为反应，与在单独环境中的心理活动和行为反应有明显的差异。因此，管理者为了有效地组织、指挥员工为达成组织目标而工作，有必要了解群体中的一些基本行为规律。

一、凝聚力

（一）凝聚力及其作用

1. 凝聚力的概念

凝聚力（cohesion）又称凝聚性或团结，是指群体内成员之间、成员和群体之间相互吸引的程度，以及成员分担群体目标的程度。

如果群体内的成员相互之间十分喜欢和吸引，成员又十分愿意为群体的目标而努力奋斗，那么我们可以说，该群体有很强的凝聚力。

一般来说，群体都有最低限度的凝聚力，否则就会解体。

2. 凝聚力的作用

凝聚力对于群体来讲是起到积极作用的，但对于一个组织而言，群体的凝聚力可能起到积极作用，也可能起到消极作用。这主要取决于群体的目标是否与企业的目标相一致（见图 7—7）。

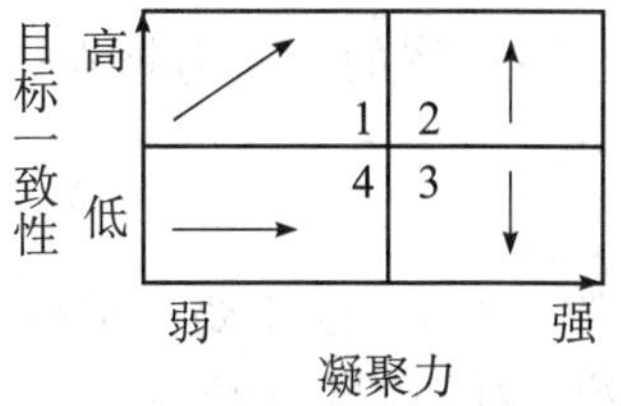

图 7—7　凝聚力、目标一致性与工作效能的关系

从图 7—7 中我们可以看出：如果群体与组织的目标一致性高、凝聚力强，工作效能就提高得快（2↑）；如果目标一致性高、凝聚力弱，工作效能就提高慢（1↗）；如

果目标一致性低、凝聚力强，工作效能就会下降（3↓）；目标一致性低、凝聚力弱时，与工作效能无关（4→）。

（二）影响凝聚力的因素

在群体中，凝聚力的大小受到许多因素的影响，主要有如下几种。

1. 领导者的要求和压力

如果群体的领导者对群体的凝聚力有较高的要求，就会给群体带来较大的压力，这样，群体的凝聚力就会较强。

2. 信息沟通的程度

群体凝聚力在一定程度上依赖群体内部的信息沟通状况。信息沟通越顺畅，凝聚力就越强。

3. 群体达成目标的程度

每个群体都有自己的目标，但一般不会每一次都百分之百地达成目标。如果群体达成目标的比例和次数较多，那么该群体的凝聚力较强。

4. 成员依赖性

成员的需求总能在群体中得到部分满足。成员的需求在群体中得到满足的比例越大，凝聚力也就越强。

5. 群体与外界的联系

群体与外界的联系越密切，凝聚力越弱。如果群体成员与外界的联系密切程度超过成员之间的联系，往往意味着群体的解体。

6. 群体的大小

一般来说，群体越大，凝聚力越弱；群体越小，凝聚力越强。相关研究指出：三个人的小群体往往凝聚力最强。

7. 成员的相似性

成员的文化背景、价值观、受教育程度、性格、智力、兴趣爱好，甚至着装打扮等方面越相似，凝聚力就越强。

8. 群体受外界的威胁程度

在几乎没有躲避的机会、只有通过合作才能抵抗威胁时，群体受外界的威胁越大，凝聚力也越强。

9. 加入群体的难易程度

一般来说，加入群体越难，该群体的凝聚力越强；反之，加入群体十分容易时该群体往往不会产生很强的凝聚力。

10. 群体的地位

群体的社会地位越高，凝聚力越强。这主要由于高地位群体成员都有一种自豪感。因此，著名的公司、工厂、学校、社团均有较强的凝聚力。

二、士气

士气是一个群体精神面貌的直接表现，与达到群体目标有着明显的关系。

(一) 士气概述

1. 士气的定义

士气（morale）是指个体对某个群体感到满意，愿意成为该群体的一员，并愿意为实现该群体的目标而努力工作的一种态度。

最早，士气一词用于军队，表示作战时高昂的集体主义精神，现在也用在组织中，表示群体工作时高昂的精神面貌。

士气不仅代表个体对群体的认同态度，而且表示对成为该群体成员而感到心理满足，并愿意为群体利益做出牺牲。

2. 士气高昂群体的特点

一个士气高昂的群体有以下特点：

（1）士气的基础主要来自群体内部的凝聚力，而非群体外部的压力。

（2）群体内几乎没有小群体，或者虽然有小群体，但这些小群体没有敌对的倾向。

（3）群体既能适应外部的变化，又能处理内部的冲突。

（4）群体成员有较强烈的认同感、归属感和满意感。

（5）群体成员都比较明确地了解群体的目标，并认同群体的目标。

（6）群体的成员对领导者持积极的态度。

（7）群体成员乐意遵守群体的规范。

（8）群体成员承认群体的存在具有重要价值，并具有维护该群体继续存在的强烈意愿。

（9）群体成员的行为反应比较一致。

(二) 士气的作用

一般来说，管理者希望群体内的员工有高昂的士气，但是必须明白：高昂的士气不一定会产生较高的工作效能。士气与工作效能有三种典型的关系（见图7—8）。

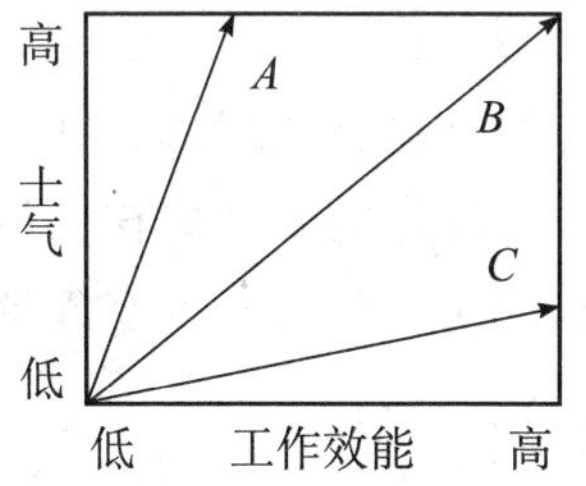

图7—8 士气与工作效能的典型关系

1. 士气高，工作效能低

如图7—8中的A线所示。出现这种情况，往往有三种主要原因：

（1）群体目标与组织目标不一致。

（2）后勤工作跟不上，群体活动缺乏必要的设备、场地等。

（3）成员缺乏必要的知识和技能，虽然很想干，但是不知道该如何干，或者干错了。

2. 士气高，工作效能也高

如图 7—8 中的 B 线所示。这是管理成功的一个标志，管理者追求的就是这样一种情境：组织员工心情愉快地为实现组织目标而努力工作。

3. 士气低，工作效能却高

如图 7—8 中的 C 线所示。这往往是传统的科学管理方法下的情境：管理者用严格控制的手段管理员工，员工虽然士气低落、态度消极，但在外部的高压下，也可能出现短暂的工作效能高的现象。这种情况很难长时间维持，最终会由于士气低落而导致工作效能下降。

（三）提高员工士气的方法

在管理中，只要群体目标与组织目标基本一致，管理者就应该尽量提高该群体员工的士气。

提高士气可以从以下几个方面着手。

1. 整合群体的目标

群体的目标一般有以下几种情况：

（1）各成员之间无统一的目标。

（2）各成员之间目标基本相似，但与群体的目标很不一致，甚至完全相反。

（3）各成员的目标与群体的目标基本一致，但不完全重合。

（4）各成员的目标与群体的目标完全重合。

（5）群体目标与组织目标完全重合。

管理者要尽可能使个体、群体和组织的目标完全重合。

2. 使成员志趣相投

在组织正式群体时，尽可能考虑让一些理想、志向、信念、需要、动机、兴趣、爱好等基本一致的员工在一起，这样往往彼此态度相似，还容易激发起高昂的士气。

3. 智能互补

聪明人组成的群体不一定是士气高昂的群体，智力低下的人组成的群体如果士气高昂也不一定与组织的目标一致。较好的组合应该是智能互补的群体，其中有的人创造性较强，有的人逻辑思维能力较强；有的人小心谨慎，有的人脚踏实地；有的人有指挥才能，有的人善于实践。

4. 合理的报酬

同工同酬、多劳多得最能激发和保持高昂的士气，如果长期分配不公，士气一定会化为乌有。

5. 创造良好的心理气氛

如果群体成员能相互帮助、相互谦让、有事大家干、有难大家帮、人际关系和谐，在这种良好的心理气氛影响下，士气会不断高涨。

6. 倡导民主的领导作风

要在群体中提倡、推行民主的领导作风，领导者千万不能搞“家长制”、“一言堂”，应该广开言路，乐意接受他人的意见和建议，与其他成员同甘苦、共患难。专制的领导作风是不可能产生高昂的士气的。

三、从众

公司正在举行高级经理会议，张副总经理分析了公司近来产品滞销的情况后，提出再投入 300 万元做电视广告。刘总经理立即表示支持，刚到任不久的销售部朱经理喜笑颜开，高兴地支持这一提议。接着市场部的赵经理、生产部的林经理、财务部的孙经理纷纷表示同意，只有人力资源部的胡经理没有发表意见。

其实胡经理心里很清楚：今年公司已经在广告上投资了 1 000 万元，但是收效甚微，一方面由于广告制作成本太高，另一方面目标类似的广告太多，有的客户反映在市场上看不到我们的产品。因此，主要问题是公司中推销员太少，而且现有推销员的素质太低。如果把这 300 万元花在招聘、培训推销员方面，一定会收到更好的效果。但是，看来几位主要领导人都热衷于做广告……

“老胡，谈谈你的看法。”刘总经理的话打断了胡经理的思路。

“哦！我同意大家的意见。”胡经理违心地说，他从众了。

（一）从众及其形式

1. 从众的概念

从众（conformity）又叫顺从，是指个体在群体中与大多数人的意见发生分歧时，会感到一种群体的压力，当这种压力非常大时，会迫使个体违背自己的意愿，迁就大多数人的意见，从而顺从群体规范的一种行为。

从众与服从的主要区别主要在于从众是群体中少数人顺从多数人，而服从是下级顺从上级。

美国心理学家阿希（S. E. Asch）曾在 20 世纪 50 年代做过一个著名的从众试验。试验的被试者是大学生，实验室中每组有 7～9 人，其中只有一个人是真正的被试者，其余的都是试验者的助手，但是真正的被试者并不知情。试验者让一组人围桌而坐，并故意让真正的被试者坐在靠后的位置上，接着，试验者出示两张卡片，如图 7—9 所示。

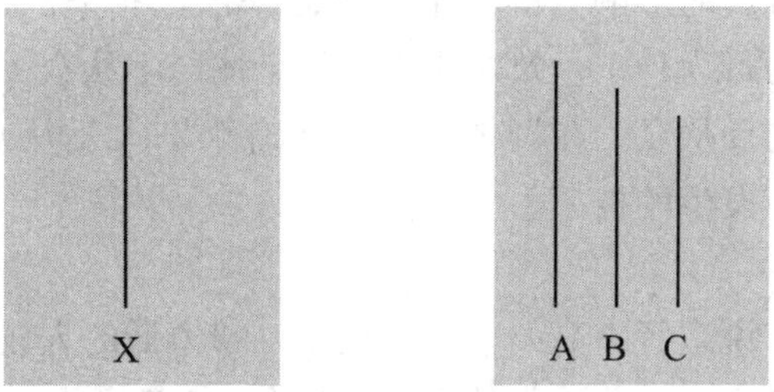

图 7—9 从众试验所用的卡片

一张卡片上只有一条线 X，另一张卡片上有三条线 A，B 和 C。相似的卡片共有 12 对。大家看过卡片后要指出线 X 和线 A，B，C 中的哪一条等长。其实答案很简单。第一次、第二次，助手做了正确的回答，真正的被试者也做了正确的回答。到了第三次，助手开始异口同声地做出错误的回答，说线 X 和线 B 等长，这时真正的被试者困惑了，也做了错误的回答，他从众了。

试验结果表明，在没有他人干扰的情境中，被试者做出错误判断的可能性仅仅为 1%。但是有了他人的干扰之后就会产生群体的压力，被试者做出错误判断的比例竟上升到了 37%。

2. 从众的形式

从众主要有两种形式：真从众和假从众。

（1）真从众又称内化的从众，其特征为表面从众，内心也接受。真从众的个体往往缺乏主见，当他们看到群体中的大多数人倾向于某种观点、态度、行为时，就认为“随大流”一定正确，所以内心也接受了大多数人的意见。

（2）假从众，其特征为表面从众，内心却拒绝。假从众的个体往往自己有主见，当他们看到群体中的大多数人倾向于某种观点、态度、行为时，内心还是认为自己的意见是正确的。可是迫于群体的压力，只好从众。

这两种形式不是固定不变的，在适当条件下会相互转化。有时某人刚开始是真从众，后来变成假从众，反之亦然；有时某人在某个情境中是假从众，而在另一个情境中却是真从众。

（二）从众产生的原因

在企业中，产生从众的原因很多，有的涉及社会传统，有的涉及文化背景。这里主要从群体和个体的角度分析产生从众的原因。

1. 群体的原因

（1）群体的规模。一般认为，群体的规模越大，越容易产生从众。但试验证明，4～8 人的群体内压力最大，最容易产生从众。

（2）群体的吸引力。一般来说，群体的吸引力越大，凝聚力也越强，压力也会随之增大，较容易产生从众。

（3）群体的领导者。如果群体的领导者鼓励从众，就较易引起从众。

（4）群体中相似成员的影响。群体中各方面条件都相似的成员的行为产生的压力最大，因此，这些人的行为趋于一致时较容易使个体产生从众。

（5）群体中他人的反从众。在群体中，只要有个别人反从众，就会迅速减轻群体的压力，从而降低从众发生的概率。

2. 个体的原因

（1）智力。一般来说，智力高的人不易从众，智力低的人较易从众。

（2）自尊。一般来说，自尊心强的人不易从众，自尊心弱的人较易从众。

（3）年龄。一般来说，年龄较大的人不易从众，年龄较小的容易从众。

（4）性别。一般人认为，女性较易从众。但试验证明，男女在从众方面没有明显差异，只有在不同领域中会出现差异。一般人在自己熟悉的领域不易从众，在自己陌生的领域内较易从众。

（5）性格。一般来说，重视他人评价者、内向者较易从众，地位低的人较易从众。

（三）从众的意义

在管理中，员工的从众既有积极意义，也有消极影响。

1. 从众的积极意义

（1）整合群体的行为。每个群体都有自己的规范，从众可以促使群体的行为基本保持一致，这样可以壮大群体的力量。

（2）改变个别成员的不良行为。从众可以减轻群体的压力，因此某些有不良行为的员工为了减轻来自群体的压力而从众，这样就纠正了不良行为。

2. 从众的消极影响

（1）扼杀了群体成员的创造性。如果群体过分鼓励从众，严厉打击反从众，那么该群体一定会死气沉沉，表面上看“一致通过”，实际上，许多成员都不发表自己的意见，创造性被扼杀。这样的群体很难有大的作为。

（2）使决策失误。在某种情况下，大多数人的意见不一定是正确的，而从众使某些正确意见无机会发表，因而造成决策失误。一些战略性决策的失误会给组织带来致命的打击。

由于组织中的从众有正反两方面的作用，因此，管理者在某些情境中要鼓励从众，在某些情境中要鼓励反从众，这样才能迅速地达成组织的目标。

□ 本章小结

群体是企业各种经营管理活动的基本单位，具有成员遵守同一规范、有共同的目标和彼此意识到对方的存在等特征。群体具有多种分类方法，按照群体是否有明文规定可以划分为正式群体和非正式群体。其中，非正式群体因在现代组织中具有的重要作用而应得到管理者高度重视。

勒温提出，个体的行为是他与环境中各种相关因素作用的结果。群体中个体的行为方向和强度取决于个体内部的心理活动与外部群体的各种因素。群体动力论模型对群体发展的阶段、各阶段的特点、管理要点等做了系统的描述。管理者还需要了解和掌握影响群体心理的环境和合群因素等。

群体中的人际关系是指群体成员之间心理上发生的联系。群体中人际关系的好坏与群体中的成员是否彼此喜欢有明显联系。影响喜欢的因素有许多，主要涉及四种：接近性、个体品质、熟悉与报答。

群体中的利他与群体的凝聚力有正相关关系，优秀的企业文化鼓励利他。利他有两大类：爱他性利他和补偿性利他。利他的基础主要有五方面：社会交换原则、公平原则、利他规范、内疚心理和优秀的道德观等。影响利他的因素主要包括利他者的个性、利他者的身心状态、文化背景、他人的行为和被利他者的特点等。

群体中的攻击按照积极—消极、言语—身体、直接—间接三个维度可以划分为八个类别。产生攻击的基础主要包括需要不满足、报复心理和攻击习惯等。管理者可以通过树立榜样、合理惩罚和净化情感等减少员工的攻击行为。

群体的凝聚力作用是积极的还是消极的，主要取决于群体的目标与企业的目标是否一致。影响群体凝聚力的因素较多，它们是管理者提高群体凝聚力的重要基础。

士气是一个群体精神面貌的直接表现，与达到群体目标有着明显的关系。士气不仅代表个体对群体的认同态度，而且表示对成为该群体成员而感到心理满足，并愿意为群体利益做出牺牲。在管理中，只要群体目标与组织目标基本一致，管理者就应该尽量提高该群体员工的士气。

群体中从众的产生既受个体因素的影响，又受群体因素的影响。从众既有积极意义，又有消极意义，因此，管理者在某些情境中要鼓励从众，在某些情境中要鼓励反从众，这样才能迅速地达成组织目标。

□ 关键术语

群体　规范　正式群体　非正式群体　职能群体　任务群体　工作群体　休闲群体　利益群体　友谊群体　大群体　小群体　群体心理　喜欢　厌恶　熟悉　报答　利他　攻击　报复心理　凝聚力　士气　从众

□ 思考题

1. 什么是群体？群体的主要特点是什么？请举出一些群体的例子来加以分析。
2. 你如何理解 $B=f(P,E)$ 这一公式？举例说明。
3. 用你熟悉的群体例子来说明群体动力模型。
4. 举例说明各群体类型。
5. 在管理中，你作为管理者应该如何对待非正式群体？
6. 什么是群体心理？简述群体心理的特点。
7. 举例说明影响群体心理的各种因素。
8. 举例说明影响员工之间喜欢的各种因素。
9. 作为管理者，你认为该如何吸引员工？
10. 什么是利他？简述利他的类型。
11. 你是如何认识利他的基础的？
12. 你是如何认识攻击的基础的？
13. 在管理中，你认为应该如何对待攻击？
14. 什么是凝聚力？简述凝聚力的作用。
15. 在管理中如何增强群体的凝聚力？
16. 什么是士气？简述士气的作用。
17. 在管理中如何提高员工的士气？
18. 什么是从众？简述从众的形式。
19. 在管理中，你认为应该如何对待从众？

第8章

团 队

本章要点

1. 常见的团队类型及特点。
2. 麦克沙恩团队效能模型。
3. 团队发展的五阶段模型。
4. 团队冲突与解决方法。
5. 团队激励的方法。

引 例

大家打起精神来

A公司是一个小型培训公司，主要承接国有企业中基层干部的外包培训业务。该公司培训课程的开发以项目组的形式展开，由一个项目组组长负责，3～5名成员参与。营销管理课程原来由一位德高望重的专家张峻负责，最近张峻因移民海外而辞职，于是团队中的一位骨干成员王猛临时接替他的工作。王猛年轻有为，敢闯敢干，对课程开发很有想法，张峻的离职让王猛看到了施展拳脚的机会，其他成员也认为王猛肯定能够接好营销管理这个盘子。3月后，公司又招聘了一位营销管理专家海辉，海辉跟王猛年龄相仿，但是从业时间更长，学历更高，直接被任命为管理课程部的负责人，成了王猛的上级。管理课程部现有4个项目组，海辉的老本行是营销管理，因此，他来了之后也以成员的身份加入了营销管理项目组。海辉经常对课程开发、经费使用和人员分工提出自己的想法，王猛很快感觉自己被架空，成了名义组长。过了2个月，海辉又以王猛出去参加一个重要培训要离开半个月为由设置了一名副组长刘丽。项目组成员知道海辉有意培养刘丽做自己的亲信。王猛回来后明显感觉刘丽跟自己说话的方式变得更加强硬了。于是，王猛工作越来越消极，项目组很长时间也没什么新的举措，成员间也开始出现消极气氛。培训课程打分也出现较大的波动。海辉意识到了这种变化，他想让大家打起精神来！

请思考：

1. 在本案例中，你认为营销管理项目组消极怠工的原因是什么？
2. 利用团队激励的相关理论知识，谈一谈你对激励项目组的想法。

第1节 团队概述

20世纪60年代以来，日本的摩托车、汽车、手表、照相机和光学仪器等行业一个接一个地在世界工业技术领域取得领先地位，以美国为首的西方国家对日本式的奇迹产生了浓厚兴趣，一些日本专家也对该现象进行了深入的研究。他们的结论是：日本企业强大竞争力的根源不在于其员工个人能力的卓越，而在于其员工整体“团队合力”的强大，其中起关键作用的是弥漫其中的“团队精神”。[①] 20多年前，团队被沃尔沃、通用食品等公司引入生产过程成为轰动一时的新闻，如今，不采用团队方式的企业反倒让人觉得非常新鲜。截至2000年，大约80%的《财富》500强企业中至少有一半以上的员工以团队的方式工作，68%的美国小型制造公司在生产领域运用团队。

团队在满足完成某项工作所需要的多种技能、经验和知识的要求，更充分地发挥个人的才干，更灵活、快速地对环境变化作出反应，更迅速地进行组合、配置、重新定位和解散，以及让员工有更多机会卷入工作而产生激励作用等方面较传统的稳定结构具有无法比拟的优势。这也是团队盛行的主要原因。

什么是团队？团队为什么这么流行？如何进行团队管理？怎样的团队才是高绩效的团队？这些问题需要我们回答。因为在现实生活中，既有“三个臭皮匠顶个诸葛亮”的事实，也有“三个和尚没水吃”的尴尬。

一、团队的概念

（一）团队的定义

团队（team）是指服从于共同使命和目标、技能互补、共同努力，从而使得整体绩效大于个体绩效之和的群体。从上述定义中我们可以看出，团队具有以下特点：

第一，团队是特殊的群体；

---

① 参见范言：《黄金组合：刚柔并济强弱结合的团队法则》，27页，北京，中国时代经济出版社，2007。

第二，团队成员拥有共同的使命、绩效目标；

第三，团队成员具有互补的技能、协同的共同努力；

第四，团队取得的整体绩效大于个体绩效之和。

（二）团队与群体的比较

从前面介绍的团队和群体的定义中可以看出，群体强调个体的领导能力、个体的责任和个体的工作产出；团队强调共享的领导能力、共同的责任和集体的工作产出。①

关于团队与群体，最形象的描述莫过于：

团队：三个臭皮匠，顶个诸葛亮；1＋1＞2。

群体：臭皮匠就是臭皮匠，多少也顶不了一个诸葛亮；两杯50℃的水倒在一起还是50℃，永远成不了100℃的沸水。

组织中的工作群体成员相互作用主要是为了共享信息，进行决策，帮助每个成员更好地承担自己的责任。由于群体工作不一定需要共同努力、互补的技能，因此群体成员之间不一定不存在积极的协同效果，群体的绩效是个体绩效之和，也即1＋1＝2。从群体和团队的定义上我们可以看出两者的区别（见图8—1）。

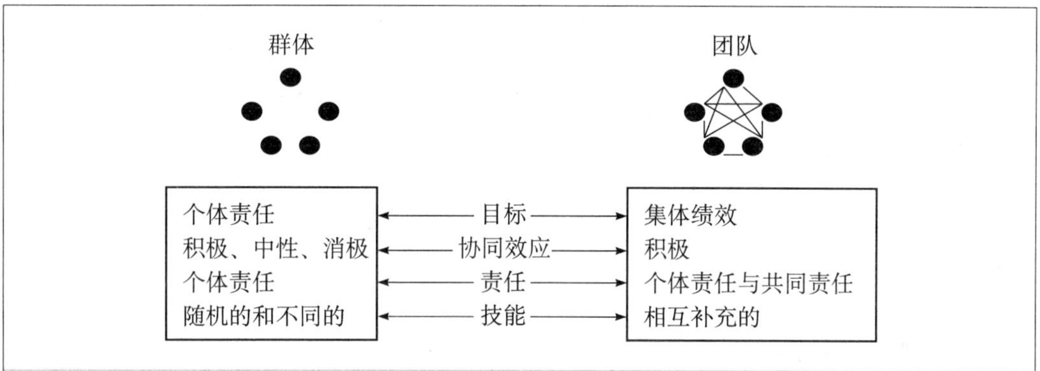

图8—1 群体与团队的比较

1. 目标

（1）群体与团队的共同之处在于：两者都具有共同的利益和目标。

（2）群体与团队的不同之处在于：具体目标上，群体强调信息共享，帮助群体成员完成个人承担的责任；团队强调共同使命和共同绩效目标的实现。

2. 协同效应

由于群体的相互作用和相互依赖不一定建立在共同努力、互补技能的基础之上，因此，在群体中协同效应既可以是积极的，也可以是中性的或消极的。团队成员之间的共同目标、共同努力、互补技能使得团队的协同效应一定是积极的。

3. 责任

群体强调如何帮助群体中的个体完成自己所承担的责任；团队则在强调个体责任

---

① 参见黛布拉·L·纳尔逊、詹姆斯·坎贝尔·奎克：《组织行为学：基础、现实与挑战》，272页。

的同时着重于共同责任的完成。

4. 技能

由于群体的组成具有很大的随机性，因此群体成员的技能既可能是互补的，也可能是相同的，随机性很强；团队则往往是根据某个特定的目标专门成立的，团队成员的技能是否互补也是挑选团队成员时考虑的重要因素，因此，团队成员的技能具有很强的互补性。

二、团队的类型

工作团队（work teams）是指由一些为了实现一个目标而相互依赖的个体组合而成的正式群体。[①] 区分工作团队类别的最便捷方法是根据团队的目的、持续时间、成员和结构进行划分（见表 8—1）。[②]

表 8—1　工作团队的分类

目的	结构
产品开发 问题解决 企业再造 其他任何组织希望实现的目的	受监控团队 自我管理团队
成员	**持续时间**
功能型团队 交叉功能型团队	长久团队 临时团队

最常见的团队类型为职能型团队、自我管理团队、跨职能团队和虚拟团队（见图 8—2）。[③]

（一）职能型团队

1. 职能型团队的概念

职能型团队（functional teams）由一名管理者及来自特定职能领域的若干下属组成，他们在同一职能领域中进行着改进工作活动或者解决具体问题的努力。因此，职能型团队也称为问题解决型团队（problem-solving team）。

工作团队刚刚开始盛行时，一般由来自同一部门的 5～12 名计时工组成，他们每周用几个小时时间见面，讨论如何改进生产质量、提高生产效率、改进工作环境等问题。在职能型团队中，他们可以针对如何改进工作程序、工作方法交换自己的看法或者提出建议，但是无权单方面根据这些建议采取行动。

2. 职能型团队的特点

职能型团队一般具有如下特点：

---

① B. Dumaine，“The Trouble with Teams”，*Fortune*，1994，Sept. 5，p. 86.

② Based on C. E. Larson，and F. M. J. LaFasto，*Team Work*，Newbury Park，CA：Sage Publications，1989；E. Sundstrom，K. P. DeMeuse，and D. Futrell，“Work Team”，*American Psychologist*，Feb. 1990，p. 120.

③ 参见斯蒂芬·P·罗宾斯、玛丽·库尔特：《管理学（第 7 版）》，435 页。

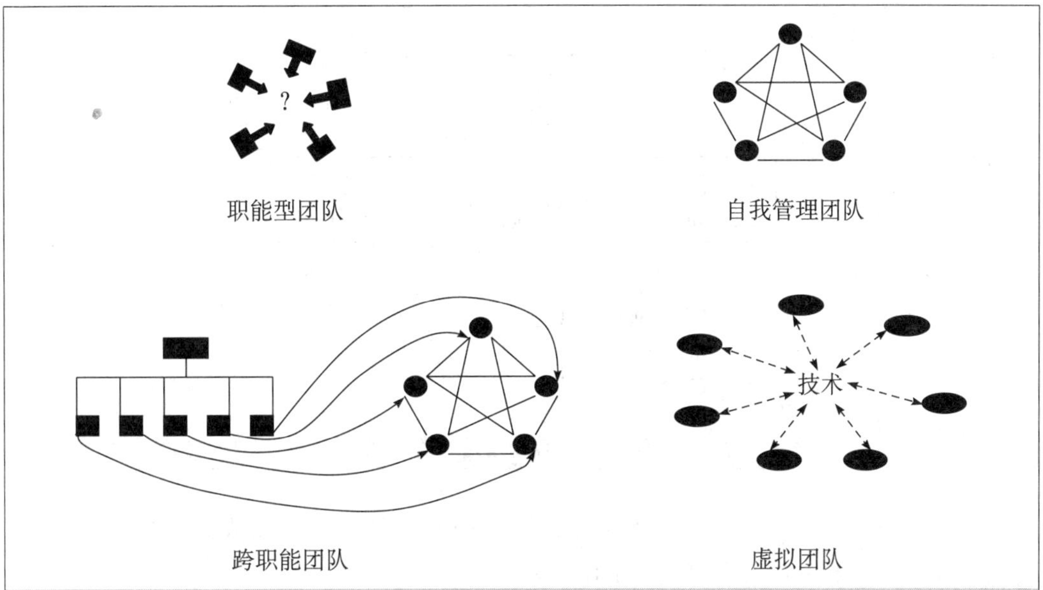

图 8—2 四种常见的团队类型

(1) 成员来自同一职能领域;

(2) 有明确的管理者负责团队管理;

(3) 围绕具体的工作活动或问题展开努力;

(4) 权力有限，可以提出自己的建议和看法，但是往往无权根据这些建议采取行动。

3. 对职能型团队的评价

职能型团队在解决问题方面有其独到之处，但是在调动团队成员参与积极性和工作投入方面尚显不足。于是，企业尝试建立独立自主的、既能解决问题又能实施解决问题的方案，并且能够对工作结果承担全部责任的团队类型。

(二) 自我管理团队

1. 自我管理团队的概念

自我管理团队（self-managed work team）在组织中被普遍采用，该团队中没有一个管理者负责整个或局部的工作流程，自我管理团队负责完成工作并进行工作计划与日程安排、给成员分派任务、共同监督工作进度、做出执行决策以及针对问题采取行动等方面的自我管理。

自我管理团队通常由 10～15 人组成，围绕着工作过程完成一项由几个相互依赖的任务构成的完整工作。团队拥有真正的自主权，成员之间的相互依赖程度较高，共同对工作业绩负责。自我管理团队承担了很多以前主管的工作，甚至可以自行挑选团队成员、彼此进行绩效评估等。

2. 自我管理团队的特征

虽然自我管理团队在不同的组织内会略有不同之处，但是大部分具有以下共同特征（见图 8—3）:

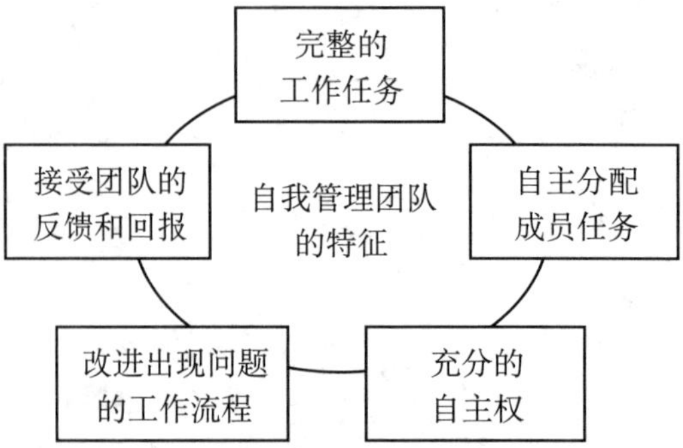

图 8—3　自我管理团队的特征

（1）完成一项完整的工作。无论是产品、服务还是大型产品或服务的一个部分，自我管理团队一般负责一个完整的工作过程。

（2）自我管理团队没有领导。因此，团队需要负责制定计划和安排，给团队成员分配工作任务。

（3）自我管理团队在控制资源分配、工作流程和产出的整个投入产出过程中具有充分的自主权。

（4）改进出现问题的工作流程。自我管理团队负责维持自己的质量和过程控制。

（5）接受团队的反馈和回报。自我管理团队可以收到个体层面的反馈和回报，但是，作为一个团队，它们还会接受来自团队层面的反馈和回报。

自我管理团队最初产生于产品设计过程，目前已经在管理和服务活动、汽车服务中心、市政管理以及快递服务客户支持等领域广泛应用。① 当员工面临需要几个人共同的知识和经验的相互依赖的任务时，自我管理团队非常适合。

3. 对自我管理团队的评价

大多数采用这种方式的组织认为该方式是成功的，并且准备在未来几年里继续推广使用。② 然而，并非所有的组织采用自我管理团队都可以取得积极效果。

自我管理团队效果对情境存在一定的依赖性。组织裁员、团队规范的强度和内容、团队从事的任务类型和奖励结构等都会影响团队任务完成结果的好坏。这也是出现自我管理团队在提高成员满意度的同时有时也会导致更高的缺勤率和流动率的矛盾现象的原因。

研究还表明，如果一国文化对不确定性和模糊性的容忍程度很低，那么自我管理团队的效果往往并不太好。自我管理团队由于取代了传统管理者的大部分工作，因此可能会遭到管理者的抵抗。

---

① 参见麦克沙恩、格里诺：《组织行为学（第 3 版）》，205 页。

② G. M. Spreitzer, S. G. Cohen, and G. E. Ledford, Jr., "Developing Effective Self-managing Work Teams in Service Organizations", *Group & Organization Management*, Sept. 1990, pp. 340-366.

(三) 跨职能团队

1. 跨职能团队的概念

跨职能团队（cross-functional team）是由来自不同领域的专家组成的一个混合体，目的是并肩作战完成一项任务。

很多组织都在使用跨职能团队。20 世纪 60 年代，IBM 组建了一个大型的特别任务工作组，成员来自公司的各个部门，用于开发后来十分成功的 360 系统。这个特别任务工作组实际上就是一个临时性的跨功能团队。跨职能团队在 80 年代末开始普及，当时所有主要的汽车制造企业，比如丰田、日产、本田、宝马、通用汽车、福特、戴姆勒和克莱斯勒等，都采用了这种团队来协调复杂项目的完成。

2. 跨职能团队的特点

跨职能团队具有如下一些特点：

(1) 团队成员来自不同的职能部门，并处于同一级别；

(2) 跨职能团队共同努力完成同一项任务；

(3) 跨职能团队可以完成的任务是多种多样的。

3. 对跨职能团队的评价

跨职能团队能够使组织内部不同领域的员工彼此交流信息，激发人们采用新方法来解决问题的灵感，并使人们共同合作完成复杂的项目。

但是，跨职能团队在形成初期往往需要消耗大量时间来使成员首先学会与具有不同背景、经历和观点的伙伴建立信任，合作共事，然后他们还需要学会处理成员之间的复杂性，共同完成多样性的工作任务。

(四) 虚拟团队

1. 虚拟团队的概念

虚拟团队（virtual team）是指利用计算机技术把实际上分散的成员联系起来以实现共同目标的工作团队。

网络技术可以让相距甚远的同事"跨过时间、空间和组织的界限，为共同目的而独立工作"。其实，无论是近在咫尺，还是远在天涯，虚拟团队的成员都可以通过宽带网、可视电话会议系统、电子邮件等方式保持"在线"沟通。

虚拟团队可以完成其他团队能够完成的所有工作：分享信息、做出决策和完成任务。虚拟团队的成员既可以来自同一组织，还可以与其他组织中的成员取得联系。虚拟团队的存续时间根据任务而定：可以用几天时间来解决组织起来完成一个问题，可以花几个月完成一个项目，也可以长期存在下去。

2. 虚拟团队与面对面团队的差异

虚拟团队与面对面团队相比，有三个方面的差异：

(1) 缺少副言语和非言语线索。副言语是指人们在交谈中所使用的语调、声音的起伏和音量。非言语线索是指谈话过程中的眼睛运动、面部表情、手势以及其他身体语言。副言语和非言语线索给信息提供了更多的意义，也使沟通的内容更加明确。但是，在很多情况下，电脑技术支持的交流无法传达出这些信息。虚拟团队往往是任务导向的，情感交流的不足也是虚拟团队对群体互动过程不满的主要原因之一。

(2) 受到不同的社会背景的限制。面对面团队交流的时间和沟通的机会比虚拟团队要多很多，并且团队成员之间在知识、经验和技能、地域、文化、信仰、价值观等方面的差异往往没有虚拟团队大。

(3) 对克服时间和空间限制的能力要求更高。虚拟团队成员可能远隔千山万水，时差可能有12小时，有的国家员工认为工作需要加班是可以接受的，有的国家员工则对加班持反感态度。因此，虚拟团队与面对面团队相比要具有克服时间和空间限制的能力。

3. 高绩效的虚拟团队的设计

虚拟团队由团队任务、人员和技术联系三个关键要素组成，由技术联系起来的人员在信任和凝聚力方面天生存在弱势。因此，要保证虚拟团队取得高绩效，管理者在团队设计方面需要认真考虑（见表8—2）。

表8—2　　高绩效的虚拟团队的设计

团队设计要素	必要条件
团队环境	虚拟团队需要几种能有效弥补面对面沟通的沟通渠道
团队任务	与任务复杂而模糊时相比，任务安排有序时虚拟团队运作得更好
团队规模和构成	虚拟团队通常比传统团队要求更小的团队规模 虚拟团队成员必须有通过信息技术沟通和处理多渠道会话的技巧 虚拟团队成员必须比传统团队成员有更多的跨文化意识和知识
团队过程	虚拟团队的发展和凝聚力需要一些面对面的交互活动，特别是在团队形成时

第2节　团队建设

为什么有的团队会取得成功，有的团队会走向失败？如何让团队取得成功？这是团队研究非常重要的问题。

一、团队效能的概念

团队效能（team effectiveness）是指一个团队完成团队目标、满足成员的需要和维持自身存在的程度。团队效能具有三层含义：首先，大部分团队的存在和运转都是为了实现某些组织目标；其次，团队效能依赖于团队成员的满意度、个体需要和目标的实现；最后，团队效能还表现在团队本身的生存能力上。

团队效能包括团队绩效和团队成员态度两个方面。团队绩效可以通过量化的数字，比如营业收入、净利润、资产回报率等和团队领导领导及成员的主观认定来判断。团队态度可以通过成员的工作满意度、团队承诺来判断。①

① 参见陈旭：《团队领导对团队效能的影响机理研究》，载《科研管理》，2006，27（4）。

二、团队效能模型

影响团队效能的因素很多，如团队的组成①、团队的结构②、成员的特性③和团队领导等。在有关团队的相关研究中，主要以IPO（input-process-output）模型为主，其中input指的是个人给予团队的经验、知识、技能、能力和个人特质等，process主要指团队成员间的影响、沟通、协调等互动形式，output指的是有形的产品或创意、建议等无形的服务。有的学者通过团队的特性来说明或预测团队效能，如坎皮恩（M. A. Campion）等整理出了影响团队效能的五大主题，包括19个特性④；格拉德斯坦（Gladstein）则认为可以从个人、团队和组织等三个层次来探讨影响团队效能的因素。⑤

陈旭总结了团队领导对团队效能的影响机理，以交易型领导、变革型领导和家长型领导为对象，讨论了不同类型的团队领导对团队绩效的影响机理。⑥ 周志成和朱月龙对团队领导行为对团队效能影响的实证研究表明，变革型领导的动机激励、领导魅力和个性化关怀维度对团队效能影响显著，而挑战成规这一维度对团队效能的影响并不显著。⑦

麦克沙恩从组织和团队的环境、团队设计和团队过程等维度提出了团队效能模型（见图8—4）。

（一）组织和团队环境

影响团队效能的六个主要组织和团队环境因素包括薪酬系统、沟通系统、实际空间、组织环境、组织结构和组织领导等。

1. 薪酬系统

团队的薪酬应该与个体努力和团队绩效结合起来，这样既可以激发个体的能力，又可以使团队合作更加密切。

---

① P. C. Early, and E. Mosakowski, "Creating Hybrid Team Cultures: An Empirical Test of Transnational Team Functioning", *Academy of Management Journal*, 2000, Vol. 43, No. 1, pp. 26-49.

② G. L. Stewart, and M. R. Barrick, "Team Structure and Performance: Assessing the Mediating Role of Intrateam Process and the Moderating Role of Task Type", *Academy of Management Journal*, 2000, Vol. 43, No. 2, pp. 135-148.

③ M. R. Barrick, G. L. Stewart, M. J. Neubert, and M. K. Mount, "Relating Member Ability and Personality to Work-team Processes and Team Effectiveness", *Journal of Applied Psychology*, 1998, Vol. 83, No. 3, pp. 377-391.

④ M. A. Campion, G. J. Medesker, and A. C. Higgs, "Relations Between Work Team Characteristics and Effectiveness: Implications for Designing Effective Work Groups", *Personnel Psychology*, 1993, Vol. 46, pp. 823-825.

⑤ D. L. Gladstein, "Groups in Context: A Model of Task Group Effectiveness", *Administrative Science Quarterly*, 1984, Vol. 29, pp. 499-517.

⑥ 参见陈旭：《团队领导对团队效能的影响机理研究》。

⑦ 参见周志成、朱月龙：《团队领导行为对团队效能影响之研究》，载《应用心理学》，2005，11（2）。

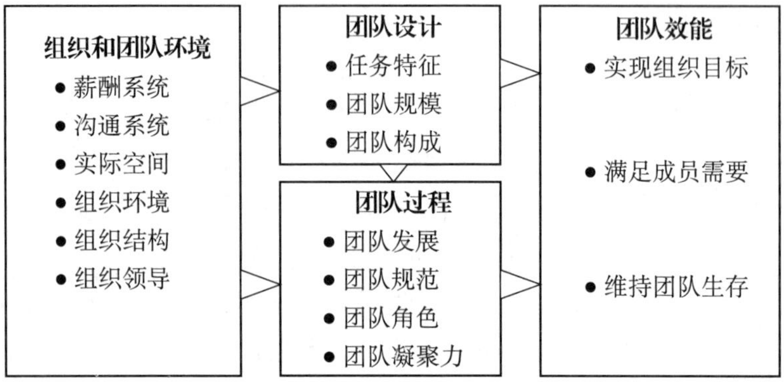

图 8—4 团队效能模型

资料来源：麦克沙恩、格里诺：《组织行为学（第 3 版）》，188 页。

2. 沟通系统

设计欠妥的沟通系统不仅会妨碍有效信息的传达，而且可能造成信息超载。在条件允许的情况下，团队成员面对面的沟通应当受到鼓励。

3. 实际空间

办公室布局或生产设施不仅可以提高团队成员之间的沟通效果，而且可以让员工形成对团队构成的认识，从而影响到团队完成任务的能力。

4. 组织环境

团队处于组织环境之中，完成任务的能力依赖于组织提供的各种资源支持和信任氛围。这种支持包括及时的信息、合适的设备、充足的人员、鼓励和行政支持等。团队成员之间的相互信任可以增加合作、减少监督成本。信任是领导的基础之一，它使得团队更愿意接纳领导者提出的目标和做出的决策，并对此做出承诺。

5. 组织结构

许多团队的失败源于组织结构的不匹配。如果组织管理层少、团队自主权较大，团队对自己的工作负责，团队会运行得更好；如果根据工作流程而非专业技术组织员工，团队成员间相互作用增强，团队也会蓬勃发展。

6. 组织领导

团队成员需要在角色分工、责任分配、工作日程安排、发展何种技能、冲突解决机制等方面达成一致意见。团队成功需要团队领导提供辅导和支持，在团队不能自行解决问题时，需要由管理者来解决。研究表明，对团队有着高预期和积极心境的领导者会使团队取得更高的绩效，并具有更低的流动率。

（二）团队设计

在设计团队时，需要考虑的三个主要因素是任务特征、团队规模和团队构成。这些因素直接或间接地通过团队过程影响团队效能，例如，团队成员的技能和多样性会影响团队的凝聚力，同时对团队如何执行任务有直接影响。

1. 任务特征

当团队的任务组织合理、有执行的目标，并在团队集体的知识和技能范围内时，团队的工作会更有效。任务的相互依存性（task interdependence）是指团队成员在共同努力完成团队任务的过程中相互作用、相互影响、相互负责的程度。相互依存性是一个至关重要的任务特性，有三个层次（见图 8—5）。

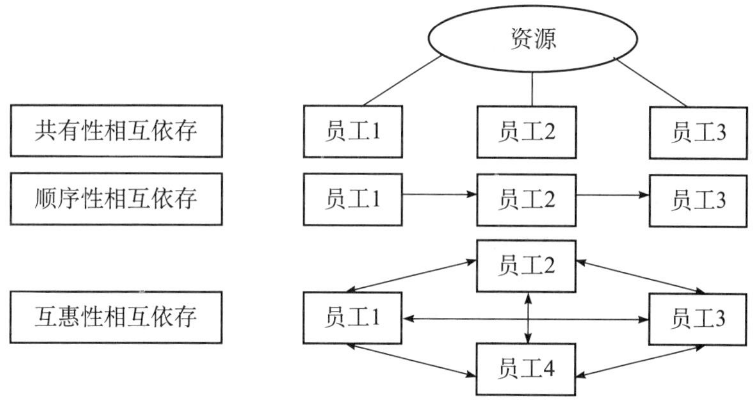

图 8—5 任务相互依存性的三个层次

资料来源：麦克沙恩、格里诺：《组织行为学（第 3 版）》，190 页。

（1）共有性相互依存是最低层次的相互依存。在这一层次，个人除依赖共有的资源或权力之外独立工作，员工分享同样的薪酬、食堂和其他组织资源。

（2）顺序性相互依存是指一个人的产出将成为另一个人的投入时的依赖关系。生产线上的工人虽然独立工作，但他们之间按照一定的顺序产生相互依赖。

（3）互惠性相互依存是最高层次的相互依存。团队成员之间高度相互依赖。

当团队成员拥有共同的工作目标时，员工更容易被高度依存关系激励，对团队的满意度更高。

2. 团队规模

团队对人数的多少有一定的情境依赖，比如任务的规模、对技能和知识的要求、时间压力、信任和社会惰性的平衡等。一般来说，最有效的团队规模不超过十人，在能够完成任务的前提下应该使人数最少。当团队人数增加时，人员沟通和合作的问题会呈几何级数增加，团队凝聚力和相互信任就会下降，社会惰性也会增加。面临时间压力时，团队规模过大也会在相互协调时出现麻烦。

3. 团队构成

团队构成是指团队应该如何组织成员的变量，主要包括团队成员的能力构成、人格特征、多样性、灵活性和工作偏好等。

（1）能力构成。团队绩效不是单个成员能力的加总，却是判断成员在团队中能做什么和表现如何的重要参数。要想有效运作，团队需要三种具有不同类型技能的成员：第一，具有技术专长的人；第二，具有解决问题和决策技能的人，他们能够发现问题、提出解决问题的建议并做出有效的选择；第三，具有善于聆听、提供反馈、解决冲突和其他人际关系技能的人。

（2）人格特征。人格特征对团队成员个体行为有着显著的影响。研究发现，在大五人格模型中的外倾性、随和性、责任心、经验的开放性和情绪稳定性方面得分高的团队，管理层对团队绩效的评估分数也倾向于更高。然而，只要团队中有一个成员在随和性、责任心、外倾性上得分低，就会导致团队内部关系紧张，从而降低整体的工作绩效。

（3）多样性。团队的多样性是指团队成员在人格、性别、年龄、受教育程度、技能、经验等方面存在的差异性。同质性团队是指多样化程度较低的团队；异质性团队是指多样化程度较高的团队。

研究表明，异质性团队更可能拥有多种能力和资源，工作效率也会更高，尤其是在那些需要认知能力、创造能力才能完成的工作上，异质性团队比同质性团队有更好的绩效表现。同时，多样性会造成团队更高的冲突水平，异质性团队成员需要一定的时间来学习如何相处、如何对待意见分歧以及如何适应不同的问题解决办法等。团队内部较大的差异更有可能导致离职。

（4）灵活性。如果团队由灵活性强的个体构成，成员之间可以相互替代完成任务，那么团队对任何单个个体的依赖性降低会使团队的灵活性大大增强，从而增强团队的效能。

（5）工作偏好。并非所有的人都喜欢团队工作的方式。有的人喜欢独立性强的工作，当要求这些人成为团队成员时，团队的士气和成员的工作满意感就会受到消极的影响。

（三）团队过程

团队过程包括团队发展、团队规范、团队角色和团队凝聚力等四个方面，团队过程受到组织和团队环境、团队设计的影响。

1. 团队发展

团队发展五阶段模型提供了理解团队发展的一个有用框架，它阐释了团队从形成、震荡、规范、执行直至终止的大致过程（见图 8—6）。这一模型表明团队的发展是一个持续的过程，但是当新成员加入团队、团队的任务发生变化或者以前隐藏在团队内部的冲突凸显时，团队可能会倒退到发展过程的早期阶段（见图中的虚线部分）。

（1）形成阶段。团队在形成阶段的主要任务是确立目标、集合人员和初步接触。新的团队环境会让成员有新奇、茫然、矛盾甚至恐惧的感觉，团队成员在交往中往往小心谨慎、礼貌、被动地接受领导、努力适应外部环境的变化。

（2）震荡阶段。在这一阶段，团队成员更主动地为各种团队角色进行竞争，人际冲突明显，沟通是这一阶段的重要任务。团队成员需要管理者和组织提供支持，充分沟通和发展信任。成员会逐步适应新的环境，使恐惧感消失；随着信任的增加，情绪会变得平和；团队成员开始逐步具备团队归属感。在行为上，团队成员会经常讨论团队

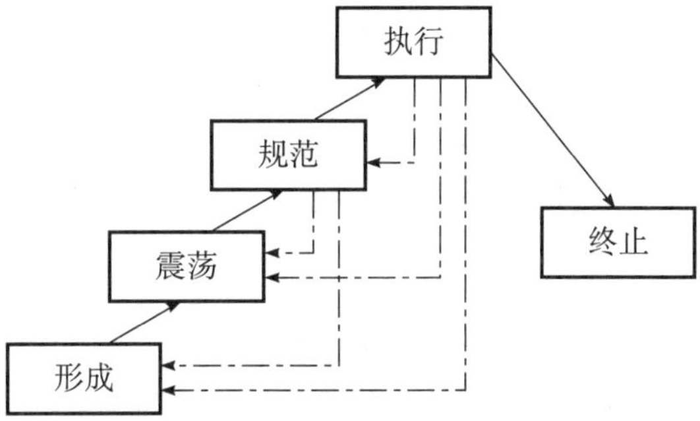

图 8—6　团队发展的阶段

目标和目标的达成方式，尝试建立团队行为规范和绩效标准，彼此之间冲突明显、沟通增加。

（3）规范阶段。随着角色的建立和团队共同目标的达成，团队第一次形成真正的凝聚力。团队成员形成有利于团队互动的相似的心理模型，为团队进入执行阶段做好了准备。

（4）执行阶段。团队在这个阶段变得更加以任务为导向，团队成员已学会更加有效地协调和解决冲突，以及适时改进合作。高绩效的团队成员认同感强、协作密切、高度信任，并忠于团队目标。

（5）终止阶段。大部分团队和非正式群体最终会走向解体，解体主要是因为团队任务的结束。终止阶段团队成员把注意力重新从任务转移到人际关系和社会情感上，团队的工作效率下降，团队成员更多地开始关注自己下一步会到什么地方去等。有的人因为团队任务的完成而兴奋；有的人因为即将面临的不确定性和团队伙伴关系的结束而沮丧、难过；有的人则可能因为目标没有达到预期而愤怒。

2. 团队规范

规范即群体为控制成员行为而建立的非正式规范和共同期望。规范是用来约束团队成员行为的，并不适用于个人想法或感受。团队规范通过认同、消极强化、积极强化、惩罚等多种方式而被团队成员遵守着，比如团队成员高度认同团队并愿意根据团队规范来调整自己的行为；如果某个团队成员负责的任务没完成，其他成员就会板着脸不高兴或者说风凉话；高层管理者表扬某个团队，他们因此获得了更多资源；团队约定谁开会迟到就要请所有成员吃饭等。

团队规范有可能会出现功能失调的情况。如果是新团队，管理者就要从挑选符合团队价值观的成员开始，从团队发展最初就建立理想的团队规范；如果是旧团队，管理者就需要公开与团队成员讨论功能失调的规范，建立基于团队绩效的奖励制度，甚至可以解散团队或者调换进来一些符合规范的团队成员。

3. 团队角色

团队需要各种各样的角色以协调团队任务、保持团队机能。一些角色可以帮助组织直接实现团队目标，一些角色则在维护团队关系、保证团队生存方面起到重要作用。

一些角色是团队正式分配给具体成员的，一些角色则是根据动态环境的需要由成员临时承担的。团队中有一些关键角色，如图 8—7 所示。

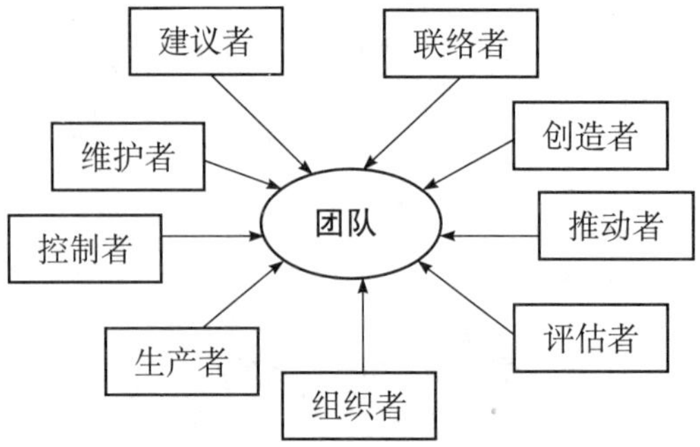

图 8—7 团队中的关键角色

资料来源：罗宾斯、贾奇：《组织行为学（第 12 版）》，291 页。

团队成员的角色要根据他们的技能和偏好来分配。管理者需要了解个体的技能和偏好，根据他们的内在优势选拔和分配角色。当然，一个团队成员可能承担几种潜在的团队角色。潜在的团队角色有九种，他们的主要工作如下：

（1）联络者：负责协调和整合工作；

（2）创造者：产生有创意的想法；

（3）推动者：拥护和支持新思想；

（4）评估者：对各种方案提供见解深刻的剖析；

（5）组织者：提供和维护团队结构；

（6）生产者：提供指令并完成任务；

（7）控制者：考察调解并强化规则；

（8）维护者：在外部战场上作战；

（9）建议者：鼓励寻找更多的信息。

4. 团队凝聚力

团队凝聚力（team cohesiveness）是团队成功的一个重要因素，指人们被团队吸引并愿意保持其成员资格的程度。团队凝聚力是一种情感体验，而不仅仅是决定离开或者留在团队的一种打算。当员工相信团队能够帮助自己实现个人目标、实现归属和地位需要，或者能够在困难的时候向他们提供支持时，团队就会产生凝聚力。

影响团队凝聚力的因素有很多，主要有成员的相似性、团队规模、成员互动、进入难度、团队成功、外部竞争和挑战等。多数情况下，这些因素会影响个人关于团队的社会认同以及团队成员资格将如何满足个人需要的信念。

凝聚力强的团队成员关系更好，功能失调的冲突更少，有更好的协作和更多的激励，因此比凝聚力弱的团队表现得更好，当然这也取决于团队规范是否支持团队目标（见图 8—8）。

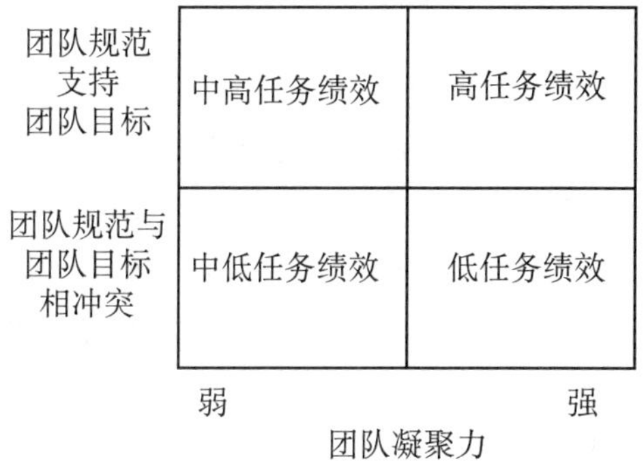

图 8—8 团队凝聚力对团队绩效的影响

第 3 节 团队管理

一、社会惰性

（一）社会惰性的概念

社会惰性（social loafing）是指人们在团队中工作比独自工作时付出更少努力的现象。它会导致团队生产力的下降，是团队最突出的弱点。

（二）社会惰性产生的原因

团队成员产生社会惰性有多方面的原因，既有团队因素，也有个人因素。

（1）团队规模。团队规模越大，衡量团队中个体贡献的难度也越大。在这种情况下，团队成员因为不用担心别人会注意到他们的绩效，更有可能产生“搭便车”的动机和行为。

（2）团队目标。团队目标越重要，团队中出现社会惰性的机会越少。这可能是因为其他成员为实现团队目标的优秀表现可能会给希望偷懒的员工带来一定的心理压力。

（3）个体因素。一般而言，个体履行团队责任的内在动机越强烈，团队惰性越少；个体的集体主义价值观越强烈，团队惰性越少。这可能是因为他们认为自己有责任为实现团队目标而努力工作，同时，他们也愿意努力工作以表现出自己对团队成员身份的重视。

（三）减少社会惰性的方法

根据社会惰性产生的原因，我们可以从以下几个方面努力减少社会惰性。

（1）缩小团队规模。如果团队规模过大而无法直接衡量个体的贡献，那么可以通过缩小团队规模的方法使个体的贡献更容易识别。

（2）明确团队角色。在团队规模过大的情况下，还可以采取明确团队成员分工的方式，以便于衡量个体绩效。

（3）完善工作设计。研究表明，当工作有自由度和自主性、需要不同的知识和技能、任务具有完整性、个体负责的工作对他人有重要影响等时，团队成员的工作动机水平会得到提高，可以有效减少社会惰性。

（4）挑选合适的成员。研究表明高责任感和高集体主义价值观的团队成员出现社会惰性的可能性比较小，因此，在挑选团队成员时，我们可以选择具有以上性格特点和价值观的人加入团队。

二、团队冲突

（一）团队冲突的概念

冲突是普遍存在的，在后面的章节中我们还将深入介绍冲突的相关知识。团队冲突是指团队成员由于在认知、情感或者目标上存在分歧而产生的紧张状态。

任何团队都不可能完全避免冲突，也完全没有必要试图这样做。有时，完全没有冲突反而是团队缺乏生气和停滞不前的一种症状。如果以有效的方式对冲突加以引导，那么存在的意见分歧和紧张状态就可以使团队充满活力，从而产生意想不到的新观点、新理念和解决问题的新方法。

（二）团队冲突产生的原因

冲突产生的原因很多，既有人的侵犯本性、争夺有限资源、利益和价值观的差异等个体原因，也有团队成员职责不清、竞争激烈、角色差异等团队原因，还有组织变革和不和谐的组织心理气氛等组织原因。

从大的方面来讲，团队内部存在的冲突可以划分为任务冲突和人际关系冲突两类。适当的任务冲突可以使人们深入讨论任务、促进对问题的解决和备选方法的全面准确评估，是可以带来团队绩效提升的良性冲突。但是，基于人际失调、关系紧张以及对他人的仇恨的冲突则属于人际关系冲突，这种冲突往往具有破坏性，是功能失调的冲突类型。

延伸阅读 8—1

走向冲突的毁灭性轨道

什么样的行为会使矛盾恶化呢？下面的一些例子十分常见。

指责。一味地追究别人的过错或责任对解决问题毫无帮助，反而会使团队形成一种不健康的紧张气氛。

我的方法或成功之路。极力坚持自己的观点而不考虑他人的观点常常会引发争论而非平息争议。

大加侮辱。指名道姓或进行其他方面的人身攻击不利于解决问题。

口头恐吓和最后通牒。如“我警告你”或者“小心点”这样的话会吓到一些人，也会使其他人远离你，但是不利于团队工作的展开。

戒备。总是为自己辩护而不听他人的建议会在自己和团队其他成员之间竖起一道墙，使分歧几乎不可能解决。

逃避。逃避问题并且希望它自行解决不能解决任何问题。

抓不住重点。某些人试图描述一些即将到来的问题或表达内心的焦虑，但是在描述问题时又不能切中要点，反而给别人留下很多疑团，如同没说任何问题一样。

在背后说别人的坏话。向其他人发某人的牢骚而不是直接对当事人说，这种行为居于造成团队分裂的原因榜首。

欺骗性质的电子邮件。指的是欺骗和以电子邮件的形式指责与你有利害关系的人，而不是直接对那个人说。有时这种人会通过抄袭他人的诋毁邮件而使得这种不被人接受的行为变得更糟。

猜疑。对其他人的任何猜疑并不是建设性对待他人的正确方法。

资料来源：布隆斯坦：《团队管理》，159～160页，北京，机械工业出版社，2006。

（三）团队冲突的解决

如果希望冲突产生一些有益的结果，可以采用如下一些建设性的方法。

（1）保持控制力。与人交往，要懂得控制自己的情绪，当你表达绝望情绪、发泄愤怒或者将矛头直指他人时，是无法与人合作的。

（2）开诚布公、真诚、建设性地表达意见。开诚布公、直观地表达你对事实的看法和意见可以增加你被理解的机会。要及时、就事论事地讨论、分析和寻找解决分歧的方法。自己提的意见要有助于问题的解决，而不仅仅是发牢骚。

（3）积极聆听。上天给了你一张嘴巴、两只耳朵，就是希望你多听少说。积极地聆听别人的意见既表达了你对说话人的重视，也能够让你了解对方的意见，清楚你们之间出现冲突的真正原因。

（4）站在对方的立场考虑问题。当你站在对方的立场考虑问题时，就会明白他为什么会这样做，也就很容易找出他的做法和你的做法之间产生分歧的真正原因。

（5）着手解决问题。当分歧产生时，我们的最终目的并不是了解冲突的存在和造成冲突的原因，而是解决冲突。因此，寻找解决冲突的方案、予以实施并获得统一意见才是解决冲突最需要的素质。

（四）解决冲突的经典做法

如果冲突是简单的、常见的，那么解决冲突可以采用三步走的方法：首先，描述你看到的事情或问题；其次，与他人一起找出一个解决方案；最后，直到两人意见达成一致。

如果冲突是复杂的，建议用下列两个模式之一来尝试解决。

（1）解决人与人之间的冲突。当两个人之间相互冲突时，可以采取六个步骤来解决冲突：

第一步：介绍。发言要包括三个话题：这次会议的主要目的；你的积极希望；会议如何进行的日程表。

第二步：描述你的担心。用“聆听—描述”言简意赅地表达你观察到的对方的行为举止和两个表明你所担心的原因的例子，不要陷入细节。注意表达的准确性和与事实相关，避免猜测和评价。

第三步：表达你的感受或解释其影响。告诉对方你的感受或者解释一下这种担心如何影响你的表现以及你和其他人的关系。注意，感受要与工作相关，要准确、真诚、扼要，避免指责。

第四步：让对方回应。积极地聆听，比如复述或反馈，这样就可以检查你的理解是否正确。

第五步：找到解决之法。这是成功的关键，一般可以采用三步：建立一个目标；共同制定实现目标的方法；评估这些方法的价值，制定工作协议。

第六步：最后总结和制定下一步的计划。

（2）解决与工作相关的、以需求为基础的冲突。在面对工作流程中、解决问题中或者执行工作计划的战略上的冲突时，关于工作的不同想法也会造成冲突。解决这类冲突可以遵循以下五步：

第一步：确定问题的类型。首先用一句话确定问题所在，让人们清楚中心议题；其次清楚差异所在，是观点、方法、目标、作风，还是其他。

第二步：确定每个人的需要。这里的人主要指被问题及结果影响的人，包括事件中的组员、其他部门、领导层以及顾客等。确定每个人的需要，你会发现这些需要其实相同或相互补充。

第三步：列出解决问题的方法。利用自由讨论的方法产生满足每个人需要的方法。

第四步：评估用于满足需要的方法。根据多条标准寻找解决问题最有效的方案。解决冲突的关键是花更多时间来寻找和评估解决问题的方法，而非复述问题。

第五步：确认和贯彻一致的协议。重述你获得的一致意见，确保它清楚并被所有人理解，然后讨论怎样实施——谁将做什么，什么时候做，如何做等，定期检查执行进展并作记录。

延伸阅读8—2

解决担忧冲突的模式

步骤：

1. 介绍
   - 表达本次会议的主要目的
   - 表达你积极的希望
   - 宣布会议流程
2. 表达问题
3. 表达你的感受或解释其影响
4. 看对方的反应
5. 寻求解决方案
   - 建议设立一个目标
   - 合作地提出意见来达成目标
   - 评估意见的价值，制定工作协议
6. 总结、制定下一步的计划

根据需要解决冲突的模式

步骤：

1. 说明问题
2. 调查需要
3. 提出可选方案
4. 根据需要评估方案
5. 征得同意，执行计划

资料来源：布隆斯坦：《团队管理》，167、169页。

三、团队激励

如果希望人们像团队一样工作，就必须将他们作为一个团队来对待。但是，负责薪酬设计的经理们常常发现：由于现有的薪酬体系并不是专门为团队设计的，而且相互依赖、共同为产品或服务负责的团队成员可能来自不同的组织，因此制定团队酬劳标准比较困难。

马蒂·布隆斯坦（Marty Brounstein）在《团队管理》一书中提出，管理个人或团队，最重要的事情就是赏识并奖励正确的行为。当你积极认可一种亲眼所见的优良表现时，它将很可能再次发生。

理所当然地认为员工应该有好的表现并不是正确的观点。管理者应该学会制定激励团队的计划，特别是建立一种能够将员工表现好坏与经济性奖励挂钩的计划。当然，配合经济性奖励计划，少花钱甚至不花钱肯定员工的优良表现的做法也必不可少。

（一）制定团队激励计划标准

优秀的团队激励计划应该是：基于团队合作取得的成绩，平等地奖励每个团队成员。

（1）提供具有吸引力的奖励，一般多多益善。

（2）为奖励制定预算，让员工知道奖励的多少源自公司的经济和经营状况，确定员工满意的奖励水平并制定预算。

（3）制定表现好坏的标准，考虑与绩效和团队合作相关的标准。比如产出或生产目标、质量标准、利润或收入目标、成本控制标准、客户满意度、完成特殊项目、开展新项目等。

（4）衡量结果。每个标准都应该有相应的可衡量指标，根据这些指标收集员工的表现。

（5）建立员工表现和报酬之间的联系。

（6）确定一个最低的和最高的报酬值，让员工明确奖金从哪里产生，通过怎样的努力可以达到甚至超越既定奖励。

（7）频繁地奖励，两次奖励间隔的时间过长，激励效果就会减小。一般来说，半年一次是能产生激励效果的最长时间间隔，制定激励计划时最好每三个月或四个月就能奖励团队一次。

（8）计划应当是正向的激励，如果计划还包括减薪、裁员等负向激励，那么激励计划就成了惩罚的一种手段。

（9）简单易行。激励计划应当简单易行，如果过于复杂，人们不理解计划是如何发挥作用的，该激励计划也就不会有效。

（二）奖励团队个体成员的激励计划

对团队个体成员的奖励应当以个体的技能为标准。这种对团队个人的奖励机制主要奖励创造、掌握、应用新技术并帮助团队实现目标的团队员工。

这种基于技能的薪酬可以发展满足商业需要的技能，增加人员的机动性，在不形成等级的情况下增加员工的薪酬，激励员工为工作做好充分准备。

（三）采取其他激励措施

（1）不用团队成员自己出钱的娱乐活动，比如打球、看电影、玩通宵等。

（2）根据团队成员的兴趣爱好选择社交性外出娱乐，比如骑车、打高尔夫或保龄球等。

（3）公司出钱让团队成员聚餐或聚会。

（4）带薪休假。

（5）学习性质的交流。在工作期间进行与工作相关的交流，如会议、参观考察等。

（6）表扬信。管理者可以给团队和团队成员表扬信以表扬他们取得的成果，并将这封信放在他们的档案里。

（7）小礼品。奖章、奖状甚至小食品等都是很受欢迎的。

（8）表彰大会。公开地表彰做得好的团队，具体而非笼统的表彰会让团队感觉到你在关注他们，他们的工作热情会非常高涨。

（9）时事通讯。把团队取得的进展写下来也是表达管理者对团队认可和赞赏的方法，同时也会给其他团队树立一种榜样。

（10）赞美优秀者。几句赞美的话可能是廉价的，但它的效果不一定比经济奖励差。公开地表达对整个团队或团队中某个成员的赞美应该贯穿在日常管理工作之中。

四、团队信任

信任是团队合作的重要前提，是形成团队凝聚力的重要基础。高度信任的团队可以带来更高的团队绩效。研究表明，团队能力通过团队信任影响到团队的绩效结果。①信任通过增强各方对合作关系的投入意愿和灵活性、降低交易成本等，将这种心理转化为有利的行为。②

---

① 参见赵西萍、杨扬、欣辛：《团队能力、组织信任与团队绩效的关系》，载《科学学与科学技术管理》，2008（3）。

② 参见王卓等：《信任——成功构建虚拟团队的基础》，载《科学管理研究》，2005，23（1）。

（一）团队信任的概念

团队信任（trust in team）是指团队成员彼此相信各自的品德和工作能力。信任非常脆弱，它的建立需要很长时间，却极容易被破坏。信任有五个维度，如表8—3所示。

表8—3 信任的五个维度

信任的维度	概念
正直	诚实、可信赖。
能力	具有完成任务所需要的知识和技术。
一贯	可靠，行为的可预测性。
忠诚	愿意为别人维护和保全面子。
开放	愿意与别人自由地分享观点和信息。

研究发现，在团队成员之间的信任关系中，这五个维度的重要性是相对稳定的，通常顺序为：正直＞能力＞忠诚＞一贯＞开放，其中，正直程度和能力水平是判断一个人是否值得信赖的两个最关键的特征。

（二）培养信任的方法

1. 对管理者的建议

组织文化和管理层的行为会对团队内部信任气氛的形成产生有力的影响。如果组织崇尚开放、诚实与协作，鼓励员工的参与性与自主性，就比较容易形成信任的环境。以下六种活动有助于管理者建立和维护团队信任（见表8—4）。

表8—4 帮助管理者建立团队信任的六条建议

序号	活动	描述
1	沟通交流	通过解释相关决策和政策、提供及时反馈等途径，向团队成员或下属通报信息；坦率地承认自己的缺点和不足。
2	支持下属	对团队成员和蔼可亲，平易近人；鼓励和支持他们的想法。
3	尊重下属	真正授权给团队成员，认真倾听他们的想法。
4	公正无偏	恪守信用，在绩效评估中做到客观与公正，慷慨地表达你的赞扬。
5	易于预测	处理日常事务应始终如一，兑现你所作出的或明确或隐含的承诺。
6	展示实力	展示自己的专业技术能力和良好的职业素养，赢得下属的钦佩与尊敬。

资料来源：斯蒂芬·P·罗宾斯、玛丽·库尔特：《管理学（第7版）》，437页。

2. 对团队成员的建议

对于团队成员而言，以下方法可供参考：

（1）明白个体利益与团队利益的关系。个体利益和团队利益的实现相互依赖、互为前提。团队成员之间相互信任、紧密协作有利于团队利益的实现，从而保障个体利益得以实现。

（2）以主人翁的精神忠于团队。时刻从团队一员的角度思考和行动，积极参与团队活动，用自己的语言和行为来支持和维护团队，表现自己对团队的忠诚。

（3）积极与人交流。频繁的交流可以建立信任，前提是交流应当是建设性的。团队成员如果能够积极倾听他人意见，建设性地表达自己的观点，则将有助于建立实现团队目标的信任关系。

（4）真诚正直、乐于分享。与其他成员交往要真诚、开诚布公；做出的承诺要及时兑现；表现出合作精神，尽力帮助他人；尊重他人的人格和观点，不做伤害他人情感和尊严的事情；要乐于与他人分享自己的知识、技能以及观点等。

（5）替人保守秘密。当他人向你倾诉或者告诉你一些不希望别人知道的事情时，你可以选择不听。然而，你一旦选择了知道这个秘密，就需要承担起保守秘密的责任。将别人的秘密向外透露的人很容易失去别人的信任。

（6）表现出一致性。不信任源自不可预知的行为可能带来的风险。个体做事最好遵循一定的原则和价值观，这样，行为和决策的一致性会使他人觉得安全可靠，从而产生信任。

（7）恰当表现才能。请注意，有助于团队目标达成、能够给别人带来好处的才能会使他人对你产生信任，而过分夸耀和表现才能反而可能引起他人的疏远和妒忌。

五、团队领导

团队领导影响团队成员的满意度和团队绩效。以高科技团队为样本的实证研究表明，关系导向的变革型领导行为会通过团队成员的组织公民行为对团队绩效产生显著影响。① 变革型领导既可以通过领导—成员交换关系的提升引起团队员工绩效、满意度和组织承诺的提升，又可以直接引起组织公民行为的增加。②

（一）团队领导的概念

团队领导是指帮助团队指明前进的方向，通过变革克服社会惰性，鼓励团队成员发现和了解自己的潜力并带领团队成员实现团队目标的人。

威林斯（R. S. Wellins）等人在考察了那些将组织结构调整为工作团队的组织后发现，团队领导需要承担一些共同的责任，比如辅导、推动、处理问题、评估团队和个体绩效、培训以及沟通等。③

团队领导的工作重点主要有两个方面：管理团队外部事务和推动团队进程。这两方面的工作可进一步细分为四个角色：对外联络官、困难处理专家、冲突管理者和教练。

管得太多和撒手不管是团队领导最容易出现的两种极端。优秀的领导不一定非得命令或者控制团队，在越来越多的高效团队中，领导者都扮演着教练的角色，他们着

① 参见吴志明、武欣：《高科技团队变革型领导、组织公民行为和团队绩效关系的实证研究》，载《科研管理》，2006，27（6）。

② 参见李秀娟、魏峰：《打开领导有效性的黑箱：领导行为和领导下属关系研究》，载《管理世界》，2006（9）。

③ R. S. Wellins，W. C. Byham，and G. R. Dixon，*Inside Teams*，San Francisco：Jossey-Bass，1994，p. 318.

重为团队提供指导和支持，与团队成员更多地分享权力。教练式团队领导方式不仅在自我管理团队中效果良好，而且越来越多地被应用在职能型团队、虚拟团队和跨职能团队中。

（二）教练式团队领导

1. 与埋头苦干式团队领导相比

埋头苦干式团队领导很难预期团队有很高的效率。他们在承担太多烦琐杂事时往往计划得不充分，团队成员对团队目标和自己的任务没有统一的认识，结果有的工作多人插手、冲突不断，有的工作非常重要却无人负责。同时，埋头苦干式团队领导缺乏有规律的成绩总结，团队成员很少有机会在一起讨论工作进展和遇到的问题，执行过程中的偏差无法及时调整，导致任务不能按时、按质完成的现象屡见不鲜。

与埋头苦干式团队领导相比，教练式团队领导在以下方面具有优势：

（1）定期开会。定期开会，制定计划、总结工作进展、及时解决遇到的问题，经常与团队成员保持沟通，保证成员适应环境、努力工作。

（2）按计划管理。向成员说明职责、制定目标任务、制定工作日程和行动方案，重要的事情书面备忘，从而给团队成员指明行动的方向。

（3）及时反馈。对团队的成绩和个人表现及时给予反馈，以便团队和个人及时调整不足之处，避免重大问题出现。

（4）帮助解决问题和分歧。千里之堤，溃于蚁穴。矛盾和分歧如不能及时解决，最终会使团队分崩离析。教练式领导会及时让人们面对面交流遇到的问题，并设法解决。

（5）增强成员的责任心。通过定期总结工作进展、及时反馈信息、增强团队成员的责任心，使他们充分发挥自己的潜能。

（6）重点在于督导。教练式领导的工作重点在于督导——正确激励人们做得更好，并为其提供必要的支持和帮助；指导团队成员树立责任心，以主人翁的姿态参与团队工作，使工作变成成员自我满足、自我实现的过程。

2. 与老板式团队领导相比

老板式团队领导通常按照自己的意愿管理团队。他们显得有些独断，试图掌控整个团队的进程，很少与员工交流，总是抱怨自己的团队成员依赖心理严重。表8—5总结了教练式团队领导和老板式团队领导的主要区别。

表8—5 教练式与老板式团队领导的比较

领导方式 / 项目	教练式	老板式
管理的侧重点	与全体成员或个人双向交流； 团队成员共同商议，力求获得统一意见； 建立成员责任心； 关注业绩和团队发展。	多为一对一的单向交流； 大多数情况下领导由一人决定； 掌控团队的规划、冲突解决等； 关注商业利益和某工作的完成情况。

续前表

项目 \ 领导方式	教练式	老板式
指导程度	经常指导； 讲授相关知识内容，给予必要的支持； 指明方向，挖掘可利用的资源； 对成员及团队工作表现进行反馈评价； 激励成员迎接挑战。	很少指导； 即使指导，也不外乎给成员分配任务。

资料来源：布隆斯坦：《团队管理》，42 页。根据该书中的表 3—1 调整而得。

□ 本章小结

群体强调个体的领导能力、个体的责任和个体的工作产出；团队强调共享的领导能力、共同的责任和集体的工作产出。它们在目标、协同效应、责任和技能方面存在差异。

区分工作团队的类别最便捷的方法是根据团队的目的、持续时间、成员和结构进行划分。最常见的团队类型为职能型团队、自我管理团队、虚拟团队和跨职能团队。

团队效能是指一个团队完成团队目标、满足成员的需要和维持自身存在的程度。团队效能受到组织和团队环境、团队设计和团队过程的影响。影响团队效能的六个主要组织和团队环境因素包括薪酬系统、沟通系统、实际空间、组织环境、组织结构和组织领导。在设计团队时，需要考虑的三个主要团队结构因素是任务特征、团队规模和团队构成。团队过程包括团队发展、团队规范、团队角色和团队凝聚力等四个方面，团队过程受到组织和团队环境、团队设计的影响。

团队发展五阶段模型提供了理解团队发展的一个有用框架，它阐释了团队从形成、震荡、规范、执行直至终止的大致过程。

团队中有一些关键角色，常见的有联络者、创造者、推动者、评估者、组织者、生产者、控制者、维护者和建议者。

影响团队凝聚力的因素很多，主要有成员的相似性、团队规模、成员互动、进入难度、团队成功、外部竞争和挑战等。团队凝聚力强能否导致高任务绩效，还要看团队规范是否支持团队目标。

社会惰性的产生受到团队规模、团队目标和个体因素的影响。借助缩小团队规模、明确团队角色、完善工作设计、挑选合适的成员等方法，可以有效减少社会惰性。

解决团队冲突可以采取建设性的方法，比如保持控制力、建设性地表达意见、积极聆听、站在对方的立场考虑问题以及着手解决问题等。针对人际关系冲突和任务冲突，本章提供了两种经典做法供参考。

团队激励可以起到提高生产率、留住关键人才等作用。管理者既需要执行团队激励标准，也需要制定个体激励标准，同时，非经济性激励措施的使用也常常可以收到意想不到的效果。

信任有正直、能力、一贯、忠诚和开放五个维度。团队信任的培养需要管理者和员工的共同努力。

团队领导需要承担一些共同的责任，比如辅导、推动、处理问题、评估团队和个体绩效、培训以及沟通等。团队领导的工作重点主要有两个方面：管理团队外部事务和推动团队进程。这两方面的工作可进一步细分为四个角色：对外联络官、困难处理专家、冲突管理者和教练。

教练式团队领导在各种类型团队中被证明是有效的。教练式团队领导具有一些显著的特征。

□ 关键术语

团队　工作团队　职能型团队　自我管理团队　跨职能团队　虚拟团队　团队效能　任务的相互依存性　团队凝聚力　社会惰性　团队信任　团队领导

□ 思考题

1. 请你谈一谈目前为什么团队盛行。
2. 什么是团队？请举例说明团队具有哪些特点。
3. 群体与团队有何异同？
4. 常见的团队类型有哪些？它们分别具有怎样的特点？
5. 什么是团队效能？在企业管理中如何运用团队效能？
6. 麦克沙恩的团队效能模型的主要观点是什么？
7. 组织与团队环境如何影响团队效能？请举例说明。
8. 团队设计包括哪些内容？团队设计与团队效能有何关系？
9. 简述团队发展的五阶段模型。
10. 请结合自己的经验，谈谈团队规范如何对团队成员起作用。
11. 团队中常见的角色有哪些？
12. 请问团队凝聚力强，团队绩效就一定高吗？为什么？
13. 什么是社会惰性？社会惰性是如何产生的？如何减少社会惰性？
14. 如何解决团队冲突？尝试使用解决人与人之间的冲突和由需求产生的冲突的经典方法，谈谈你的体会。
15. 试论管理者应该如何进行团队激励。
16. 什么是团队信任？应该如何培养团队信任？
17. 什么是团队领导？教练式团队领导具有哪些特征？
18. 试论如何塑造高绩效团队。

第9章

信息沟通

本章要点

1. 沟通的过程模型及影响沟通的主要障碍。
2. 沟通的类型及其比较。
3. 正式沟通的主要类型及沟通重点。
4. 非正式沟通的特点、作用及应用。

引　例

如何与地区经理沟通

安顺达家电销售公司是一家中型公司，主要销售几个著名品牌的家用电器。该公司的销售以区域进行，共分为五个区：华中、华东、华南、华西、华北。今年上半年，其他地区销售量都增加了5%～10%，华东地区却下降了13%。根据总经理邓方根掌握的资料，主要原因有以下几点：

(1) 华东区经理房戴胜由于前几年销售业绩良好，开始产生骄傲自满的情绪，得罪了几家大客户；

(2) 房戴胜对下属的奖励偏重于是否听话、顺从；

(3) 对每年两次的促销活动执行不力；

(4) 新招聘的销售人员培训不到位；

(5) 竞争对手的投入增加。

邓方根总经理决定找房戴胜谈一次话。在谈话之前，邓方根翻阅了一下房戴胜的材料：

房戴胜，安顺达家电销售公司华东区经理，男，35 岁，工商管理硕士，在公司工作了五年，干过一年销售主管，一年半销售经理助理，两年半销售经理。此前三年，华东区销售量平均每年增加 30%，在各区名列前茅。

谈话是在总经理办公室进行的。谈话刚开始涉及正题——销售量下降 13%，房戴胜就开始讲他的理由：

（1）市场竞争越来越激烈；

（2）销售人员要求的薪水和奖金无法满足；

（3）客户越来越挑剔；

（4）其他地区的销售员来华东区销售；

（5）公司的支持力度不够。

资料来源：胡君辰、杨永康：《组织行为学》，339～340 页。

请思考：

1. 如果你是邓方根总经理，将如何跟房戴胜经理进行沟通？

2. 你认为安顺达家电销售公司的沟通目前存在问题吗？存在哪些问题？如果有问题，你认为应该做何改进？

信息技术的发展使得组织内的沟通手段发生了翻天覆地的变化，电脑、手机、传真、电子邮箱、即时通信系统等的出现和快速普及使组织的信息沟通快捷、有效。信息沟通的准确性、效率和安全性等在很大程度上影响着组织经营管理的成败。

第 1 节　信息沟通的基本概念

一、信息沟通概述

（一）信息沟通的基本定义

信息沟通（communication）是指人与人之间转移和理解信息的过程，简称沟通，有时又称为交往、交流、人际沟通等。沟通包括信息的传递和信息的理解两个方面。

信息沟通是一个人了解他人思想、情感、见解、价值观的一种途径。一项研究指出，企业中的管理者用在信息沟通方面的时间占其全部工作时间的 50%～90%。

信息沟通的一个明显特点是该过程至少涉及两个人：一个是沟通者，一个是接收者，单独一个人是不能够进行信息沟通的。

信息沟通的另一个特点是一定要有信息的存在，并有一个信息转移的过程。打电话、写报告都是信息沟通的重要工具。但是如果打电话时对方听不懂，写好的报告没有人看，那么，就可以认为信息沟通没有发生。因此，信息沟通的关键是接收者是否接收、理解了信息，而不在于沟通者是否发出了信息。

（二）信息沟通的重要性

信息沟通的四个主要功能是控制、激励、表达情绪和传递信息。信息沟通可以通过让员工了解组织中必须遵守的权力等级和正式原则等，达到控制员工行为的目的；可以激发员工的工作动机，让员工明白应该做什么、如何做、如果没有达到标准该如何改进等；可以让员工表达自己的各种情感，满足员工社会交往的需求，是一种重要的情绪表达机制；可以为个体和群体决策提供信息，为信息分享提供重要渠道。

我们可以从以下几个方面来认识信息沟通的重要性。

1. 信息沟通是管理活动的瓶颈

信息沟通是整个管理活动中的一个瓶颈（见图 9—1）。如果信息沟通的渠道不畅，甚至被堵塞，那么任何一个管理者的任何管理活动都无法实施。

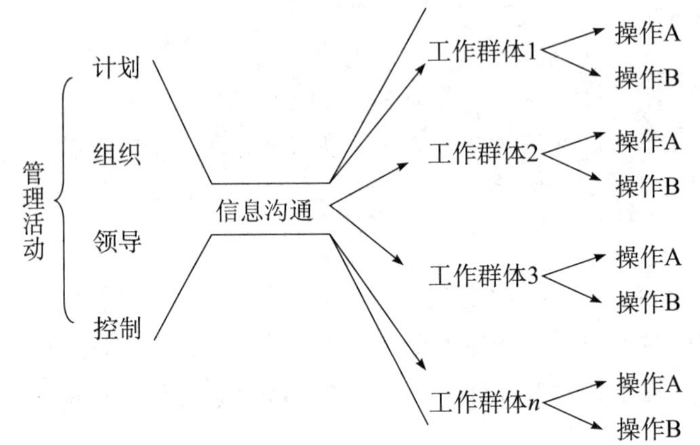

图 9—1 信息沟通瓶颈模型

有些组织把主要精力放在计划、组织等管理活动中，但是忽视了信息沟通，或者不知道该如何进行信息沟通，结果给企业带来了灾难性的损失。

2. 信息沟通有助于协同工作

组织需要多个体、多群体协同工作才能达到目标。可以说，信息沟通对于一个组织而言就好比是人体的神经系统。一个人如果神经系统出了问题，手、脚等器官就可能不协调。组织中的信息沟通如果存在问题，个体之间、群体之间、部门之间等就可能无法协同工作。协同工作是组织成功的重要因素，一旦沟通不畅，协同工作受到影响，组织就会效率低下，甚至失败。

3. 信息沟通有利于分享信息

在组织中，只要有两人以上共同工作，一定要分享信息，否则工作将无法正常开展。

管理人员要把组织的目标、决策、操作指示等传达给操作人员，操作人员要把对指示的理解、工作的结果等反馈给管理人员。员工之间要分享的信息相当广泛，如科技的新发展、个人的经验、对操作的评价以及上级的指示等。

4. 信息沟通有利于表达情感

组织是由人构成的，每个人都有表达情感的要求，例如，向周围的人表达快乐、愤怒、伤心、痛苦、害怕等。人们只有通过信息沟通才能表达情感；只有通过情感表达才能改善人际关系，进而分享信息、协同工作。当然，通过分享信息和协同工作也会增进友谊，进而促进情感表达。

二、信息沟通的过程

（一）信息沟通过程模型

信息沟通过程模型如图 9—2 所示。从该模型中我们可以看出，从沟通者把信息转移到接收者，中间共有六个环节：确定概念、编码、传递、接收、译码和应用。

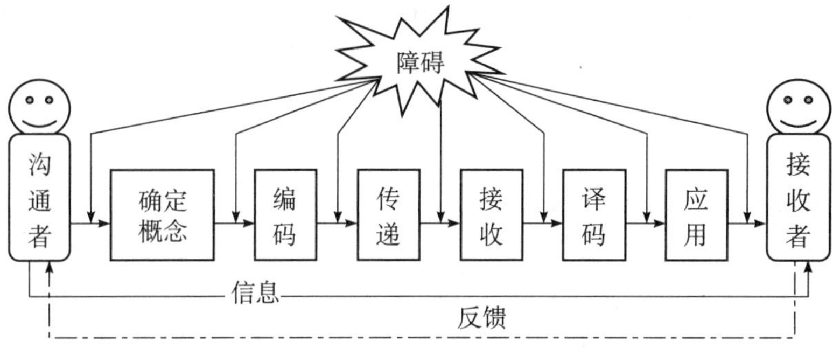

图 9—2　信息沟通过程模型

1. 确定概念

对于有效的沟通而言，确定概念是相当重要的第一环节。所谓确定概念，是指该沟通者要清晰地意识到自己要传达什么样的信息。如果一个人把一些似是而非的观点传达出去，那么，即使其他环节畅通无阻，沟通的结果也不会令人满意，有时还会造成许多不必要的损失。

2. 编码

编码就是指把要传递的内容转变成适当的信息符号，例如语言、文字、表情、图片、模型等。在这一环节中，沟通者要决定信息传递的方式，这样就可以用适当的方式来组织信息符号。例如，总经理在全体员工大会上的讲话和私下与同事聊天时的讲话在形式上会有很多明显的区别。

3. 传递

传递是沟通这一方的最后一个环节。沟通者在传递信息时要选择适当的沟通渠道，并采用适当的方法，保证沟通渠道畅通无阻，尽可能减少噪音的干扰。这样沟通者发出的信息才可能引起接收者的注意，并被其接收。

4. 接收

这是接收方的第一个环节。如果传递的信息没有人接收或者只接收很少一部分，那么信息沟通就失败了。在这个环节中，接收者的主观能动性体现在他们寻找正确的渠道、提高自己信息接收的能力、尽可能完整地接收传递过来的信息。

5. 译码

接收者收到信息后需要将信息转换成为自己理解的内容，这个过程称为译码。比如，从美国发来一份用英文写成的电报，如果接收者不懂英文，又无法找到翻译，就无法理解电报的内容。

另外，理解只可能存在于接收者的内心世界中。一个沟通者可以强迫对方接收信息，却无法强迫对方理解信息。接收者对信息可能理解正确，还可能不理解或者理解错误。因此，管理者在进行信息沟通时，一定要经常检查一下对方是否正确地理解了信息，也即译码是否准确。一种简单的方法就是让对方复述一下接收到的信息的含义。

6. 应用

应用是指接收者对信息应有所反应。有的反应是内在的，有的反应是外在的；有的反应是即时的，有的反应是延续的；有些反应暂时观察不到，这要与译码错误区分开来。

（二）影响信息沟通过程的因素

影响信息沟通过程的因素有很多，主要包括三种：障碍、沟通者和接收者。

1. 障碍

根据信息沟通过程模型，我们可以知道，几乎每个环节都有可能出现障碍。因此，几乎没有一次沟通中的信息是百分百准确地从沟通者转移给接收者的。

延伸阅读 9—1

小故事：秀才与卖柴人

有一个秀才到集市上去买柴，他对卖柴的人说："荷薪者过来！"卖柴的人听不懂"荷薪者"三个字的意思，但是听懂了"过来"的意思，于是把柴担到秀才面前。

秀才问他："其价若何？"卖柴的人听不懂整句话的意思，但听得懂"价"字，大概猜出来他要问价钱，于是告诉秀才五文钱一担。

秀才接着说："外实而内虚，烟多而焰少，请损之。"（你的柴外表是干的，里头却是湿的，烧起来烟大但是火焰不旺，请把价格降低一些吧。）这回卖柴的人一个字也没听懂，摇了摇头担着柴走了。

2. 沟通者

沟通者是影响信息沟通的一个重要因素，主要涉及以下几个方面。

（1）缺乏沟通动机。如果沟通者缺乏强烈的沟通动机，但是迫于某种原因不得不进行沟通，他们就会含糊其辞，在各个环节中制造障碍，以致影响沟通的效果。

（2）缺乏沟通技能。有些沟通者很想沟通，但是不知道该如何沟通。他们不知道如何确定概念、如何选择适当的渠道、如何编码、如何吸引接收者的注意、如何排除各种干扰等，导致沟通效果较差。

（3）不注重反馈信息。有些沟通者很注重传递信息，却忽视了反馈信息。他们不知道接收者接收信息的程度如何，结果使信息沟通的效果大打折扣。

3. 接收者

涉及接收者的因素主要有如下几种。

（1）对信息不感兴趣。有许多信息，沟通者认为是很有必要让接收者知道的，可是接收者并不这样认为。这种认识上的差异使得接收者被动地接收信息，效果令人失望。

（2）对沟通者不认同。有些接收者对沟通者存在抵触情绪，他们往往本能地反对自己不喜欢的沟通者传递的信息，导致传递的信息大量丢失。

（3）不主动反馈信息。有些接收者已接收到了信息，也理解了信息，但是不在行为或其他形式上加以反馈，使沟通者不知道沟通效果。这样会影响信息的进一步沟通。

（4）缺乏接收技能。有些接收者由于种种原因，不知道该如何寻找适当的沟通渠道来接收信息，接收了信息也不会译码等，以致不理解信息的含义，从而影响沟通的效果。

三、信息沟通的类型

在信息沟通时，根据信息流动的方向差异、信息传递后的反馈多少，以及传递信息的工具不同，信息沟通可以分为多种不同类型。各种类型的信息沟通效果不同，优秀的管理者应该了解各种信息沟通的类型，并善加运用。

（一）下行沟通和上行沟通

根据信息纵向流动的方向，可以把沟通分为下行沟通和上行沟通。

1. 下行沟通

下行沟通（downward communication）是指在组织中信息从较高层级流向较低层级的一种沟通。在组织的正式群体中，这种下行沟通最常见。例如作指示、作报告、下达文件、口头警告、表扬先进、电话通知等。下行沟通不仅是管理层的信息流向操作层的一种沟通，而且常常发生在管理层之间。在传统的直线型组织结构中，下行沟通特别盛行。

2. 上行沟通

上行沟通（upward communication）是指在组织中信息从较低层级流向较高层级的一种沟通。通过上行沟通，管理者可以知道下级员工的需求和愿望，也可以知道下行沟通的效果以及各种指示的结果，还可以了解许多有利于决策的建议、意见、观点等。因此，在组织中，上行沟通是必不可少的。管理者应该选择多种渠道，使上行沟通畅通无阻。

（二）横向沟通和斜向沟通

1. 基本定义

横向沟通（horizontal communication）是指在组织中信息在同一层级之间相互流动的一种信息沟通。

斜向沟通（diagonal communication）是指在组织中信息在不同部门、不同层级之间流动的一种信息沟通。

在组织中，一般来说下行沟通最普遍，上行沟通也较常见，横向沟通和斜向沟通是这两种沟通形式的补充。

2. 组织中的信息流向沟通图

用图示方法可以更好地理解组织中信息流向的各种沟通类型（见图9—3）。图中(1)、(2)、(3)、(4)分别表示上行、下行、横向和斜向沟通。

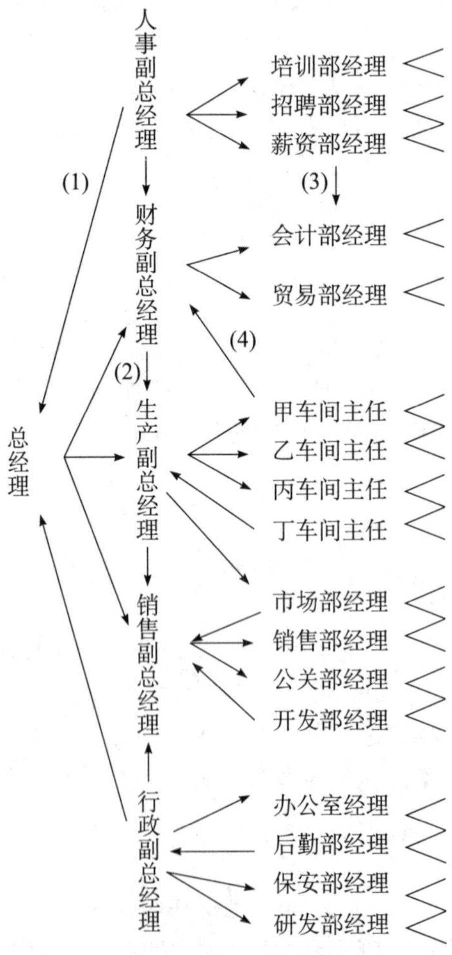

图9—3 组织中的信息沟通示意图

3. 横向沟通和斜向沟通的原则

有些管理心理学家认为，在正式沟通渠道中不应该运用横向沟通或者斜向沟通，因为这两种沟通会破坏统一指挥原则。但是，由于横向沟通与斜向沟通都能够缩短沟通距离、提高工作效率，因此，在组织中依然普遍存在。

由于横向沟通和斜向沟通脱离了正式群体的沟通渠道，为了避免或者消除不良影响，在运用这两种沟通时应该遵循以下原则：

（1）在沟通前，尽可能地先得到直接上级的允许，有时是指自己的直接上级，有时是指对方的直接上级。

（2）在沟通后，尽快把沟通结果向直接上级汇报。

（三）双向沟通和单向沟通

1. 基本定义

双向沟通（bidirectional communication）是指反馈信息较多的一种信息沟通，例如讨论会、面谈等。在双向沟通中，沟通者可以检查接收者是否接收到了信息，是否理解了信息；接收者也可以了解接收的信息是否完整，可以要求沟通者进一步传递信息。

单向沟通（unidirectional communication）是指反馈信息较少的一种信息沟通，例如电话通知、书面指示等。

2. 双向沟通与单向沟通的比较

美国管理心理学家莱维特（H. J. Leavitt）曾经做过一项著名的试验来比较双向沟通和单向沟通的效果与功能。

试验是这样的：首先准备好几张画有一连串长方形的材料（见图9—4），这些长方形的连接方法各不相同：有的是边边相连，有的是角边相连，有的是角角相连；连接的角度有两种：90°和45°；连接的位置也有两种：中间和边上。

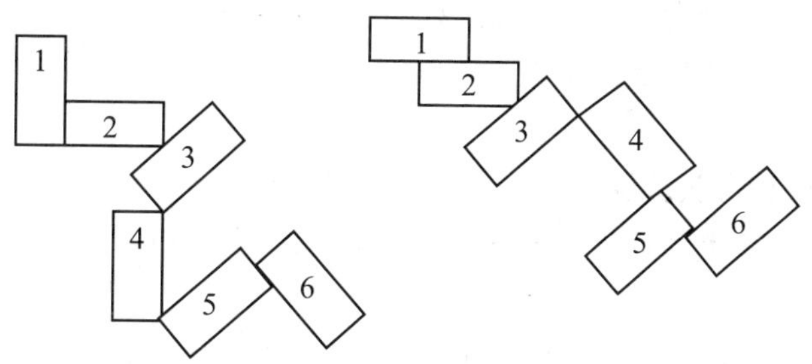

图9—4 沟通试验的材料

资料来源：胡君辰：《管理心理学》，221页。

接着要求被试者遵照主试者的口头指示，把长方形一个一个地画出来。被试者被分成两个小组，一个小组为双向沟通组，一个小组为单向沟通组。

在双向沟通组内，沟通者面对接收者，相互之间可以看到表情，可以提问，沟通者用语言清楚地描述一张图，但接收者之间不能交谈或看他人作图。

在单向沟通组，沟通者背向接收者，用语言清楚地描述一张图，沟通者与接收者之间相互看不到表情，也不可以提问。换句话说，接收者只能根据沟通者所讲的话来画图。

试验结果显示，双向沟通与单向沟通有着明显的区别（见表9—1）。

表9—1 双向沟通和单向沟通的比较

比较内容	双向沟通	单向沟通
沟通速度	慢	快
沟通内容的正确性	高	低
工作秩序	差	好
沟通者的心理压力	大	小
沟通前的准备工作	较不充分	较充分
沟通时需要的应变能力	较强	较弱
沟通对促进人际关系的影响	较有利	较不利
沟通时的群体规模	较小	较大
接收者接收信息的把握	大	小

资料来源：胡君辰：《管理心理学》，221页。

（1）适合运用双向沟通的情境。1）要求接收者接收的信息准确无误时；2）重视人际关系时；3）处理陌生问题时；4）进行重大决策时；5）沟通者有足够权威时；6）沟通者相当自信时。

（2）适合运用单向沟通的情境。1）强调工作速度时；2）强调工作秩序时；3）执行例行公事时；4）应对大群体的信息沟通时；5）沟通者缺乏足够的权威时；6）沟通者较缺乏自信时。

在现代组织中，管理者越来越重视双向沟通的作用，主要是因为双向沟通更有利于改善人际关系，更能激发员工的主人翁精神，更有助于企业的发展。

（四）书面沟通和口头沟通

根据传递信息的工具不同，信息沟通主要可以分为两种：书面沟通和口头沟通。

1. 基本定义

书面沟通（written communication）是指以文字作为传递信息工具的一种沟通，例如报表、文件、电传、书信、电子邮件等都属于书面沟通。

口头沟通（unwritten communication）是指以言语作为传递信息工具的一种沟通，例如开会讨论、演讲、汇报工作、打电话等都属于口头沟通。

2. 书面沟通和口头沟通的比较

在信息沟通方面，书面沟通和口头沟通各有利弊。在表9—2中，我们对书面沟通和口头沟通进行了比较。从中可以得出一个结论：管理者要有效地进行沟通，一定要考虑沟通的目的、组织的环境，以及两种沟通的优缺点，然后因地制宜地选择某一种。

表9—2 书面沟通和口头沟通的比较

比较内容	书面沟通	口头沟通
权威性	较高	较低
信息正确性	高	低
信息保存时间	长	短
信息内容	较详尽	较简单
对沟通双方关系的促进	较不利	较有利
对双向沟通的促进	不利	有利
弹性	较差	较强
效率	较低	较高
应用	较复杂	较简单
受各方面的制约	较多	较少
借助其他渠道	较难	较易

（五）非语言沟通

在组织中，大部分沟通，包括书面沟通和口头沟通，都与非语言沟通有关，有时非语言沟通传达的信息比其他沟通更多。

非语言沟通包括的方面很多，主要有三种：面部表情、身体语言和环境因素。

1. 面部表情

面部表情主要可以分为八类：感兴趣—兴奋；高兴—喜欢；惊奇—惊讶；伤心—痛苦；害怕—恐惧；害羞—羞辱；轻蔑—厌恶；生气—愤怒。

一般认为，眼睛是面部表情中最善于传递信息的部分，也有人认为口腔附近的肌肉群表现出来的含义不少。

2. 身体语言

身体语言是由个体的四肢运动引起的，也可以传递许多信息。身体语言包括在沟通时四肢的活动和身体的位置。握手是身体语言中最常见的一种。其他的身体语言包括目光接触，表示愿意进行沟通；小心地坐在椅子边上，表示有点焦虑和紧张；紧靠座椅、双臂交叉，表示不愿意再继续讨论下去，等等。身体语言多种多样，在沟通时要多加注意。

3. 环境因素

像大楼、办公室地点、家具等之类的环境因素也能够传递信息。一间特殊的办公室、一幅名人字画、一套名牌服装、一块精美的地毯、一枚昂贵的钻戒、一块劳力士手表、一辆奔驰汽车、一套红木家具可能提醒来访者：本公司总裁是一个成功人士，与他这样的人打交道是很可靠的。例如，办公室的布置可以传达一种地位、权力、声望的信息。在沟通中，我们应该充分注意到环境因素传递的信息。

第2节 信息沟通的网络

一、正式沟通与非正式沟通

在沟通的过程中，信息总是沿着一定的通道传递的，通道可以分为两种：正式通道和非正式通道。管理者应该有效地利用正式沟通与非正式沟通来传递信息，以利于达成组织目标。

（一）正式沟通

正式沟通（formal communication）是指由组织内部明文规定的信息沟通。它与组织结构息息相关，主要包括：按正式组织系统发布的命令、指示、文件；组织召开的正式会议；组织颁布的制度、规章、手册、简报、公告、通知；组织内部上下级之间和同事之间因工作需要进行的正式接触。

正式沟通的效果直接影响到一个组织的工作效率，在企业中直接影响到经济效益。

正式沟通有许多形式，各有其优缺点，常用的有四种：开会、面谈、打电话和演讲。

1. 开会

开会是在我国大多数组织中运用最多的一种正式沟通。在组织中开会，主要有以下一些目的：集思广益，处理或解决一项或几项问题；传达、贯彻上级的方针、政策，统一思想，促进一致行动；激发新的想法、观念、建议；表扬先进、批评后进、激励员工；发布组织的新决定、新规章；协调人际关系，满足交往需求。

为了更有效地开会，会议组织者应注意以下几点：

（1）每次会议的目的不能太多；

（2）开会时要紧紧围绕主要目的进行；

（3）开会前要做好充分准备，让每一位与会者知道开会的目的；

（4）按项目的重要性排列顺序，开会从最重要的项目开始进行；

（5）只让有关的人员参加会议；

（6）每个人的发言尽可能短，要求每个人都发言；

（7）每次会议要有明确的总结或决议；

（8）会后追踪检查执行决议的情况。

2. 面谈

面谈也是广泛运用的一种正式沟通，较有人情味。有关资料表明，一些高层管理者每天要花两小时以上的时间进行面谈，可见面谈使用频率之高。

管理者要进行有效的面谈，必须注意以下几点：

（1）要选择合适的对象、时间、地点；

（2）事先要准备好面谈提纲；

(3) 事先要研究面谈对象的资料；
(4) 要创造宽松和谐的面谈气氛；
(5) 尽可能面带微笑；
(6) 尽量避免自己的成见与偏见；
(7) 要多听少说，或必要时才说；
(8) 要围绕主题；
(9) 必要时要作记录；
(10) 要追踪面谈的效果。

3. 打电话

打电话是每一位员工每天都在运用的一种沟通形式。电话既是非正式沟通的重要形式，也是正式沟通借助得最多的渠道之一。那么如何有效地打电话呢？

(1) 列出目的。打电话之前，沟通者首先要在纸上或者心里把这次通话的主要目的列出来，以免直接沟通时将话题岔开后造成重要事情遗漏或者接收者接收不到主要信息的情况。

(2) 镇定一下。准备打电话时，如果面临重要的信息沟通，沟通者首先要深呼一口气，使自己的情绪镇定下来，然后接通电话，以便能够最有效地传递出事先列好的信息内容。

(3) 围绕目的。通话要围绕所列目的进行，避免将话题转换或者围绕其中一个目的东拉西扯，如果出现以上情况，要及时重申或者提醒对方这次通话的目的，其他事情可以选择其他时间再进行沟通。

(4) 注重反馈。在一个目的讲完之后或者全部通话结束后，请对方复述信息的关键内容，比如时间、地点、方式、人物、任务等，了解对方将采取的行动，解答对方对信息不清楚的地方。如果信息非常重要，可以要求对方作书面记录，并将记录内容读出来。

(5) 简短扼要。避免通话时间过长导致次要信息冲淡或者掩盖主要信息。尽量将信息的主要内容简明扼要地传达给接收者。

(6) 礼貌结束。电话结束时，可以用征询的语气（比如“要不这次就先谈到这里？再见!”）或鼓励的语气（比如“相信你一定能够把这件事情办好！再见!”）来结束通话，使接收者能够以愉快的心情接收和应用信息。

4. 演讲

21世纪的三大战略武器是舌头、电脑和金钱。管理者成功的一项关键能力是如何有效地进行语言沟通，其中演讲能力更是管理者必须具备的素质。有效地演讲需要注意以下几个方面：

(1) 不要太谦虚。演讲人过于谦虚会降低听众对演讲人自信、权威性的认知，从而影响其专心听讲、获得信息的效果。

(2) 重视衣着、表情和态度。衣着、表情、态度是重要的非语言信息，要与演讲的主题、听众和演讲者的身份相符。

(3) 在适当的环境讲适当的话。在不同的场合、人物、气氛下使用适当的语言是演讲取得良好效果的关键。

（4）事前作好充分准备。一般来说，越短的演讲需要准备的时间越久。如果要在短时间内抓住听众的注意和兴趣，传递出关键信息，并在听众心中留下深刻的印象，必须做好充分的准备。

（5）吸引听众注意。利用幽默、故事或听众关心的话题，采取与听众互动等方式，引入主题，展开演讲，辅助听众理解，是吸引听众注意的常用方法。

（6）动之以情。把自己的热情、经验融入演讲中，讲自己的亲身经历和精通的知识，并将这些与听众的兴趣点结合起来，达到卷入听众、打动听众、在听众中建立起自己的亲和力的目的。

（7）晓之以理。避免随意引申、推断和将一己之见强行塞给听众，而应当将所演讲的主题按照一定的时间、空间、事物的逻辑顺序展开，要言之有据、言之有理。

（8）强调重点。用抑扬顿挫、演讲节奏、重音、重复、演绎、互动等多种手段强调演讲的重点。

（9）同理心。同理心体现在演讲者站在听众的角度来思考、感受和表达上，同时也体现在对人、事物的宽容和理解上。

（10）斟酌词汇。把演讲中可能出现的听众不熟悉的专业术语、行话、俚语等用浅显易懂的语言表达出来。

（11）利用图表、事例、数据支持你的观点。图表、事例、数据更加直观、可信，能够有效辅助观点的传达。

（12）一定能成功演讲的信心。开始演讲之前，演讲者一定要在心里坚定地告诉自己“这次演讲一定会是空前成功”，并在心中想象一下演讲成功的场景：演讲时听众专心致志、自己激情挥洒，演讲结束时台下掌声雷动、纷纷鲜花、索要签名等。

（13）干净利落的结尾。演讲结束时避免重复前面的内容或者突然急刹车，要给听众留下深刻的记忆，最好能够干净利落、一针见血、简单明了。

（二）非正式沟通

非正式沟通（informal communication）是指以社会关系为基础，与组织内部规章制度无关的信息沟通。

在一个组织中，非正式沟通与正式沟通几乎始终同时并存，要彻底消除非正式沟通是不可能的，也没有这个必要。管理者应该了解非正式沟通的特点，正视它的作用，正确地加以运用，才能使之发挥有利于达成组织目标的作用。

1. 非正式沟通的基本特征

（1）小道消息并非全是谣言。非正式沟通中的信息又称为小道消息或传闻。根据有关研究，小道消息大多是确有起因的。

（2）小道消息往往是不完整的信息。有些是牵强附会的信息，有些是杂乱无章的信息。

（3）小道消息往往较多涉及与情感有关的问题。有些虽然与工作有关，但也往往带有感情色彩。

(4) 非正式沟通的形成与相似性有关。沟通者和接收者往往有许多相似之处，如兴趣爱好、价值观、态度、背景等。

(5) 非正式沟通的表现形式为多变性和动态性。因此，它传递的信息不但随个体的变化而变化，而且随环境的变化而变化。

(6) 小道消息传递的速度较快。由于非正式沟通不遵循组织结构原则，因此，传递的信息速度很快，尤其是与亲朋好友有关的信息，传递得更快。

(7) 非正式沟通具有不确定性。它可以在任何时间、任何地点，由任何人发起，其传递的信息也无限定。

2. 非正式沟通的作用

非正式沟通有干扰正式沟通的作用，也可能引起群体内相互猜疑、争吵与矛盾。因此，许多管理者想方设法要取消非正式沟通。其实非正式沟通也有下列积极的作用：

(1) 满足员工情感方面的需要；

(2) 了解员工真正的心理倾向与需求；

(3) 弥补正式沟通存在的不足；

(4) 减轻管理者的沟通压力。

3. 非正式沟通的应用

在组织中，一个优秀的管理者不但要善于运用正式沟通，而且要善于运用非正式沟通。在运用非正式沟通时要注意以下六点：

(1) 不要把小道消息视为谣言。要善于分析小道消息中的真实成分，注意沟通者的语言，理解小道消息的深层含义。

(2) 要重视传递速度快、传播面广的小道消息。一定要深究其原因。

(3) 要善于发现非正式沟通中的关键人物。在必要时，可以通过这些人物来澄清事实，或请他们协助传递信息。

(4) 在制定重大决策时，应考虑一下：该决策是否会引起小道消息的传播？应采取什么措施加以预防？是否可以利用非正式沟通来推进这项决策？

(5) 坚持以正式沟通为主的方针，不滥用非正式沟通。

(6) 适时公布一些正式消息，使小道消息淡化。

二、网络与网络化

(一) 网络及其作用

1. 网络的概念

网络 (network) 是指一群人建立、保持联系，以便相互沟通的一种形式。在组织中，人与人之间由于种种原因，都要与他人建立并保持联系。也就是说，几乎每个人在组织中都会参与网络，成为其中的一员。

2. 网络的作用

网络有助于管理者获得许多信息，也有助于管理者和员工搞好人际关系。

网络的核心是一些有实权的人物，这些人物可能是名正言顺的领导者，也可能是一些地位低而作用大的影子人物。

（二）正式网络

1. 正式网络的概念

正式网络（formal network）是指通过正式信息沟通渠道建立起来的联系。正式网络在组织中最常见，在信息沟通中发挥主渠道作用。根据不同组织的不同管理模式，管理者可以选用不同的正式网络。

2. 正式网络的类型

在组织中，正式网络主要有以下六种类型。

（1）轮型（见图 9—5）。表示一个经理与四个下级进行沟通，而四个下级之间没有信息沟通通道。根据轮型网络，下级可以是两个以上的任何数目，但数目太大会造成沟通不便。

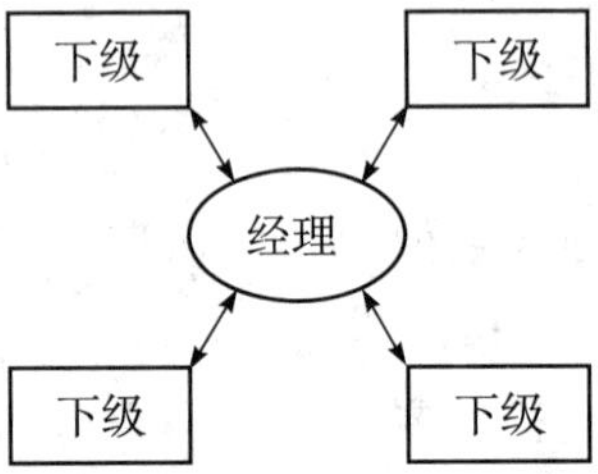

图 9—5 轮型网络

（2）环型（见图 9—6）。表示每个人都与左右两边的个体进行信息沟通。这种网络常用在委员会和小型工作群体中。

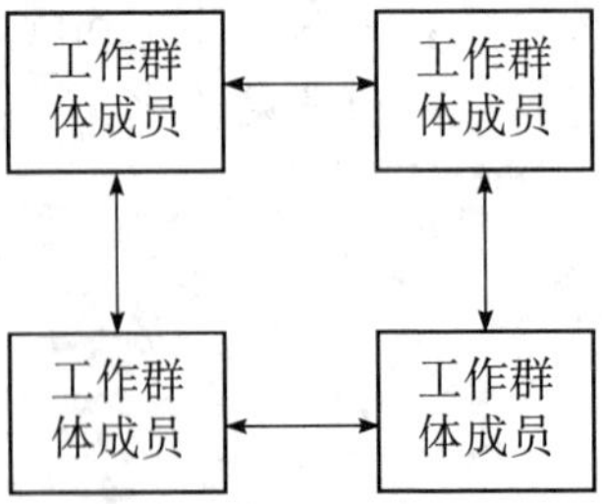

图 9—6 环型网络

（3）链型（见图 9—7）。表示在四个管理层级中，只有下行沟通和上行沟通。在企业中，这种网络较为常见。

（4）全渠道型（见图 9—8）。表示每个人都与其他个人自由地互相沟通。这种网络往往出现在最高决策层（如董事会）中，也可以出现在小型设计、开发群体中。

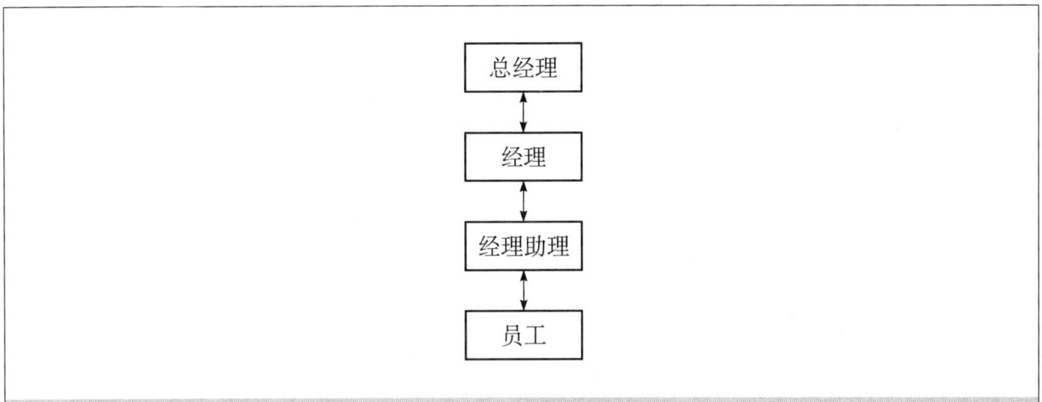

图 9—7　链型网络

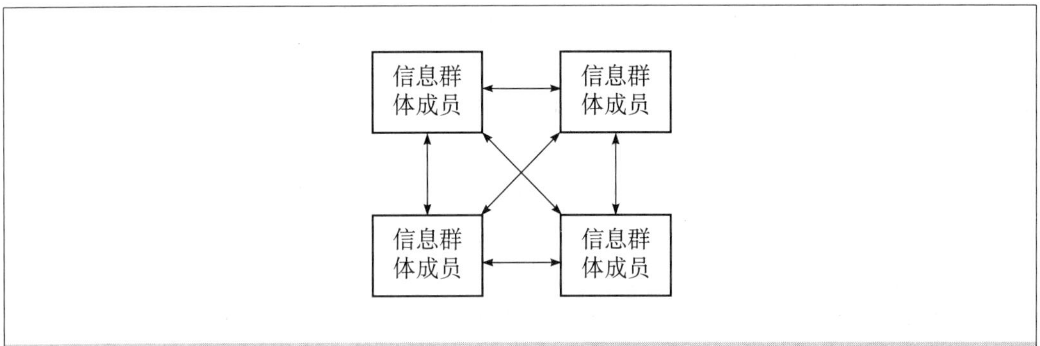

图 9—8　全渠道型网络

(5) Y 型（见图 9—9)。表示在四个层级的沟通中，两个领导者通过一个人进行沟通。这个网络主要发生在有两个差不多平级的领导者的组织中。

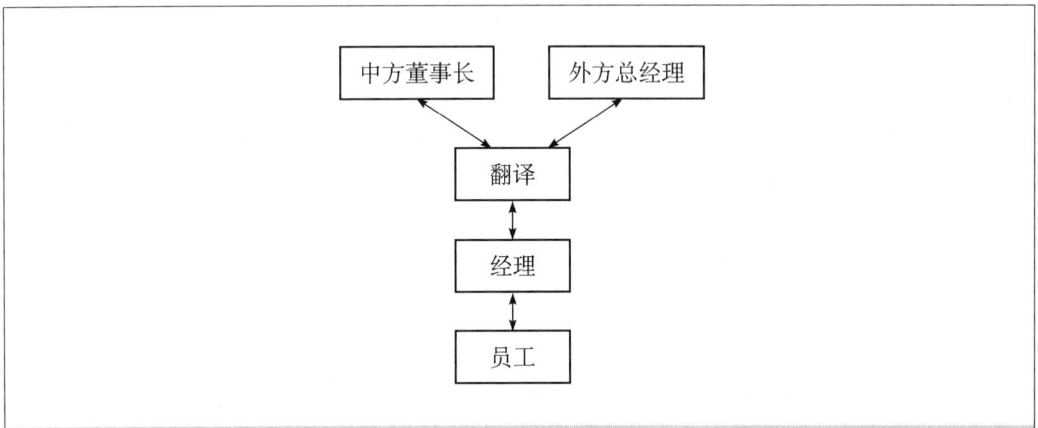

图 9—9　Y 型网络

(6) 倒 Y 型（见图 9—10)。表示在四个层级的沟通中，一个领导者通过另一个人与其他人进行沟通。在许多时候，最高领导者通过“瓶颈”过滤掉一些信息是必要的，但要防止沟通不畅与权力易位的问题出现。

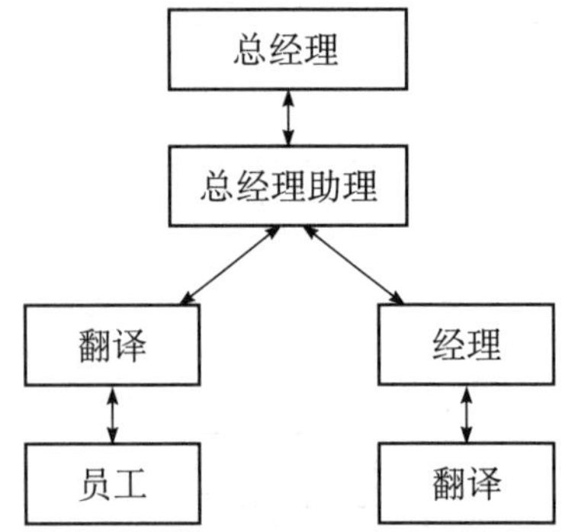

图 9—10 倒 Y 型网络

3. 各种正式网络的比较

上述六种正式网络类型是组织中较主要且较常见的类型。每一种网络均有各自的优缺点。管理者应该在管理中根据需要和组织结构选用适当的网络，一旦选用了某种网络，就要尽可能发挥其长处，克服其短处。

各种网络对组织内的工作以及群体行为的影响如表 9—3 所示。

表 9—3 各种正式网络的比较

网络类型	解决问题的速度	信息精确度	组织化	领导者的权力	士气	对工作变化的弹性
轮型	快	高	迅速、稳定	显著	很低	较小
环型	慢	低	不易	不发生	高	大
链型	较快	较高	慢、稳定	较显著	低	小
全渠道型	最慢	最高	最慢、稳定	不发生	最高	最大
Y 型、倒 Y 型	较快	较低	不一定	会易位	不一定	较大

从表 9—3 中可见，全渠道型网络最能鼓舞士气，对工作变化的弹性也最大，而且传递的信息也最精确。但是，其解决问题速度最慢、组织化也最慢，而且不产生领导者。轮型网络解决问题的速度最快，领导者的地位显著，组织化迅速又稳定，但士气很低。这种轮型网络通常用于解决紧急问题，尤其是需要马上建立领导者权威时。

（三）非正式网络

1. 非正式网络的概念

非正式网络（informal network）是指通过非正式信息沟通渠道建立起来的联系。非正式网络在组织中普遍存在。管理者应该了解本组织内部的各种非正式网络，必要时，可以利用或抑制各种非正式网络。

2. 非正式网络的类型

在组织中，非正式网络主要有以下四种类型：

（1）单串型（见图 9—11）。表示信息在非正式通道中依次传递。

图 9—11　单串型网络

（2）饶舌型（见图 9—12）。表示信息由 1 传递给其他各位，1 在此非正式通道中是一个关键人物。

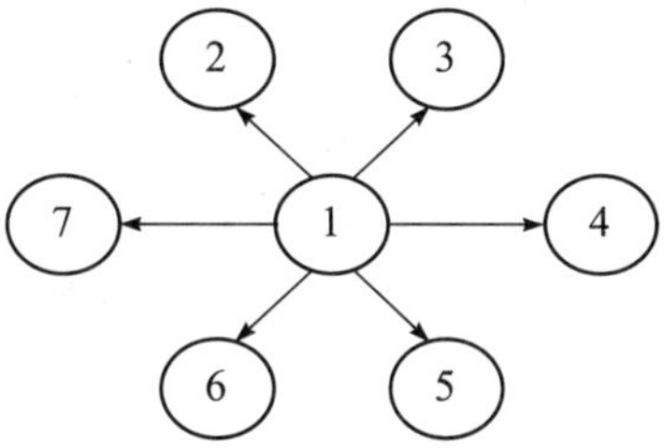

图 9—12　饶舌型网络

（3）集合型（见图 9—13）。表示信息由 1 传递给几位特定的人物 2，3，4，然后又由 2，3，4 再传递给几位特定的人。

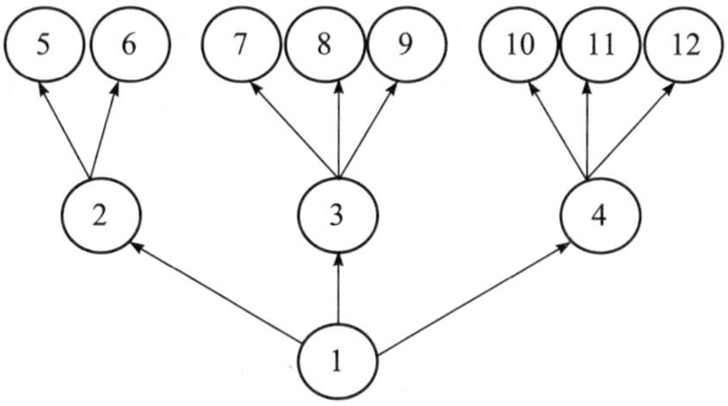

图 9—13　集合型网络

（4）随机型（见图 9—14）。表示信息随机传递，每个人都可能是信息沟通者与接收者，信息的传递无规律可循。

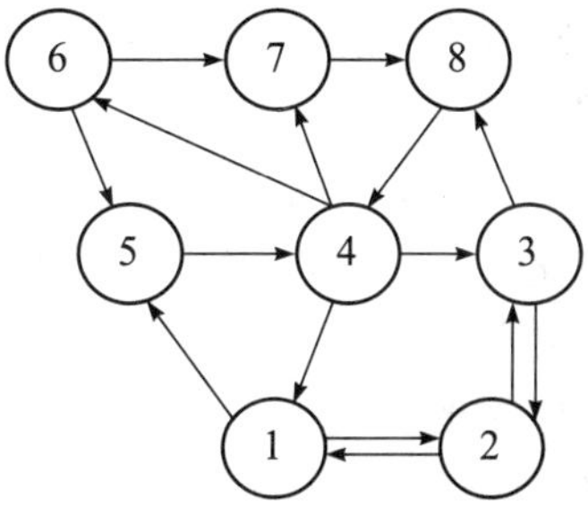

图 9—14　随机型网络

3. 网络中的特殊角色

在非正式网络中，有一些特殊的角色（见图 9—15）。

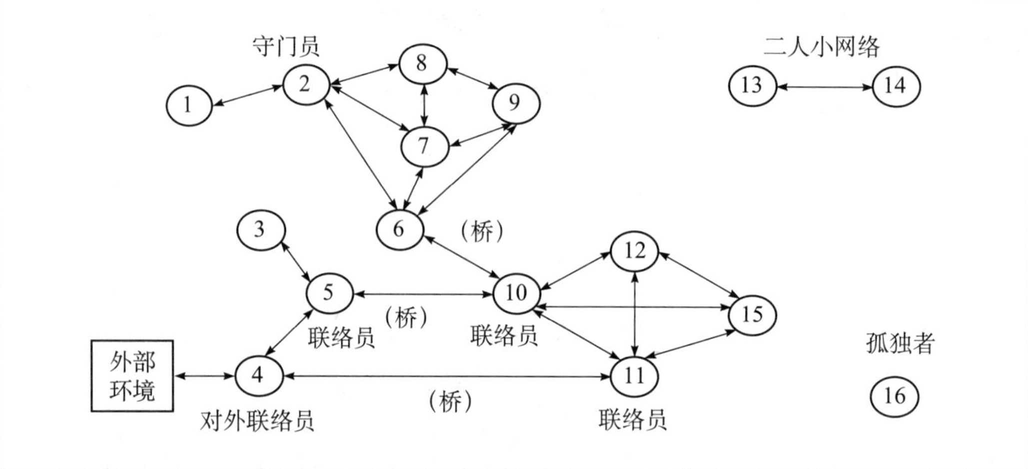

图 9—15 网络中的特殊角色

从图 9—15 中可以看出，该群体中共有四个小群体、一个孤独者。孤独者为 16；13 和 14 组成一个二人小网络；3，4，5 组成一个轮型网络；10，11，12，15 组成一个全渠道型网络；2，6，7，8，9 组成一个饶舌型网络。

图中，4 是对外联络员，负责与外部环境信息沟通；2 是守门员，1 只有通过 2 才能与该网络沟通；4，5，6，10，11 都是联络员，通过他们与其他网络建立“桥”，相互沟通。

（四）网络化

1. 网络化的概念

所谓网络化（networking），是指个体在一个网络中变得活跃的过程。

例如，小许是公司业余桥牌队队员，最近公司组织了几次桥牌比赛，小许的牌技高人一筹，这样他不但与本公司的员工熟悉了，而且认识了一些兄弟公司的高层管理者。我们说，小许网络化了。

2. 网络化的作用

网络化对于员工的心理和行为有许多重要的作用，管理者应该了解网络化的作用，发挥网络化的积极作用，消除网络化的消极影响。

（1）满足员工交往的心理需求。因为网络化既可以发生在组织内，也可以发生在组织外，所以，完成网络化后员工的交往面会更广泛，从而促进员工提高交往水平。

（2）缩短沟通距离。网络化可以发生在正式沟通中，但更多地发生在非正式沟通中。一旦完成网络化，许多原来在正式沟通中要花很长时间流动的信息会很快地流动。例如，甲厂是乙厂的客户，甲厂采购员小庄对乙厂销售员小苏的服务不满意，如果通过正式沟通通道要走以下途径：小庄→甲厂采购经理→甲厂总经理→乙厂总经理→乙厂销售部经理→小苏。如果通过网络化，小庄和乙厂的销售经理是同一围棋协会的会员，在一次围棋比赛后，小庄与乙厂销售经理谈了这件事。第二天全部沟通完成了，小苏改善了服务。

(3) 会产生一些消极影响。网络化使员工的网络不断扩大，同时也有一些消极影响，如不良的小道消息会传递、有更多的跳槽机会、相互比较待遇而降低士气、泄露公司的商业机密等。

三、电子化信息沟通

近几年来，员工的工作场所发生了很大的变化。越来越多的员工走进白领阶层，办公室工作人员的比例比以前高出许多。同时，蓝领工人也有了质的改变，知识与技术成了蓝领工人必不可少的看家本领。

在信息沟通方面，电子化信息沟通越来越普及，管理者对此要有一个清晰的认识。

(一) 电子化信息沟通概述

1. 电子化信息沟通的概念

电子化信息沟通 (digital communication) 是指以计算机为主体、以各种电子设备为辅助工具的一种现代化信息沟通。

在现代组织中，电子化信息沟通的运用将在很大程度上改变管理的方式。现在一些管理者每天会收到许多电子邮件、电传等。

2. 办公室自动化

办公室自动化与电子化信息沟通关系密切。现代化办公室中，一般都有传真机、复印机、个人电脑等办公设备。一些管理人员在外利用手机就可以了解办公室的信息。通过一体化电脑系统以及国际互联网，管理人员可以分享全球的信息。

事实上，现在电脑一体化的组织越来越多。组织中的许多职能都可以通过电脑完成。在销售、市场、财务、人力资源管理、生产等各部门中，管理人员可以通过电脑快速地利用变化中的各种信息。

(二) 电子化信息沟通的作用

电子化信息沟通促进了办公室的革命，其意义十分深远。管理者在推广电子化信息沟通时，要充分了解其积极作用和消极影响。

1. 电子化信息沟通的积极作用

电子化信息沟通有许多重要的积极的作用。

(1) 快速便利。运用电子化信息沟通后，几乎可以在很短的时间内，与全球每个地区的人进行信息沟通。

(2) 减少出差人员和费用。以前需要派人出差的事，现在不少可以通过电子化信息沟通来完成。

(3) 提高了工作效率。许多员工反映，通过电子化信息沟通，他们的工作效率明显提高了。

（4）降低了劳动强度。由于电子化信息沟通的普及，一些原来手工操作的工作可以实现自动化或半自动化，从而大大降低了劳动强度。

（5）减少了沟通费用。在刚开始建立电子化信息沟通时由于要买一些设备，会增加一些费用，但随着设备的开通，会明显降低人力资源的成本，最终减少沟通费用。

（6）增加了员工的自由度。由于改善了沟通，更易于完成一些书面材料，增加了员工之间的合作。因此，员工的自由度也增加了，不一定要守在办公室内，有些工作甚至在家中也能完成。

（7）部分员工在家办公，可以减少空气污染，缓解交通拥堵。

2. 电子化信息沟通的消极影响

广泛使用电子化信息沟通后，也会产生一些消极影响。

（1）减少了人际沟通。由于缺少面对面的会议与交谈，人与人之间很少沟通，这样相互之间可能缺乏了解与信任，进而很难完成需要合作的工作。

（2）缺乏个性。实现电子化信息沟通后，许多沟通变成了千人一面，沟通缺乏个性和魅力。

（3）信息泛滥。信息过多会淹没一些重要信息，因为设备往往不会识别信息的重要性和优先性。

（4）损失大量信息。电子设备损坏时，有可能损失大量信息，由此给组织带来的损失可能是巨大的。一般应有备用设备，或将重要信息存储在备用盘中。

第3节 管理中的沟通问题及其解决方法

一、改进管理中的沟通

（一）管理层沟通的重要性

有些管理者习惯说：“让我们来改善一下与员工的沟通。”“管理者能自己管好自己。”结果，这些管理者把大部分注意力集中在与员工的沟通方面。可是沟通照样会出问题，其实大部分沟通问题是发生在管理者层面的。

1. 管理层沟通的概念

管理层沟通（managerial communication）是指在一个组织的管理群体内的信息沟通，也称管理中的沟通。

从图9—16中可以看出，在组织中的下行沟通或上行沟通中，大部分是管理层沟通。

2. 强调管理层沟通的原因

管理层沟通对于一个组织是否能达到目标十分重要。

（1）管理层沟通是管理者与员工沟通的前提。管理者不可能传递比自己理解的更多的信息。这与一幅画的照片不可能比原画更清晰是同一个道理。例如，在一个企业

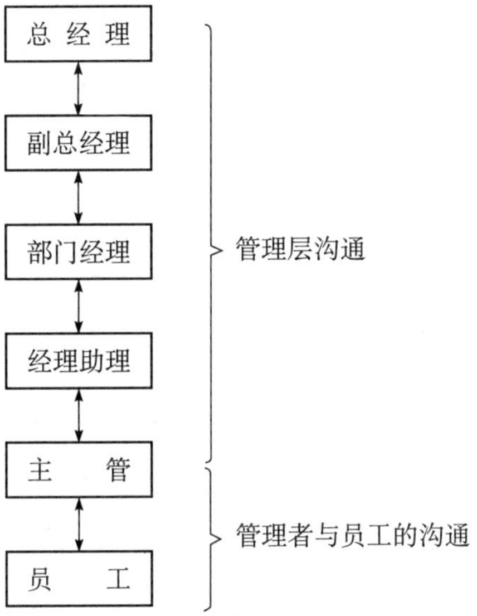

图9—16 组织中管理层沟通的比例

中，总经理希望主管能向员工解释一项令人鼓舞的计划，但是如果管理层沟通未做好，那么，即使主管用很厚的一叠纸来描述计划，由于主管未能理解计划，因此不可能向员工把计划讲清楚。

(2) 管理者决策需要管理层沟通。在一般组织，尤其是大型组织中，决策层往往远离工作第一线，因此，管理者要做出正确的决策，只能依赖适当的信息来源，而许多信息来自管理层。

(3) 管理者的影响范围明显大于一般员工。如果一个员工接收到的信息不正确，可能只影响一个人或几个人；如果一个管理者接收到的信息不正确，可能影响到一批人。

(4) 信息损失最可能在管理层。由于信息沟通大部分在管理层，因此，在下行沟通与上行沟通中，大部分信息损失发生在管理层（见图9—17)。在下行沟通中，管理层沟通损失信息34个单位，而在管理者与员工的沟通中只损失了7个单位；在上行沟通中，管理层沟通损失信息31个单位，而在管理者与员工的沟通中损失只有10个单位。

(5) 管理者本身需要沟通。管理者是一群需要沟通与理解的个体，有时不纯粹为了工作，他们为了满足心理需求也渴望沟通。一旦沟通不足，就会产生一种离心力，不利于组织发展。

（二）管理中的沟通问题

要改进管理中的沟通，首先要全面了解潜在的问题。从表9—4中我们可以了解管理中的一些主要沟通问题。

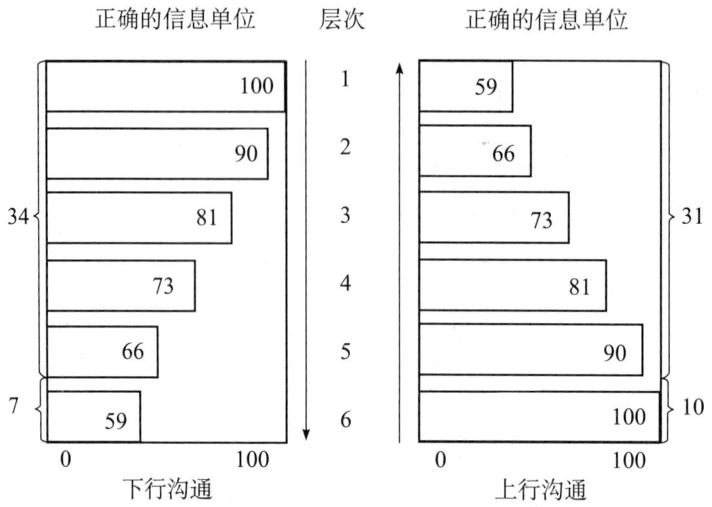

图 9—17 沟通中的信息损失

表 9—4 管理中的沟通问题

问题的根源	问题的类型
信息来源	过滤
编码与译码	缺乏共同经验 语义不同 术语理解不同 媒介问题
接收者	选择性注意 价值判断 对信息来源缺乏信任 信息超载
反馈	忽视反馈
组织因素	噪声 地位差异 时间压力 信息超载 网络结构

1. 信息来源

信息来源主要涉及沟通者的问题。主要问题类型是过滤信息，沟通者假设接收者不需要理解这些信息，就故意扣留了一些信息。另外，也可能提供一些无意义的信息，以及容易引起错误解释的信息。

例如，在一次销售会议上，销售经理认为没必要把所有有关客户的信息都告诉销售主管。后来销售主管知道了这些信息，他们可能会作以下解释：经理希望自己与这些客户联系、经理不愿意全力帮助我们开发这些客户、经理记忆力不好忘了等。

在管理层沟通中，选择性过滤信息常常会引起沟通障碍。为了避免这种现象出现，沟通者应该做到以下两点：

（1）理解过滤问题为何会发生。过滤问题完全来自沟通者：通常不站在接收者的立场考虑问题；通过限制接收者的信息通道来保护自己的权利；怀疑接收者对某些信息不感兴趣。

（2）沟通者必须决定要求接收者理解什么信息，应该给予接收者足够的有关信息，要相信接收者能正确地运用信息，但又要注意，不要使信息超载。

2. 编码与译码

编码与译码问题主要发生在传递信息或者使用符号方面。这类问题主要有缺乏共同经验、语义不同、术语理解不同和媒介问题。

3. 接收者

有些沟通问题是来自接收者的，这些问题主要包括选择性注意、价值判断、对信息来源缺乏信任和信息超载。

（1）选择性注意。在信息沟通中，尤其在口头沟通中，接收者往往会选择性地接收某些信息。他们选择性的目标往往是自己感兴趣的内容、与自己利益紧密相连的事情、自己必须负责的项目等。

例如，在一次全公司大会上总经理介绍了公司明年的计划。小白只接收到——“明年 1 月开始增加工资 10%”；小朱只接收到——“明年全年要完成销售额 2 亿元”；老邹只接收到——“明年 7 月公司有一批优惠房出售”；老余只接收到——“明年 3 月前要融资 1 000万元”。

延伸阅读 9—2

肥猪、绵羊和乳牛

一只肥猪、一只绵羊和一头乳牛被关在同一个畜栏里。有一次，牧人捉住小猪，它大声号叫，猛烈地抗拒。绵羊和乳牛讨厌它的号叫，便说：“他常常捉我们，我们并不大呼小叫。”肥猪听了回答道：“捉你们和捉我完全是两回事，他捉你们，只是要你们的毛和乳汁，但是捉住我，却是要我的命呢！”

立场不同、所处环境不同的人，很难了解对方的感受。因此，当我们发现别人与我们的行为不一致时，应该站在对方的立场上去思考为什么他会这样做，这样，沟通中很多误解就可以消除了。

（2）价值判断是指接收者对信息要作一个价值判断。如果认为符合自己的价值观，就会高度重视，并完全接收；如果认为不符合自己的价值观，就会轻视信息，并排除信息。

例如，某公司广告在宣传其制造的鸟枪如何优良，可是许多环境保护主义者完全排除这个信息，因为这个信息不符合他们的价值观。

（3）对信息来源缺乏信任。这里主要指接收者对沟通者缺乏信任，究其原因，一是沟通者的人格有问题，二是沟通者的权威性有问题。如果是沟通者的人格问题，那么只有改变他的人格才能解决问题。沟通者的权威性问题主要涉及地位与知识。一般来说，有地位的人会有一定的权威。某一领域中的知识会树立起沟通者的权威，但一旦领域发生改变，原有的权威就不复存在。例如，关于核电站的污染问题，我们愿意听听核电专家的意见。但是关于买何种股票投资更佳时，核电专家的意见一般不值得信任。

（4）信息超载是指接收者接收到的信息超出其处理能力的状态。在组织中，信息超载很容易发生：一体化的电脑连珠炮地打出各种报表；来自上级、同事、下级的各种信息；来自组织外部的信息（如报纸、杂志、广播、电视）等。在信息超载时，接收者对所有信息不能全部接收、译码、理解、运用，只能通过选择性注意和价值判断，把注意力集中在看起来重要的信息上。这样，有可能排除了一些次要信息的干扰，但也有可能漏掉了一些重要信息。

4. 反馈

反馈是指接收者给沟通者一个信息，告知信息已收到，以及理解信息的程度。反馈的目的是证实。

反馈不足可能产生两个问题：

（1）沟通者可能发出第二次信息。沟通者由于没有收到反馈信息，不知道接收者是否接收或理解了信息，因此，往往会发出第二次信息，或询问是否收到了第一次的信息。

（2）接收者可能按不确定的信息行动。如果接收者对信息的理解正确，那么不会产生严重后果；一旦接收者对信息的理解错误，后果可能不堪设想。

因为反馈很重要，所以沟通者必须努力获得反馈，接收者也必须经常反馈。尤其是对重要信息沟通，一定要及时反馈。反馈的方法主要有以下几种：重复原来的信息、回答自己理解的信息、用表情或身体语言来反馈。

二、改进沟通中的组织因素

从表 9—4 中我们可以看出，在管理中的沟通问题方面，涉及组织因素的主要有五种问题：噪声、地位差异、时间压力、信息超载和网络结构。

我们可以从两方面来改进沟通中的组织因素：提高管理者的沟通技能和采取有效的沟通手段。

（一）提高管理者的沟通技能

1. 提高管理者传递信息的技能

管理者作为沟通者时，应该具有高超的传递信息的技能，可以从以下四方面来提高传递信息的技能。

（1）有效地发布信息。在信息沟通时，管理者要根据情况来发布信息，有时需要发布更多的信息，有时需要发布更少的信息，有时则需要发布更完整的信息，这样才能确保将想要沟通的信息传递给对方。

（2）适当地使用符号。可以从以下几方面考虑：以另一种方法来说或写；重复说或写；使用接收者易懂的语言和术语；在传递信息前明确所用的符号。

（3）善于使用媒介。可以选用多重媒介；必要时改变媒介；增加媒介的量（例如加大声音）。

（4）注重反馈。以提问来获得反馈，尤其注意非语言的反馈。

2. 提高管理者接收信息的技能

管理者在作为接收者时，应该具有高超的接收信息的技能。可以从以下四方面来提高接收信息的技能。

（1）在接收信息方面：要仔细地聆听完整的信息，或阅读全部文件，不要只获取一部分信息。

（2）在使用符号方面：在沟通之前要清楚符号的含义；提问时要确定符号的含义；要求沟通者重复信息。

（3）在使用媒介方面：要了解沟通者可能使用的媒介，掌握多种媒介沟通技术。

（4）在信息反馈方面：经常重复接收到的信息，使信息确保正确。

（二）采取有效的沟通手段

在组织结构方面，可以采取一些有效的沟通手段，以改进信息沟通。

1. 减少噪声

这里的噪声是一种广义的噪声，泛指一切干扰传递信息的其他信息。噪声是有效进行组织沟通的主要障碍。在组织中，产生噪声的一种普遍形式是“谣言葡萄藤”。

“谣言葡萄藤”是一种非正式的沟通系统，在组织中与正式沟通系统交织在一起。由于“谣言葡萄藤”传递的信息既快又不正确，因此对正式沟通系统内的信息有很大的干扰。

管理者可以通过控制“谣言葡萄藤”的成长，以及改变其性质来减少噪声。

2. 改变组织结构

许多组织中的信息沟通障碍主要是管理层级太多，这样在上行沟通和下行沟通中都会发生许多信息损失。减少组织结构层级，使组织结构扁平化，将有利于信息的畅通。

同时，管理者，尤其是高层管理者，要鼓励正确地沟通信息，这将大大提高信息沟通的效果。

3. 开发一种平行的信息沟通系统

许多大型企业开发了一种复杂的正式信息沟通系统。事实上，在许多情况下，这些系统弊大于利，反而使信息沟通不畅。

这种复杂的系统产生了大量管理者和决策者不需要的信息。另外，组织中有了这种系统后，往往只利用正式渠道中的信息，而忽视了非正式渠道中的信息。而且这种系统一般是以电脑为基础建立的，获得的信息不能解决手头的问题。

□ 本章小结

沟通包括信息的传递和信息的理解两个方面。信息沟通的四个主要功能是控制、激励、表达情绪和传递信息。信息沟通是管理活动的瓶颈，有助于协同工作、分享信息和表达情感。

从信息沟通过程模型中我们可以看出，从沟通者把信息转移到接收者，中间共有六个环节：确定概念、编码、传递、接收、译码和应用。影响信息沟通过程的因素有很多，主要包括三种：障碍、沟通者和接收者。

在沟通的过程中，信息总是沿着一定的通道传递的，按照沟通渠道的正式与否，可以分为正式沟通和非正式沟通两类。正式沟通常用的有四种：开会、面谈、打电话和演讲。非正式沟通也有其积极作用，管理者要正确认识和利用非正式沟通。

组织中几乎所有的人都处在网络中，网络有助于管理者获得许多信息，也有助于管理者和员工搞好人际关系。组织中的正式网络主要有六种：轮型、环型、链型、全渠道型、Y 型和倒 Y 型。各种网络在解决问题的速度、信息精确度、组织化、领导者的权力、士气和对工作变化的弹性等方面存在较大差别。非正式网络普遍存在于组织中，主要有四种：单串型、饶舌型、集合型和随机型。管理者应该了解本组织内部的各种非正式网络，必要时可以利用或抑制各种非正式网络。

网络化对于员工的心理和行为有许多重要的作用，管理者应该了解网络化的作用，发挥网络化的积极作用，消除网络化的消极影响。电子化信息沟通的积极作用和消极影响同时存在，管理者要予以正确认识和把握。

管理层沟通对于组织能否达到目标具有重要作用，管理沟通中的问题可以从以下五个方面寻找来源：信息来源、编码与译码、接收者、反馈和组织因素。

□ 关键术语

信息沟通　下行沟通　上行沟通　横向沟通　斜向沟通　双向沟通　单向沟通　书面沟通　口头沟通　正式沟通　非正式沟通　网络　正式网络　非正式网络　网络化　电子化信息沟通　管理层沟通

□ 思考题

1. 什么是信息沟通？信息沟通的特点是什么？请举例说明。
2. 简述沟通的过程模型，并结合组织实践，举例说明影响沟通的主要障碍。
3. 在管理中，你将如何有效地运用上行沟通和下行沟通？
4. 结合自己的经历，谈谈你对横向沟通和斜向沟通的认识。
5. 在组织中，双向沟通和单向沟通分别有何作用？何时使用双向沟通？何时使用单向沟通？
6. 简述书面沟通和口头沟通的优缺点。
7. 结合实际，谈谈如何运用开会沟通。
8. 结合实际，谈谈如何运用面谈沟通。

9. 结合实际，谈谈如何运用打电话沟通。
10. 结合实际，谈谈如何运用演讲沟通。
11. 管理者应该如何把握和运用组织中的非正式沟通？
12. 组织中的正式网络有哪些类型？请加以比较。
13. 举例说明组织中存在的非正式网络以及它们扮演的特殊角色。
14. 谈谈你对电子化信息沟通的重要作用和发展趋势的认识。
15. 管理中的沟通问题有哪些？如何克服管理中的沟通问题？
16. 结合工作实践，谈谈如何改进沟通中的组织因素。

第10章

领　导

本章要点

1. 领导的过程模型。
2. 权力的概念及分类。
3. 行为理论的主要类型、内容与评价。
4. 权变理论的主要类型、内容与评价。
5. 变革型领导理论的主要内容与评价。
6. 领导的主要艺术。

引　例

王安电脑的辉煌与陨落

1986年，美国《财富》杂志所列的500家大企业中，居于第146位的王安电脑公司曾经是中国人的自豪。鼎盛时期的王安公司年收入30亿美元，在世界各地拥有员工3.15万名，公司最高的股市收盘价达到每股43美元。王安也曾以20亿美元的个人财富跻身美国十大富豪之列，被誉为“电脑大王”，并在美国自由女神建造100周年纪念仪式中被选为全美最杰出的12名移民之一，里根总统亲自为他颁发了“自由奖章”。然而到1992年，王安公司的市值从56亿美元跌到不足1亿美元，公司员工减至8 000人，股票价格跌到了每股75美分，王安电脑被迫申请破产保护，从此永远离开了世界500强的行列。王安公司是如何一步步建立辉煌的电脑帝国，又是如何在短短6年时间如同其神奇的崛起一样迅速衰变的呢？

一、辉煌之路

（一）创始人王安

王安，1920年2月7日出生于上海一个中产阶级家庭，16岁考取上海交通大学电机工程系通讯专业，入学成绩全班第一，当了四年班长，获得了不少处理人际关系等管理方面的知识和经验。1940年毕业后留校任教，1944年国民政府制定了一个选派中国高级工程师到美国受训的计划，王安以第二名的成绩被录取。

1945年哈佛大学应用物理系破格接受王安读硕士学位。1946年王安硕士毕业，1947年又开始攻读博士学位，学习数学电子电路系统课程，这为他后来在计算机方面取得创新成果奠定了基础。1948年，王安以出色的成绩获得了哈佛大学应用物理学博士学位，并受聘在哈佛大学计算机研究实验室当一名研究人员。他在较短的时间里解决了实验室主管霍华·艾肯博士交给他的一个有关电脑资讯存储方面的问题，初步显露了他过人的才智和独创性。

（二）发展之路

1951年，他以600美元起家，创办了全美第一家由华人经营的高科技公司——王安实验研究公司。1956年，他将磁芯记忆体的专利权卖给美国IBM公司，获利40万美元。雄心勃勃的王安并不满足于安逸享乐，对事业的执著追求使他将这40万美元全部用于支持研究工作。1964年，他推出了最新的用电晶体制造的桌上电脑，并由此开始了王安电脑公司的成功历程。

因为不断有新的创造和推陈出新之举，王安公司在其后的20年中事业蒸蒸日上。如1972年，公司研制成功半导体文字处理机，两年后又推出了这种电脑的第二代产品，成为当时美国办公室中必备的设备。对科研工作的大量投入使公司产品层出不穷，迅速占领了市场。当时的王安公司，在对数电脑、小型商用电脑、文字处理机以及其他办公室自动化设备等领域，都走在时代的前列。

1967年8月23日，公司在债权银行的压力下，发行了250万美元的股票来偿还债务。令人意想不到的是，这竟然成为王安公司飞黄腾达的起点。由于公司业绩很好，深受大众信赖，公司股票以每股12.5美元上市，当天收盘的股价高达每股40.5美元。一日之间，王安家族成为拥有账面财富达5 000万美元的超级富豪。

1986年前后，王安公司达到了鼎盛时期，年收入达30亿美元，在美国《财富》杂志所列的500家大企业中名列146位，在世界各地雇用了3.15万员工。王安本人也以20亿美元的个人财富跻身美国十大富豪之列。

二、迅速陨落

（一）固步自封

晚年的王安失去了进取精神，经营上固步自封，判断力趋向迟钝。20世纪70年代末，功能单一的文字处理机和大体型的微机被更廉价和多功能的个人电脑取代的趋势日益明显。80年代，美国计算机工业的发展速度每况愈下。1985年，计算机业的年增长率为20%，到1989年则降到5%，客户的兴趣逐渐转移到个人电脑和小型工作站，而不再是小型计算机和文字处理机。

当IBM等公司致力于发展个人电脑之际，王安却不听下属劝告，拒绝开发这类产品，并认为搞个人电脑是“闻所未闻的荒唐事”；当电脑行业向更开放、更工业化、标准化的方向发展时，王安却坚持自己老一套的专有的生产线；当兼容性高的个人电脑新潮流出现时，王安做出了“不与IBM的个人电脑兼容”的错误决定。在电脑这一高科技含量高且高速发展的行业中，新产品开发与市场脱离必然导致一个公司的失败。

王安一再强调，他绝不愿丧失对公司的控制权，让外人糟蹋自己多年苦心经营的成果。“我愿为自己的冒险承担风险，只要我在公司，我对一切成败负责。我不主张开放投资，因为我不愿让外来的投资者受到牵累。”

（二）奇才出走

20世纪80年代早期，王安的儿子王烈开始在公司各个部门了解情况。然而，随着时间的推移，实验室越来越多的人认识到王烈不是一位称职的接班人。王安公司有三位电脑天才：考布劳、斯加尔和考尔科，他们经常无法很好地相处。王安的策略是让他们三人相互竞争以推动公司的发展。王安不让他们表现出任何公开的敌意，只是让他们各自负责一个项目，然后从这些项目中选择最好的作为公司的新产品投放市场。王烈接管经营后，一再强调公司的出路在于内部的团结和合作，让三人统一思想，而且在向他汇报之前必须先取得一致意见。

1982年，考布劳与王烈的矛盾白热化，王烈曾对考布劳负责的一项全公司上下都为之兴奋的一个新项目泼冷水，并把这个计划交给三个不同的研制小组来承办，而这之前，一个项目是由一个部门自始至终负责的。

1982年，一直被王安当作当代爱迪生的考布劳在加盟公司15年之后愤然辞职。

1984年，斯加尔决定离开王安实验室。

1985年，考尔科也离开了王安实验室。

至此，曾经为公司带来几十亿美元利润的实验室“三剑客”因为接受不了王烈的工作方式，全部选择了离开。

（三）致命的任命

王安虽然长期在美国生活和工作，但是他的中国文化情结却根深蒂固。王安秉承“家业传内不传外，传男不传女”的信念，他曾说过：“因为我是公司的创始人，我要保持我对公司的完全控制权，使我的子女能有机会证明他们有没有经营公司的能力。”

王安公司一名叫约翰·卡宁汉的亚裔商人深得王安的器重，是唯一能够影响王安决策的家族外人士。公司上下很多人认为他是带领公司进入21世纪的最佳人选。然而，他却并未能像人们想象的那样成为公司的最高领导人，因为他不是王安家族的成员。

1986年1月，王安任命自己的儿子——36岁的王烈担任公司的总裁。王烈没有像王安那样从几十年奋斗中积累经验，没有像王安那样的开拓精神和魄力，在商场的斗争中显得是那么的幼稚和脆弱。当暴风雨袭来时，他茫然不知所措，把公司弄得支离破碎。王烈1986年接手公司以后，在一年之中让公司亏损了4.24亿美元，公司股价在3年中下跌了90%。1989年，王安公司就已陷入了资金匮乏的困境中，但王烈仍然对公司的前景充满信心。“我们拥有30亿美元的年收入，绝不可能垮台。”

董事们担心王烈缺乏领导公司的经验，曾多次劝说王安招聘一位职业经理人，给王烈一个让人印象深刻的头衔，以避免让王烈这样缺乏经验的年轻人推动公司在全球竞争最激烈的行业内生存。但是，王安却说：“他是我的儿子，他能够胜任。”王烈被任命为总裁后，其他两位候选人——工程师出身的哈罗德·科普洛和销售人员出身的约翰·卡宁汉——相继离开公司，并导致了一大批管理精英的流失。王安公司元气大伤。

从1989年到1992年申请破产保护的4年中，王安公司共亏损16亿多美元，股价也大跌至每股75美分。之后，王安公司重组，退出计算机行业，成为一个专业化软件服务公司。

资料来源：《电脑大王：王安》，中华文化信息网，http：//www.ccnt.com.cn，2009-10-23；崩溃的城：《王安电脑的失败》，新浪网，http：//blog.sina.com.cn，2009-10-23；陈益：《电脑巨星王安》，载《文汇报》，2003-02-09；《王安》，http：//baike.baidu.com，2009-10-23；《王安公司申请破产保护的背后》，http：//www.tjwto.com，2009-10-23。

请思考：

1. 王安公司成功的主要因素是什么？你如何看待王安时期的成功？
2. 王安公司失败的主要原因是什么？你如何看待王烈时期的领导？
3. 王安公司的失败局面是否可以扭转？谈谈你的观点。

王安公司的案例可以折射出很多管理方面的经验和教训，它让我们深刻地感受到领导在企业成败中的重要性。成功企业与失败企业的一个重要区别就是：前者是以卓越有效的领导为特征的。管理学大师德鲁克在《管理：任务、责任、实践》一书中明确指出：企业领导者是任何企业最基本、最宝贵的财富。优秀的企业领导者永远是最紧缺的人才，永远是企业争夺的宝贵资源。

第1节 领导概述

一、领导与领导者

（一）领导的概念

在企业中经常可以听到下面一类话：

“你的领导真关心你。”

“在完成这项任务中，你发挥了卓越的领导才能。”

“他没有资格领导这个部门。”

可见，人们对“领导”的看法各有不同。

领导可以表示领导者（leader），一般是指具有职权、责任和义务来完成组织目标的个人；也可以表示领导力（leadership），一般是指影响群体为实现目标而努力的能力和素质[①]；还可以表示一项管理职能——领导（leading），体现在管理者与别人一起或者通过别人去完成组织目标的过程中。当管理者激励下属、影响工作中的个体和团队、选择最有效的沟通渠道，或者以任何方式处理员工的行为问题时，就是在履行领导职能。[②]

1. 领导的一般意义

“领导”是一个相当重要而又常用的概念，各国学者和企业家对此做过很多研究，但意见并不统一。为了更全面地理解“领导”这一概念，下面我们把一些主要观点罗列出来：

（1）领导是群体过程的焦点；

（2）领导是个性与它的影响力；

（3）领导是一门导致服从的艺术；

（4）领导是一种影响力的利用；

（5）领导是一种说服的形式；

（6）领导是一种行为；

（7）领导是一种权力关系；

（8）领导是一种达到目标的工具；

（9）领导是展现出来的相互影响力；

（10）领导是一种有区别的角色；

（11）领导是一种结构的创造；

（12）领导是一门促使其下属充满信心、满怀激情地完成他们的任务的艺术；

（13）领导是形成权威与做出决策；

（14）领导是影响人们自动地为达成群体目标而努力的一种行为；

（15）领导是凭借权力、特权或者外在形式而说服和指挥他人；

（16）领导是一种说服他人热心于一定目标的能力；

（17）领导是影响人们跟着去达成一个共同的目标。

2. 领导的现代定义

根据美国权威的《领导手册》，领导的广义定义为：“领导是一个群体内两名或者两名以上成员的相互作用，常常涉及情境的建造或者再建造，以及成员的感觉和期望。”

著名领导学家哈罗德·孔茨认为，管理是一种影响力，是一种对人们施加影响的

---

① 参见胡君辰、杨永康：《组织行为学》，368 页。

② 参见斯蒂芬·P·罗宾斯、玛丽·库尔特：《管理学（第 7 版）》，9 页。

艺术和过程，从而使人们心甘情愿地为组织目标努力。

从以上定义可以看出，一般来说，群体内必然存在领导；当成员感觉到领导，或者期望领导时，领导最容易发生。

3. 狭义的概念

在组织中，狭义的领导概念运用更广泛。我们认为：所谓领导，是指在一个组织中，影响他人，使他人尽力去完成组织目标的一种行为过程。

从这一定义中我们知道：领导，是实现组织目标的一个行为过程；领导力，是影响组织成员共同为实现组织目标而努力的一种能力；领导者，是从事这一过程的个体。在汉语中，领导与领导者通常混用。

（二）领导的分类

1. 正式领导与非正式领导

（1）正式领导。正式领导是指通过选举、任命、聘用等正式程序取得正式职位的个体。

由于所在组织的性质、规模、结构不同，以及在组织内部所处的层级不同，正式领导的职责也会有所不同。一般来说，正式领导有以下一些主要职责：

1）预测组织和环境的长远变化，制定组织的憧憬目标和战略规划；

2）根据憧憬目标和战略规划，制定组织的战术计划；

3）根据战略规划和战术规划，筹集必需的各种资源，比如人才、资金、信息和物资等；

4）将各种资源以合理、高效的原则组织、运转起来；

5）制定组织内部的各种规章制度，这些规章制度以符合国家法律为主要依据，还要根据组织的具体情况制定；

6）收集组织运转的信息，并向各运转部门做出反馈，使各部门正常运转；

7）代表组织与外部环境发生联系。

（2）非正式领导。非正式领导是指没有通过正式程序取得正式职位但实际上在发挥领导作用的个体。

一般来说，正式领导的主要职责是完成组织目标，而非正式领导主要在组织内部的社会心理方面起作用。非正式领导在组织中主要发挥以下作用：

1）满足成员的心理需求，如归属感、安全感、交往需求、友谊等；

2）为部分成员的利益，与正式领导交涉；

3）促进非正式沟通，弥补正式领导发出的信息在数量和质量上的不足；

4）在紧急关头，当正式领导由于种种原因不能发挥作用时，担负起正式领导的部分职责。

2. 变革型领导与事务型领导

20世纪80年代，美国政治社会学家詹姆斯·麦格雷戈·伯恩斯（Burns）在《领导论》一书中提出了变革型领导（transformational leadership）的定义：通过让员工意识到所承担任务的重要意义和责任，激发下属的高层次需要或扩展下属的需要和愿望，使下属为团队、组织和更大的政治利益而超越个人利益的领导者。

事务型领导也称交易型领导（transactional leadership），它的定义是20世纪80年代由霍兰德提出的。他认为：当领导行为发生在特定情境之下时，领导者和被领导者是相互满足的交易过程，即领导者用明确的任务及角色的需求来引导与激励部属完成组织目标。

伯恩斯认为，传统的领导可以被认为是一种契约式领导，领导者以资源奖励和被领导者对领导者的服从作为交换条件。因此，传统领导也称为交易型领导，它与变革型领导的区别在于能否激起追随者心中的激情。

（三）领导过程模型

约克尔（G. A. Yukl）在1989年出版的《组织的领导》一书中提出了一种组织领导过程模型（见图10—1）。

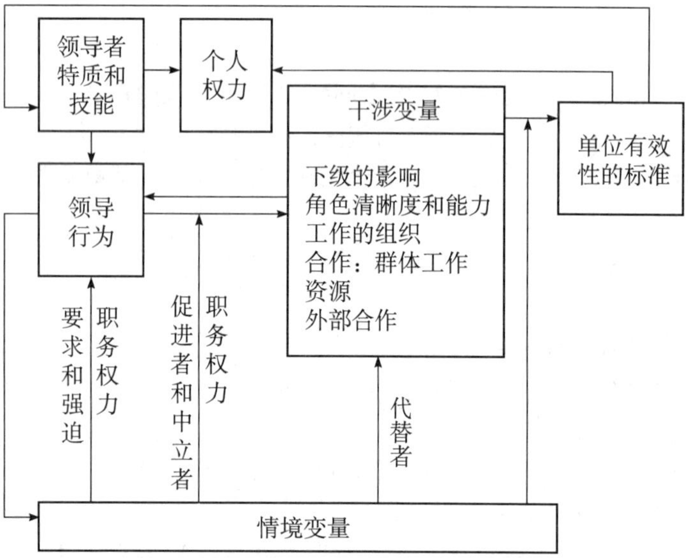

图10—1 领导过程模型

资料来源：胡君辰：《管理心理学》，275页。

从这个模型中我们可以看出：领导者的特质和技能影响着个人权力和领导行为，而领导行为还受情境变量、干涉变量和单位有效性的标准制约。同时，领导行为也影响干涉变量和情境变量。情境变量是影响其他变量和过程的主要因素。干涉变量既影响领导行为，又影响单位有效性的标准。

二、权力与权威

（一）组织中的权力

在一个组织中，权力是作用最大的一种力量。领导者能否正确、有效地运用权力，可以决定一个组织的兴衰存亡。

1. 权力的概念

权力是指个体（或群体）A对个体（或群体）B的行为发生影响的潜在能力。

权力和影响力的主要区别是：影响力在控制方面的作用较弱，而权力在控制方面的作用较强，可以说，权力是影响力的一种极端形式。

权力可以掌握在一个人手中，也可以归一个群体所有。为了方便，我们较多地讨论权力掌握在一个人手中的情境。

权力虽是一种潜在的能力，指有权者可以控制他人，但是也可以选择不控制。

2. 权力的种类

在一个组织中，并不是只有领导者才有权力，权力由于不同情境而有许多种类。任何人只要拥有权力，就可能对他人、群体、组织产生较大的影响。一般来说，权力可以分为合法权力、奖励权力、强制权力、专家权力、参照权力等。

（1）合法权力是指个体由于在组织中的职务而获得的权力。合法权力是组织中最基本的一种权力。一位管理者对他的下级就有合法权力。在企业中，一般会指定某个人控制几个人，这个人就具有合法权力。在一个矩阵型组织中，这种权力会被削弱，因为每个员工可能有两个以上的上级，每个上级的合法权力在某种情境中会抵消。

（2）奖励权力是指个体由于能给予他人希望得到的东西而获得的权力。在企业中，最明显的例子就是谁能够给他人工资、奖金、职务、福利、汽车等，谁就拥有奖励权力。

另外，他人希望的东西不仅仅是物质方面的，也可以是精神方面的，如与人交往、被人接纳、荣誉等。因此，管理者的表扬权、有用信息控制权也是奖励权的基础。

（3）强制权力是指个体由于拥有使他人生理或心理受到伤害的能力而获得的权力。在企业中，一些领导者显然拥有这样的强制权力，例如降工资、扣奖金、当众训斥下属、忽视下属的工作表现、把下属调到他不喜欢的部门或地区去、该晋升而不晋升下级、开除等。

经常运用强制权力会使企业付出昂贵的代价，导致员工不满、敌视、破坏、迟到、早退、离职等。

（4）专家权力是指个体由于掌握了他人希望得到的信息而获得的权力。在企业中，有些人掌握了他人没有但又需要的专业知识、信息等，就可以获得这种专家权力。

个体获得的信息越重要、获得信息的渠道越狭窄，这种专家权力就越大。专家权力往往可以超越职位和岗位。它虽然不一定与正式职务相匹配，但经常是有密切联系的。例如，在一项战略计划的决策中，总经理由于缺乏信息而没有决策权，兼职的管理顾问却由于掌握了许多信息而实际上拥有决策权。

（5）参照权力也称感情权力。当个体受到其他人的喜爱和模仿时，他就获得了一种参照权力。

与专家权力相似，参照权力和正式职务的关系也不密切。换句话说，参照权力和个体的魅力有关系。当人们相信某一个人、愿意接受他的观点、喜欢追随他、受他影响时，这个人就有了参照权力。

3. 权力分类模型

根据权力来源，我们可以建立一个权力分类模型（见图 10—2）。

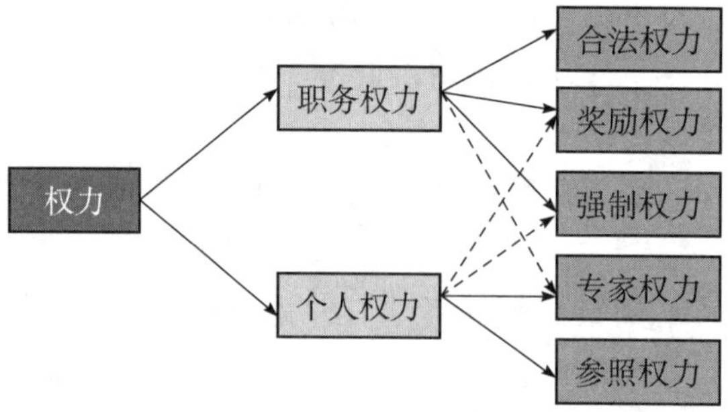

图 10—2　权力分类模型

从权力分类模型中可以看出，权力主要可以分为两大类：职务权力和个人权力。职务权力是指与职务有关的权力，即谁拥有某一职务，谁就拥有相应的权力。个人权力是指与职务无关的权力，即不管是谁都可能拥有的权力。

一般来说，职务权力与合法权力、奖惩权力、强制权力有较密切的关系，与专家权力有一定的关系，与参照权力几乎没有关系。个人权力与专家权力和参照权力有较密切的关系，与奖励权力和强制权力有一定的关系。

（二）运用权力的方法

在组织中，如何运用权力是一门很大的学问。在何时何地运用何种权力是管理者必须掌握的一种技能。

1. 运用各种权力的结果

表 10—1 显示了各种权力在一定条件下运用后产生的三方面结果，可供管理者参考。

表 10—1　运用各种权力的结果

权力类别	三方面结果		
	承担义务	服从	反抗
合法权力	可能 条件：以温和与非常适当的方式提出请求	很可能 条件：看起来请求或命令是合法的	可能 条件：以傲慢的方式提出要求，或以不适当的方式提出请求
奖励权力	可能 条件：以一种微妙的、有个人特点的方式使用	很可能 条件：以一种呆板的、非个人的方式使用	可能 条件：以一种操纵性的、傲慢的方式使用
强制权力	不可能	可能 条件：以一种主人的、非处罚性的方式使用	很可能 条件：以一种不友好的或操纵性的方式使用

续前表

权力类别	三方面结果		
	承担义务	服从	反抗
专家权力	很可能 条件：请求是有说服力的，下级分享上级的目标	可能 条件：请求是有说服力的，但下级对上级的目标不关心	可能 条件：领导者傲慢又无理，或下级反对上级的目标
参照权力	很可能 条件：相信请求对于领导者是很重要的	可能 条件：认为请求对于领导者并不重要	可能 条件：有可能给领导者带来危害的请求

资料来源：胡君辰：《管理心理学》，281页。

2. 有选择地运用权力

在组织中，应根据不同的情境选择运用不同的权力。一位领导者应该尽可能拥有尽可能多的权力。

在一般情况下，首先选择参照权力，其次选用专家权力，再次选用合法权力，然后选用奖励权力，最后选用强制权力。

（三）组织中的权威

1. 权威的概念

权威是指他人对某一个体作出积极评价的一种现象，主要的表现形式是他人对其赞扬、尊敬、信任和服从。

权威感是指个体对自己所拥有权威高低的自我主观感受。

一个人的权威感和权威可以匹配，也可以不匹配，一些与权威严重不匹配的权威感是假性权威感。

一般人可以不拥有权威或权威不高，但作为组织的领导者，如果没有权威或只有很低的权威，就不能很有效地发挥领导作用。

领导者选择和运用权力，在很大程度上就是为了提高自己的权威。

2. 权威的作用

权威的作用很多，在管理中主要有以下作用：

（1）缩短心理距离。领导者越有权威，他与被领导者之间的心理距离越近。

（2）增加影响力。权威与影响力有很大的关系，权威高的人影响力就大。

（3）满足员工的心理需求。广大员工希望有一个或一群权威高的领导者带领他们前进。

（4）团结员工，更好地为实现组织目标而努力工作。

3. 权威与权力的关系

权力与权威的关系可以划分为四类，如图10—3所示。

（1）有权力有权威。这是一种极具魅力的领导者，他们既具有有效领导的权力，又在下属的心目中具有很高的威信。只要该领导者掌握了管理技能，就能很好地引导组织走向成功。

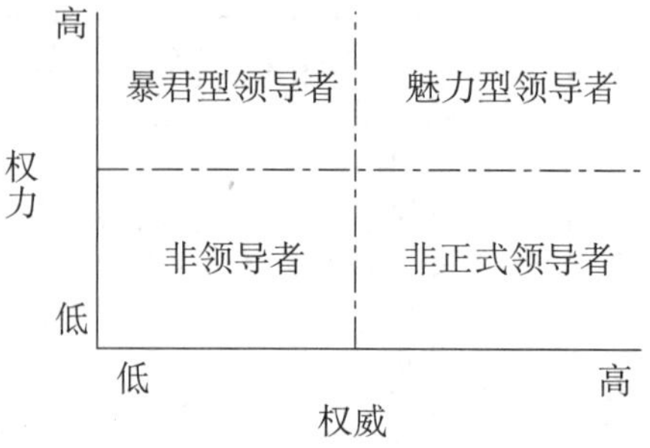

图 10—3　权力与权威的关系

（2）无权力有权威。这里的无权力是指不拥有正式职务上的权力。这是一些非正式组织群体中的领导者，在组织中，他们由于权威高而实际掌握了一部分权力。如果该非正式群体的目标与组织目标一致，该领导者也能发挥良好的作用。

（3）有权力无权威。这是一些拙劣的领导者，类似于古代的暴君。虽然他们由于职务关系而掌握了权力，但由于缺乏权威，员工离心离德，领导效果很差。

（4）无权力无权威。主要是非领导者。

第 2 节　领导的主要理论

领导理论的研究大致经历了特质理论、行为理论、情境理论和变革型理论等阶段。特质理论是领导理论研究的基础，20 世纪三四十年代共有 100 多项特质研究，但是，这些研究都没有得出所有领导者具有的通用特质，或者可以保证领导成功的相关特质。① 50 年代，领导研究从特质理论转向了研究领导者在工作中的实际行为，试图解释高效领导者和低效领导者的不同领导风格，由此产生了重要的行为领导理论。60 年代，研究者发现不存在通用的领导风格，权变领导力理论范式开始出现，试图解释在不同的组织任务、岗位角色、下属素质等基础上的各种领导风格。从 70 年代开始，领导理论转向对传统理论的审视和领导理论的整合。综合领导理论尝试结合特质、行为和权变理论等来解释成功的和富有魅力的领导者及领导者—下属关系。80 年代之后，展开的变革型研究是领导理论新的重点和热点。

一、特质理论

特质理论又称伟人论。该理论认为，有效领导者与无效领导者的主要差别在于前者拥有一定数量的品质与特征。伟人论确定了高效领导者所具有的各种特质，研究人

① 参见罗伯特·N·纳瑟尔、克里斯托弗·F·阿川：《领导力教程——理论、应用与技能培养（第 3 版）》，17 页，北京，清华大学出版社，2008。

员检测了个性、能力以及与社会和工作相关的性格特点等。

（一）生理差异理论

早期的研究主要集中在生理差异方面，主要的生理差别有以下几点。

1. 身材差别

一些研究认为，身材高大是有效领导者的一个标志。其重要论据是早期美国总统竞选时，身高高者都击败了身高矮者。但后来有许多研究否定了这种观点，认为身高矮者中不乏杰出领导人。

2. 相貌差别

一些研究表明，相貌堂堂是有效领导的一个标志。但是，这种区分存在以下问题：首先，相貌堂堂本身就很难定义；其次，有些人把服饰打扮与相貌混为一谈，而服装打扮得体、典雅是成功人士的一个标志；最后，长相一般甚至丑陋却极具魅力的领导者也大有人在。

3. 健康差异

一些研究者认为，身体健康是有效领导者的一个标志，其主要特征是：没有明显的疾病，工作起来可以通宵达旦，朝气蓬勃。后来一些研究认为，在早期以体力活动为主的一些群体中，身体健康者可能成为有效领导者。随着科学技术的发展，领导者主要以智力活动为主，这使得身体健康与领导思维、才能相比重要性大大降低。身体健康不能成为有效领导者的一个标志，许多杰出的领导者甚至长期疾病缠身。

4. 对生理差异理论的评价

（1）测量相对容易；

（2）在一些体力活动为主的群体中比较适合；

（3）在现代企业中几乎没有用。

（二）心理差异理论

生理差异特质理论由于严谨性不足而逐渐被人们抛弃，管理心理学家开始把重点放在心理差异特质理论方面。

1. 斯托蒂尔的特质论

斯托蒂尔（R. M. Stogdill）的研究发现，以下的一些心理特质构成了有效领导者的基础：

（1）智力。一般来说，智商较高者较适宜担任领导者。但有研究证明，企业领导者的智商最好不要超过140。

（2）学识。一般来说，学校里学习成绩较好、知识较渊博者，较适宜担任领导者。

（3）可靠性。指容易受人信赖的程度。

（4）责任心。指愿意对事情的结果负责任。

（5）社会活动参与性。指愿意与人打交道，喜欢群体活动。

（6）社会经济地位。指父母在社会中的经济地位，一般来说，社会经济地位中上水平的个体容易成为领导者。这可能与家庭环境、教育水平、社会环境对个体心理活动造成了一定影响有关。

2. 格林斯利和佳雷特的特质论

格林斯利（G. Grimsley）和佳雷特（H. F. Jarrett）对年龄和学历基本相同的50位高层管理者和50位中层管理者进行了比较研究。

从表10—2中可以看出：在智力方面的七项指标中，高层管理者的平均得分均明显高于中层管理者，即高层管理者的智力高于中层管理者。

在性格、精力和活力方面，高层管理者的得分明显高于中层管理者，而在人际关系和对宗教的重视程度方面，高层管理者的得分又明显低于中层管理者。

表10—2 高层管理者和中层管理者的比较

测试内容		50位高层管理者的平均分数	50位中层管理者的平均分数
智力	数学应用能力	20.1	17.9
	视觉的快速和准确性	107.1	88.8
	空间想象化	32.7	27.8
	数学推理能力	15.1	12.2
	语言推理能力	19.5	15.3
	说话的流利程度	55.4	45.3
	符号推理能力	13.9	10.9
性格	一般活动（精力）	24.3	20.3
	人际关系	25.8	27.8
	朝气活力	32.7	29.1
	对宗教的重视程度	30.3	34.6

资料来源：胡君辰：《管理心理学》，300页。

这项研究指出，高层管理者不太重视人际关系和宗教，而在智力和活动程度上明显优于中层管理者。

3. 对心理差异理论的评价

（1）它是目前选拔管理者的各种测试手段的理论基础；

（2）可以较正确地了解一个人的心理特质，进而预测其领导效率；

（3）不同组织的领导者所需的心理特质是不一样的，因此，一个组织的成功领导者到另一个组织中可能会变成无效领导者；

（4）过分强调智力的作用，而情商的作用可能比智商更重要，这有待进一步研究。

（三）高效领导者的特质

实证研究支持的有效的领导力特质有以下几种。①

1. 高支配欲

支配欲（dominance）是指成功领导者希望能够成为支配者，承担主要的管理职责。支配欲特质可以影响与高效领导者相关的所有特质。为了最大限度地发挥领导潜

① 参见罗伯特·N·纳瑟尔、克里斯托弗·F·阿川：《领导力教程——理论、应用与技能培养（第3版）》，36～38页。

力，支配欲促使个体必须成为一名领导者，努力培养自己的技能，并享受这种过程。

2. 高活力

高活力（high energy）是指管理者努力工作实现目标，毅力较强，能够承受各种压力。

3. 高自信心

自信心（self-confidence）是指个体在判断、决策、思考和显示能力方面充满自信。领导者对自己的能力非常自信，才能培养下属员工的自信心。

4. 内控制点

控制点（locus of control）是指介于控制命运方面的外控型和内控型信仰之间的倾向。外向型的人认为他们无法控制自己的命运，而且行为与绩效之间没有太大关系，他们的绩效水平通常比较低；内控型的人认为他们可以控制自己的命运，而且他们的行为能够直接影响绩效水平。

5. 高稳定性

稳定性（stability）是指个体可以在情绪方面控制自己的一种能力。稳定性高者通常表现出积极的情绪。

6. 诚信

诚信（integrity）是指个体具有一贯的诚实和道德的行为。诚信可以提高个体的可信任度，是影响能力的重要基础之一。

7. 高智商和高情商

智商一般是指个体进行深入思考、解决问题和做出决策的认知能力。现代研究发现，情商比智商更重要。情商主要是指与其他人共事的能力。情商包括自我认知、社会认知、自我管理和关系管理等四个维度。

8. 高灵活性

灵活性（flexibility）是指个体调整适应不同情境的能力。

9. 高敏感性

敏感性（sensitivity）是指个体对他人的敏感程度。敏感性可以使个体更了解组织内部所有成员的基本情况，更理解他们对问题的基本立场，知道怎样与他们沟通、如何影响他人等。

二、行为理论

行为领导理论的主要观点是：决定领导是否有效的主要因素是领导者的行为，而非特质。

（一）连续体理论

连续体理论认为，在注重任务和支持下级这两个极端之间，有许多各种各样的领导行为，这些领导行为可以看做一个连续体（见图10—4）。

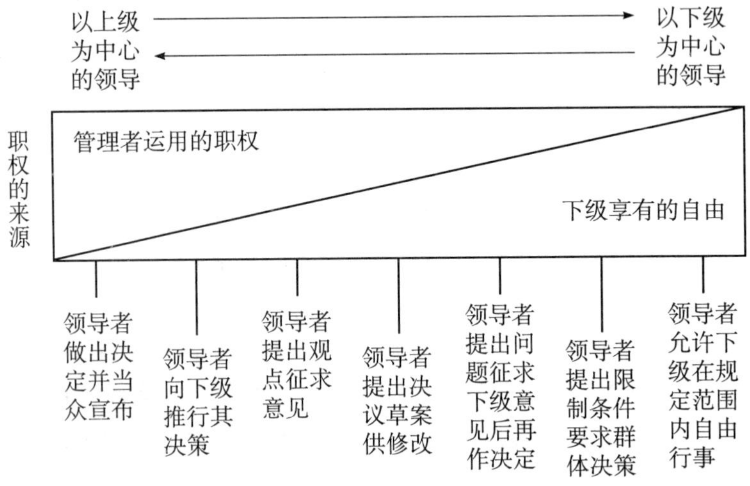

图 10—4　领导行为的连续体

从图中可以看出，注重任务，并运用其职务权力来影响下级的领导者位于图的左端；关心下级，让下级参与决策，给下级较大自由度的领导者位于图的右端。中间是不同领导行为的连续体。

如果领导者认为下级聪明能干，又有参与决策的需求和能力，那么他可能采用右端的领导行为；如果领导者认为下级水平低下，又缺乏参与决策的动机，那么他可能采用左端的领导行为。

（二）三种领导行为理论

研究表明，由于领导者的行为不一样，可以有三种领导方式：专制型领导、民主型领导和放任型领导。

1. 专制型领导

专制型领导有以下一些行为特点：

（1）所有的事情均由领导者来做决策；

（2）所有的操作都根据领导者的指示来进行，因此，当情况发生变化又无上级指示时，下级会犹豫不决；

（3）一般由领导者指派每个成员的具体任务与工作伙伴；

（4）领导者会根据下属绩效亲自奖励或惩罚每个成员；

（5）领导者除了示范，基本不参与群体活动。

2. 民主型领导

民主型领导有以下一些行为特点：

（1）事情由群体讨论决定，领导者予以支持与鼓励；

（2）讨论阶段中已预见到活动的前景，群体拟定实现目标的大致步骤，在需要作出改变时，领导者提出多种备选方案，供群体成员选择；

（3）群体成员可以自由组合，任务的分工由群体讨论决定；

（4）在进行奖励或惩罚时，领导者的态度是“客观的”和“重视事实的”；

（5）领导者在精神上作为群体的一名正式成员，但是不太参与具体的工作。

3. 放任型领导

放任型领导有以下一些行为特点：

（1）个体或群体有决策自由，领导者极少过问；

（2）领导者提供各种资料，并明确表示，只要有需要就尽量增加相关信息，领导者极少参与讨论；

（3）领导者很少参与任务的确定和人员的配备，一般由群体成员自己决定；

（4）除非被问及，否则很少主动评价成员的活动；

（5）游离于群体之外，很少参加群体活动。

4. 评价

（1）有研究指出，专制型领导的群体，完成的工作量最大；民主型领导的群体，完成的工作质量最佳；放任型领导的群体，绩效最差。

（2）在一般群体中，可能民主型领导的效果较好。但在某些群体中，如紧急情境中的群体、刚建立的群体或成员素质普遍低下的群体，可能专制型领导的效果较好。在某些群体中，如成员素质普遍较高的群体，可能放任型领导的效果较好。

（三）领导行为四分图

领导行为四分图是一种经典的领导行为理论，是其他理论的一个重要基础。

1. 四分图的创立

1945 年，美国俄亥俄州立大学工商研究所对 1 000 多种描述领导行为的因素进行了详细的研究，最后概括出关心人和抓组织这两大类行为。

所谓关心人，是指以人际关系为中心，重视建立相互信任的气氛、尊重下级的意见、关心下属的情感和需求。

所谓抓组织，是指以工作为中心，重视实现组织目标，领导者既规定了自己的任务，也规定了下级的任务，其中包括进行组织设计、确立工作目标、制定计划和工作程序、明确职责和关系、建立信息沟通渠道、制定规章制度等。

2. 四分图的内容

根据他们的研究结果，领导者的行为主要可以分为两个维度：关心人与抓组织，这样就形成了四分图（见图 10—5）。

关心人 高	二型：低组织高关心人	三型：高组织高关心人
关心人 低	一型：低组织低关心人	四型：高组织高关心人
	低	高
	抓组织	

图 10—5 领导行为四分图

一般认为：三型最有效，一型最无效，应根据情境选择二型或四型。

3. 四分图的运用

一些研究指出，不知何种领导行为能够影响工作群体的绩效，主要原因是个体的工作效率受到各种因素的影响。

（1）在下列情境中运用高关心人的领导方式较有效：

1）当任务是例行的，任务本身对员工不能起到很好的激励作用时；

2）当下级必须学习一些新鲜事物时；

3）当下级希望参与决策时；

4）当上级与下级的地位很接近时；

5）当下级认为参与决策是受鼓励的，而且会影响自己的工作绩效时。

（2）在下列情境中运用抓组织的领导方式比较有效：

1）工作任务本身具有激励作用；

2）任务是新的；

3）领导者手下的人超过 12 人，即管理跨度较大时；

4）由于领导者以外的原因，对工作要求有很大压力时；

5）需要迅速作出决策时。

（四）管理方格图

1964 年，布莱克（R. R. Blake）和莫顿（J. S. Monton）以四分图为基础，提出了管理方格图。

1. 管理方格图的内容

领导者的行为主要可以从对人的关心程度和对生产的关心程度两个方面来衡量。根据关心人和关心生产两个维度可以画出一个九等分的方格图。其中横坐标表示领导者对生产的关心程度，纵坐标表示领导者对人的关心程度。每条坐标轴九等分，整个坐标系平均划分为 81 个小方格（见图 10—6）。

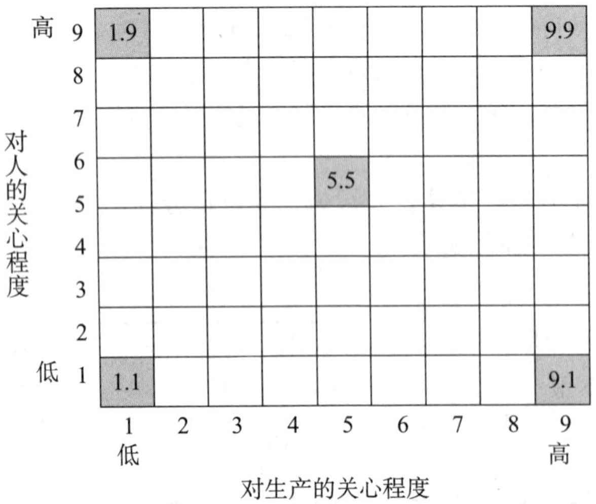

图 10—6 管理方格图

资料来源：胡君辰：《管理心理学》，306 页。

2. 五种典型的管理行为

根据管理方格图，有五种典型的管理行为：

(1) 1.1 型，又称贫乏型管理。管理者对员工和生产几乎都不关心，他只以最小的努力来完成必须做的事情。当群体成员的素质都很高，能很自觉地为组织目标努力工作时，这种管理行为是有效的；否则，很容易导致失败。

(2) 9.1 型，又称任务型管理。管理者集中全部力量关心是否完成了工作任务、工作绩效提高多少，完全不关心员工的心理需求。在短时间内，这种管理行为可能取得一定的效果，但时间一长，由于没有员工士气的支持，工作效率会一落千丈。

(3) 1.9 型，又称俱乐部型管理。管理者把主要精力放在满足员工的需求方面，提高员工的福利待遇，或开展各种活动以得到员工的支持和拥护；极少注意健全规章制度、实行监督与控制。这类管理者往往深受员工的欢迎，而不受上级的支持，但由于绩效上不去而不能持久。在员工素质较高的企业中可以局部运用。

(4) 9.9 型，又称团队型管理。管理者对员工和生产都十分关心。他们对组织的目标和员工个人的目标都相当重视，既重视企业的规章制度、反馈系统、绩效评估，又重视企业文化、员工需求、协调人际关系。因此，企业往往有很高昂的团队精神，工作任务完成得很好，员工士气也很旺盛，有很强的凝聚力。

(5) 5.5 型，又称中间型管理。管理者对员工的关心和对生产的关心都处在中间状态。管理者一方面注重计划、指挥、控制，一方面注重引导、激励、鼓舞，两者之间保持平衡，有相当的工作效率和一定程度的士气。在许多企业中，这种类型的管理相当常见，绩效可能过得去，但缺乏创新精神。应该向 9.9 型转化，这样可以产生更有效的领导。

三、情境理论

情境理论认为：有效的领导不仅取决于领导者本身，而且与被领导者、情境有密切的联系。

情境理论的基本思想可用下列公式来表示：

$$E = f(L \cdot F \cdot S)$$

式中，E 代表领导的有效性；L 代表领导者；F 代表被领导者；S 代表情境。公式的含义是：领导的有效性随着领导者、被领导者和情境的相互作用而变化。

情境理论较好地解释了有些领导者在甲公司领导得很好，到了乙公司就领导不好的原因；也较好地解释了有些领导者在过去的一段时间内领导得很好，但在最近一段时间内领导得很差的原因。

(一) 赫塞-布兰查德情境领导模型

赫塞-布兰查德情境领导模型，也称领导的生命周期理论（life circle theory，LCT），1966 年由科曼（A. K. Korman）提出，20 世纪 80 年代由盖斯特（H. Guest）、赫塞（P. Hersey）、布兰查德（K. H. Blanchard）共同发展，成为一种较成熟的理论。

1. 理论模型

该理论认为，成功的领导是通过选择恰当的领导方式来实现的，选择的过程视下属的成熟度水平而定。领导者的领导方式应当适应被领导者的成熟度，当被领导者从不成熟成长为成熟时，领导者的领导方式应作适当调整（见图 10—7）。成熟度（readiness）是指个体能够并愿意完成某项具体任务的程度。

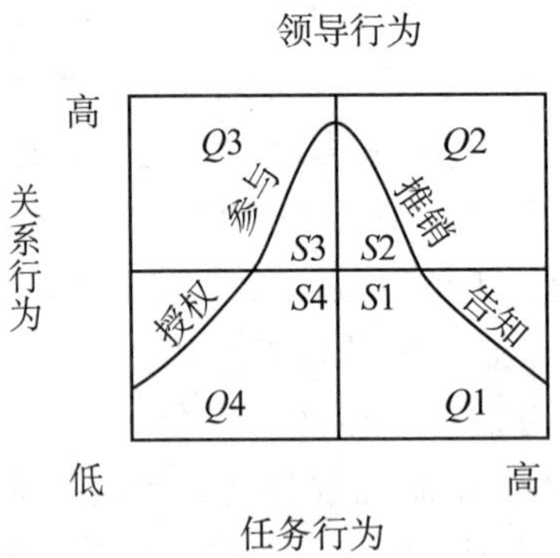

下属成熟度

高			低
*M*4	*M*3	*M*2	*M*1
有能力且有意愿	有能力但无意愿	无能力且有意愿	无能力且无意愿

图 10—7 赫塞-布兰查德情境领导模型

资料来源：孙健敏、李原：《组织行为学》，311 页。

该模型涉及下属的成熟程度和领导者的领导方式。

（1）下属。

*M*1＝无能力且无意愿完成某项具体任务；

*M*2＝无能力但有意愿完成某项具体任务；

*M*3＝有能力但无意愿完成某项具体任务；

*M*4＝有能力且有意愿完成某项具体任务。

（2）领导。

*Q*1＝高任务和低关系领导方式；

*Q*2＝高任务和高关系领导方式；

*Q*3＝低工作和高关系领导方式；

*Q*4＝低工作和低关系领导方式。

2. 理论的主要内容

（1）任务行为。主要指领导者用单向沟通的方式向被领导者说明应该做什么，在何时何地、用何种方法去完成任务。

（2）关系行为。主要指领导者用单向沟通的方式与被领导者沟通，重视感情交流，重视对方的心理需求和福利待遇。

（3）成熟度。主要是指员工的心理成熟程度，有能力并且有意愿完成某项具体任务的程度。它包括成就动机、承担责任的意愿和能力、与工作相关的知识和经验、对待挫折的容忍力、处理人际关系能力、对待事物的态度等。

（4）有效的领导。主要是指领导者能根据被领导者的成熟度以及具体的内外环境，做出正确的决策，促进达成组织目标的过程。

（5）无效的领导。主要是指领导者不能根据被领导者的成熟度以及具体的内外环境，做出正确决策，以至于不能促进达成组织目标的过程。

3. 四种领导类型

根据赫塞-布兰查德情境领导理论，领导者可以分为四种类型：告知型、推销型、参与型和授权型。

（1）告知型（*Q*1）。又称高任务低关系型，主要适用于低成熟度的下属（*M*1）。在这种情况下，下属既不能够也不愿意承担工作的职责，原因可能有多种。例如，员工刚进公司，对公司的情况不熟悉；员工的基本素质较低，缺乏主动性；企业文化鼓励员工追随领导者等。这时，领导者下指示即可提高工作效率。

（2）推销型（*Q*2）。又称高任务高关系型，主要适用于下属成熟度较低的情况（*M*2）。在这种情况下，下属愿意承担工作的责任，但是缺乏完成任务的必要技能，因此，还不能够完全胜任工作。这时，领导者可以双向沟通的方式提高员工必要的工作技能，同时，从心理上支持员工承担工作责任和鼓舞员工努力工作的激情。处在这一成熟度的员工希望领导者多关心、多指导，乐意遵照领导者宣传的目标去努力工作。

（3）参与型（*Q*3）。又称高关系低任务型，主要适用于较高成熟度的下属（*M*3）。在这种情况下，下属具有完成具体任务的能力，但是不希望领导者对他们有过多的指示和约束。他们一般已成为业务骨干或基层管理者，希望参与决策，但是，有时还缺乏自信心和安全感。因此，也希望领导者与他们多沟通，聆听他们的想法，相互交流信息，讨论问题。领导者在领导这类下属时，要支持他们的参与，经常保持沟通，保持良好的人际关系，千万不要在工作方面横加干涉。这样才能保持下属高昂的士气。

（4）授权型（*Q*4）。又称低关系低任务型，主要适用于高成熟度的下属（*M*4）。在这种情况下，下属具备完成任务的能力并且愿意承担工作职责。他们或者是中层管理者，或者是资深白领。领导者只需要稍加监督、了解一些反馈信息即可，不必对他们严加管理，而应该让他们放开手脚，自行决定何时、何地、以何种方式完成任务。

延伸阅读 10—1

领导者的新规则

领导者在不同的情境下扮演着不同的角色，其风格和个性千差万别。即使在向下授权的时候，正式的领导者也是起到催化作用的完成者；他们会承担别人不能扮演的角色——骗子、工头、保护者或实干者，还有那些团队实现目标所需要的角色。虽然领导者在风格上各不相同，但伟大的团队领导者都具有如下四种行为特征：

（1）提供方向和意义。他们会提醒人们记住什么是重要的，为什么他们的工作是有意义的。

（2）营造并保持信任。团队对自身及其领导的信任，使得成员可以接受不同意见并安然渡过动荡时期。

(3) 显示出对行动、冒险和求知的偏爱。达成目标的紧迫感和不怕失败的意愿是每个伟大团队的灵魂。

(4) 是希望的传播者。有效的团队领导者会找到真实的以及象征的方法，来证明团队能够克服不利条件。

培养这些能力没有简单的秘诀，团队领导更多地是一门艺术，而不是一门科学。

资料来源：沃伦·本尼斯：《领导的轨迹》，118页，北京，中国人民大学出版社，2007。

（二）费德勒的模型

1966年，费德勒（F. E. Fieldler）提出了“有效领导的权变模式”。该模型的基本内容是：(1) 任何领导风格均可能有效，关键是要与环境情境相匹配；(2) 个体的基本领导风格固定不变，要想达到最佳效果，要么改变情境，要么更换领导。

1. 领导风格与情境变量

费德勒的权变模型指出，有效的群体绩效取决于以下两个方面的恰当匹配：一是与下属发生相互作用的领导风格；二是领导者能够控制和影响情境变量的程度。

(1) 领导风格。费德勒认为，影响领导成功与否的关键因素之一是个体的基本领导风格，个体的领导风格分为任务取向和关系取向两种。费德勒开发出了最难共事者问卷（least-preferred coworker questionnaire，LPC）。这一问卷包括16组对照形容词，例如快乐—不快乐、冷漠—热心、枯燥—有趣、友爱—不友爱。费德勒让被调查者回想一下自己曾共事过的所有同事，并找出一个最难共事者，在16组形容词中按照1～8级（8代表积极一端，1代表消极一端）对其进行评估。费德勒相信，在LPC问卷的基础上，可以判断出人们最基本的领导风格。

费德勒相信如果领导者能以相对积极的词汇来描述最难共事者（LPC得分高），说明回答者乐于与同事形成友好的人际关系。也就是说，如果你对最难共事的同事用一些较为喜欢的词来描述，那么你属于关系取向型。相反，如果你的LPC得分低，你的领导风格可能以关心生产为主，领导风格为任务取向型。有一部分人介于两者之间，这部分人的人格特点比较难以描述。

(2) 三个主要情境变量。费德勒研究揭示了确定情境因素的三个权变维度，分别为：

1) 领导者—成员关系（leader-member relations）：领导者对下属信任、信赖和尊重的程度，评价为好或者差。该变量主要衡量下属对领导者的接受程度，因为领导者的一些权威来自下属对其接受程度。比如，一些下属追随某位领导者是由于该领导为人正直、决策果断又正确。

2) 任务结构（task structure）：工作任务的规范化和程序化程度，评价为高或者低。该变量主要衡量下属的任务是简单的还是复杂的；是只能用一种方法完成的，还是可用多种方法完成；是规定得很明确的，还是含糊不清的。一般来说，任务是简单、只能用一种方法完成、规定得很明确的，那么该任务是高结构的，反之则是低结构的。

3) 职位权力（position power）：领导者运用权力活动（诸如雇佣、解雇、处分、晋升、加薪等）施加影响的程度，评价为强或者弱。该变量主要衡量领导者由于占据了某职位而拥有的合法权力的大小。一般在企业中，直线管理者的职位权力较大，而参谋管理者的职位权力较小。

2. 费德勒的模型

根据从这三种权变变量出发对领导情境进行的评估，费德勒得到了八种可能的情境，领导者可以从中找出自己所处的情境，并判断哪种情境对领导者有利，哪种情境对领导者十分不利（见图10—8）。

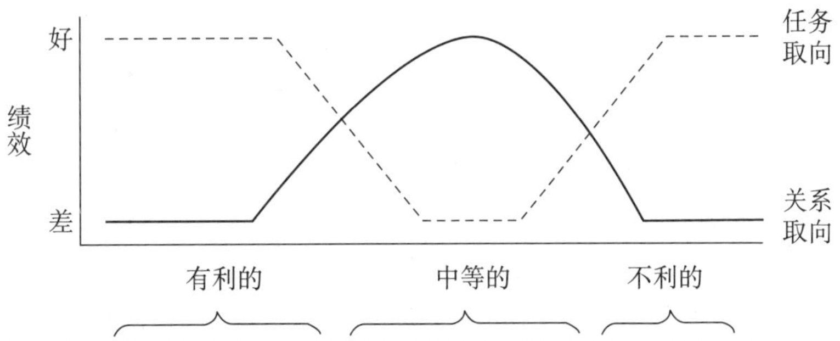

类型	Ⅰ	Ⅱ	Ⅲ	Ⅳ	Ⅴ	Ⅵ	Ⅶ	Ⅷ
领导者—成员关系	好	好	好	好	差	差	差	差
任务结构	高	高	低	低	高	高	低	低
岗位权力	强	弱	强	弱	强	弱	强	弱

图10—8 费德勒的模型

资料来源：胡君辰、杨永康：《组织行为学》，385页。

从图中我们可以看出，Ⅰ，Ⅱ，Ⅲ类情境对领导者非常有利；Ⅳ，Ⅴ，Ⅵ类情境在一定程度上对领导者有利；Ⅶ，Ⅷ类情境对领导者非常不利。

为了确定领导类型在不同情境下的具体情况，费德勒与切莫斯（M. M. Chemers）和马哈（L. Mahar）研究了1 200个工作群体，针对八类情境中的每一种，对比关系取向和任务取向两种领导类型的领导者。他们得出结论：任务取向的领导者在非常有利的情境下和非常不利的情境下效果更好，关系取向的领导者则在中间情境下表现得更好。

费德勒认为，由于个体的领导风格固定不变，因此提高领导者的有效性只有两条途径：一是选择适应情境的领导者。比如，如果群体所处的情境被评估为十分不利，而目前的领导者又是以关系为取向的，那么，选择一个任务取向的领导者替换该领导可以提高群体绩效。二是改变情境适应领导者。比如，可以通过重建任务结构、提高或者降低领导者的岗位权力而达到改变情境适应现有领导者风格的目的，从而提高群体绩效的目标。

3. 对费德勒模型的评价

（1）费德勒模型的总体效度较高，模型得到大量实证研究的支持；

（2）模型假设“个体的领导风格固定不变”并不符合实际情况，有效的领导者完全可以改变自己的领导风格以适应具体情境的需要；

（3）模型中的情境变量在实践中衡量起来比较复杂，同时衡量的准确性比较难以保证。

然而，虽然该模型还存在一些缺点，但是充分的研究证据表明，有效的领导风格需要反映情境因素。

（三）目标—路径理论模型

路径—目标理论（path-goal theory）由罗伯特·豪斯（Robert House）开发，该领导模型吸收了期望理论中的关键要素，目前已经成为在理解领导方面最受推崇的观点之一。该理论指出，领导者的工作是帮助下属达到他们的目标，领导者需要提供必要的指导和支持，确保下属个体的目标与群体或组织的总体目标保持一致。该理论相信，有效的领导者通过指明道路与途径可以帮助下属实现他们的工作目标，并通过帮助下属清理道路上的各种障碍和危险使下属实现目标的道路更顺畅。

1. 领导者类型

目标—路径理论认为，一位领导者可以根据不同的情境表现出任何一种领导风格。在下列条件下，领导者的行为将具有激励作用：首先，它使得下属需要的满足取决于有效的工作绩效；其次，它提供了获得有效业绩所需要的辅助、指导、支持和奖励。

豪斯确定了四种领导行为：

（1）指示型领导者。他们让下属知道对他的期望是什么，以及完成工作的时间安排，并对如何完成任务给出具体指示。

（2）支持型领导者。他们十分友善，表现出对下属各种需要的关怀。

（3）参与型领导者。他们与下属共同磋商，并在决策之前充分考虑他们的建议。

（4）成就取向型领导者。他们设置富有挑战性的任务目标，并期望下属发挥自己的最高水平。

2. 主要情境变量

豪斯提出，两大类情境变量可以作为影响领导行为—结果之间关系的中间变量。

（1）环境变量。包括在下属控制范围之外的环境因素，比如任务结构、正式职权系统、工作群体等。

（2）个体特征。包括下属个人特征的一部分内容，比如控制点、过去的经验、知觉能力等。

其中，环境因素决定了需要什么样的领导行为类型，下属的个人特点决定了个体对于环境和领导行为如何解释。当环境因素与领导行为或者领导者的行为与下属特点不一致时，领导效果均不佳。

3. 目标—路径模型（见图 10—9）

目标—路径理论的一些基本假设是：

（1）与高结构化和设计规范的任务相比，当任务不明或压力过大时，指示型领导会带来更高的满意度；

（2）当下属从事结构化任务时，支持型领导者会导致高工作绩效和满意度；

（3）对于高智商或经验丰富的下属来说，指示型领导可能被视为多余；

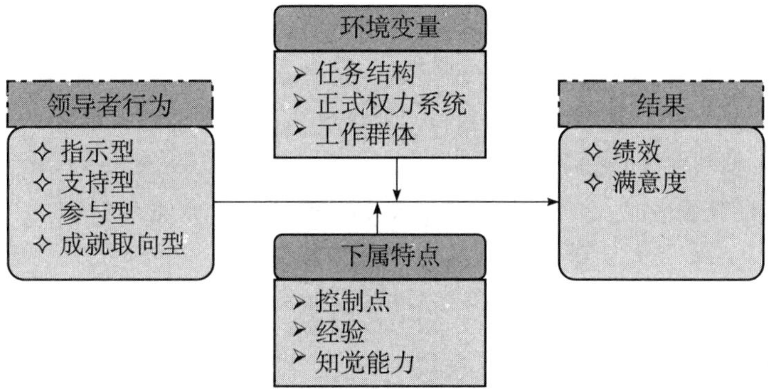

图 10—9 目标—路径理论模型

资料来源：斯蒂芬·P·罗宾斯、玛丽·库尔特：《管理学（第7版）》，500页。

（4）组织中的正式职权关系越明确、越官僚化，领导者越应增加支持型领导行为，减少指示型行为；

（5）当工作群体内部存在实质的冲突时，指示型领导者会带来更高的员工满意度；

（6）内控型下属对参与型领导风格更满意；

（7）外控性下属对指示型领导风格更满意；

（8）当任务结构不明时，成就取向型领导风格将会提高下属的预期水平，使他们相信通过努力可以提高绩效水平。

目前，大多数研究证明了该理论背后的逻辑基础，虽然并非每项研究都能得到支持性结果。也就是说，当领导者可以弥补员工或工作环境方面的不足时，会对员工的工作绩效和满意度产生积极的影响。但是，如果任务本身已经十分明确或员工具备处理它们的能力和经验，而领导者依然花时间进行解释和说明，下属就会把这种指示性行为视为多余或者侵犯。

四、变革型领导理论

在领导研究领域，不断有新的观点和理论出现，比如变革型领导（transformational leadership）与交易型领导（transactional leadership）、魅力型领导（charismatic leader）与憧憬规划型领导（visionary leadership）、团队领导（team leader）、管家型领导（stewardship leadership）与公仆型领导（servant leadership）等。其中，变革型领导理论在研究领导有效性方面的贡献非常突出，成为领导理论新的热点和重点之一。

（一）变革型领导与交易型领导

1. 变革型领导

20世纪80年代，美国政治社会学家詹姆斯·麦格雷戈·伯恩斯在《领导论》中提出了变革型领导的概念。他将变革型领导定义为：通过让员工意识到所承担任务的重要意义和责任，激发下属的高层次需要或扩展下属的需要和愿望，使下属为团队、组织和更大的政治利益而超越个人利益的领导者。

变革型领导向追随者传播对未来的憧憬，使追随者接受更高的理想和动机。他们努力改变现有的结构，要求追随者接受全新的憧憬和可能性。追随者信任、仰慕和尊重变革型领导者。变革型领导者的特质包括领导魅力、感召力、智力激发和个性化关怀等方面。

（1）领导魅力是指能使他人产生信任、崇拜和跟随的一些行为。它包括领导者成为下属行为的典范，得到下属的认同、尊重和信任。

（2）感召力是指领导者向下属表达对他们的高期望值，激励他们加入团队，并成为团队中共享梦想的一员。

（3）智能激发是指鼓励下属创新，挑战自我，包括向下属灌输新观念，启发下属发表新见解，鼓励下属用新手段、新方法解决工作中遇到的问题。

（4）个性化关怀是指关心每一个下属，重视个人需要、能力和愿望，耐心细致地倾听，以及根据每一个下属的不同情况和需要有区别地培养和指导每一个下属。

延伸阅读 10—2

你更具备变革型领导特质还是交易型领导特质

根据你在典型的工作情境中担任的角色，完成下面的问题。运用 5 分制利克特量表，其中，1 表示不同意，5 表示同意。

____ 1. 我喜欢变革，并将自己视为变革代理人。

____ 2. 我更善于激励下属面对新的未来而不是激励他们履行当前的工作。

____ 3. 我拥有/曾经拥有一个关于组织可以怎样变革以改善现有境况的憧憬。

____ 4. 我是一个能自如地鼓励人们去表达有别于我自己的理念和观点的人。

____ 5. 我喜欢冒险，但不是不计后果。

____ 6. 我喜欢花时间去寻找解决老问题的新方案，而不是执行现有的方案。

____ 7. 我三思而后行，绝不冲动。

____ 8. 我乐于支持变革活动，即便这个主意可能无效。

____ 9. 我从自己的经验当中学习，不重复犯相同的错误。

____ 10. 我坚信改变某些事情的努力应该会得到回报，即便最终的结果令人失望。

交易型领导 10—20—30—40—50 变革型领导

得分越高，你展示的变革型领导特质就越多。不过，变革型领导也会采取交易型领导的行为。一般而言，处在更高管理层级上的领导比低层管理者更容易成为变革型领导。

资料来源：罗伯特·N·纳瑟尔、克里斯托弗·F·阿川：《领导力教程——理论、应用与技能培养（第 3 版）》，355 页。

2. 交易型领导

20 世纪 80 年代，霍兰德提出了交易型领导的定义。他认为，领导行为发生在特定情境之下时，领导者和被领导者是相互满足的交易过程，即领导者用明确的任务及角色的需求来引导与激励部属完成组织目标。

但是，我们不能认为变革型领导与交易型领导是截然对立的两种领导风格。变革型领导是站在交易型领导的肩膀上形成的。变革型领导更具有领导魅力，是因为他试图灌输的不仅是运用已有的观念来解决问题，而是采用新的观点和视角来解决问题，从而使得这种变革型领导比交易型领导更能够带来下属的满意感和高绩效水平。

（二）变革过程

变革型领导经常投身于拯救经历危机或将面临崩溃的组织中。为了实现具有深远意义的成功变革，变革需要遵循相应的规律并需要领导者发挥出变革的能力。

1. 变革能力的内涵①

（1）挑战现状并为变革制定令人信服的方案的能力；

（2）激发出追随者对未来的共同愿景认同的能力；

（3）在改革期间提供高效领导的能力；

（4）使这次变革成为组织永久制度化的一部分的能力。

2. 变革过程

海尼斯和海尼斯（Carolyn Hines & William Hines Jr.）在 2002 年提出了变革的过程及建议的领导行为（见表 10—3）。

表 10—3　变革过程与建议的领导活动

阶段	建议的领导活动
阶段一：为变革制定令人信服的方案	提高对环境变化和威胁的敏感性； 发起变革和挑战现状； 寻找机会和冒险。
阶段二：激发共同憧憬	鼓励每个人思考全新的光明前途； 让其他人明白愿景，并朝着憧憬努力行动； 从意识形态而不仅仅是经济利益角度来表达新的愿景。
阶段三：领导转变	向经理灌输实施变革的紧迫感； 授权、支持、培养协作并增强下属的能力； 帮助下属理解变革的需要； 提高下属的自信和乐观精神； 避开“迅速固定”的诱惑； 认识到抵制变革的情感因素，并公开处理。
阶段四：实施变革	用“伟大的态度”来增强下属的能力，例如认可和庆祝成功； 帮助下属借助新憧憬发现自我成就； 帮助下属超越自身利益，寻求集体利益； 改变奖励系统和评价程序； 实施团队建设干预和进行人员变更； 任命一个特殊任务小组来监控改革过程； 鼓励高层领导和经理以身作则。

资料来源：Based on Carolyn Hines, and William Hines Jr.,"Seminar on the Essence of Transformational Leadership", *National Cities Weekly*, 25 (9) (March 4, 2002): (8): 1.

① 参见罗伯特・N・纳瑟尔、克里斯托弗・F・阿川：《领导力教程——理论、应用与技能培养（第 3 版）》，357 页。

第3节　领导的艺术

领导既是一门科学，也是一门艺术。

领导艺术是指领导者在自身知识、技能、态度等基础上形成的对领导科学、领导理论、领导原则的有效应用。

领导艺术强调应用性，因此，许多领导艺术都是领导者经验的总结，可能很难讲出背后的道理，但是在实践中却往往非常有用。

领导艺术的范围非常广泛，这里介绍几种主要的领导艺术。

一、时间管理的艺术

1. 设立目标

（1）明确自己的长期目标，以10年为一个期限；

（2）根据长期目标，制定中期目标（3～5年）和短期目标（1年）；

（3）根据短期目标，制定行动计划；

（4）经常对照目标与行动计划；

（5）立即行动。

2. 树立正确的时间观念

（1）时间就是生命；

（2）时间就是财富；

（3）时间就是资源；

（4）时间永远稀缺；

（5）一切的损失归根结底都是时间的损失。

3. 有效地控制时间

（1）根据“20/80”原则，每天用80%的时间做20%最重要的工作；

（2）抓住今天，抓住现在；

（3）制定24小时时间运用表，以15分钟为一个时段；

（4）尽可能使几件事同时运转；

（5）随身携带记录卡片或记录纸，便于记录重要思想；

（6）工作程序有条不紊；

（7）少看电视、多看书，最好是有效地看有用的书。

4. 提高工作效率

（1）在头脑清醒时做最重要的事；

（2）给自己定下时间限制；

（3）每天列出要干的工作；

（4）防止无关电话、不速之客的干扰；

(5) 文件分类归档;
(6) 通过培训,提高自己的工作技能;
(7) 少犯同样的错误;
(8) 每天抽出一段时间考虑一下接下来的计划,并总结前一段的得失;
(9) 避免重复性的劳动,把时间集中于解决创造性的问题;
(10) 善于授权。

5. 节省时间

(1) 尽可能利用各种工具,例如电脑、复印机、收音机、录音笔、电话、传真等节省时间;
(2) 善于快速学习;
(3) 建立职场/家庭时间管理系统;
(4) 充分利用网络资源;
(5) 讲话、写文章应言简意赅;
(6) 有效地休息。

二、讲话的艺术

1. 掌握讲话的基本技巧

(1) 真诚待人,尊重对方;
(2) 用词精炼,抓住中心;
(3) 幽默风趣,委婉含蓄;
(4) 抑扬顿挫,突出重点;
(5) 生动具体,借用例子和图表。

2. 选择讲话的方式

(1) 根据不同的对象,选择不同的讲话方式;
(2) 根据不同的场合,选择不同的讲话方式;
(3) 根据不同的时机,选择不同的讲话方式;
(4) 结合讲话的目的,恰当运用表情与体态语。

3. 做好讲话前的准备

(1) 考虑对方行为的动机;
(2) 考虑自己讲话的目的;
(3) 预测对方的反应;
(4) 寻找双方共同的关心点;
(5) 组织好自己的讲话素材;
(6) 调整好自己的精神状态。

4. 学会提问与回答

(1) 因人而异提出不同的问题;
(2) 尽量用敬语,礼貌提问;

（3）综合运用开放式提问和封闭式提问；
（4）采用“无为而治”式回答；
（5）采用“答非所问”式回答；
（6）采用“比喻诙谐”式回答；
（7）采用“针锋相对”式回答。
5. 善于演讲
（1）明确演讲主题；
（2）运用鼓动性的词语；
（3）态度积极、鲜明；
（4）逻辑推理严密；
（5）充分利用手势、眼神和表情；
（6）准备好开头和结尾；
（7）精确掌握时间；
（8）善于运用寓言、掌故、事实等。
6. 善于聆听
（1）双眼正视对方，面带笑容；
（2）以点头和复述的方式肯定对方；
（3）听清对方陈述的真正含义；
（4）千万别争论。

三、授权的艺术

1. 明确是否要授权
（1）授权比不授权更节省金钱；
（2）授权比不授权更节省时间；
（3）授权比不授权更有利于本人工作；
（4）授权比不授权更有利于培养下级。
2. 选择被授权者
（1）该下级有能力完成任务；
（2）该下级有潜力完成任务；
（3）该下级有动力完成任务。
3. 确定授权事项
（1）在何时授权；
（2）授权有何具体条件；
（3）以什么方式来授权；
（4）实施授权工作。
4. 检查被授权者的工作进展
（1）检查的时间间隔要适当；

(2) 有信息反馈渠道了解工作进程；
(3) 给予被授权者必要的支持。

延伸阅读 10—3

鹦鹉的价值

一个人去买鹦鹉，看到一只鹦鹉前标着：此鹦鹉会两门语言，售价200元。另一只鹦鹉前则标着：此鹦鹉会四门语言，售价400元。该买哪只呢？两只都毛色光鲜，非常灵活可爱。这个人转啊转，拿不定主意。结果突然发现一只老掉了牙的鹦鹉，毛色暗淡散乱，标价800元。这人赶紧将老板叫来：这只鹦鹉是不是会说八门语言呢？店主说：不。这人奇怪了：那为什么又老又丑，又没有能力，会值这个数呢？店主回答：因为另外两只鹦鹉管这只鹦鹉叫老板。

这个故事告诉我们，真正的领导者，自己的能力不一定特别强，只要懂信任、懂放权、懂珍惜，就能团结比自己更强的力量，从而提升自己的身价。相反，许多能力非常强的人却因为过于追求完美，事必躬亲，认为其他人都不如自己，最后只能做最好的公关人员或销售代表，成不了优秀的领导者。

四、处理人际关系的艺术

1. 处理与上级的关系
(1) 站在上级的立场考虑问题；
(2) 支持上级主要的方针、政策、立场、方法；
(3) 在适当的场合，以适当的方式提出自己的观点；
(4) 对上级的奖励要明确表示感谢；
(5) 要从积极意义方面去理解上级的惩罚；
(6) 除非万不得已，一般不要越级汇报工作；
(7) 尽量为上级补台；
(8) 绝不在任何场合讲上级的坏话；
(9) 在关键时刻支持上级；
(10) 帮助上级不断成功。
2. 处理与同事的关系
(1) 真诚待人；
(2) 在力所能及范围内帮助同事；
(3) 不参与同事中带有明显小帮派性质的小团体；
(4) 帮助同事解决工作以外的困难；
(5) 批评同事的态度要委婉；

(6) 谦虚永远是友好的基础；
(7) 尽可能使同事关系发展为友谊；
(8) 请同事帮一点小忙；
(9) 不要在同事面前发牢骚；
(10) 绝不传播流言蜚语；
(11) 为同事的隐私保密。

3. 处理与下级的关系

(1) 多奖励，少惩罚；
(2) 在自己的职权范围内支持、帮助下级；
(3) 切勿盛气凌人；
(4) 言必行，行必果；
(5) 处事公平；
(6) 不要在工作场所与个别下级表现出超越工作关系的态度与行为；
(7) 尽可能参加与下级在一起的业余活动；
(8) 尽可能满足下级的各种正当要求。

4. 处理与配偶的关系

(1) 忠贞是良好夫妻关系的基础；
(2) 多考虑对方的需求；
(3) 重视对方的亲友；
(4) 在教育子女方面达成共识；
(5) 为家庭分担责任与义务；
(6) 经常制造一些小惊喜，为爱情之树施肥浇水；
(7) 协调好财务关系，严禁寅吃卯粮；
(8) 改掉自己的不良习惯与不良嗜好；
(9) 适时举行全家活动；
(10) 寻找机会多多沟通；
(11) 善于自找台阶；
(12) 切勿翻老账或秋后算账；
(13) 多想对方的好处；
(14) 尽可能不长期分离。

□ 本章小结

领导是指在一个组织中，影响他人，使他人尽力去完成组织目标的一种行为过程。从事这一过程的个体是领导者。领导可以划分为正式领导和非正式领导、变革型领导和事务型领导等。

权力可以划分为合法权力、奖励权力、强制权力、专家权力和参照权力。在不同条件下使用不同类型的权力会产生不同的结果。运用权力要遵循一定的原则并根据情境有选择地使用。权威与权力之间存在一定的关系。

领导理论的研究大致经历了特质理论、行为理论、情境理论和变革型理论等阶段。特质理论又称伟人论，该理论认为，有效领导者与无效领导者的主要区别在于前者拥有一定数量的品质与特征。早期的研究集中在生理差异方面，后期重点放在心理差异方面，其中比较有代表性的是斯托蒂尔的特质论以及格林斯利和佳雷特的特质论。实证研究表明，高效领导者具有如下特质：高支配欲、高活力、高自信心、内控制点、高稳定性、诚信、高智商和高情商、高灵活性、高敏感性等。

行为理论的主要观点是：决定领导是否有效的主要因素是领导者的行为，而非特质。其代表性理论有连续体理论、三种领导行为理论、领导行为四分图、管理方格图。

情境理论认为：有效领导不仅取决于领导者本身，而且与被领导、情境有密切的联系。情境理论的代表理论包括赫塞-布兰查德情境领导模型、费德勒的有效领导的权变模式、罗伯特·豪斯的目标—路径理论模型。

变革型领导理论在研究领导有效性方面的贡献非常突出，成为领导理论新的热点和重点之一。变革型领导具有领导魅力、感召力、智能激发和个性化关怀四个维度。交易型领导与变革型领导的区别在于能否激起追随者心中的激情。变革型领导在管理变革时要具备特定的能力，并遵循一定的发展阶段。

领导既是一门科学，也是一门艺术。领导艺术主要包括时间管理的艺术、讲话的艺术、授权的艺术和处理人际关系的艺术。

□ 关键术语

领导者　领导力　领导　正式领导　非正式领导　变革型领导　交易型领导　权力　权威

□ 思考题

1. 什么是领导？什么是领导者？简述约克尔的领导过程模型。结合实际来谈谈该模型的实用性。
2. 正式领导者有哪些主要职责？请具体说明。
3. 非正式领导者的作用如何？请举例说明。
4. 什么是权力？权力有哪些主要类型？结合实际，谈谈如何运用各种权力。
5. 什么是权威？权力与权威有何关系？
6. 谈谈领导特质理论的主要类型、内容，以及存在的意义和缺陷。
7. 高效领导者有哪些特质？请具体说明。
8. 领导行为理论的主要内容是什么？有哪些主要类型？
9. 如何理解三种领导方式理论？在管理中，如何运用这三种领导方式？
10. 谈谈领导行为四分图的内容和意义。
11. 在管理中，如何运用管理方格图？
12. 领导情境理论的主要观点是什么？有哪些主要类型？

13. 简述费德勒的模型及其意义。

14. 赫塞-布兰查德情境领导模型的主要内容是什么？如何在实践中运用该模型？

15. 目标—路径理论模型的主要观点是什么？模型中的主要情境因素是什么？请举例说明如何运用该模型。

16. 变革型领导理论和交易型领导理论的主要观点是什么？如何管理变革过程？

17. 领导艺术主要包括哪几个方面？简述时间管理、讲话、授权和处理人际关系艺术的主要方法。

第 11 章

权力与政治

本章要点

1. 权力的概念与权力的来源。
2. 影响力策略。
3. 权术的概念、获得权术的策略。
4. 政治行为的概念与分类。
5. 政治行为中的道德判断标准。

引　例

我所经历的凶险的公司政治

说说我做民营企业的惊心动魄的经历吧。

惊心动魄的“篡权起义”

公司创业时，有心邀几个旧日部下加盟，但这些人不说来也不说不来。等到公司壮大了，那几个厮又眼瞅着在原单位犯了事，待不住了，便齐齐投靠而来。

起初相安无事，但后来项目越做越大、资产越来越多了，就出了好玩的故事。

我是老板，天天玩的是战略布局，四处找钱找项目。这几人是电工、教师，跳舞的出身，斗大的字不识几个，属于既无文化也没知识的那种公司政治玩家。他们有一样本事，就是齐齐歌功颂德，在人前人后都把我捧得像东方不败，弄得满城的人都羡慕我这个团队。我在心花怒放、悠悠然夜夜好梦的状态下，把公司的财权、人权、物权一股脑儿交给他们，集中精力玩品牌、推战略。

后来，渐渐觉得不对劲：一是总也看不到财务报表；二是会上大家齐声附和的事，会后一一不能推进；三是众人与我相处时，总感觉像是在演戏，毕恭毕敬得让人心中别扭。

突一日，一位外边的合作者无意间问我是否又开了一家新公司，我大吃一惊。仔细查下来，差点没惊掉了牙、气碎了心。原来，那几个厮早就私自联合注册了自己的公司，还把公司的一层办公楼的产权也转到了他们的公司名下。几千万元的资金也被搞得不知去向。

可怜的我觉得自己像猴子被众人耍着玩。被戏弄的感觉深深激怒了我，那西北孤狼的野蛮和斗志充斥了心灵。

一场酒后，我单身闯豺窝，踢奸贼，踹碎了门和玻璃，把所有人统统赶出了公司大门，连夜从外地企业调保安、调干部进京勤猴，查封了所有人的办公室、电脑等。

清查三天后，战果辉煌得让人悲痛欲绝。

原来几年中，那几个厮已完成了清猴侧战略，财务、人事、重要部门，包括我的司机都已被洗脑策反。尽管所有人都是投奔我而来的，但几年中，我一是基本不在北京；二是脾气大，骂人多、哄人少；三是定的财务报销制度严，那几个厮却串通了财务，用破例报销、额外补贴迷住了不少员工；四是我采取的是强硬政策，那几个厮运用了怀柔战术，往往是我在屋里骂人，他们在门外等着安慰。我能训斥的都是关键部门的员工，他们也就收拢了置公司于死地的党徒。结果是，公司大量钱物被来了个乾坤大挪移，一些地产项目被偷梁换柱以别的公司的名义立项运行。而且，他们还开会确定了“起义”的日子。老天有眼，就在足以导致我家破猴困、公司倒闭的当口，这些厮东窗事发，露出了马脚。

我命贱，活得简单，翻了脸，顾不得羞耻，压不住怒火。不出几日，那几个厮已被统统扫地出门，而且我保留了追究他们的法律责任的权利。

公司政治诸现象

回头想，这场公司政治玩得惊心动魄，收获颇大，可谓邪不压正，冥冥之中，自有报应。结果，公司洗了个大澡，借势完成内部利益分配体制。从此，一路平步，发展之快令我吃惊。

这种图财害命型的公司政治一般发生在民营企业原创阶段。

第二种则应是心理失衡导致的消极怠工的公司政治。

企业发展了，员工的工资待遇不断提高，但这些人开始找机会与外边最高的待遇比，与公司内部周边的人比。结果，每涨一次工资都会很快引来一次麻烦。到最后，总会有人开始算账：公司一年资产增值多少倍，我们的工资为什么不同步增长？

还有更好玩、更奇怪的现象：我派了几位女士出国门出差、短训，本是培养表彰之意，但至今想不透的是，自打回国后，她们一个个都梗着脖子上班，再不安于现状了。

那高管男人呢？但凡花几十万元送去读了EMBA，MBA，什么总裁培训班的，总有人心生异想，没毕业先私下有了几个同学合伙开的公司，心思早已不在猴营。

其实，那男男女女的员工们离了猴营，待遇并不比猴营高。但我明白，那是一种心理驱使所致。他们言谈话语间的意思是：你有什么了不起，你那点发家致富的本事我们早看透了，活是我们干的，凭什么你整天在报纸电视上出风头，国内国外地到处溜达，吆三喝四地训人骂街？打不过你，骂不了你，咱走还不行吗？待遇再低，大家与老板差不了多少，落个心理平衡。

再一种是俯首帖耳、积极工作，却暗地揩油、尽得实惠的公司政治现象。

公司中总有一批员工分布在工程、采购、谈判等关键岗位。有些人工作得很积极，完全是公司政治布局中的正面因素，但有一条，吃回扣、拿差价，无所不及。订个电梯，他挖空了心思让你往他勾结好的商家靠；买个户外广告牌，他和对方勾搭成"奸"，弄走你十几万；就是售楼处买几个八哥，那小子也敢一只赚你 500 块。

…………

资料来源：黄怒波：《我所经历的凶险的公司政治》，载《中国企业家》，2005（20）。

请思考：

1. 什么是政治行为？政治行为产生的原因是什么？请结合案例谈谈你的想法。
2. 本案例中反映出来的权术行为有哪些？你认为应该如何杜绝权术行为的泛滥？
3. 试论如何正确看待企业中存在的政治行为。

第 1 节　权　力

一个人想要在组织中得到发展，没有权力行吗？如何正确获得和运用权力是一个人在组织中大展宏图的关键。

一、权力概述

（一）权力的概念

巴斯将权力（power）定义为个体 A 对个体 B 的行为发生影响的能力。当 B 的行为举止符合 A 的希望时，证明 A 对 B 具有权力。

我们认为，权力是指个体（或群体）A 对个体（或群体）B 的行为发生影响的潜在能力。

权力是潜在的，它是一种依赖关系，不一定非要通过外在的表现来证明它的效果。个体拥有权力，但是可以选择不使用这种权力。权力可以存在但不被使用，因此，它是一种潜在能力。

(二) 权力的来源

权力的来源回答了“什么赋予个体或群体影响他人的能力”这个问题，根据权力的来源，权力可以划分为职务权力和个人权力两大类。

职务权力（又称正式权力），是以个体在组织中所处的位置为基础的，可以来自该位置所蕴涵的强制、奖惩能力以及该职位的权威性。因此，职务权力可以分为强制权力、奖赏权力和法定权力。

不具有职务权力的个体也可能因自身独特的特点而具备影响他人的能力和潜力，比如专业知识、他人的尊重和敬佩等。因此，个体权力可以分为专家权力和参照权力。

(三) 权力的运用

研究表明，个人权力最有效，专家权力和参照权力与员工满意度、组织承诺和绩效正相关，而奖惩权力和法定权力与此似乎无关。强制权力甚至与员工满意度和忠诚度负相关。

二、权力与依赖

(一) 依赖的概念

权力是依赖程度的函数。B 对 A 的依赖（independency）是指 B 感知到有多少备选方案，以及由 A 控制的备选方案的重要性。只有当某个体或者某群体控制了你想拥有的东西时，你才会对他产生依赖，他也因此而拥有了对你的权力（见图 11—1）。

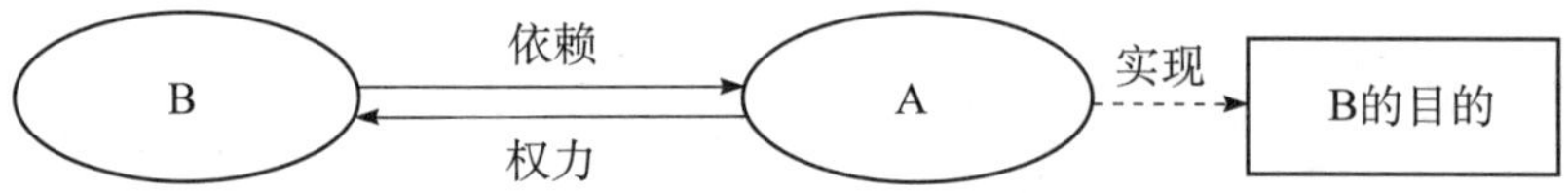

图 11—1　权力与依赖

如图 11—1 所示，如果 B 依赖 A 实现自己的目的，那么 A 对 B 就具有权力。权力的大小与 B 实现目的的过程中对 A 的依赖程度有关。如果 B 对 A 是完全依赖，那么 A 的权力就很大；如果 B 有许多其他选择，那么 A 的权力就很小甚至没有。

例如，如果公司年终绩效评估是由人事部经理和部门主管共同完成的，那么，你的绩效评估结果的好坏直接依赖于他们的评价，人事部经理和部门主管因此对你产生权力。但是，引入 360 度评估之后，你作为下属参与到对部门主管的年终评价中，那么，部门主管的年终评价好坏一定程度上需要依赖你，你也因此对部门主管拥有一定的权力。

(二) 依赖的产生

个体需要借助一定的资源来实现自己的目标，该资源可以是信息、权力、物质、资金等，当个体本身不具有这种资源而需要外界提供时，能够提供这种资源的个体或群体就会拥有一定的权力。因此，依赖的产生取决于个体目标实现所需资源的供给状况。

影响资源供给状况的因素有资源的重要性、稀缺性和不可替代性。个体或群体拥有的资源越重要、越稀缺、越具有不可替代性，需要这种资源的人对该个体或群体的依赖程度就越高。

1. 重要性

重要性是指个体或群体所掌握的资源是不是别人所需要的。如果别人不需要你所掌握的资源，那么，你就不可能对别人产生权力。比如，老李手里有两张北京奥运会开幕式门票，小王做梦都想到现场体验开幕式的宏大场面，小丽认为在家看电视更能全面了解开幕式盛况，何必劳神费力跑到北京去！那么，小王就可能对老李产生依赖，小丽则不会对老李产生依赖。

2. 稀缺性

稀缺性取决于个体在实现目标过程中能够获得所需资源的途径多少。如果某种东西很重要，但是供应非常充足，那么，个体对单个资源提供者的依赖就会减少。比如，王浩现在读大四，按照学校规定，他毕业还需要再选修一门管理学的课程。如果现在只有一门"管理学原理"可以选择，那么，王浩对该课程老师的依赖性就非常强；而如果现在有五门管理学的课程可供选择，那么，他对"管理学原理"课程老师的依赖性就会大大下降。

3. 不可替代性

要衡量依赖的不可替代性，就必须知道：如果没有某种资源，其他资源是否可以帮助他实现自己的目标。比如，小王现在是财务部主管，他希望能够被提拔为公司财务部副经理。如果公司规定，部门副经理人选必须由部门经理提名，那么，小王对部门经理的依赖性就会很大，但是，如果公司规模不大，总经理一手掌握人事任免权，那么，小王就可以通过创造机会在总经理面前展示自己而非搞好与部门经理的关系获得提拔，这时，小王对部门经理的依赖性就会大大下降。

三、影响力

（一）影响力的概念

权力是指影响他人的行为的一种能力或潜力，拥有权力不等于使用权力。影响力（influence）是指试图改变他人态度或行为的具体行动。

组织中，影响力是协调人们的努力和行动来实现组织目标的一个非常重要的过程，是领导力的概念核心，其对象包括下级、同事和上级等。

（二）常见的影响力策略

根据产生的根源，影响力可以分为硬影响力策略和软影响力策略两种。

硬影响力策略主要建立在正式权力的基础上，常见的有无声的权威、独断、信息控制、结盟和诉诸上级等；软影响力策略主要建立在个人权力的基础上，常见的有奉承和印象管理、说服和交换等（见表 11—1）。

表 11—1 组织中的影响力策略类型

影响力策略	描述	举例
硬影响力策略		
无声的权威	通过法定权力产生影响，但不明确提到权力基础。	总经理对下属布置任务，下属往往会不折不扣地执行。
独断	通过施压和威胁来主动使用法定和强制的权力。	如果你不这么做，我就解雇你。 你必须在 5 点之前改变你的决定，否则我们就不带你出去。
信息控制	明显地操纵其他人对信息的获得，以达到改变他人态度或行为的目的。	这个事情你不用了解太多，按照我说的做就行了。
结盟	形成一个群体并通过聚合其成员的资源和权力来影响他人。	所有其他管理者都支持我。 我以整个委员会的名义要求你……
诉诸上级	从一个或更多的具有权威或者专长的人那里寻求支持。	老板也非常支持我的提案。
软影响力策略		
奉承和印象管理	试图增加某个目标个体的喜欢或者能被感知的相似感。	只有你能够做好这项工作。 我只能依靠你了，我有一个请求。
说服	使用逻辑推导、事实证据、情感诉求使他人相信其请求的价值。	这套新工序可以为我们节省 15 万美元。 虽然这项任务完成起来可能会有困难，但是我相信你能完成。
交换	承诺用利益或者资源来交换目标个体的顺从。	就算你帮我一个忙。 如果你这次支持我，我请你吃午饭。

资料来源：麦克沙恩、格里诺：《麦克沙恩组织行为学》，163 页；G. Yukl，and C. M. Falbe，"Influence Tactics and Objectives in Upward，Downward and Lateral Influence Attempts"，*Journal of Applied Psychology*，1990 (5)：132-140.

延伸阅读 11—1

印象管理的技术

印象管理（impression management）是指个体试图控制他人对自己形成的印象的过程。印象管理有助于个体得到对自己有利的利益分配。

并非每个人都重视印象管理。研究表明，高自我监控者一般会使用该策略，原因是高自我监控的人善于观察情景线索，并能及时调整自己的行为和形象，以适应不同的环境。

印象管理技术的有效性在面试和绩效评估中得到了很好的验证。印象管理技术包括把谈话焦点集中在提升自己的成就和赞美面试官并找出与他的共同点（也称逢迎）两个方面。两者对面试的成功都非常有效，后者在获得更高绩效评估分数方面更有效。

常用的印象管理技术如下。

1. 从众

赞同别人的观点以获得他的认可。

例如，一名管理者对上级说：“你的西部地区办公室重组计划绝对正确，我非常赞同。”

2. 借口

解释造成困境的原因，以弱化事态的严重性。

例如，销售经理对上级说：“我未能及时在报上登出那些广告，但是，没有多少人会对那些广告做出反应。”

3. 道歉

主动承担不良事件的责任，同时请求原谅。

例如，员工对上级说：“对不起，我在报告中犯了一个错误，请原谅。”

4. 自我推销

突出自己最有利的品质，忽略自己的不足，引起人们对自己成就的注意。

例如，销售人员对上级说：“××为了收回这笔款项干了三年却没有成功，而我仅用了六周就完成了。我是公司中最好的催款员。”

5. 吹捧

赞扬别人的优点，使别人觉得自己有眼力，讨人喜欢。

例如，一位新来的销售人员对同事说：“你对那名客户的投诉处理得太高明了，我永远都做不到那么好。”

6. 施惠

为别人做些好事以获得他人的认可和安慰。

例如，销售人员对潜在客户说：“我这里有两张今天晚上的戏票，我没时间去，给你吧！就当是我对你花时间和我交谈的感谢。”

7. 拉关系

通过管理与自己有关的人和事的信息，来加强和保护自己的形象。

例如，一位求职者对面试官说：“多巧啊，你的老板和我是大学的室友。”

资料来源：罗宾斯、贾奇：《组织行为学（第12版）》，415～417页。

（三）影响力策略的结果与影响因素

1. 影响力策略的结果

与权力一样，影响力策略会使被影响者产生三种反应：反抗、顺从和承诺。研究表明，软影响力策略更容易产生顺从和承诺的结果；硬影响力策略则很可能导致顺从甚至反抗的结果（见图11—2）。

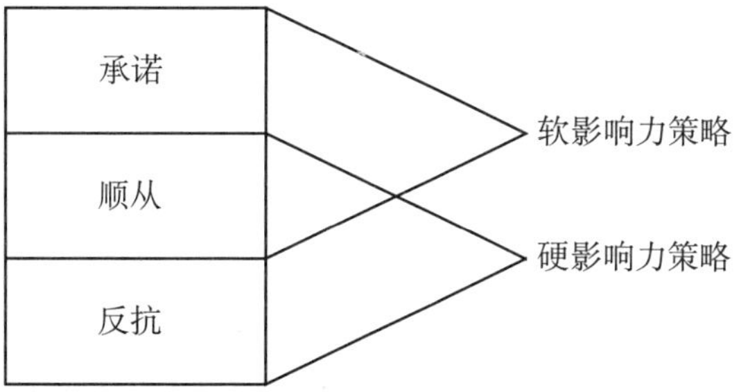

图11—2　实施不同影响力策略的常见后果

反抗是指个体或者工作团体对影响者期望的行为进行争辩、拒绝或者推迟完成的行为表现。

顺从是指人们纯粹出于实现目的的考虑答应影响者的请求并作出最小努力的行为表现。

承诺是指人们认同影响者的请求，并有强烈的愿望来完成被要求行为的表现。与顺从相比，承诺不需要明显的外部动力。

2. 影响影响力策略使用的因素

究竟采取软影响力策略还是硬影响力策略，需要考虑不同的情境因素，比如，影响力实施者的权力基础是什么？影响力实施者与被影响者是何种关系？影响力实施者与被影响者的文化、价值观等是否具有差异？等等。

（1）影响实施者的权力基础。比如，拥有专家权力的人使用说服策略可能更容易产生影响力；拥有参照权力的人使用奉承、印象管理等可能效果更佳；拥有合法权力的人使用无声权威非常有效等。

（2）影响实施者与被影响者的关系。为达到目的，影响上级、同事、下级所采用的策略应有所不同。比如，上级可以用无声权威、独断等策略来要求下属做事，而下级这样做显然不合适；下级可以采用诉诸上级的策略，而最高管理者似乎没有上级可以借助；信息控制和结盟在同级关系中都有可能存在，但是，如果上级对下级使用似乎无可厚非，下级对上级使用则可能会受到谴责和惩罚等。

（3）文化和价值观的差异。不同的文化和价值观差异会让双方对权力策略的接受产生不同的反应。比如，集权程度比较高的国家的员工普遍接受和认可正式权力的影响；权力差距比较小的国家的员工则更认同个人权力的影响。

延伸阅读 11—2

Good Morning，Sir!

陈阿土是个农民，从来没有出过远门。他攒了半辈子的钱，终于参加一个旅游团出了国。国外的一切都是非常新鲜的，关键是陈阿土参加的是豪华团，一个人住一个标准间，这让他感到新奇不已。早晨，服务生来敲门送早餐时大声说道：“Good Morning，Sir!”陈阿土愣住了。这是什么意思呢？在自己的家乡，一般陌生的人见面都会问：“您贵姓？”于是陈阿土大声叫道：“我叫陈阿土！”如此这般，接连三天都是那个服务生来敲门，每天他都大声说：“Good Morning，Sir!”而陈阿土亦大声回道：“我叫陈阿土！”但他非常生气：这个服务生也太笨了，天天问自己叫什么，告诉他又记不住，真烦人。终于他忍不住去问导游，“Good Morning，Sir!”是什么意思，导游告诉了他。天啊，真是丢死人了！于是陈阿土反复练习“Good Morning，Sir!”这句话，以便能体面地应对服务生。

又一天的早晨，服务生照常来敲门，门一开陈阿土就大声叫道：“Good Morning，Sir!”与此同时，服务生说的是：“我叫陈阿土！”

这个故事告诉我们，人与人交

往，常常是意志力与意志力的较量。不是你影响他，就是他影响你，而我们要想成功，一定要培养自己的影响力，只有影响力大的人才可以成为最强者。

四、权术

（一）权术的概念

权术（power tactics）从字面上理解是指运用权力的方法和技巧。如果把权术理解为个体获得权力和运用权力的一系列行为，那么该定义就是中性的，与影响力相同。

在汉语中，权术往往是个贬义词，是指个体为了提升自己的职务，或者为了扩大自己的权力，不顾组织的利益而采取的一系列行为，又称政治手腕。

我们把权术定义为中性的，即获得和运用权力的一系列行为。

（二）获得权力的方式

获得权力的方法很多，常见的有如下几种。

1. 努力工作，获得优异的绩效

组织发展的核心是依靠绩效，因此，如果员工努力工作，获得优异的绩效，在组织中就会得到晋升、加薪、尊敬等，相应地，也会获得更大的正式权力和个人权力。

2. 工作轮换

如果一名优秀的员工在一个岗位上长期得不到提拔和重用，可以考虑进行工作轮换，增加自己的技能和知识，同时也为承担更高层级的工作做好全面的准备。

3. 协助上级成功

在科层制组织中，如果上级无法得到提拔，就没有空闲的职位留给下级发展。所以，聪明的下级应该协助上级成功，从而得到更多的提拔机会。

4. 提携下级

上级的成功需要依赖下级，如果下级能力不强，工作做不好，部门很难出绩效。因此，聪明的上级应该提拔有能力、有前途的下级，让他们发挥更大的作用，从而作出更优秀的绩效，以便获得成功。

5. 找一位推荐者

一个职位空出来后，也许会有几个候选人可供上级选择。如果对该决策者有影响的人物极力推荐某位候选人，这位候选人成功的机会就会大大增加。

6. 显示忠心

忠心耿耿的员工在其他条件相似的情况下更容易获得成功。试想，谁愿意提拔一个对公司不满、处处流露出辞职意向的员工或者给他加薪呢？

7. 人舍我取，人取我舍

横着站成一排的士兵，无论是向前迈进一步还是向后退出一步，都会被上级清楚地注意到。在大家都争取得到某件事物的时候，如果你主动让出，能显示自己的高尚风格；在大家都不愿意承担的困难任务出现时，如果你主动承担下来并努力完成任务，那么，领导会更加注意你，并给你成功的机会。

8. 汇报情况

领导是人不是神，每天需要处理的事情非常多，因此很难关注到自己的下属到底做了些什么。因此，如果下属能够主动向领导汇报自己的计划和取得的成果，那么，他职业成功的机会就会大大增加。

9. 与掌权者联盟

与其他部门的重要成员或更高层级的成员，以及那些与权力所有者有密切关系的人形成联盟将有利于权力的获得，比如与老板的秘书或助理建立密切关系等。

10. 控制信息

获得和传播信息对于在组织中获得权力来说非常重要，因此，组织成员具有积极的收集和控制信息的倾向。

11. 收集和使用 IOU

IOU 是“我欠你”的意思。该策略是指寻求权力的人在确定对方拥有可以回报的东西的时候给对方好处，对方在自己提出要求的时候给予回报。运用该策略要注意让对方意识到“我欠你”，如果对方没有意识到这一点，那么这种付出不会在关键时刻获得回报。

12. 等待危机

坏消息有时可以得到关注，比如，人事部门希望公司能够增加员工福利和培训方面的财务拨款，一直没有得到重视。一段时间后，公司人员流动率增大，关键员工纷纷跳槽，这时，人事部门把这个坏消息和引起坏消息的调查报告一起呈报总经理，总经理很快就批示将增加在员工福利和培训方面的财务拨款。

13. 登门槛

登门槛是指一次只前进一小步，然后逐步实现目标。比如，员工首先在一件小事上兢兢业业做出成绩，然后在恰当的时机争取在大的项目或者场合表现自己。领导倡导变革时，也可以首先在部门或者小的范围内成功实施变革，然后在此基础上推进重大的变革。

14. 攻击和指责他人

攻击和指责他人是指将责任和过错推到他人头上，使他人显得很坏以衬托自己很好的一种行为。

15. 传播消息

小道消息会让很多人感到兴奋和津津乐道。“攻击和指责他人”以及“传播消息”是不道德的政治行为，在组织中，这种行为是不可接受的。然而，在现实生活中，这种不道德的政治行为却很常见。

（三）控制权术泛滥的方式

权术如果被滥用，比如在组织中传播谣言，导致小道消息盛行，必然会降低组织成员之间的信任和凝聚力，甚至导致核心员工的流失。因此，管理者应当懂得如何控制权术在组织中的泛滥。

1. 形成开诚公布的组织气氛

组织气氛（organizational atmosphere）是指由组织成员共同的心理感受或者相似的认知所形成的一种心理气氛。形成开诚布公的组织气氛可以有效遏制权术的泛滥。

2. 提供科学、客观的绩效评估体系

组织的晋升、加薪、培训等如果有公开、公平、公正的评估体系作保证，组织成员就可以按照制度依靠正当的行为来追求权力。如果组织的绩效评估体系不够科学、客观，那么利用权术来获得权力的行为就会增加。

3. 最高管理层不鼓励权术行为

俗话说上行下效。高层管理者利用权术的行为很容易对下属运用权力的行为形成鼓励。因此，如果不希望自己的组织内存在权术行为泛滥的现象，那么，高层管理者就需要做这方面的榜样，并对滥用权术的行为进行惩罚。

4. 定期进行工作轮换

定期的工作轮换制度可以保障有能力的员工在公平的前提下脱颖而出，这种方法也可以在一定程度上遏制权术在组织中的泛滥。

5. 健全正式的沟通渠道

管理者应该建立健全正式的沟通渠道，以保证重要的信息不会进入非正式渠道而遭到扭曲。当正式沟通渠道通畅时，小道消息、流言的数量和损害就会大大减少。

第 2 节　政治行为

有人的地方就有政治。当人们集合在一起时，权力就会发生作用。

费弗尔曾经指出："组织，特别是大型组织，正如政府一样，在本质上都是政治实体。要理解组织就必须理解组织的政治，正如要理解政府就必须理解政府的政治一样。"

群体中的人都希望找到一个合适的位置来实施影响、获得报酬并取得事业的成功。因此，当人们将他们的权力付诸行动时，就卷入了政治活动。

一、政治行为概述

（一）政治行为的概念

政治行为（political behavior）是指不是由组织正式角色要求的，但又影响或试图影响组织中利益分配的活动。政治行为首先需要以个体运用权力的欲望为前提，然后，需要建立在一个人使用自己权力的基础上，但这并不是组织正式角色的要求。它通过影响决策目标、准则和过程，达到影响组织利益分配的目的。

当然，同样的行为会被不同的人贴上不同的标签。克瑞尔（T. C. Krell）等人列举了一些既可以贴上政治行为标签，也可以贴上有效的管理的标签的行为（见表 11—2）。

表 11—2 人们眼中的政治行为

同样一种行为，一个人可能会认为是政治行为，另一个人可能会认为是有效的管理。事实上，虽然有时候两者是一致的，但有效的管理行为并不一定就是政治性的。一个人的出发点决定了他对组织中政治行为的划分。下面我们来看看描述同样一种现象所使用的不同标签。这些例子表明，政治如同美貌，都是“情人眼里出西施”。

	政治行为标签	VS	有效的管理标签
1	责备他人		富有责任感
2	套近乎		建立工作关系
3	溜须拍马		表现忠诚
4	推卸责任		授权
5	不露马脚		为决策寻找充分证据
6	制造冲突		鼓励变革和革新
7	拉帮结派		促进团队工作
8	泄露机密		提高效率
9	早有预谋		提早计划安排
10	出风头		有才干，有魄力
11	有野心		事业心强
12	投机		精明敏锐
13	奸诈狡猾		老练稳健
14	妄自尊大		十分自信
15	完美主义者		细心周到

资料来源：［美］斯蒂芬·P·罗宾斯：《组织行为学（第 10 版）》，412 页，北京，中国人民大学出版社，2005。

（二）政治行为的分类

政治行为可以分为合法性政治行为和非法性政治行为两类。①

合法性政治行为（legitimate political behavior）是指符合规范的、日常的政治行为。例如，通过正常程序抱怨上级，避开命令链，建立联盟，通过消极怠工或坚持原则来阻碍组织的政策或决策，通过个人的专业活动与组织外部建立联系等。

非法性政治行为（illegitimate political behavior）是指不符合规范的、为追求自己在利益分配活动中的优势地位而采取的政治行为。例如，暗中破坏，告密，象征意义的抵抗行为（比如佩戴抗议徽章），一批员工同时请病假等。

由于非法性政治行为可能面临接受严厉的制度惩罚、降级甚至开除等风险，因此，组织中的绝大多数政治行为属于合法的范畴。

二、引发政治行为的因素

（一）政治行为产生的基本假定

组织政治行为是由团队和个体进行的有目的的影响行为组成的，其目的就是在冲

---

① 参见罗宾斯、贾奇：《组织行为学（第 12 版）》，408～409 页。

突发生或可采取行动的时候来增加和保护自己的利益。组织参与者倾向于采取使自身利益最大化的机会主义行为。

诺德（Walter Nord）指出，政治行为的产生建立在对组织中权力的四个基本假定之上：

第一，组织由相互竞争资源、能量和影响的联合体组成；

第二，各种联合体寻求保护自己的利益和影响的地位；

第三，权力不平等的分配本身就具有反人性化的效果；

第四，组织中的权力运用是更大的社会系统中权力运用的一个非常重要的方面。

（二）诱发政治行为的因素

1. 米勒斯的观点

米勒斯（Robert H. Miles）将与组织的政治化程度相关的维度概括如下：

（1）资源。政治化的程度与资源的重要性和稀缺性之间直接关联。而且，当有新的归属尚未明确的资源进入组织时，政治行为将受到鼓励。

（2）决策。与例行的决策相比，模糊性的决策、缺乏一致同意基础上的决策、不确定的决策以及长期性的决策将导致更多的政治。

（3）目标。目标的模糊性与复杂性越高，政治行为越多。

（4）技术和外部环境。一般而言，组织的内部技术越复杂，政治行为越多。同样，如果组织在一个混乱的外部环境中运作时，政治行为也会更多。

（5）变革。一次组织重组、一个计划内的组织发展的努力，乃至因外部力量导致的一个非计划的变革，都会鼓励政治行为的发生。

2. 罗宾斯的观点

有的组织政治行为公开并且盛行，有的组织政治行为非常有限；有的个体容易采取并感知到政治行为，有的个体则对政治行为不太敏感。罗宾斯总结了学者们的研究，将引发政治行为的因素概括为个体因素和组织因素两类。图 11—3 说明了个体和组织因素是如何影响政治行为以为其提供有益的结果的。

三、政治行为的后果

（一）政治行为带来的消极后果

政治行为对采取政治行为的个体而言可能是有利的，但是，对于大多数人而言，由于所拥有的政治技能不足或者不愿意卷入到政治行为中，政治行为对他们的影响是消极的。研究表明，政治行为往往会导致负面的个人结果（见图 11—4）。

1. 工作满意度降低

当感觉到影响组织职能正常发挥的政治活动时，员工就会产生不满情绪。如果员工认为组织中存在利益群体或者帮派，他们对工资和晋升的满意度就会降低；如果员工认为组织的奖励受政治行为影响，他们对上级的满意度就会下降；如果员工认为他们的同事有较多的政治行为，他们对同事关系的满意度就会降低。

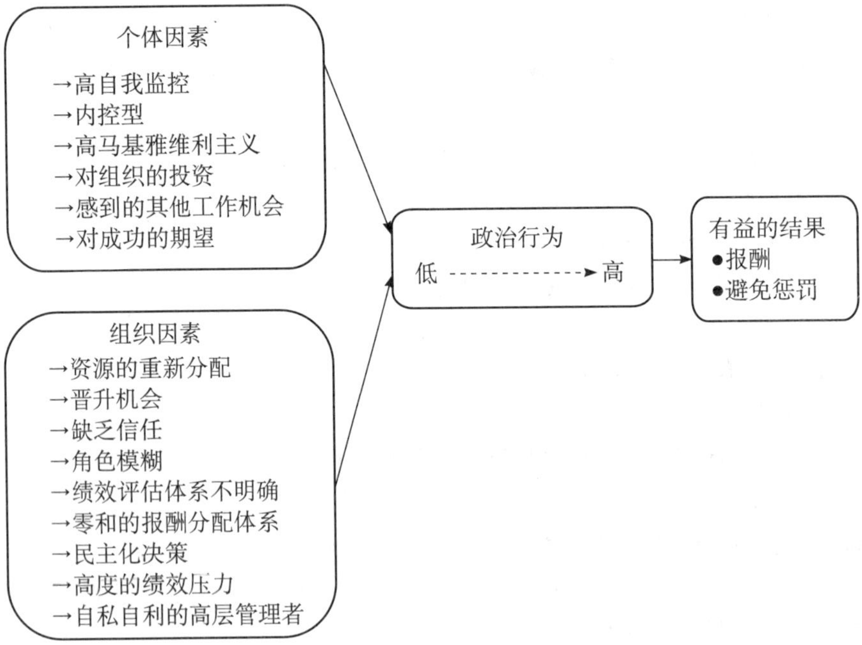

图 11—3 影响政治行为的因素

资料来源：[美] 斯蒂芬·罗宾斯：《组织行为学（第 10 版）》，413 页。

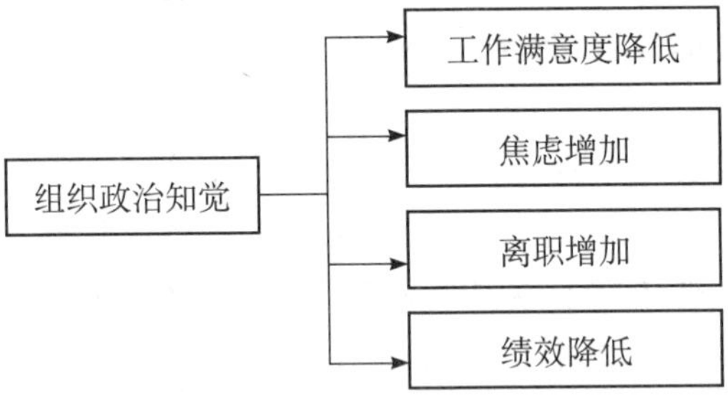

图 11—4 员工对组织中政治行为的反应

2. 焦虑增加

员工感觉到的政治行为越多，他的焦虑感就会越强。这可能是出于如下的考虑：如果自己不采取政治行为，自己的利益可能会被那些积极的政治行为者侵吞，这种状况使他不得不对参加政治活动或者在政治领域中进行竞争感到有额外的压力。

3. 离职增加

过多的政治行为会让员工感觉到不公平、压力增大、焦虑感增加等，当员工感觉到组织中的政治行为多到自己无法应对的时候，就会选择离开组织。

4. 绩效降低

由感觉到的政治行为带来的工作满意度降低、焦虑增加、被迫参与政治行为、不公平感的增强等都会分散员工的工作精力、降低工作的动力，从而使得个体绩效降低。

（二）员工的防卫行为

当人们把政治行为视为一种威胁的时候，他们常常会采取自我防卫行为来回避参与活动、责备和可能的变化。① 表 11—3 列举了员工应对政治行为采取的一些防卫行为的例子。

自我防卫行为常常与员工对工作和工作环境的消极态度有关。在短期内，员工可能认为这种防卫行为保护了他们的自我利益，但是，长此以往，他们就会感到厌烦。过多使用自我防卫行为还会让员工失去来自上级、同事、员工和客户的支持和信任。

表 11—3　组织中的自我防卫行为

回避活动
● 过度遵从。采用“规章制度明确标明”或“这是我们常用的办法”等方式，来严格解释和定义你的责任。 ● 推诿责任。把任务或决策的执行责任转移给别人。 ● 装聋作哑。以疏忽大意或缺乏能力为借口，回避那些自己不愿意做的工作。 ● 耽搁时间。通过延长完成工作需要的时间，让人觉得你忙得脱不开身。例如，把两周的任务拖成四周完成。 ● 搪塞。在公开场合下表现出或多或少的支持，而在私底下做得很少或根本不做。
回避责备
● 减震缓冲。这是一种意指“不留后患”的委婉说法，描述的是为了形成一种有能力的和考虑周全的形象而积极从事的一种严谨记录的活动。 ● 明哲保身。逃避那些可能反映出不利状况的情境。包括只承担那些成功可能性很高的项目，把冒风险的决策交给上级来决定，定性地表达判断结果，在冲突中保持中立立场。 ● 合理化。为了减少不利结果的个人责任而作出的解释，或者在表达悔恨的同时进行的辩解。 ● 替罪羊。将不利结果归因于外部因素，而外部因素常常不是主要原因。 ● 虚报信息。通过歪曲、润色、欺骗、选择性表达，或使用模糊来操纵信息。
回避变化
● 阻止变化。试图阻止具有威胁性的变化出现。 ● 自我保护。在变革过程中通过控制信息或其他资源来保护自己的个人利益。

四、政治行为的道德性

（一）政治行为的道德判断标准

判断政治行为是否合乎道德是一件非常复杂的事情。下面的三个问题可以帮助我们检验政治行为是否符合道德。

（1）这种行为能否给组织内部和外部的人员都带来好的结果。这个问题代表着效

① B. E. Ashforth, and R. T. Lee, “Defensive Behavior in Organizations: A Preliminary Model”, *Human Relations*, July 1990, pp. 621-648.

果的标准。这种行为结果应该能够给最大多数人带来最大的利益。如果与权力相关的政治行为只满足了个体自己的利益，不能够帮助组织实现其目标，它就会被认为是不道德的。比如，超市为了吸引更多顾客，用商品下架相威胁迫使供应商把商品的折扣打得很高或者擅自调低某些商品的价格，致使供应商无利可图。

（2）这种行为是否尊重所有当事人的权利。这个问题是强调个人权利的标准。言论自由、个人隐私和正当程序是应当受到尊重的个人权利。如果与权力相关的行为侵犯了这些权利，就会被认为是不道德的。

（3）这种行为是否平等、公平地对待所有的当事人。这个问题是有关分配公平的标准。以与权力有关的政治行为专横地对待某一方当事人，或者以损害一方的利益为代价而使另一方受益，都是不道德的。比如经理与员工小李是大学校友，关系很好；经理与小方曾经发生过争执，平时关系比较紧张。公司制度规定经理负责员工年终绩效考评，奖金分配、晋升等依据绩效考评结果安排。虽然小李和小方平时工作表现不相上下，但是，经理在考评时给小李优秀，给小方合格。结果，小李不仅年终拿到了丰厚的奖金，还被列为公司的培养对象；小方奖金没有拿到，晋升也没有希望，无奈愤然离职。

只有同时满足以上三个标准，政治行为才会被认为是道德的。然而，由于衡量权力行为的标准之间可能会存在冲突，因此，对政治行为道德性的分析是非常复杂的。比如在金融危机中，面对公司业绩的不断下滑和股东的强烈不满，董事会不得不解雇当前的CEO，以平息股东的愤怒并表达公司改革的决心，虽然大家心里都非常明白：公司的问题是环境造成的，这个倒霉的CEO只是替罪羊而已。

（二）管理者应对政治行为负面影响的策略

为帮助组织克服政治行为对组织道德带来的负面影响，管理者可以在以下几个方面采取措施。

1. 保持沟通渠道公开

公开的沟通渠道可以避免信息控制、角色模糊等带来政治行为，并可以增加组织成员之间的信任，从而有效减少不道德的政治行为。

2. 塑造道德化、非政治行为的角色模型

组织应该大力提倡、鼓励和宣传道德的行为，树立非政治行为的角色模型，为组织成员理解和遵从道德化的行为树立榜样。

3. 当心只依照自己利益行动的游戏者

对于利用政治行为为自己谋利益的员工，组织应该及时发现、公开惩罚这种行为，避免这种通过不道德行为为自己谋利的现象给其他员工造成不良的暗示。

4. 保护个人的私有利益

管理者在发现大量不道德的政治行为时首先要思考的问题是：这种行为产生的原因是什么？是个别人的道德问题，还是组织的规章制度不明确、不公平导致员工在自身利益受到侵害而又得不到合理保护时被迫采取行为？组织首先应该有明确的制度保障个人的私有利益公平、安全。

5. 常问“这公平吗”

管理者应当经常问自己“这公平吗”以唤醒自己的道德意识。很多时候组织之所以形成政治行为泛滥的文化和局面，原因就在于管理者的行为被员工认为是不道德的政治行为，从而导致上行下效。

□ 本章小结

权力是个体（或群体）A 对个体（或群体）B 的行为发生影响的潜在能力。权力是潜在的，是一种依赖关系。

权力是依赖程度的函数，依赖的产生取决于个体目标实现所需资源的供给状况。个体或集体拥有的资源越重要、越稀缺、越具有不可替代性，需要这种资源的人对该个体或集体的依赖程度就越高。

影响力是领导力的概念核心，对象包括下级、同事和上级等。硬影响力策略主要建立在正式权力的基础上，常见的有无声的权威、独断、信息控制、结盟和诉诸上级等；软影响力策略主要建立在个人权力的基础上，常见的有奉承和印象管理、说服和交换等。使用不同的影响力策略时需要考虑多种因素。

获得权力的方法有很多，管理者应当懂得如何控制权术在组织中的泛滥。

政治行为首先需要以个体运用权力的欲望为前提，然后需要建立在一个人使用自己权力的基础上，但这并不是组织正式角色的要求。它通过影响决策目标、准则和过程，达到影响组织利益分配的目的。政治行为可以分为合法性政治行为和非法性政治行为两类。

员工感觉到的政治行为可能会导致工作满意度降低、焦虑增加、离职增加和绩效降低等消极后果。当人们把政治行为视为一种威胁时，常常会采取自我防卫行为来回避参与活动、责备和可能的变化。

政治行为是否道德可以从行为的效果、个人权利的保障和分配是否公平三个标准来判断。同时满足三个标准的权力行为是道德的。管理者要克服政治行为给组织道德带来的负面影响，可以采取多种措施，如保持沟通渠道公开，塑造道德化、非政治行为的角色模型，当心只依照自己利益行动的游戏者，保护个人的私有利益和常问“这公平吗”。

□ 关键术语

权力　印象管理　权术　组织气氛　政治行为　合法性政治行为　非法性政治行为

□ 思考题

1. 什么是权力？权力产生的基础是什么？请举例说明。

2. 权力与依赖的关系是什么？请举例说明什么情况下依赖程度会比较高。

3. 什么是影响力？常用的影响力策略有哪些？

4. 影响力会产生怎样的结果？哪些因素影响到这些策略的效果？

5. 什么是权术？请简述并举例说明获得权术的一些策略。

6. 管理者应当如何控制权术在组织中的泛滥？

7. 什么是政治行为？如何分类？

8. 政治行为可以带来哪些消极后果？为什么？员工的自我防卫行为有哪些？

9. 如何判断权力行为是否道德？管理者有哪些策略可以应对政治行为给组织带来的负面影响？

第 12 章

冲突与谈判

本章要点

1. 冲突与冲突管理。
2. 分配谈判与综合谈判的定义和比较。
3. 谈判的过程及重点。
4. 常用的谈判策略。

引　例

舍得中的智慧

从前，在一个遥远的太平洋小岛上有一对老夫妻，他们住在一间破旧的茅草屋里。一天，飓风袭击了整个村庄，茅草屋被刮倒。这对老夫妻年事已高，也没有什么积蓄，没法重修茅草屋，只好搬去和女儿女婿住在一起。女儿家也不宽敞，她和丈夫与四个孩子住在一起，本来就很拥挤，这对老夫妻一来，整个家顿时显得拥挤不堪。很快，家庭关系变得紧张起来。

无奈之下，女儿只好去求教于村里的智者。她向智者讲述了自己目前的问题，然后问道："我们该怎么办呢？"

智者慢慢地举起了烟斗，抽了一口烟，轻轻地吐了出来，然后问道："你养了一些鸡，对吧？"

"是的，"她说，"我们养了十只鸡。"

"那就把这些鸡领到屋里来养吧。"

这个建议听起来非常可笑，可女儿还是听从了。毫无疑问，家里变得更加糟糕了。每天屋里遍地鸡毛，家人之间恶语相向，一家人都觉得有些难以忍受，女儿只好再次到智者那里求教。

“你养了几头猪，是吧？”

“是的，我们养了三头猪。”

“那就把三头猪也领到屋里养吧。”

这个建议听起来简直荒谬，可对智者的建议提出质疑简直是无法想象的，所以女儿只好又把三头猪领进了屋子里。这下，情况变得更加糟糕，日子简直没法过了。想想看，一间又小又吵的房子里居然挤进了八个人，十只鸡，三头猪。丈夫开始发牢骚，说他连广播的内容都听不清了。

这下连女儿也无法忍受了，于是她最后一次来到智者面前。“求求您了，”她哭诉道，“我们不能再这样过下去了。告诉我，我该怎么办？请您一定要救救我们。”

这次智者的回答虽然有些让人费解，却很容易做到。“把那些鸡啊猪啊的都赶出去吧！”女儿很快照办。从此以后，一家人快快乐乐地生活在一起，再也没有发生过任何争执。

这个故事告诉我们：要想愉快地达成一笔交易，交易双方就一定要学会放弃。

资料来源：罗杰·道森：《优势谈判》，12～13页，重庆，重庆出版社，2008。

请思考：

1. 该寓言中存在的主要冲突是什么？
2. 你认为村里的智者在解决冲突时抓住了人们怎样的心理？
3. 还有什么方法可以解决该冲突？如何实施？

第1节 冲 突

组织是由相互作用的人组成的，因此，产生各种各样的冲突不足为奇。

在某公司经理会议上，市场部经理刘左音与销售部经理朱明洪发生了激烈的争论。朱明洪认为今年市场部的广告完全失败，对促销一点帮助都没有。刘左音则认为，今年在广告费不增加的同时，推出这一系列促销广告已相当不容易了，销售量上不去的主要原因是新进来的推销员能力太差。

一、冲突及其种类

（一）冲突概述

冲突（conflict）是指个体由于互不相容的目标、认识或情感而引起的相互作用的一种紧张状态。

1. 冲突的特点

（1）冲突客体的多样化。冲突可以发生在一个个体内部，也可以发生在个体与个体之间，还可以发生在由个体组成的群体之间。这里主要讨论后两种冲突，但我们不能忽视前一种冲突造成的影响。

（2）冲突起因的多样化。从冲突的定义中可以看出，冲突有多种起因：目标不相容、认识不相容、情感不相容。这些只是表面起因，还有许多深层的心理起因。

（3）冲突的客观性。事实证明，只要有人存在的地方，就有冲突。因此，冲突是一种客观存在的、不可避免的、正常的社会现象，是组织心理和行为必不可少的一部分。

2. 冲突与竞争

（1）竞争的概念。竞争（competition）是指个体为了达到自己的目的，而使其他个体达不到目的的一种行为。例如，只有一个总经理职位，生产副总经理和销售副总经理都想成为总经理，他们之间就会产生竞争。

（2）冲突与竞争的关系。

1）竞争中可以没有冲突。例如两位游泳运动员为了争冠军，可以激烈地竞争，但是可能相互之间根本不认识，也可能从未在一个游泳池里游过泳，也就是说，他们之间几乎没有相互作用，即没有冲突。

2）竞争中可以产生冲突。某公司有一个去美国深造的名额，两位候选人在竞争中会产生冲突，因为他们有相互作用。

3）冲突的结果可以是双赢的。例如两家公司为了增加销售量而引起冲突，结果是两家的销售量都增加了。

4）竞争的结果一般是零和的，即总有一方赢一方输。例如原来甲公司的市场占有率是 55%，乙公司的市场占有率是 45%，通过竞争甲公司的市场占有率降为 48%，乙公司的市场占有率上升为 52%。虽然从冲突的含义来看，甲公司也可能因为增加销量而赢了，但从竞争的角度来看，乙公司赢了，甲公司输了。

（二）冲突的种类

根据组织内的各种冲突层次，冲突有以下各种类型。

1. 个体内部冲突的类型

（1）双趋型冲突是指个体要从两个以上都可能带来积极后果的备选方案中进行决策时产生的冲突。例如，工程部经理可以去美国培训一年，待遇相当不错，也可以留在国内晋升为分管工程的副总经理。这时，这个经理有可能产生双趋型冲突。

（2）双避型冲突是指个体要从两个以上都可能带来消极后果的备选方案中进行决策时产生的冲突。例如，总经理要市场部经理调到外地去当经理，或者在本地降为经理助理。这时市场部经理有可能产生双避型冲突。

（3）趋避型冲突是指个体要决策是否去干一件既会带来积极后果又会带来消极后果的事情时产生的冲突。例如，工人小李想从国有企业流动到外资企业，可能到后者去工资会高一点，但在前者工作更有职业安全感。这时，小李可能会产生趋避型冲突。

2. 个体之间冲突的类型

（1）强制型冲突是指冲突的一方有一定的权势，他觉得自己必须赢，而对方在不得已时必须输的一种冲突。这种类型的冲突在一定程度上有助于员工实现自己的目标，但也可能使对方受到伤害而造成不良影响。

（2）体谅型冲突是指在冲突时具有合作倾向而缺乏为自己的目标坚持奋斗的一种冲突。这种冲突可能表示一种利他行为，可能是诱使他人合作的一种策略，也可能是对他人意志的一种屈从。在一般情况下，体谅型冲突会受到他人的好评，但也可能被认为是一种软弱无能的表现。

（3）协作型冲突是指一种既合作又坚持原则的冲突，冲突双方都想尽量扩大双方共同成果。他们认为冲突是正常的，也是有益的，只要处理恰当，冲突是可以很好地解决的。双方都有相同的权力与作用，因此应该表现出坦率和信任，不要为一方的利益而牺牲另一方的利益，可以用增益性协作来解决冲突。

所谓增益性协作，就是假设资源是可以增加的，双方通过共同努力，使双方的利益都得到满足。

（4）妥协型冲突是指以介于坚持与合作中间的行为来处理矛盾的一种冲突，双方认为平等互利是解决冲突的一个基本原则，通过协商、谈判和一系列双方的让步，使矛盾与冲突得到缓解。双方一般运用分配性协作来解决冲突。

所谓分配性协作，就是假设资源是固定的，双方通过协商来分配资源。一种平均的方案是双方平分资源，一种极端的方案是一方独占资源。

3. 群体内部冲突的类型

（1）实质型冲突是指在群体内部以任务的性质或工作问题为基础的冲突。这种冲突往往是与成员间的认识不一致联系在一起的。

（2）情感型冲突是指主要来自群体内部人与人之间关系的冲突。这种冲突往往是在与成员之间的情感有抵触时发生的。

（3）兼有型冲突是指一类既有实质型冲突，又有情感型冲突的冲突。这种冲突往往与成员间的认识不一致、情感不和谐有关联。

4. 群体之间冲突的类型

（1）敌对型冲突是指一个群体把另一个群体当成敌人时产生的冲突。这种冲突往往带有明显的消极结果。

（2）防御型冲突是指一个群体为了保护自身而与其他群体产生的冲突。这种冲突有时会出现情绪波动过大的现象。

（3）强势型冲突是指一些处于优势地位的群体与其他群体产生的冲突。这种冲突往往是主动的、进攻性的。

（4）弱势型冲突是指一些处于弱势地位的群体与其他群体产生的冲突。这种冲突往往是被动的、防御性的，但也不排除有时由神经过敏而引起主动性冲突的可能性。

5. 组织内部冲突的类型

（1）纵向型冲突是指组织内部上下级之间的冲突。这种冲突往往是由于上级想要控制下级，下级又不愿被控制引起的。也可能由于上下沟通出现障碍、利益上有矛盾，或对某些价值观缺少一致的认识造成的。

（2）横向型冲突是指组织内部同一层级中的员工或部门之间产生的冲突。这些冲突可能因目标和认识的不一致而造成，也可能因受教育程度、经历的差异而造成。一般来说，各部门相互依赖的程度越高，横向型冲突的可能性就越大。

（3）直线—参谋型冲突是指组织内部的直线管理者与参谋部门的专家之间的冲突。这类冲突往往是由于这两类管理者的职权不明、相互不服气，以及各自的背景不同造成的。有时双方都认为自己在努力为组织工作，但由于观点不同而造成更大的冲突。

二、冲突的原因与作用

（一）冲突的原因

在组织中，员工之间发生冲突往往有各种各样的原因，有些原因是显而易见的，有些原因是深层的、不可见的。因此，我们在判断冲突的原因时要小心谨慎。

工人小周和生产部经理老王在争吵。表面上是老王因为小周上班迟到扣发了他本月的奖金、小周不服而造成的；可能原因是：小周一直认为老王不学无术又不以身作则而造成的，也可能是小周受了其他人的挑唆而造成的……

我们在寻找冲突的原因时，可以从以下八个方面入手。

1. 人的本性

许多试验证明，动物具有侵犯的本性。由类人猿进化而来的人，也有一定的侵犯本性，这是造成某些冲突的原因。战争、比赛、打架、斗牛等都是侵犯本性的一种表现。

人们常常把组织当作表现侵犯本性的场所，因此冲突就产生了。这种侵犯本性常常表现在一些群体内或群体间的有形冲突中，例如破口大骂、大打出手、相互指责等。

2. 争夺有限的资源

一个组织内部的资源总是有限的，现在任何一家企业在资源分配方面都远远达不到“按需分配”的水平，于是，在争夺有限的资源时，个体与个体、群体与群体之间就可能产生冲突。

在企业中，竞争的资源主要有以下几种。

（1）金钱。这是目前争夺最激烈的一种资源，例如奖金、福利、投资额、贷款等。

（2）物资。例如设备、原材料、工具、汽车等。

（3）空间。例如厂房、办公室、住房等。

（4）上级的时间。主要指高层管理人员的时间，因为这是个常数，所以中下层管理人员和员工为了争夺高层管理人员的时间而引起的冲突不在少数，谁争夺的时间多，谁就受到重视。

（5）人才。这是企业未来争夺的重点，谁拥有人才，谁就能立于不败之地。但是人才的定义在不同组织中会有变化，因此人才的争夺将更加复杂多变。

3. 角色不同

组织中不同的角色有不同的任务，而不同的任务往往埋藏着冲突的根源。在一般企业中，以下角色之间较易引起冲突。

（1）生产—销售。生产部门和销售部门之间的角色不同会引起很多矛盾与冲突。生产部门指责销售部门销售乏术，产品销不掉，要货时又不提前通知；销售部门指责生产部门生产出来的产品质量低劣，顾客要的产品不生产，生产出来的产品顾客又不需要。

（2）财务—其他。财务部门在许多企业中几乎扮演着警察的角色，当一些部门花钱太多、预算不合理、报销不符合手续时，财务部门都会提出警告，或干脆抵制。因此，财务部门和其他部门很容易发生冲突，有些领导者甚至认为，如果财务部门和其他部门没有冲突，就说明中间出现问题了。

（3）生产—质检。生产部门和质量检验部门也是一对众所周知的“死对头”。生产部门埋怨质检部门太挑剔，故意跟自己过不去；质检部门则指责生产部门只重视产量，不重视质量。

（4）销售—市场。销售部门和市场部门关系很密切，但冲突也很多。有时销售部门责怪市场部门是吃干饭的，每年花了大量资金却对销售都没有一点帮助；市场部门则指责销售部门员工素质太低，不懂销售技巧。

（5）一线—后勤。一线部门和后勤部门也常常容易有冲突。一线部门指责后勤部门服务不周到、工作太轻松；后勤部门则责怪一线部门要求太苛刻，看人挑担不吃力。

4. 价值观与利益的差异

在企业中，由于价值观与利益的差异而引起的冲突也屡见不鲜。这些差异主要发生在以下群体之间：

（1）职能部门之间。工程部门希望有高质量的产品，而生产部门主要考虑以低成本来制造产品；生产部门希望有高质量的原材料，而采购部门主要考虑预算够不够；销售部门希望有好产品使客户满意，而产品设计部门主要考虑性价比。

（2）管理层与员工之间。管理层希望多生产优质产品、增加销售量、提高利润率，使本公司股票增值，吸引更多的股东来投资；而员工主要考虑提高工资、增加福利待遇、降低劳动强度。

（3）员工之间。老员工与年轻员工、中国员工与外国员工、本地员工与外地员工、男员工与女员工、高层员工与基层员工、高学历员工与低学历员工、白领员工与蓝领员工在价值观和利益方面都有许多差异，进而会有冲突。

5. 职责不清

在许多企业中，由于没有工作分析，或工作分析进行得不好，常常容易出现职责不清的现象，这时就容易产生冲突。

（1）互相推诿。由于职责不清，许多工作没人做，一旦出了事故则互相推诿。

（2）互相插手。由于职责不清，许多工作大家抢着干。如果决定由一个人或一个部门去干，其他人或其他部门会愤愤不平，冲突也就出现了。

6. 争权夺利

权力由于可以获得利益，因此往往是吸引人的。内部由于争权夺利而引起的冲突不在少数。

争权夺利有时会被冠以许多美妙的借口，其实质都是一样的，即将个体或小团体的利益置于组织利益之上。其表现五花八门，但万变不离其宗，无非是：培植亲信，拉帮结派；以我画线，任人唯亲；一人得道，鸡犬升天；制造混乱，乱中夺权。

争权夺利引起的冲突后果相当严重，组织中应该尽量杜绝这种根源。

7. 组织变革

组织在变革期间会产生许多动荡，这些动荡带来的冲突是不可避免的。组织变革中主要有以下一些情形与冲突关系密切。

（1）组织兼并。这里的组织兼并是指一个企业兼并其他企业，或者一个企业被其他企业兼并。在这种情形下，企业内部的员工流动量会大增，组织结构也会有重大改变，权力分配势在必行，新旧人员之间互不认识，因此很容易出现冲突。

（2）组织改组。当一个组织由于种种原因需要改组时，组织结构一定会有明显改变，各部门也会重组，新的领导与旧的部属之间的矛盾可能加剧，因此也较易出现冲突。

（3）组织扩大。由于需要，组织急剧扩大时，员工会在短时间内大量涌入。由于存在目标、认识、情感上的差异，会造成许多冲突。

（4）组织缩小。一般只有在万不得已时，组织才考虑缩小。组织缩小时会裁减大量员工，留下的员工往往会心有余悸，互相猜疑、互相攻击，结果造成冲突。

8. 组织的心理气氛

心理气氛（mental atmosphere）是指组织领导者倡导的长期形成的组织内部人与人之间的关系程度。

（1）领导者的表率作用。如果领导者之间的人际关系和谐，很少出现冲突，或者一旦出现冲突后都会很好地处理，那么这种心理气氛会感染员工，组织内部冲突也将减少。

如果领导者相互之间总是钩心斗角，意见分歧，冲突频繁又激烈，那么这种心理气氛也会感染员工，组织内部冲突不断增加是可以预见的。

（2）心理距离。心理距离是指个体或群体认为自己与其他个体或群体的差异有多大的一种心理状态。如果一个人认为自己与同事没什么差异，那么他和同事的心理距离较近；如果一个人认为自己与同事有很大差异，那么他和同事的心理距离较远。

研究指出，企业中的个体或群体和其他个体或群体的心理距离中等时，最容易出现冲突。如果有很大的心理距离，或只有很小的心理距离，就不容易出现冲突。

（二）冲突的作用

在一个组织中，冲突的作用相当复杂。为了比较全面地考察冲突的作用，我们可以把冲突的作用分为两个方面：积极作用和消极影响。

1. 冲突的积极作用

（1）促进改革。个体之间或群体之间冲突的出现，说明在某些方面出现了问题，有些方面可能已到了非改革不可的地步，因此，冲突有利于组织领导者下决心进行改革。

（2）建立新的和谐关系。由于老的关系引起冲突，使矛盾公开了，这样有利于消除引起冲突的消极因素，较易建立新的和谐关系，增强组织内部的团结。

（3）激发完成任务的干劲。冲突往往伴随着竞争，而有时竞争会有效地激励员工和群体努力为实现组织目标而工作。竞争双方可能都憋着一股劲，努力证明自己是对的、自己是行的，结果产生了良好的“增益”效率。

（4）宣泄员工的不满情绪。在冲突中，员工会宣泄自己的不满情绪。这种不满情绪如果不宣泄出来，对于员工的身心健康相当不利，因此，冲突是一种“出气筒”，适当的宣泄对于员工相当有益。

（5）了解真实的信息。在冲突中，双方传递的信息往往是不加伪装的，领导者在处理冲突的过程中，会了解许多在其他渠道中不易了解到的真实信息，这对于领导者全面掌握信息、正确决策、更好地激励员工都有重大意义。

（6）促使组织更换领导者。冲突之后，特别是一些重大冲突发生之后，会发现某些冲突是由领导者引起的，这时只有改变原来的领导者，产生新的领导者，才能缓解或解决冲突，这也有利于组织的发展。这个措施相当重要，许多杰出的新领导者往往是在冲突中产生的。

（7）促进制度的完善。有些冲突是由于组织内部制度不完善造成的，例如职责不分明。这样，通过冲突，可以了解到究竟问题出在哪里，追根究底，找出组织内部制度不完善的地方，然后加以修正。

（8）满足员工追求卓越的心理。有些冲突是由于一方认为对方工作不够出色造成的。这时，双方都认为自己在追求卓越，同时展示了双方的人格特点，有利于了解员工的真正素质与水平。

（9）有利于阐明观点与立场。冲突双方为了说服对方，并证明自己的观点和立场是正确的，往往会千方百计寻找论据，这样，真理越辩越明，有关冲突的观点与立场会越来越清晰，这对于解决某些疑难问题大有益处。

（10）有利于产生新的目标。对于原有的目标，可能冲突双方都不满意，这时为了缓解冲突，领导者可能会提出一个双方都能接受的新目标，而这个新目标以前是不可能提出的。新的目标可能会促进组织的发展。

2. 冲突的消极影响

（1）引起消极的情绪状态。在冲突时，每个参与者都会出现情绪激烈波动的状态，有时冲突会给参与者带来很大的精神压力。这种消极的情绪状态和精神压力会使员工产生一些极端的不理智行为，如打架、破坏工具及设备，甚至行凶或自残。

（2）造成组织的巨大损失。组织中的资源缺乏是造成冲突的一个原因，但冲突也可能使资源分配更加不公平，这就挫伤了一部分员工的工作积极性，而且激烈的冲突往往持续时间很长，会给组织的时间和金钱带来很大的浪费。最严重的是，冲突会造成离心力，对其破坏性我们不可低估。

（3）使一部分人才流失。由于冲突长期得不到解决，一部分员工会觉得再留在该组织中不能很好地发挥作用，进而选择“跳槽”。于是，组织可能由于一部分人才的流失而不能很好地完成任务。

(4) 破坏组织结构和秩序。在冲突时，一方或双方有可能曲解组织的目标。当冲突蔓延时，一部分员工会对组织的指示、命令茫然无措，不知道该听谁的。一部分员工则会把组织的指示、命令当作“儿戏”，他们自行其是，不受上级的约束，严重地破坏了组织结构和秩序。

(5) 导致员工人际关系恶化。有些冲突由于引起的原因比较复杂，如果处理不当，员工之间的关系会不断恶化。这时往往会出现恶意攻击、无端谩骂、人身侵犯等。这种恶化持续一段时间后会导致群体分裂、组织垮台，应引起各级管理者的高度重视。

三、冲突的管理

冲突有其积极作用和消极影响，如果不对冲突进行有效的管理和积极的引导，那么冲突更容易产生消极影响。只有对冲突进行有效的管理，才能发挥其积极作用。

(一) 对冲突的传统管理

在组织中，管理者对处理冲突已有一定的经验，我们称之为传统管理。这些经验在许多场合中仍然十分有效。

1. 妥协

妥协 (compromise) 是指要求冲突双方各退一步，以达成双方都可以接受的目标。

妥协是目前许多组织中最常用的方法之一。由于冲突双方实力相当，一时也难以辨别谁更有理，或者两者其实都有理，只是看问题的角度不同而已，管理者会要求双方达成妥协，使各方都部分地得到满足。最典型的例子是甲方要求增加投资 50%，乙方认为最多增加投资 30%，取平均值，增加投资 40%。

有时妥协能很好地解决冲突，但要防止有些个体或群体知道领导者会用妥协的方法，在冲突一开始就开出高价而谋取私利。

2. 第三者仲裁

第三者仲裁 (arbitration) 是指由一位权威人士来判断冲突双方谁是谁非。

权威人士可以是双方的上级，或者有关机构的工作人员，或者双方都认可的其他人士。

采用这种方法时，首先要让冲突双方充分阐述各自的观点、立场，以事实为根据，以法律（规章）为准绳。仲裁的最佳结果是双方口服心服，服从仲裁。在仲裁后要注意：输方可能会产生挫折心理，要给予适当疏导，以防止产生不良反应。

3. 拖延

拖延 (delay) 是指面对冲突不予以处理，等待其自然缓解或消除。

拖延也是管理者常用的一种方法，对涉及面较小、不会构成重大危害作用的轻微冲突，可采用拖延方法。但是，有些冲突在目前看来微不足道，可是一经拖延，或者矛盾一经积累，会造成重大损失。对这些冲突不能采用拖延方法，要及时解决。

4. 和平共处

和平共处 (peaceful coexistence) 是指冲突双方求同存异，避免矛盾公开化、加剧化。

一般没有重大原则差异的冲突可以用和平共处的方法来解决。管理者可以协助冲突双方分析各自的观点与立场，以及产生冲突的原因，然后协助冲突双方找出共同的地方，加以肯定；找出有小差异的地方，通过协商来解决；找出有大差异的地方，暂时拖延一下，但要避免矛盾公开化和加剧化。和平共处是解决一些冲突的较好方法。

5. 宣传

宣传是改变态度的有效方法之一。在冲突中，许多人都是由于态度不同而造成对事物的看法不同的，要转变冲突双方的态度，缓解和消除冲突，选用宣传方法是明智的。

可以建议冲突双方转换角色，从对方的角度来看问题；可以请有关的权威来解释事物的真相，使双方用较客观的态度来审核原来的观点是否有偏差；可以组织冲突双方坐下来，请双方心平气和地谈谈为何会有这种认识；可以告诉冲突双方，其他人、其他群体或其他组织以前是如何解决这类冲突的。

宣传几乎可以用在一切冲突中，但是有些管理者由于种种原因，不擅长使用宣传方法，以至于宣传不能收到良好的效果。

6. 转移目标

当冲突激烈，又无其他适当解决办法时，转移目标是一种可以选用的方法。

转移目标（displacement）是指寻找一个外部竞争者，把冲突双方的注意力转移到第三者身上，来缓解或消除冲突。

在运用转移目标方法时，一定要注意消除冲突双方固有的冲突因素，否则第三者消失后，冲突双方的冲突因素又会成为主要矛盾，管理者还是要回过头来解决这些问题。

7. 重组

重组（regroup）是指解散原有群体，重新建立新的群体。

一般当一个群体内的冲突十分激烈，又长期得不到解决，该群体由于冲突而处于瘫痪状态时，可以选择重组这种方法。

在重组以前要考虑以下问题：

（1）非重组不可吗？有时冲突主要是由个别人引起的，只要把个别人调走，或许就可以解决冲突。

（2）重组后能否解决冲突？如果不能解决冲突，还是不重组为好。

（3）重组的代价与冲突的代价哪个更大？如果重组代价大就不重组，如果冲突代价大就重组。

在管理中，应尽量少用重组，这样可以较小的代价换取较大的利益。

8. 压制

压制（suppressant）是指由上级用行政命令来限制冲突。

压制冲突往往不能真正消除冲突的根源。虽然冲突双方会因受制于上级的权势而暂时停止冲突，但一旦时机成熟又会爆发冲突。另外，即使后来不爆发冲突，冲突的一方或双方也可能会觉得处理不公平，积极性受到打击，最终影响工作。

因此，压制冲突应尽量少用，一旦用了，日后要想办法解决冲突的根源。

（二）有效地利用冲突

前面我们讨论的冲突管理，无论是传统管理还是现代管理，都是在一个基本假设之上进行的，即冲突有消极影响。实际上，我们知道，冲突既有消极影响，也有积极作用。因此，管理者不但要懂得如何缓解或解决冲突，而且要懂得如何在适当的时候利用冲突。

1. 无冲突现象

在管理中，如果出现无冲突现象将不利于正确决策，也不利于获取正确的信息，是企业发展的一大障碍。

无冲突现象是指企业表面看不见任何冲突的一种反常现象。无冲突现象的主要表现有：

（1）员工对组织漠不关心。在这种情况下，员工对组织的各种事项漠不关心，不管什么决策，要么默不作声，要么“全体拥护”，没人出来反对，因此无冲突可言。这是一种十分危险的信号，说明员工已对组织或领导者失去了信心，一旦有机会，集体辞职是必然的。此时，出工不出力的现象往往随处可见。

（2）领导者一呼百应。在这种情况下，员工只要听到领导者下的指示，全部唯唯诺诺，遵照执行。有可能是由于领导者有极高的权威，更可能是由于领导者一贯打击不同意见者，员工为了自保，不愿发表不同意见。这也是一种十分危险的信号，如果领导者英明，暂时不会出大问题，但是这种英明往往是暂时的。由于听不到不同意见，决策往往会出现失误，一旦失误，后果不堪设想。

（3）过分强调团结一致。在这种情况下，领导者以及领导者倡导的企业文化过分强调团结一致，把有不同意见看做对企业不忠诚，甚至是背叛的表现。一遇到分歧或冲突，立即支持一方，压制另一方，在各种场合都宣传团结一致的重要性。甚至宣布，本单位不存在矛盾与冲突。在这种企业文化下，个体的首创精神被扼杀了，组织看起来一派和平景象，实质上缺乏内在动力，死气沉沉。

2. 利用冲突的方法

组织一旦出现无冲突现象，一定要引起领导者的高度重视，这是组织开始走下坡路的征兆。领导者可以采用以下方法来利用冲突。

（1）强调冲突的重要性。运用各种手段，在各个场合鼓励有意义的冲突，强调冲突是组织发展的动力，可以采取以下一些方法：

1）明确各群体和各部门的权利和义务，使个体清楚地知道自己是属于某一群体的；

2）只要有人提出相反的意见，而且动机是好的，就予以鼓励；

3）宣传冲突的积极作用，使员工明白，提出不同意见是对组织负责的表现。

（2）制定各种规章制度保护冲突。可以采用以下一些方法：

1）方案至少要有两个以上，否则不予决策；

2）每个员工或每个群体代表发表自己的观点，可以采用背对背的方法，而不是在一起开会讨论的方法；

3）压制不同意见者将受到严惩；

4）一旦没有反对者，事前应安排好一个“反对者”来引起冲突，这个“反对者”可以轮流担任；

5）安置意见箱，对意见箱内每一条意见都要有反馈；

6）规定在任何一个群体、任何一个部门中，只要是一次性全体通过的、无人反对的决议，一定要重审，不得通过。

（3）从组织上保证冲突。可以采用以下一些方法：

1）撤换强调一致的管理者；

2）安排专职人员收集信息；

3）重新进行工作分析，以区别各种职位的权利与义务；

4）训练管理者如何控制冲突和如何利用冲突。

第2节 谈 判

谈判无处不在，每天人们都在进行着各种大大小小的谈判。只是有的谈判明显，有的谈判连参与者自己都不一定能意识得到。

有冲突，就有谈判。谈判的形式多种多样，它是解决冲突和资源配置的一种普遍机制。

一、谈判及其种类

（一）谈判的定义

尼尔和贝兹曼（Neale & Bazerman）将谈判定义为：“在相互依赖但并没有共同偏好的各方之间的一个决策过程。正是通过谈判，各方才能够决定，在这种关系中，每一方应该付出什么以及可以得到什么。”

商业谈判通常简称谈判（negotiation），是指双方或多方互换商品或服务，并试图对他们的交换比例达成协议的过程。

（二）谈判的种类

根据谈判的特点（见表12—1），谈判可以分为两类：分配谈判和综合谈判。

表12—1 分配谈判与综合谈判的比较

谈判的特点	分配谈判	综合谈判
可能的资源	被分配的资源数量固定	被分配的资源数量可变
主要动机	尽可能从“蛋糕”中分到更多	双赢，把“蛋糕”做大
立场	相互对立	相互融合或相互一致
信息共享程度	低	高
关系的持续时间	短期	长期

资料来源：罗宾斯、贾奇：《组织行为学（第12版）》，439页。根据该书中的表15—2整理而得。

1. 分配谈判

（1）分配谈判的定义。分配谈判（distributive bargaining）是指对于一份固定利益谁应该得多少进行协商的谈判。分配谈判是一种零和谈判，一方得到要以另一方失去为代价。

分配谈判的典型例子就是组织的工资谈判。劳动者获得的工资对组织而言意味着支出，因此，劳资双方谈判的过程中，工人代表努力从资方那里获得的工资的提高，对资方而言就意味着开销的增加。

因此，分配谈判过程中，谈判主体之间处于相互对立的立场上，谈判一方以击败另一方作为谈判的主要目的，为避免对方获得超过自己的优势，双方很少分享信息。这种不是我赢就是你赢的局面，很难使对方保持长期的关系。

（2）分配谈判的区域。以两方谈判为例，如果 A，B 之间的分配谈判能够达成协议，那么需要满足以下条件：A 和 B 之间的意愿范围要有重叠的区域（见图 12—1）。如果 A，B 双方的意愿范围没有交集，那么，除非双方或一方调整自己的预期，否则谈判就不可能取得结果（见图 12—2）。

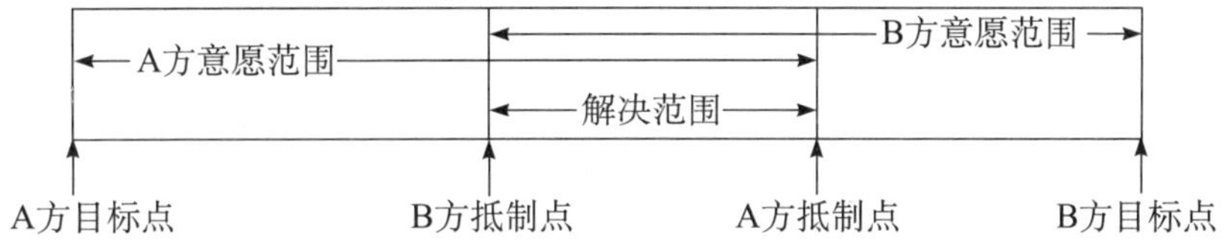

图 12—1　分配谈判区域示意图

资料来源：罗宾斯、贾奇：《组织行为学（第 12 版）》，440 页。

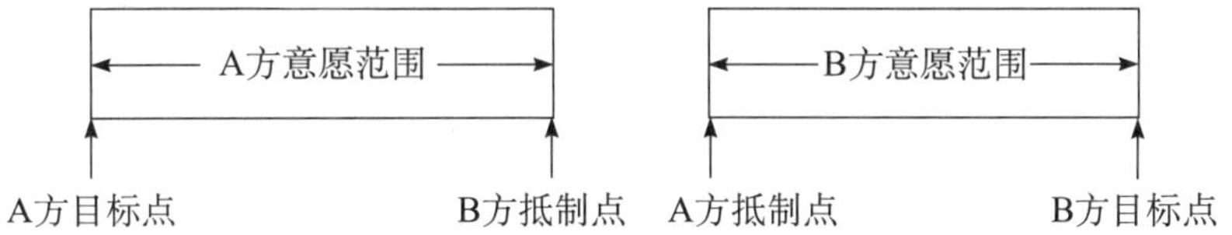

图 12—2　分配谈判破裂示意图

意愿范围的边界是由谈判个体希望从谈判中获得的最优结果和能够接受的最差结果确定的，最希望得到的最优结果称为个体的目标点，能够接受的最差结果称为个体的抵制点。

在分配谈判过程中，双方都努力使谈判结果不超出或靠近自己的目标点，然而，一旦该结果超出了对方的意愿范围，谈判就会破裂。

2. 综合谈判

综合谈判（integrative bargaining）是指建立在至少可以寻找一种方法使谈判双方实现双赢的假设基础之上的谈判。综合谈判优于分配谈判之处在于谈判结果让双方都非常开心，不会因为一方在谈判中感觉自己失败而心怀怨恨。综合谈判更能够促进双方的长期合作关系。

然而，综合谈判需要建立在一定的基础上：双方的信任，对对方需求的敏感性，谈判双方尽可能分享信息，维持谈判灵活性等。如果一方在谈判中隐藏对自己有利的信息，他就可能从谈判结果中获得额外的好处，这也是阻碍综合谈判中信任关系达成的重要心理障碍。

二、谈判的过程

谈判一般包括五个阶段：准备与计划、界定基本原则、阐述与辩论、讨价还价与解决问题、结束与实施（见图 12—3）。

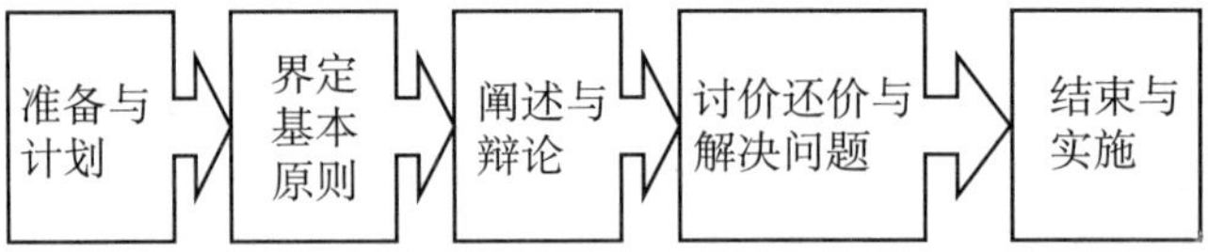

图 12—3 谈判过程

1. 准备与计划

知己知彼，百战不殆。谈判前的准备工作将在很大程度上决定谈判的成败。谈判前的准备与计划主要包括如下内容。

（1）人员准备。谈判班子的搭建是准备谈判的第一项工作。谈判班子成员的素质、规模、扮演的角色、分工合作等对谈判的成功来说至关重要。人员准备包括：

1）确定谈判班子的规模。谈判既可以是一对一的谈判，也可以是多人的集体谈判。根据谈判的重要性、具体内容、规格，谈判人员的知识、能力和经验等不同，谈判班子的规模不同。

2）素质结构。谈判人员要有过硬的思想素质、健全的心理素质、合理的知识结构、谈判的技巧和能力以及健康的身体素质等。

3）人员配备。谈判人员的合理配备是发挥谈判班子协同作用的前提。人员配备要根据谈判成员的知识结构来确定。在一般商务谈判中，根据所要求的知识，谈判组织的群体结构应该如图 12—4 所示。

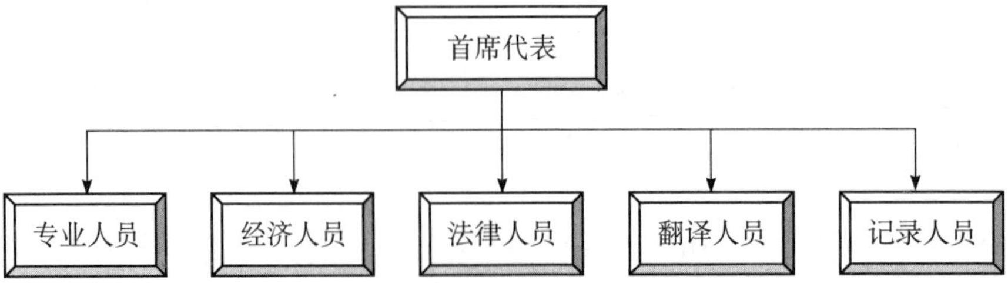

图 12—4 谈判组织群体模型

4）分工合作安排。合理的分工合作是达到谈判最佳效果的重要保障。从角色分工上看，谈判成员中主谈人和辅谈人之间要配合默契，谈判过程中要“有人唱红脸，有人唱白脸”，有人把方向，有人倾听、出主意等。从技术分工上看，谈判成员要分别对自己负责的部分认真审核，及时提出建议，避免出现漏洞。

（2）情报收集。充分了解和掌握与谈判相关的信息是了解双方谈判意图、制定谈判计划、确定谈判策略的基础。信息情报包括：

1）与谈判相关的环境因素，如政治、法律、宗教、商业习惯、财政金融状况、社会习俗、基础设施与后勤供应系统、气候等。①

2）与谈判对手相关的情报，如对手的资信状况、合作欲望、谈判人员情况等。

3）潜在竞争者的情报，如市场上该产品或服务的供需状况、替代品和互补品的供需状况、竞争者的资信状况、价格等。

4）己方的情报，如己方的产品或服务的详细情况、谈判班子情况、可能的谈判地位以及谈判的目标和底线等。

（3）制定计划。制定谈判计划是指在谈判前确定谈判的目标和实现目标的步骤。包括：

1）确定谈判主题和目标。制定脚本计划，根据不同的谈判情境可以分别确定最优目标、中间目标和最低目标。

2）确认谈判地点和时间。根据谈判地点的不同可以分为主场谈判、客场谈判和主客场轮流谈判等三种形式。

3）确定谈判的基本策略。首先，确定己方的谈判目标体系以及谈判中的让步幅度；其次，确定己方争取最重要的条款可能遇到的阻碍以及可能的交换条件；最后，就如何实现谈判目标制定不同方案、规划实现步骤和进行人员角色安排等。

（4）进行物质准备。谈判的物质准备包括谈判场地的选择及布置、谈判人员的食宿安排等。

（5）选择谈判方式。谈判方式是指参加谈判的双方在磋商过程中采取的交往方式。根据是否有第三方组织或人员的介入，谈判方式可以分为直接谈判和间接谈判；根据议题的展开顺序，可以分为横向谈判和纵向谈判。每种方式各有利弊，可以灵活选择。

（6）进行模拟谈判。模拟谈判即彩排，通过模拟谈判的全过程来深入发掘对方的可能立场、观点等，增加谈判成员的经验、技巧，总结和解决谈判中存在的问题，使谈判成员间更加默契。

2. 界定基本原则

（1）拟定谈判议程。谈判议程是指有关谈判事项的程序安排。它是对谈判议题、进度、沟通原则等的预先编制，其目的是促使谈判在预定的时间内达成。

谈判实践中，一般由东道主首先草拟日程，然后与对方进行沟通和磋商，并最终确定日程。由于议程拟定大有学问，因此谈判双方都必须非常重视，并争取日程安排对自己有利。谈判者要仔细拟定并分析议程，以便在谈判过程中趋利避害。

---

① 参见方其：《商务谈判：理论、技巧、案例》，47～49页，北京，中国人民大学出版社，2004。

议程主要包括何时举行、何地举行、何人参加、谈判议题、议题顺序、每次谈判持续时间、休会时间等。

3. 阐述与辩论

阐述与辩论阶段是双方既具有极强的对抗性，同时也使双方相互了解对方的意图、信息并确定自己谈判策略的阶段。好的开局和报价策略在该阶段非常重要，包括营造谈判气氛、掌握报价策略和技巧等。

（1）谈判气氛。谈判形式、内容、地点等的不同决定了谈判双方会选择不同的谈判气氛。谈判气氛形成于双方见面时的介绍、姿势、表情以及题外话的寒暄等，要为谈判的目的和策略服务。

总体上，谈判气氛可以分为五类①：

1）热烈、积极、友好的，适合综合谈判，双方实现双赢，皆大欢喜。

2）冷淡、紧张、对立的，适合分配谈判，双方针锋相对，努力争取自己的最大利益。

3）平静、严肃、严谨的。

4）松垮、散漫、持久的。

5）介于四种类型之间的，热烈中包含紧张、严谨中透出积极等。

（2）报价策略和技巧。

1）谁先报价。一般而言，先报价具有如下优点：第一，先报的价格对谈判的影响很大，它为谈判划定了一个框架和基准线；第二，如果先报的价格远远出乎对方的预料和设想，可能会动摇对方的期望值并使其失去信心。

但是，先报价也有一些缺点：首先，对方对我方交易条件有了一定了解。如果先报的价格低于对方的预期，那么对方可以修改自己准备的交易条件，从而获得更大的好处；另外，对方可能试图在谈判过程中迫使我方按照对方的思路谈判，在不暴露自己肯出的最高价的情况下逼迫我方步步降价。

所以，如果你先报价，在报价前应该先让对方把价格预期降下来，然后再报价；如果你对对方的了解非常少，那么最好让对方先报价。

比如，邻居有一辆用了两年的摩托车最近想卖，你想买下来，又怕对方狮子大开口。你可以这样跟他先沟通：

哭穷策略："啊呀，最近手头太紧了，坐车的费用越来越高，真想买辆便宜的摩托车，免得每月都要支出这笔车费……"

抬出更高权威策略："我想买辆二手摩托车，可我爱人老说我是在乱花钱，所以，我得把价格先向他汇报一下，否则非要被她骂死不可……"

竞争策略："我看中了一辆情况跟你的摩托车差不多的二手车，在跟车主谈价钱之前，我想听听你的意见……"

2）报价方式。首先，如果我方为买方，对方报的开盘价就是谈判时价格的最高限；如果我方为卖方，对方报的开盘价就是谈判时价格的最低限。由于人们普遍认为

---

① 参见杨晶：《商务谈判例》，134 页，北京，清华大学出版社，2005。

“一分价钱一分货”，因此，开盘价决定了人们对商品或服务的印象和评价，在作为卖方报价时，开出的价格一定要高，既给谈判留出空间，又可以避免对方大幅压价。

其次，报价要能自圆其说。漫天要价会使很多谈判破裂，报价方要在给对方留出讨价还价余地的同时，对自己所报的高价格能够做出合理的解释。

再次，报价时要坚定、明确、完整，不加任何解释和说明。明确、完整的报价以及坚定的态度会让对方感觉到这是我方的态度和期望。如果报价时犹豫不决、吞吞吐吐，进行解释说明，会给对方留下不信任的感觉，从而为谈判过程中对方的猛烈进攻埋下伏笔。

最后，解释报价的原则。当对方要求报价方解释其所报价格时，报价方要遵循16字原则：不问不答，有问必答，避虚就实，能言不书。不问不答，避免言多必失；有问必答，坚定对方对价格的接受并降低其要求削价的预期；避虚就实，对价格实的地方多讲，虚的部分少讲或不讲；能言不书，能用口头表达的就不要用书面文字来写。

3）报价策略。在国际商务谈判中，西欧式报价策略和日本式报价策略是最典型的两种。

西欧式报价策略是指首先提出留有较大余地的价格，然后根据双方的实力对比和竞争状况通过给予对方各种折扣、佣金以及支付条件等的优惠来软化价格，最终达成交易目的。

日本式报价是指首先将最低价格列在价格表上以引起买主的兴趣，由于这种最低价格是以对卖主最有利的结算条件为前提的，因此，现有交易条件下买方很难满足全部需求，如果买主主动要求改变交易条件，它就需要支付相应的高价格。所以，最后的成交价格往往会高于最低价格。

4. 讨价还价与解决问题

讨价还价常见的策略有八种，如表12—2所示。每种策略都有其优缺点。

表12—2　常见的八种让步策略（假定可让100元）

让步策略	第一次	第二次	第三次	第四次	第五次
A	100	0	0	0	0
B	0	0	0	0	100
C	2	8	15	25	50
D	40	30	20	8	2
E	35	25	20	12	8
F	20	20	20	20	20
G	40	30	15	0	15
H	50	40	10	10	—10

A策略的特点是一开始就亮出底牌，让出所有可让的利益达到以诚制胜的目的。优点是给对方合作感、信任感，争取与对方长期合作，提高谈判的效率。缺点是失去争取己方利益最大化的机会，给对方造成让利空间很大的预期和错觉，遇到贪婪的买主就容易陷入僵局，使谈判破裂。该策略适用于关系很好的熟人、客户之间。

B 策略的特点是在最后阶段让出所有利益。优点是早期的坚定态度会给对方留下没有妥协希望的印象，对于意志比较薄弱的买主而言，己方可以得到最大的收益。缺点是一再坚持、寸步不让的态度会让对方觉得谈判没有诚意，从而可能在开局不久就失去客户；到最后一下子让出所有利益，又会让对方感觉到让利空间巨大，诱使其进一步产生讨价还价的动机。该策略适用于对于谈判投资小、依赖性差而在谈判中占优势的一方。

C 策略的特点是让步逐渐增多。优点是如果谈判较早结束，那么出价方就可以在较有利于自己的价格上达成交易。缺点是给对方造成让利的空间还是很大的，只要坚持谈下去就可以获得更优惠的价格的印象，容易诱使买方继续砍价。如果遇到耐心的买家，很容易造成出价方的被动。一般是谈判高手在竞争性较强的谈判中使用。

D 策略的特点是让步幅度由大到小，逐渐减少。这种先让出较大利益，然后逐渐减小让利的做法给人以顺其自然、遵循讨价还价一般规律的感觉。优点是有利于促成和局，有利于谈判各方在等价交换、利益均沾的条件下完成交易。一般适用于商务谈判的提议方。

E 策略与 D 策略非常接近，区别在于这种策略给人以还有很小让步空间的可能，遇到耐心的买家往往会要求继续降价，谈判的成本很高。一般适用于商务谈判的提议方。

F 策略的特点是等额出让，国际上称为“色拉米”香肠式让步策略。特点是态度谨慎、步子稳健，不断讨价还价，一次次做出均等让步。优点是步步为营，不让买主轻易占便宜；遇到脾气急躁的买主时，容易削弱买方的议价能力。缺点是谈判时间长、成本大，容易让人疲劳，同时给人预期，只要耐心等待就可以获得卖方更大的让步。适用于缺乏谈判知识和经验以及较为陌生的谈判，但是，注意“香肠要切得越薄越好”。

G 策略的特点是让价先降后升，谈判初期表现出卖方已让出绝大部分可让之利的诚意，如果在第四次协商之前达成协议，会给对方憨厚老实的印象。优点是开始就让出多半利益，然后逐渐减少让利幅度有可能换得对方较大的回报，签约成功率较高，在比较艺术的做法下实现卖方盈利的动机。缺点是开始较大的让步会给对方留下软弱的印象，并刺激买方得寸进尺的欲望，而在看似不能让利的情况下又做出让步会导致买方的不信任，从而出现谈判破裂的局面。一般适用于在谈判中处于不利境地，又不急于获得成功的谈判。

H 策略由于出现利益让完之后赔利相让，再讨回赔利部分的情况而极富戏剧性。只有极富谈判经验的人才可以使用这种策略。优点是具有诱惑力的让步可以挽救陷入僵局的谈判，诱使对方按照卖方的思路往下谈，一旦对方上路，再以其他借口调回自己所需利益，从而促成和局。缺点是让利空间很大，增加了买方的议价能力和预期，使卖方非常被动，如果在第四局谈判达成，就会损害卖方的利益。适用于陷入僵局或者危难性的谈判。

5. 结束与实施

（1）达成协议。在典型的谈判中，谈判双方首先会用口头方式沟通好所有的细节，然后将谈判内容拟成合同形式，交由双方审定之后签字生效。由于口头沟通不可能考虑到所有的细节，因此，在增加遗漏内容和条款的时候，起草方就会尽可能使该条款对自己有利。由于这些细节条款本身没有太大的实际意义，人们不会轻易撤销合同，但是，这无疑会给草拟合同的一方带来巨大的好处，因此，合同千万不要让对方起草！每次合同都要认真审议，直到最后签订协议。

（2）谈判结束。谈判结束时，请一定记得恭喜对方。谈判高手一般都会让对手感觉自己赢得了谈判，在谈判过程中采取策略让对手形成这种感觉，并在谈判结束后巩固对手的这种感觉。比如，谈判结束后，跟对手说："你们是我所遇到的最厉害的对手，坦率地说，虽然我们能从谈判中达到我们的预期，但是我们从你们这里学习了不少谈判的知识。恭喜你们！"

三、常用的谈判策略

（一）要价与还价策略

1. 留出让步的余地

从买方的角度看，在前面我们讲过的八种让价策略中，你觉得哪一种是最好的策略？很多人都认为，D策略会因卖方让价让到骨头缝里而有种赢得谈判的兴奋和自豪。从结果来看，作为买家最后获得的让利是一样的，但是交易谈成之后的心理感受却相去甚远。

无论作为卖家开出高于自己预期的价格，还是作为买家开出一个远远低于自己预期甚至卖家不能接受的低价，其实质就是为将要展开的谈判留出余地。这种余地不仅可以为自己在谈判中争取更大的好处，还可以让对方有一种赢得谈判的感觉，从而大大增加交易后的满意感。

2. 永远不要接受第一次报价

有时卖方急于做成一笔买卖，在听到买方的报价高于或者哪怕略低于自己的预期时就会立刻答应成交。通常情况下，你看到的不是买方因迅速赢得谈判而欢欣雀跃，而是他怀疑这中间是否有什么问题，或者为自己本可以获得更低价格而失望和沮丧。

因此，即使对方的第一次报价充满诱惑，自己还是要掩饰住加速的心跳和满脸的喜色，暂时保持冷静，推迟做出决策，争取对自己更加有利的谈判结果。

3. 表现出意外和不情愿

不论作为卖方还是买方，当你得到对方的报价时，即使这个价格非常令人满意，你也应该表现得深感意外。因为第一次报价时对方基本上是想试探一下你的反应，并没有指望你一下子就接受，所以，如果你的反应是可以接受，那么对方就可以在接下来的谈判中占据绝对优势，从你身上得到最大的好处。

同样，对一桩买卖表现出不情愿也是让自己在谈判中处于优势地位的常用技巧。所以，我们常常看到，商场中砍价的高手在付款买自己喜欢的衣服前，总是先对整个店里的衣服挑东拣西，对服务员的推荐摇头叹气，对手里的衣服反复强调很不需要除非有非常诱人的折扣，甚至装出要走的样子，直到把服务员的心理预期降到最低，然后再开始讨价还价。

4. 感知—感觉—发现

谈判开始时，双方表现出来的态度就已经为谈判是分配谈判还是双赢谈判奠定了基调。所以，在没有了解对方意图的情况下就直接反驳对方很容易使谈判陷入僵局。在这种情况下，使用“感知—感觉—发现”的表达方式可以委婉表达出自己的意见。

5. 发出指令，保持沉默

这种策略简单有效，你只需要告诉对方“你们必须做得更好”就可以了。比如新来的经理助理将一份工作报告交给了经理，经理只在报告上批了一行字：“你应该做得更好一些。”之后就把报告打了回去。助理拿到报告后就连夜加班修改并在第二天将自己认为修改得不错的报告又递了上去。报告又被打了回来，上面还是“你应该做得更好一些。”助理拿到报告后忐忑不安，召集部门里的其他相关人员一起研究如何修改，并在接下来的三天时间里加班加点工作，终于拿出了一份让自己都感到前所未有的满意的报告。当助理把报告呈给经理看时，他把自己以及团队的努力全部告诉经理，并表示如果经理对这份报告还不满意，他也没有办法了。经理这时冷静地说：“好的，我会认真阅读你们的报告。”

6. 蚕食策略

有孩子的朋友可能对孩子一下子提出的“周末要带我去迪士尼，还要给我买一个新书包，三杯冰激凌，晚上再带我吃一顿大餐”这样的要求直接拒绝或者只满足其中的一样。但是，很多朋友也有过一天满足孩子这么多要求的经历。那么，孩子是怎样做到的呢？他们首先会提出来：“爸爸妈妈，你们这么久都没有陪我出去了，周末我们去迪士尼玩吧！”“好的。”爸爸妈妈愧疚地答应。然后在游玩的过程中，孩子看到冰激凌要一杯并不显得过分，一天下来何止三杯呢？回家的路上，孩子看到新书包时那种渴望的眼神会让父母慷慨解囊。辛苦了一天，在外面吃顿大餐大人也觉得非常开心。小孩使用蚕食策略时的自然神态非常值得谈判者学习。

（二）红脸—白脸策略

红脸—白脸策略在日常生活中经常使用。通常谈判中会形成二对一的局面，一个人扮好人，似乎一直站在对方的立场上为对方着想，另一方则扮演态度强硬、咄咄逼人的角色，威胁对方做出让步。当然，出现在谈判中的可以是两个人，也可以是一个人扮演的两个角色。

比如，在警匪片中经常可以看到警察审讯嫌疑人时采用红脸—白脸策略。审问开始时，一个警察态度粗暴、怒不可遏，把嫌疑人双手从背后扣住，让他蹲到墙角，针对案件连珠炮一样地逼问嫌疑人。嫌疑人可能被警察的态度激怒而坚决拒绝招供。这时，第一个警察被同事叫走，又来了一个警察。这个警察似乎是世界上最善良的人，他让嫌疑人坐到椅子上，并递上一支香烟，和颜悦色地先从同情他的遭遇说起，再问一些似乎不太重要的问题，最后逐渐转移到案件上来，很快嫌疑人就会全部供述出来。

红脸还可以由谈判中充当白脸的人虚构出来，用不在场的权威人物/事物，比如董事会、总经理、公司规章等的强硬立场来衬托自己为对方考虑和希望对方能够做出一些让步，好让自己在这些权威面前能够为争取谈判成功而为对方说上话。

没有谈判经验的人很容易陷入红脸—白脸策略的陷阱中，但是，在遇到这样的情况时，你应该非常清醒，无论对方多么友善，他都是在为自己的一方争取最大的利益。这样，你就可以及时认清他们的伎俩，或者自己也虚构出一个红脸的角色让自己在谈判中扮演白脸，以避免被对方牵制。

（三）引入第三方策略

如何在谈判中为自己争取到更大的利益？如何打破谈判的僵局？引入第三方的策略非常有效。

1. 引入更高权威

当对方诱使你对一笔交易最后拍板时，你不妨引入一个更高权威，把自己放到不具有最后决定权的位置上。这样可以使你冷静思考，是否要继续展开谈判以便为自己争取到更大的利益。比如："我对这笔交易还是比较看好的，不过，目前你们的开价我很难说服我们老板，你看，能不能……以便我在老板那里更好通过？"

如果你就是最高的决策者，也要警惕自己的一时冲动。这时，你可以引入一个虚拟的更高权威比如决策委员会或者组织内的相关负责人（如销售总监、产品总监等），以征求他们的意见为由，为自己争取更多的谈判利益。

2. 用第三方打破僵局

当谈判陷入僵局的时候，寻求第三方帮助是解决问题的常用方法。谈判第三方可以扮演调停人、仲裁人、和解人和顾问四种基本角色。

（1）调停人（mediator）是使用劝说、讲道理、建议采用其他解决方案等方法来促使谈判达成的中立的第三方。调停能否成功取决于冲突的水平以及谈判双方对调停人的认可程度。如果冲突水平中等，并且双方愿意接受中立第三方的调停，成功率就比较高。

（2）仲裁人（arbitrator）是运用权威来促使协议达成的第三方。仲裁可以是双方自愿要求的，还可以是根据法律或者合同强制使用的。仲裁能否成功取决于仲裁人如何使用"强硬做法"，如果谈判一方明显感觉到不能接受，那么仲裁决议就不能执行。

（3）和解人（conciliator）是受双方信任并在谈判双方之间提供非正式渠道的第三方。

（4）顾问（consultant）是专业技术纯熟并且公正无偏的第三方，他试图通过沟通与分析，借助自己在冲突管理方面的知识来敦促问题得以解决。

（四）双赢策略

双赢并不意味着双方都得到了同等的好处或者付出了同等的代价，而是双方都感觉到自己赢得了谈判。作为卖家，交易谈成后，你心里可能沾沾自喜："如果对方再坚持一下的话，我还可以把价格再降一些的。"同时，作为买家，他心里也在偷着乐："其实如果对方再要得高一些，我也是愿意支付的啊。"

因此，运用双赢策略时，谈判的一方应该尽量使对方在谈判结束时感觉到自己赢得了谈判。这种赢不一定是实实在在的利益，可能仅仅是一种赢的感觉。这就要求谈判者学会熟练运用各种谈判策略；明白人们想要的东西通常是不一样的，避免假设自己看中的就是对方看中的，然后将双方置于相互对抗的立场；避免把谈判的焦点集中到一个问题上，要在适当的时候引入新的谈判条件；不要过于贪婪，要让对方也有利可图，并且在谈判结束后，视情况给对方一些超出其预期的折扣或者特殊服务，增加对方的获胜感。

□ 本章小结

冲突是指个体由于互不相容的目标、认识或情感而引起的相互作用的一种紧张状态，具有冲突客体的多样化、冲突起因的多样化和冲突的客观性三个特点。冲突和竞争存在密切的关系。

冲突发生的层次可以帮助人们认识不同类型的冲突。人的本性、争夺有限的资源、角色不同、价值观与利益的差异、职责不清、争权夺利、组织变革、组织的心理气氛等都可以引起冲突。冲突既有积极的作用，也有消极的影响，管理者要全面看待。

管理冲突的传统方法有妥协、第三者仲裁、拖延、和平共处、宣传、转移目标、重组、压制等，有些方法现在依然有效。有效处理冲突需要管理者掌握一定的冲突处理技巧，并对组织无冲突现象保持高度警惕。

根据谈判的特点，谈判可以分为分配谈判和综合谈判，两者各有特点。谈判一般包括五个阶段：准备与计划、界定基本原则、阐述与辩论、讨价还价与解决问题、结束与实施。根据每个阶段的特点，谈判人员应该抓住谈判重点。

常见的谈判策略有要价与还价策略、红脸—白脸策略、引入第三方策略和双赢策略等。谈判者要学会熟练运用各种策略为己方争取更多的利益。

□ 关键术语

冲突　竞争　心理气氛　妥协　第三者仲裁　和平共处　转移目标　压制　谈判　分配谈判　综合谈判　调停人　仲裁人　和解人　顾问

□ 思考题

1. 什么是冲突？冲突和竞争有什么关系？
2. 冲突有哪些种类？试举例说明。
3. 冲突管理方法有哪些？请举例说明。
4. 如何区分分配谈判和综合谈判？请分别找出生活中这两种谈判的两个例子。
5. 谈判的准备和计划阶段需要注意什么？
6. 谈判气氛有哪几类？如何报价？

7. 请举例说明八种让价策略。
8. 谈判结束时，谈判人员应该注意什么？
9. 常见的要价—还价策略有哪些？请举例说明。
10. 请设想一下你在职场中该如何应用红脸—白脸策略。
11. 引入第三方策略有何作用？请举例说明如何使用该策略。
12. 什么是双赢？如何在谈判中实现双赢？

第13章

组织结构的基础

本章要点

1. 影响组织设计的主要变量。
2. 组织设计的原则。
3. 组织设计的基本趋势。
4. 机械组织模式和有机组织模式。
5. 组织结构类型。

引　例

戴尔中国架构调整　内部竞争成隐忧

在经济危机面前，各跨国巨头可谓八仙过海，各显其应对神通。联想先是合并亚太区，继而对最高层领导进行调整。而此间其老对手戴尔也没闲着，改变了以往按区域划分业务的模式，转为按客户类别进行划分。

对此，中创国发投资顾问（北京）有限公司副总裁赵亚洲认为，按客户划分可能更容易进行产品定位，能够满足不同消费者的差异化需求，但若处理不好容易形成内部竞争，容易产生混乱。

按客户“一分为四”

“这样划分可以离客户更近，更快地满足客户的需求。”2009年2月11日，戴尔中国公司新闻发言人张飒英对《华夏时报》记者确认戴尔中国公司确实进行了组织架构调整，“戴尔今年的重点是将围绕四大块业务，更加贴近客户。”

2009年1月4日，戴尔公司宣布了其全球组织架构的重组方案，除了已经独立运营的消费业务，戴尔将其运营部门按照客户规模、类型划分为三个子部门，分别为大型企业、政府及教育行业、成长型企业（即中小企业业务），而非此前的按照区域划分版图。

2009 年春节后，有消息称，戴尔中国公司也开始按总部规划进行了调整。戴尔全球副总裁兼大中华区总裁闵毅达将兼管亚太及日本地区的成长型企业业务，大中华区成长型企业由许肇元负责；容永康负责大中华区大型企业客户；李国庆负责政府及教育行业；杨超继续负责戴尔大中华区消费业务。据悉，这些负责人实际上之前就已经负责这些业务。

而闵毅达的大中华区总裁一职将保留，但仅为虚职，主要作为戴尔在大中华区公共事务的统一代表，闵毅达主要负责亚太及日本地区的中小企业业务。大中华区的四大业务各自单独向亚太区或美国总部汇报，闵毅达可以“协调”上述分管负责人，但不再存在以往的上下级汇报关系。

另外值得注意的一点是，戴尔还将整合大中华区的家用渠道及商用渠道，即家用渠道以后可以销售中小企业商用产品，商用渠道也可以销售家用产品。

据悉，戴尔大中华区的家用渠道由消费业务部门拓展而来，均为与戴尔合作的渠道商，中小企业商用渠道大多为戴尔自建的中小企业解决方案中心。

调整应对业绩下滑

IDC 对 2009 年个人电脑产业的预测显示，全行业的前景惨淡，IDC 将 2009 年全球个人电脑出货增长率从 13.7% 大幅下调至 3.8%。而另一家市场调研机构 iSuppli 也宣布将 2009 年的个人电脑出货量预期下调 2/3，iSuppli 认为出货量下降的主要原因是全球经济的迅速恶化。

随着全球经济的不景气，个人电脑行业巨头的业绩也受到极大影响，联想集团公布的截至 2008 年 12 月 31 日的第三财季业绩，净亏损 9 700 万美元，据悉，这是联想 11 个季度以来的首次亏损。而戴尔 2008 年第三财季财报数据也暴露出业绩下滑趋势，其第三财季净利润为 7.27 亿美元，同比下滑 5%；营业收入为 151.62 亿美元，同比下降 3%。

严峻的业绩形势让戴尔不得不调整架构，以应对经济危机。戴尔在一份声明中表示：“客户需求越来越由他们使用技术的方式来界定，而不是他们使用技术的地点，这就是我们在解决他们的需要时不会让自己被地理边界限制的原因。”

“按客户划分可能更容易进行产品定位，能够满足不同消费者的差异化需求。”赵亚洲在 2 月 11 日接受《华夏时报》记者采访时分析称，“但实际上它的渠道不可能不按区域走，因为即使是央企也不可能统一采购，央企下面的子公司分散在各个省市，实际上很多采购权在它们手中，它这样分，是一级分法，大企业业务下面肯定还要分区域，是二级，只不过是先分客户类别，再分区域，而且我不了解它们关于大企业和成长型企业的划分标准是什么，比如资产超过 1 000 万元的属于大企业吗?”

赵亚洲不无担心地称，对这种按客户划分的方法，“若处理不好容易形成内部竞争，产生混乱”。

不过戴尔公司创始人兼CEO迈克尔·戴尔对外发表声明称："已经为从区域业务向真正全球化业务的过渡打下了坚实的基础。"

当然戴尔此次业务重组能否成功最终还要看市场的反应，毕竟市场是检验企业决策正确与否的最终标准。

资料来源：罗小卫：《戴尔中国架构调整　内部竞争成隐忧》，http：//finance. sina. com. cn/leadership/mzzjg/20090214/17525856657. shtml，2009-02-14。

请思考：

1. 请根据案例描述，画出戴尔中国架构调整前后的组织结构图。
2. 你认为戴尔中国结构调整的目的是什么？组织结构调整可以实现这样的目的吗？
3. 为什么按客户类别划分业务的模式容易产生内部竞争？这种内部竞争的优劣势何在？企业可以采取什么方式应对由客户类别划分业务而引起的内部竞争？

第1节　组织概述

一、组织的概念

组织（organization）是由一些功能相关的群体组成的有共同明确目标的人群集合体。工厂、商店、社会团体、学校、医院、军队等都是组织。这些组织都具有三个共同的特征：明确的目的、精细的结构和人员。首先，每个组织都有一个明确的目的，通常以一个目标或者一组目标来表述，它反映了组织希望达到的状态，指明了组织决策和活动的方向；其次，每一个组织都由人员组成，并且借助组织中的人员来实现组织目标；最后，所有的组织都发展出经过深思熟虑得出的结构，以便其中的人员能够明确工作关系，有序开展工作。

根据服务的目标客户不同，可以将组织划分为商业组织（通常指企业）、政府和非营利组织。在组织当中，制定决策所依据的基本价值准则主要由组织的控制个体或群体选定。控制个体或群体，就是有权力为所有组织成员设置成员资格条款的个体或群体，通常是指组织的最高管理者或高层管理群体（又称为控制群体）。

企业的最高层管理者一般都会把利润和存续作为企业的基本目标，并根据顾客需求修正企业目标，给员工提供激励，以最大限度实现企业目标。效率是企业制定决策的一项基本准则。

政府的控制群体是高层政府官员，政府机构制定目标的主动权往往掌握在该群体手中，他们可能受到政府目标和宗旨的强烈熏陶，在其权限范围内扮演与商业组织中的管理者几乎完全相同的角色。

非营利组织决策的基本准则是效率，也即控制群体总是试图使它能够支配的资源尽可能显现政府目标。非营利组织与商业组织相比不存在利润目标，控制群体能够非常认同组织目标，效率准则与政府和商业组织相同。

本书中主要讨论的是企业组织。企业组织简称企业，是指一类通过生产、流通商品或提供服务，以获取持续利润最大化为主要目标的组织。企业的另一个重要目标是为人类社会作贡献。

在一个组织中，相对静态的组织结构与动态的组织活动过程结合在一起，为实现组织目标而有效运作。

二、组织中的四大要素

现代组织必备的四大要素为人、财、物和信息。组织的各项活动往往是在一定的时间与空间内将四大要素进行配合的过程。

（一）人

人，又称人力资源（尤其是其中的人才资源），是四大要素中最主要的要素。其他三种要素可以相互替代、转换，也可能降低一些人的作用，但不可能完全取代人的作用；反之，在许多情况下，人可以替代、转换其他要素。严格来说，所有的财、物、信息都是人创造出来的。越来越多的组织把人才看做自己最重要的资产。

（二）财

财，又称资金，一直是企业中占据重要地位的要素，是推动各项活动的重要动力。

（三）物

物，又称物资，主要指土地、厂房、商场、机器、设备、原材料等。在一般情况下，物和财可以根据市场供需情况互换。在绝大多数情况下，财要部分换成物才能进入组织活动。

（四）信息

信息，又称资讯。虽然信息一直参与组织的各项活动，但在以前，信息较少受到重视。随着科学技术的进步、人类社会的发展，信息在企业中的作用越来越大，有时一条有用的信息可以使企业迅速盈利。

三、组织的类型理论

古利克和厄威克（L. Gulick & L. Urwick）通过对各种组织的分析，提出了构成组织的七大要素（POSDCORB）。他们通过对“行政主管的工作是什么？他应干什么？”这一问题的回答来描述组织的图像。

P指规划（planning），事先进行的周密计划和安排可以避免组织运行过程中的混乱。

O指组织活动（organizing），完整的组织形态构成依赖于组织的这项职能，它将组织内相同的岗位归为一个职位，相关的职位结合为一个单位，相关的单位组成一个部门，层层递进形成组织。

S指人事管理活动（staffing），人事管理活动是任何组织都要进行的基本活动。

D指指挥活动（directing），是组织用来建立统一的指挥系统、明确各组织层级之间的权限划分的依据。

CO指协调活动（coordinating），组织需要对其中的上下层之间以及平行层级之间的关系进行沟通和协调。

R指报告（reporting），组织必须对其工作的成果加以记载、分析、研究、审查、评估，并最终形成报告。

B指预算（Budgeting），组织要对其活动费进行事先的预算，包括对预算进行编制、运用和审计。

他们认为，各种组织因素在不同的组织中所占的比重不同。根据组织中占主导地位的因素，组织可以分为四类（以行政组织为例）：

（1）目标组织。该类组织设计与建立的重点在于服务于一定的、非常明确的目标。例如，教育局、环保局、交通局等。

（2）程序组织。这类组织重点在于对工作中的某些程序加以管理，专门处理某些环节上的具体业务，并无明确的目标。例如，预算单位、总务单位等。

（3）管理人、物的组织。组织的主要功能在于对人或物加以管理，可以细分为管理人的组织和管理物的组织。

（4）地区组织。主要是以具体组织这一实体所在的地理位置为特征或名称的组织，如伦敦敌特管理处。①

第2节 组织结构的设计

每个组织都有其存在的目标和围绕目标而直接或间接派生出来的许多工作任务。组织结构（organizational structure）是对工作任务进行正式分解、组合和协调的方式。管理者在设计组织结构时必须考虑影响组织结构的关键因素。

组织结构的定义包括三方面的关键因素②：

（1）组织结构决定了组织中的正式报告关系，包括职权层级的数目和主管人员的管理幅度；

（2）组织结构确定了将个体组合成部门、部门再结合成整个组织的方式；

---

① 参见朱国云：《组织理论：历史与流派》，87～88页，天津，南开大学出版社，1997。

② 参见达夫特：《组织理论与设计》，103页，北京，清华大学出版社，2003。

（3）组织结构包含了能够确保部门之间沟通、协作和力量整合的制度设计。

一、影响组织结构设计的变量

影响组织结构设计的变量很多，达夫特（R. L. Draft）将这些变量划分为两大类：结构变量和情境变量。

（一）结构变量

结构变量（structure dimensions）是描述组织内部特征的重要标尺。管理者在设计组织结构时需要考虑的六个关键因素是工作专门化、部门化、命令链、管理幅度、集权与分权、正规化（见表 13—1）。

表 13—1 组织结构设计中管理者需要考虑的六个关键因素

关键因素	关键问题
工作专门化	1. 把任务分解成功能相互独立的工作单元时，应细化到什么程度？
部门化	2. 对工作单元进行合并组合的基础是什么？
命令链	3. 员工个人和群体向谁汇报工作？
管理幅度	4. 一名管理者可以有效指导多少员工？
集权与分权	5. 决策权应该放在哪一级？
正规化	6. 规章制度可以在多大程度上指导员工和管理者的行为？

资料来源：罗宾斯、贾奇：《组织行为学（第 12 版）》，461 页。

1. 工作专门化

工作专门化（work specialization）也称劳动分工，用来描述把组织中的工作任务进一步划分成独立工作单元的程度。工作专门化的实质是将单个人无法有效完成的整个工作分解为若干步骤或部分，每人负责完成工作活动中的一个步骤或小块。

20 世纪 50 年代，工作专门化被看做提高生产效率的不竭源泉。俗话说“熟能生巧”，工作的不断重复可以提高员工完成任务的技能水平，减少变动工作任务所需的时间。细化的和高度重复的任务分工也使得培训更加有效：培训更加容易，成本也更低。高度的工作专门化还可以催生特殊的发明和设备改进，从而提高工作效果和效率。比如，很多制造企业采用以员工的名字来为其发明命名等激励措施，鼓励员工在细分的工作环节中进行发明创造。

但是，物极必反，过度的专门化会导致“不经济”因素的出现，比如员工的厌烦情绪、疲劳感、压力感、高缺勤率、高流动率、低质量、低生产率等。

今天，工作专门化虽然已经不再被认为是提高生产力的不竭源泉，但依然没有过时。在制造业、加盟连锁等某些类型的企业中，工作专门化依然发挥着十分重要的作用。当然，如果出现过度专门化，管理者还可以通过丰富员工的工作内容、增加工作轮换机会等方式来提高员工的工作满意度和生产率。

2. 部门化

部门化（departmentalization）是对工作单元进行合并和协调的基础。部门化常利用职能来进行相同工作单元的合并组合，比如财务部、人力资源部、营销部、生产部等。职能部门因把专业技术、研究方向接近的同类专业人员集中在一起工作而提高了工作效率，实现了规模经济。

部门化的划分方法有依据产品类型进行划分的部门化、依据地域进行划分的部门化和依据客户类型划分的部门化。产品类型划分法的主要优势在于一人指挥所有与该产品相关的活动，可以提高产品绩效的责任制；地域划分法的价值体现在当客户在地域上分布较广且每个区域中的员工都有类似需求时，围绕区域形成一个部门可以提高销售工作的效率；客户划分法建立在如下假设的基础上，即每个部门中的客户存在共同的问题和要求，因此，组织可以通过配置相关方面的专家最大限度地满足顾客的需要。

大型组织的部门化工作可以综合运用以上的各种方法。在过去的十年里，稳固的、职能化的部门划分不断被跨越传统部门界限的工作团队取代。

3. 命令链

命令链（chain of command）是一条从组织最高层贯穿到组织最低层的职权线路，它明确指出谁要向谁汇报工作。命令链回答了员工提出的“当我有问题时，我应找谁?”“我需要向谁负责?”等问题。

职权（authority）是指在管理岗位中固有的发布命令的权力，并且人们预期这种命令会被遵从和执行。为完成各自的工作职责，每个管理者都被赋予了一定的职权。

统一指挥（unity of command）是指下属应该由一名主管并且是唯一的主管直接负责。统一指挥原则有助于避免多头领导造成的下属接收到的命令冲突，从而保持职权链条的连续性和完整性。

目前，随着信息技术的发展，交叉功能团队、自我管理团队、项目管理等新型组织设计思想的盛行使得统一指挥的原则在组织效率提升的同时受到冲击。信息传播渠道的多样化和非正规渠道的发达使得管理者的职权大大削弱。

4. 管理幅度

管理幅度（span of control）是指管理者直接控制的下属的人数。管理幅度非常重要，因为它在很大程度上决定了一个组织要设置的层级和配备的管理者的人数。

管理幅度与管理层级成反比，管理幅度越宽，管理层级越少；反之，管理幅度越窄，管理层级越多（见图 13—1）。管理跨度窄，组织有足够的管理人员为下属提供必要的领导和支持；管理跨度宽，则可以因为管理者人数的减少而降低管理成本，提高组织效率。

但是，如果管理幅度过窄，则会存在以下问题：管理层级增加导致管理成本上升；管理层级增加降低垂直沟通的速度和准确性，并使高级管理人员处于隔离状态；管理者对下属监督过严，从而妨碍下属工作的自主性。

并非所有加宽管理幅度的做法都可以降低管理成本，管理幅度的宽窄取决于管理者的管理能力、下属的成熟度以及组织在培训方面的支出。如果管理者的管理能力较强，下属成熟度高，那么加宽管理幅度可以达到降低管理成本的目的。或者组织在加宽管理幅度的同时给管理者和员工提供有针对性的培训，那么，由管理幅度加宽引发的消极影响就可以大大降低。

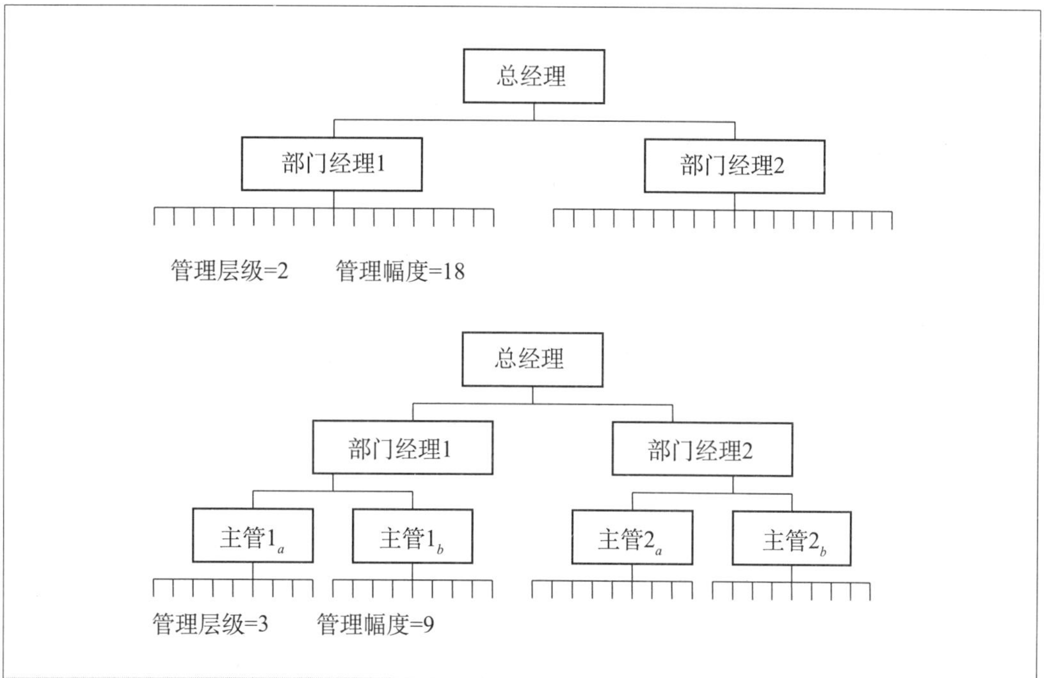

图 13—1　管理层级和管理幅度之间的关系

5. 集权与分权

集权（centralization）是指组织决策权集中于一点的程度。分权（decentralization）是指决策权分散在多个管理层级或主体之间的程度。

如果组织的高层管理者在决策时不考虑或者很少考虑下级管理者的意见，这个组织的集权化程度就比较高；相反，如果底层管理者也可以参与决策过程，并且拥有一定的决策自主权，这个组织的分权化程度就较高。

分权的类型有多种，纵向分权和横向分权是组织设计的两个重要参数，但是，当各种决策权不需要下放到同一地方时，就出现了选择性分权和平行分权。纵向分权（vertical decentralization）也称授权，是正式权力在权力链中自上而下地分散。横向分权（horizontal decentralization）是指分析者、支持专家等非管理者控制决策流程的权力分散形式。选择性分权（selective decentralization）是指不同类型的决策权落在组织的不同地方。平行分权（parallel decentralization）是指各种类型的决策权分散到相同的方向。①

类型 A：纵向和横向的集权，决策权集中在一个人的手中，多数为最高层级的管理者——也就是 CEO。CEO 掌握着正式和非正式的权力，自行作出所有重要的决策，并通过直接监督协调决策的执行。

类型 B：纵向和横向的分权，决策权基本上集中于运营核心，这是因为成员都是专业人士，他们的工作主要靠技能的标准化来协调。组织的底层和非管理者掌握着大量

① 参见明茨伯格：《卓有成效的组织》，113～114 页、131～132 页，北京，中国人民大学出版社，2002。

的决策权。

类型 C：有限横向分权，这种类型的分权往往出现在不需要太多技能、依赖与工作流程标准化来进行协调的官僚组织中。组织结构在纵向上出现集权，正式权力集中在业务层级体系的上层，尤其是战略高层。行为分析者由于在行为规范中扮演着重要角色，因此能够获得一些非正式权力，这就意味着有限的横向分权。

类型 D：有限纵向分权，这种类型的组织结构分成若干个市场单位或事业部，对于与自己市场相关的事务，单位和事业部的管理者都享有很大的正式权力。

类型 E：选择性纵向和横向的分权，纵向和横向两个方向上的分权同时出现。在纵向上，不同类型的决策权分配给了不同层级的工作群体；而在横向上，根据决策的技术含量，这些工作群体有选择地运用职能专家。群体与群体之间的协调主要通过相互调节得以实现。

集权化程度高的组织决策速度较快，但决策风险较高；分权化程度高的组织拥有更加灵活和敏捷的管理方式，虽然决策速度较慢，但决策风险较低，并且员工的满意度更高。

6. 正规化

正规化（formalization）是指在组织内部工作实现标准化的程度。

在正规化程度高的组织中，有明确的工作说明书、大量的规章制度和关于工作流程的详细规定，从事该工作的人对于工作内容、工作时间、工作方式的自主性很低。在正规化程度低的组织中，员工对自己工作的处理权限相对较宽。

不同的组织以及组织内部的不同部门之间，工作的正规化程度差别很大。比如，高校作为一个组织，教师只需要每年完成规定的教学和科研任务量就可以了，其他的时间可以自由支配。然而，行政部门的工作人员则需要按照规定时间上下班，并且工作期间需要完成部门规定的各项任务。

（二）情境变量

组织可以视为一个开放的系统，在技术、环境、结构、文化等情境下，将输入的资源（比如人、财、物、信息等），通过组织的行为和过程转化为特定的输出（如产品、服务、思想等），如图 13—2 所示。

组织结构服务于组织系统的有效性，因此，管理者在设计组织结构的时候，对系统的情境变量必须加以认真考虑。情境变量（contextual dimensions）用以描述影响和决定组织结构变量的组织背景，包括组织规模、技术、环境、目标与战略、组织文化等。[①]

1. 组织规模

组织规模（size of organization）是指以组织中的员工人数来反映的组织的大小。组织规模影响到几乎所有的结构变量。

2. 技术

技术（technology）是指组织将输入转化为输出所使用的工具、设备和技术方法等。

---

① 参见刘延平：《多维审视下的组织理论》，104 页，北京，清华大学出版社、北京交通大学出版社，2007。

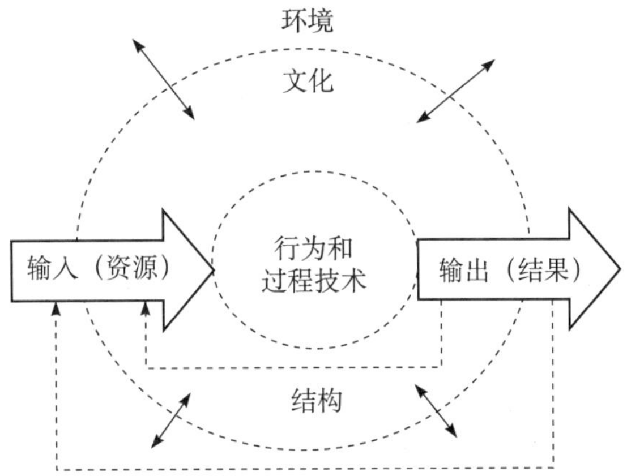

图 13—2　作为开放系统的组织

说明：圆形虚线表示系统的边界，直虚线表示反馈回路。

资料来源：哈里森：《组织诊断——方法、模型与过程（第 3 版）》，24 页，重庆，重庆大学出版社，2007。

3. 环境

环境（environment）包括组织边界之外的所有因素。环境因素主要包括产业、政府、顾客、供应商和金融机构等，其中组织外部的其他组织是环境中对其影响力最大的因素。

4. 目标与战略

目标与战略决定了一个组织区别于其他组织的目的和竞争性技巧。它规定了组织经营的范围，预算时优先考虑的部门、计划和功能，以及与利益相关者之间的关系。

5. 组织文化

组织文化是隐藏在组织中的由员工共享的一套核心价值观、信念、认知和规范等。文化涉及下列规范和相关认识：组织的性质和身份、工作方式、变革的价值与可能性、上下级之间的关系、环境性质等。

二、组织设计的原则

（一）传统的组织设计原则

“你就照这指示去办，出了事，我负责。”上级对下级严肃地说。这是传统的组织设计的典型表现。

泰勒的科学管理学说是传统组织设计的理论基础，主要强调下级服从上级、以工作和物为中心。传统的组织设计的基本原则包括：

（1）统一指挥，要求每个人只由一位上级来指挥。

（2）等级明确，明文规定并公布组织的等级结构，从组织的最高层至最低层，权力和责任沿直线垂直分布。

（3）责权明确，每个人的权力与责任相匹配，每个人都明确知道自己该做什么，遇到何种情况应向上级汇报，该如何评价下级的工作。

（4）管理幅度适当，既不要太大，也不要太小。

（5）专业分工明确，每个群体和每个管理者都按一定的专业进行分工。专业的类型有任务型、职能型、产品型、过程型、客户型、地区型等。

传统的组织设计的优点主要是指挥迅速、分工明确，并可以减少矛盾，但是，这种设计的缺点也很明显：缺乏灵活性、信息反馈较差、广大员工的积极性较差。

（二）行为分析的组织设计

“大家来出出主意，看看如何来解决这个问题。”上级对下级和蔼地说。这是行为分析的组织设计的典型表现。

现代心理学是行为分析的组织设计的理论基础，主要强调重视人的心理活动和人际关系、以人为中心。行为分析的组织设计的基本原则包括：

（1）充分发挥人的主导作用。组织的规章制度促使员工发挥聪明才智，尽量发挥每一个人的潜能，使工作做得好上加好。

（2）量才录用、因事择人。给能力强的人以权力，给绩效高的人以奖励，重视树立正确的价值观。让适当的人担任适当的工作。

（3）尽量考虑员工的兴趣爱好。在建立组织结构或分配工作时，充分考虑员工的兴趣爱好，一旦工作与兴趣爱好相结合，工作效率就会明显提高。

（4）管理幅度因人而异。一般根据每个人的能力来规定管理幅度，使每个人的才能得到充分发挥。

（5）重视员工的心理需求。轮换工作，工作扩大化，工作丰富化，重视和利用非正式群体，以信息沟通取代监督命令，精神鼓励与物质奖励并重。尽可能提高员工的工作生活质量。

行为分析的组织设计优点主要有：上下级互相信任程度较高；员工心情舒畅且积极性较高，组织凝聚力较强；信息沟通畅通，信息较正确；决策权相对分散，决策正确性较高。

行为分析的组织设计缺点在于：对员工的心理素质要求较高，许多企业可能做不到；决策速度较慢；可能会出现某些工作无人负责的现象。

（三）组织设计的基本趋势

现代组织设计的趋势以权变观点为理论基础，强调根据内外环境的变化及时地进行组织结构调整，充分吸收各种组织设计方法的长处，结合本企业的特点来进行组织设计。

1．小型化

小型化是指企业内的各种群体被分成几个相对独立的“小企业”。它有以下优点：

（1）加强凝聚力；

（2）适应市场变化的能力较强；

（3）有利于吸收新技术、新工艺、新知识；

（4）有利于快速而正确地决策；

（5）能够增强更多员工的责任感。

2. 扁平化

扁平化是指企业内的组织结构尽可能减少中间层级，使原来十多层的组织结构变为五六层，甚至三四层。它有以下优点：

（1）提高工作效率；

（2）使责、权、利相匹配；

（3）信息反馈迅速。

3. 任务型群体化

任务型群体化是指企业内的群体中有越来越多的群体围绕任务而建立。它有以下优点：

（1）能适应市场的快速变化；

（2）集中优势力量解决难题；

（3）人际矛盾与冲突较少；

（4）管理富有弹性。

三、组织设计的两种模型

机械模型和有机模型是组织设计的两个极端模型，几乎所有的组织形式都介于这两种极端形式之间。

（一）机械模型

机械模型（mechanistic model）是指具有广泛的部门化、高度的正规化、统一的命令链以及高度的集权化的一种组织模型。在这类组织中，信息沟通一般是自上而下进行的，员工几乎没有参与决策的权力（见图 13—3）。

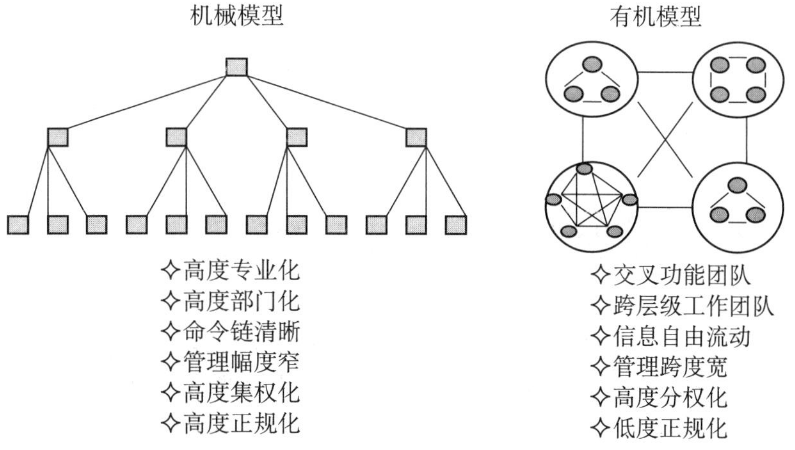

图 13—3　机械模型与有机模型

资料来源：罗宾斯、贾奇：《组织行为学（第 12 版）》，473 页。

（二）有机模型

有机模型（organic model）是正规化程度低、结构扁平化、各方向信息沟通通畅、分权化程度高的一种组织模型。在有机组织中，管理层级较少，组织拥有完整的信息网络，员工高度参与决策过程。这种类型的组织更多运用交叉功能团队展开工作（见图 13—3）。

四、组织设计的程序

组织结构设计一般可以分为六个程序①：

（1）围绕目标的完成进行管理业务流程的总体设计。即在既定目标的引导下，让总体业务流程达到最优化。

（2）按照优化管理业务流程设计管理岗位。管理岗位是管理业务流程的分解，也是组织结构的基本单位。由岗位组成科室，由科室组织管理系统。岗位的划分既要考虑流程的需要，也要考虑管理的方便。

（3）规定管理岗位的输入、转换和输出。管理岗位是管理工作的转换器，即把输入的业务流程经过加工后转化为新的业务输出。通过输入、输出就能够在时间、空间和数量上将管理纵横联系起来，形成一个整体。

（4）给管理岗位定员定编。按照管理岗位上的工作量的需要确定相应数量的人员编制，尤其要确定岗位所需要的人员素质和特长。

（5）规定管理岗位人员的职务工资和奖励级差。应根据该岗位在管理业务流程中的重要程度、任务量的轻重、劳动强度大小、技术复杂程度、工作难易程度、环境条件差异、政策水平高低、风险大小等八个指标来考虑管理者劳动报酬的差别。

（6）设置控制优化管理业务流程的组织结构。这是指按照管理流程和管理工作量的大小确定管理岗位上的各级组织结构。这套组织结构必须保证管理业务流程畅通无阻。

以上六个程序既有区别，又相互联系，需要经过反复的综合平衡，不断修正，才能保证组织的有效性。

第 3 节　组织结构的类型

组织结构可以说是组织活动的一种形式或功能，也可以认为是一个组织被分为几个有机部分，通常以组织结构图来表示。组织结构的目的是协调员工的行动以达到组织的目标。

组织结构图（chart of organizational structure）是指一张用来描绘组织内所有人

---

① 参见李建设：《现代组织学》，105～106 页，杭州，浙江教育出版社，1998。

员、职位、报告关系以及正式沟通渠道的图表。

一、组织结构的形式

（一）高层管理组织结构图

在大型的现代企业中，高层管理组织结构图十分重要，它显示了企业最高层的人员、职位和正式沟通渠道（见图 13—4）。

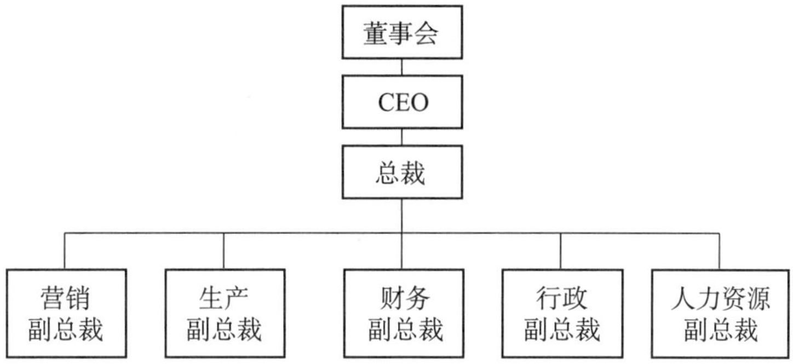

图 13—4 高层管理组织结构图

（二）部门组织结构图

每个企业都应该有部门组织结构图，这对于组织的实际管理运作十分重要（见图 13—5）。

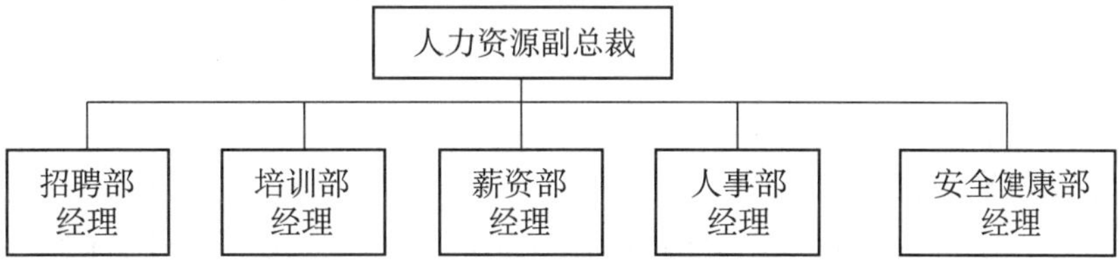

图 13—5 部门组织结构图

二、传统的组织类型

部门化是把任务细分后，再把任务分派给工作群体的一种方法。它对于员工组成的划分具有重要意义，因为员工从事具体的活动，可能不了解组织的总体目标，所以有必要协调他们的工作，便于他们为组织的利益作出贡献。

部门化有许多方法，传统的部门化主要有七种：职能型、过程型、产品型、服务型、客户型、地区型与混合型，每一种类的部门化都有其不同的组织结构图。

（一）职能型组织结构图

这是一种传统的组织结构图，也是常用的组织结构图。它有助于沟通与协调，遗憾的是，职能型组织结构中缺乏一种与其他职能部门协调的自动机制。换句话说，部门之间的协调有一定困难，例如工程部门忙于测试材料，而没有为营销部门提供必要的产品信息（见图 13—6）。

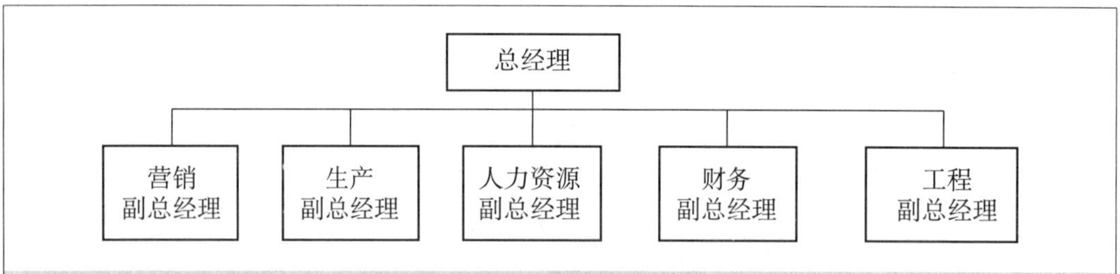

图 13—6 职能型组织结构图

（二）过程型组织结构图

这是一种与职能型比较相似的组织结构图，根据生产经营活动的过程，更集中在具体工作群体化方面。它在员工中鼓励专业化（见图 13—7）。

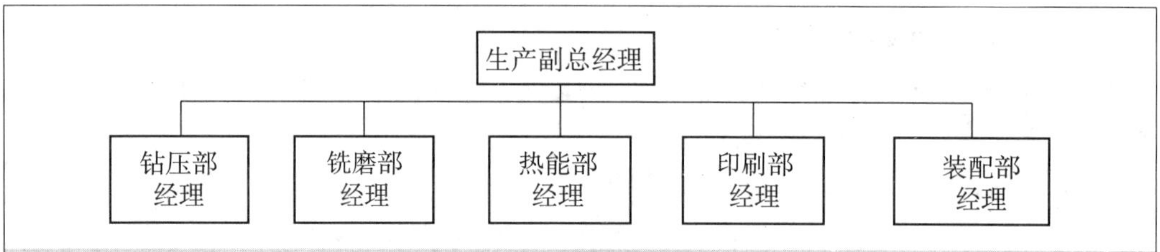

图 13—7 过程型组织结构图

（三）产品型组织结构图

这是一种以生产为基础来划分的组织结构图，在 20 世纪 80 年代后期兴起，现在有增长的趋势（见图 13—8）。

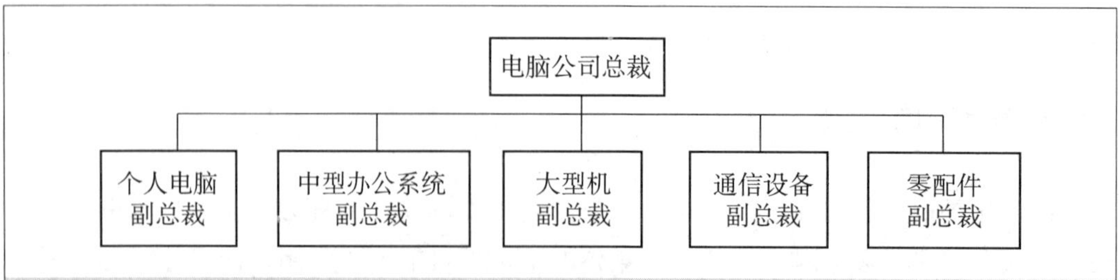

图 13—8 产品型组织结构图

（四）服务型组织结构图

这是一种与产品型相似的组织结构图，主要适用于服务行业的企业（见图 13—9）。

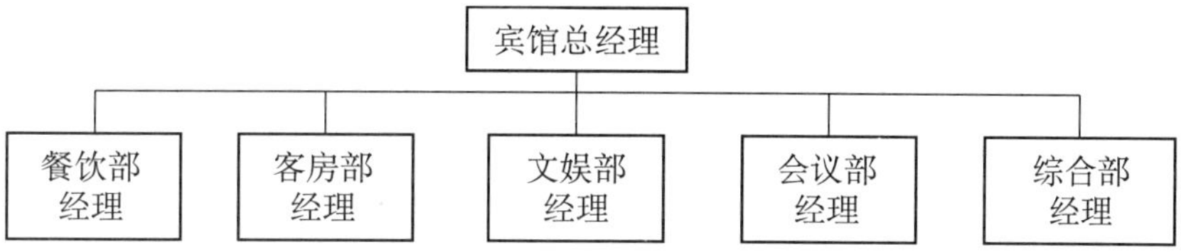

图 13—9　服务型组织结构图

（五）客户型组织结构图

这是一种以市场为导向、以客户为基础的组织结构图。在客户型组织中，员工的专业化程度较低，为了满足客户的需求，必须保持相当的灵活性（见图 13—10）。

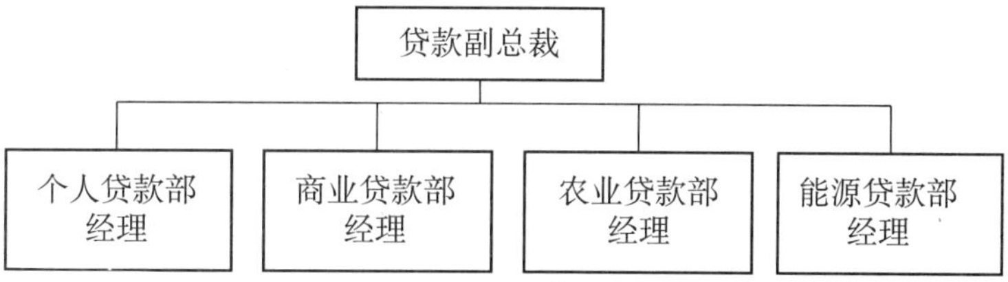

图 13—10　客户型组织结构图

（六）地区型组织结构图

这是一种以区域划分为基础的组织结构图。跨国公司以全球作为划分范围，国内企业以全国作为划分范围。营销部门常常采用地区型组织结构图（见图 13—11）。

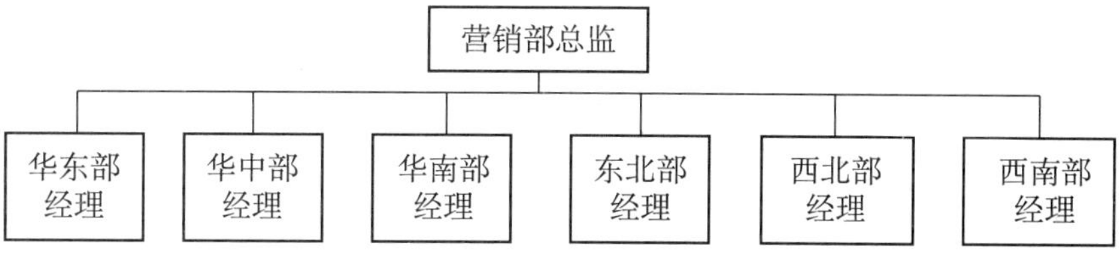

图 13—11　地区型组织结构图

（七）混合型组织结构图

由于各种类型的组织结构图均有其长处和短处，因此大型跨国公司往往采用混合型组织结构图，以减少只用一种组织结构图带来的不便（见图 13—12）。

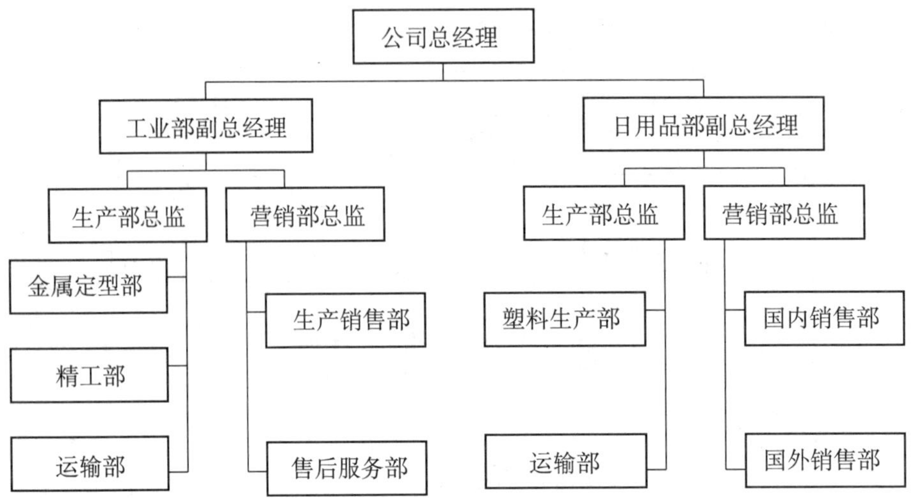

图 13—12 混合型组织结构图

三、新型的组织类型

传统的组织结构是金字塔形的，又称官僚结构或者行政结构等。马克斯·韦伯在《社会和经济组织的理论》一书中对这种类型的组织结构进行了详细的描述。其主要特点是：组织按照规则或法令运行；每个员工的工作都涉及一个特定的专业领域，具有严格定义的职责、权限和强制执行的权力；组织遵循等级原则，即每个下级都处于其上级严格控制之下；工作的候补者都是在“技术”资格基础上挑选的，但他们只是被任命的而不是选举出来的；组织有个职业阶梯，提升是按成就或高级领导的意图进行的，提升很大程度上取决于上级的判断；管理者的工作与职位所有权完全分离，他不能把职位据为己有。

通常，金字塔形结构的组织通过职务专门化制定非常正规的制度和规则，以职能部门为基础划分工作任务，通过命令链进行决策来维持日常的组织运营顺利进行，控制跨度狭窄，实行集权式决策，正规化程度很高。

然而，随着信息化的深入和知识经济的发展，这种组织结构对市场和变革的反应速度慢、抑制员工的创造性和积极性等弊端日渐明显，对金字塔形结构的改造催生了许多新型的更加有效的部门化方法。

（一）矩阵结构

矩阵结构是职能部门化和产品部门化两种形式的融合。两种部门化形式在优点和缺点上可以实现很好的互补（见表 13—2）。因此，当组织的各种活动比较复杂又相互依存时，矩阵结构也比两种部门化方法更加有效，不足之处是双重命令链的存在会增加组织争权夺利的倾向并给员工带来压力，从而使组织陷入混乱。

表 13—2 职能部门化和产品部门化的融合依据

部门化＼优劣	优点	缺点
职能部门化	把同类专业人员组织在一起，从而最大限度降低所需人员的数目，在生产不同产品时可以实现具体资源的集中和共享。	需要协调好不同专业人员之间的工作任务，使他们在预算范围内按时完成任务比较困难。
产品部门化	有利于专业人员之间的协调和按预算完成任务；与产品相关的各种活动有着清晰的职责范围。	活动和费用的使用重复。

例如，某 IT 企业项目开发时，每个项目独立运作，各项目经理都需要从人力资源部、研发部、生产部和销售部获得项目支持。因此，就形成了组织的矩阵式结构图（见图 13—13）。

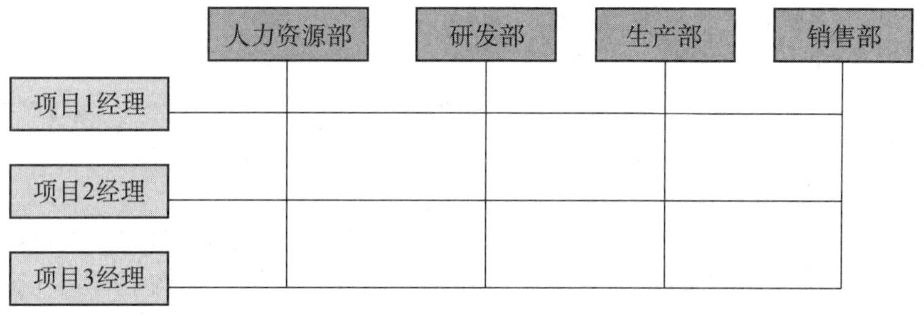

图 13—13 矩阵式组织结构图

项目中的每个成员既需要接受项目经理的管理，也需要接受自己所在职能部门经理的管理。一般而言，当一个项目结束后，项目成员会重新回到职能部门工作或者加入其他的项目中去。

（二）团队结构

团队越来越成为组织活动中重要的管理手段和组织形式。团队结构（team structure）是指管理层运用工作团队作为协调组织活动的核心方式时所形成的组织结构。团队结构打破了部门界限，拥有决策权。团队成员必须既是通才，又是专才。

常见的团队有跨职能团队、虚拟团队和自我管理团队等。

跨职能团队（cross-function team）是指由来自不同部门、不同职能领域的专业人员组成的团队。同步技术是有效建立和使用虚拟团队的关键。

虚拟团队（virtual team）是指团队成员之间不需要面对面交流，而是通过电子邮件、聊天室、电话会议、传真、网站等电子方式进行远距离联络的团队。这种团队完全以知识为基础。

自我管理团队（self-management team）由一群负责管理和完成技术任务，从而为内部或外部客户提供产品或服务的员工组成。自我管理团队通常生产力高，成员态度比较积极。

在大型组织中，团队是官僚组织结构的有益补充，团队的存在既保持了官僚结构标准化的有效性，又增加了组织的灵活性。

延伸阅读 13—1

建立成功的跨职能团队

确保跨职能团队成功运行的关键在于团队的内部标准和组织的标准。

为提高跨职能团队的协调性，组织必须采取如下步骤：

（1）仔细选拔团队成员；

（2）明确建立团队的目标；

（3）确保每个人都理解团队如何运作；

（4）进行高强度的团队建设以使每个人都学会如何有效交往；

（5）取得值得注目的结果，以保持高昂的士气，并使成员看到努力的结果。

资料来源：鲁森斯：《组织行为学（第9版）》，338～339页。

（三）虚拟组织

虚拟组织（virtual organization）又称网络组织或模块组织。典型的虚拟组织是一种小型的核心组织，主要的企业职能通过外包来完成。从组织结构上看，虚拟组织是高度集权化的，部门化程度很低，甚至没有部门。①

虚拟组织建立起各种关系网络，将大量的业务或职能外包给那些它们感觉可以做得更好或成本更低的其他公司，以追求最大限度的灵活性。虚拟组织的这种活动还使得官僚组织的管理成本和风险降到了最低。

比如，思科公司是一家典型的研究与开发公司，它使用外包的供应商和独立的制造厂来组装由它们的工程师设计的互联网路由器。还有许多企业将员工的薪酬、社会保障、人力资源招聘等职能外包给专业的财务公司和人力资源公司，只保留简单的人事管理职能，以降低组织在人力资源管理上的成本。

图 13—14 描绘的是一个由一小群高层管理人员组成的虚拟组织，企业的设计、生产、营销、销售、财务等都外包给了其他公司，核心管理团队负责监督、协调和控制这些重要职能活动与组织的关系。

（四）无边界组织

无边界组织（boundaryless organization）是指横向的、纵向的或外部的边界不受某种预先设定的组织结构或边界限制的组织。杰克·韦尔奇在通用电气公司（GE）创造

① 参见罗宾斯、贾奇：《组织行为学（第 12 版）》，471 页。

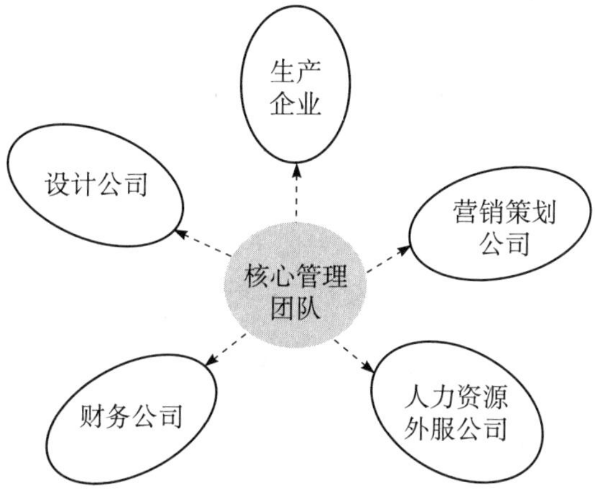

图 13—14　一个虚拟组织的结构图

说明：虚线表示主要由契约维持的关系。

了该词汇，用来描述他理想中的公司形象：虽然公司体积庞大，但是公司内部的垂直界限和水平界限，以及公司与客户和供应商之间的界限还是应该尽可能削减。无边界组织寻求的是削减命令链，拥有无限的控制跨度，取消各种职能部门，代之以授权的工作团队。由于这种组织结构密切依赖于信息技术，因此又称为基于技术的组织。①

管理层通过削减组织的垂直界限而变得扁平化，职能部门之间的水平界限也由交叉功能团队来取代，组织根据工作流程来组织活动。组织与供应商、客户之间的界限也可以因组织之间建立的战略联盟或伙伴关系，来自不同组织的员工为共同的项目努力工作而变得模糊。

每种组织结构类型都有其优势和劣势，但是，组织设计作为实现组织目标的手段，其最终目标是帮助组织成员有效地开展工作，因此，根据组织所处的系统环境，管理者应当慎重调整结构变量，以帮助员工以他们所能采用的最好的方式，最有效地完成工作。

□ 本章小结

组织是由一些功能相关的群体组成的有共同明确目标的人群集合体。现代组织必备的四大要素是人、财、物和信息。组织的各项活动往往是在一定的时间与空间内将四大要素进行配合的过程。

组织结构是对工作任务进行正式分解、组合和协调的方式。管理者在设计组织结构时需要考虑的六个关键因素是工作专门化、部门化、命令链、管理幅度、集权与分权、正规化。组织可以视为一个开放的系统，情境变量用以描述影响和决定组织结构

① 参见罗宾斯、贾奇：《组织行为学（第 12 版）》，473 页。

变量的组织背景，包括组织规模、技术、环境、目标与战略、组织文化。

泰勒的科学管理学说是传统组织设计的理论基础，主要强调下级服从上级，以工作和物为中心。传统的组织设计的基本原则包括统一指挥、等级明确、责权明确、管理幅度适当、专业分工明确等五个方面。

现代心理学是行为分析的组织设计的理论基础，主要强调重视人的心理活动和人际关系、以人为中心。行为分析的组织设计的基本原则包括：充分发挥人的主导作用；量才录用、因事择人；尽量考虑员工的兴趣爱好；管理幅度因人而异；重视员工的心理需求。

现代组织设计越来越趋向于小型化、扁平化和任务型群体化等。

机械模型和有机模型是组织设计的两个极端模型，几乎所有的组织形式都介于这两种极端形式之间。组织设计要遵循一定的程序。

组织结构的目的是协调员工的行动以达到组织的目标。

根据部门化，传统的组织结构主要有七种：职能型、过程型、产品型、服务型、客户型、地区型与混合型。新型的组织结构类型有矩阵结构、团队结构、虚拟结构和无边界组织等。

□关键术语

组织　企业组织　组织结构　工作专门化　部门化　命令链　职权　统一指挥　管理幅度　集权　分权　纵向分权　横向分权　选择性分权　平行分权　正规化　情境变量　组织规模　技术　机械模型　有机模型　组织结构图　团队结构　跨职能团队　虚拟团队　自我管理团队　无边界组织

□思考题

1. 举例说明组织中的四大要素。
2. 什么是组织结构？组织结构的含义包括哪些关键因素？
3. 影响组织设计的结构变量有哪些？请分别加以说明。
4. 影响组织设计的情境变量有哪些？请分别加以说明。
5. 如何在组织设计中运用传统的组织设计原则？
6. 管理者应该如何运用行为分析的组织设计原则？
7. 组织设计的基本趋势是什么？请举例说明。
8. 机械组织模型和有机组织模型分别是什么？两者存在哪些区别？
9. 请绘出一幅典型的高层管理组织结构图。
10. 传统组织类型是有哪些？请分别绘出它们的组织结构图。
11. 矩阵型结构的设计原理是什么？它有哪些有缺点？
12. 什么是团队结构？常见的团队结构有哪些？
13. 什么是虚拟组织？虚拟组织设计的目标是什么？
14. 什么是无边界组织？如何消除组织内外的界限？

第14章

组织文化

本章要点

1. 组织文化的层次。
2. Z理论的主要内容。
3. 追求卓越理论的主要内容。
4. 发展适应性组织文化的过程及操作方法。
5. 组织社会化的三阶段模型。
6. 通过指导使员工组织社会化的四个阶段。

引　例

被视为命根子的通用电气价值观

创立于1878年的GE，在全球企业界被誉为“经理人的摇篮”、“商界的西点军校”，全球500强中有超过1/3的CEO曾经服务于GE。自1986年道琼斯工业指数设立以来，GE是至今唯一仍在指数榜上的公司。如今，GE每年盈利超过150亿美元，相当于每年创造出一个新的全球500强公司！那么，GE何以基业长青呢？

究其根源，在于GE有着博大精深的用人之道。GE的发展已经不是靠业务、产品或服务，而是靠人的进步和发展，只要GE拥有了具备发展潜力的人，只要GE的人在进步，GE就可以发展。GE的价值观提出，要褒奖德才兼备的人才，要培养精英人才，为全球优秀的人才创造机会，让他们不断成长并实现梦想；要珍视每个员工、每个创意，尊重个人，珍视每个员工的贡献。杰克·韦尔奇一直把人作为GE的核心竞争力，并在人才方面倾注了比任何其他事物都多的热情。

被 GE 永远推崇的传统价值观包括坚持诚信、注重业绩、渴望变革，以及

——对客户充满热忱

● 以客户的成功衡量我们的成功……

● 永远坚持六西格玛质量标准和精神

——褒奖德才兼备，培养精英人才

● 为全球最优秀的人才创造机会，让他们不断成长并实现梦想

——增长为本，放眼世界

● 尊重个人，珍视每个员工的贡献

——主动出击

● 利用企业规模优势，勇于冒险并尝试新事物……

● 绝不允许规模成为障碍

——不懈追求更快、更好

● 利用数据时代的优势加速我们的成功，建设一个更迅捷和更灵敏的 GE

——让 GE 的领导者精神发扬光大

● 对不断学习和分享创意充满热忱

● 决意在任何环境下实现目标

● 有能力激励和鼓舞多元化的全球队伍

● 关注公司、客户以及社区，与世界息息相关

价值观，尤其是坚持诚信、注重业绩、渴望变革这三大核心价值观，是 GE 的命根子。GE 看重业绩、渴望变革，却从不违背诚信，换句话说，在三大价值观中，诚信永远是位于权威之上的"老大"。GE 的核心价值观让 GE 在企业界完美地诠释着达尔文的"进化法则"，有违诚信、业绩不佳、不思变革的人都是 GE 淘汰的目标。不同的是，人性化的 GE 让"优胜劣汰"法则显得并非那么无情，被淘汰的 10%并不意味着死亡，反而是全新的开始，因为 GE 所给予他的是足以在其他任何优秀公司发展并取得成功的技能与自信。GE 就是这样把自己置于全球财经领域的制高点上，也正是这种胆略与实力造就了 GE"经理人摇篮"的地位。

是人铸就了 GE，人为 GE 赢得了荣誉和尊重。反之，每一位 GE 的员工，每一位曾经供职于 GE 而如今在商界取得成功的人士，他们一生的职业生涯都受到 GE 的深远影响。从填一张表格，到发一封 E-mail；从一项专业技能，到一种管理技巧；从给同事留一张便笺，到 360 度全方位的沟通……GE 给予他们的，已超越了工作技能本身，诚信观与创新精神已深入他们的骨髓，足以让他们应对一生的挑战。

资料来源：根据《为价值观高唱赞歌！——通用电气（GE）用人之道》相关内容整理而得。参见宫惠珉：《用人大师》，19～21 页，北京，经济管理出版社，2007。

请思考：

1. 被 GE 视为命根子的企业价值观是什么？
2. 你认为这些价值观将会如何影响 GE 的管理理念和行为？
3. 你认为在 GE 的成功中，企业文化能够起到什么作用？

越来越多的企业开始认识到企业成功与优秀而强有力的组织文化有着紧密的关系。从 20 世纪 80 年代开始，组织文化成为组织行为学的一个重要研究领域，许多学者和企业家在组织文化方面倾注了大量心血，并取得了丰硕的成果。

第 1 节　组织文化概述

将组织视为一种文化的想法相对于其他理论来说还是最近的事情。20 多年前，大多数组织被简单地看做协调和控制一群人的理性工具。它们具有垂直层级结构，有多个部门，有权力关系等。但后来人们发现，组织不仅有这些，而且像人一样是具有个性的：有的可能是呆板的，有的可能是灵活的；有的可能是冷漠的，有的可能是充满活力的；有的可能是消极保守的，有的可能是积极进取的。

一、组织文化的概念

虽然组织文化的概念提出的时间不长，但是已经形成了很多关于组织文化的概念。

（一）组织文化的主要定义

（1）威廉·大内在 1981 年提出：组织文化是基于组织成员可沟通的价值观和信仰的一套符号、利益和神话。

（2）霍夫斯泰德在 1980 年提出：组织文化是心灵的集体行动方案。

（3）彼得斯和沃特曼（Tom Peters & Robert H. Waterman）在 1982 年提出：组织文化是一套有支配作用的、有关联的、被分享的价值观，它是通过故事、神话、传说、标语、轶事和童话等符号手段来传递的。

（4）迪尔和肯尼迪（T. E. Deal & A. A. Kennedy）在 1982 年提出：组织文化是一套我们围绕着做事的方法。

（5）奥雷利（C. O'Reilly）在 1983 年提出：组织文化是一些强有力的、广泛分享的核心价值观。

（6）斯凯恩（E. K. Schein）在 1985 年提出：组织文化是一个具体群体在学习应对外部适应和内部承认的问题中已创造、已发现或已发展的基本假设模型。

（7）摩海德在 1995 年提出：组织文化是一套价值观，它帮助组织内的员工理解什么行为是可被接受的，什么行为是不可被接受的。

（8）罗宾斯在 2002 年出版的《管理学》一书中，将组织文化定义为组织成员共同的价值和信念体系。表 14—1 是他提出的组织文化的七个本质。

表 14—1　　组织文化的本质

1	创新与冒险	组织在多大程度上鼓励员工创新和冒险。
2	注意细节	组织在多大程度上期望员工缜密、善于分析、注意小节。
3	结果导向	组织管理人员在多大程度上集中注意力于结果，而不是强调实现这些结果的手段与过程。

续前表

4	人际导向	管理决策在多大程度上考虑到决策结果对组织成员的影响。
5	团队导向	组织在多大程度上以团队而不是个人工作来组织活动。
6	进取心	员工的进取心和竞争性如何。
7	稳定性	组织活动中表现出的是维持现状而不是重视成长的程度。

资料来源：斯蒂芬·P·罗宾斯、玛丽·库尔特：《管理学（第7版）》，63页。

（9）张德2003年在《企业文化建设》一书中将企业文化定义为：企业文化是指企业全体员工在长期的创业和发展过程中培育形成，并共同遵守的最高目标、价值标准、基本信念及行为规范。它是企业理念形态文化、物质形态文化和制度形态文化的复合体。

（10）刘光明2004年在《企业文化学》一书中将企业文化定义为：广义的企业文化是指企业物质文化、行为文化、制度文化、精神文化的总和，狭义的企业文化是指以企业价值观为核心的企业意识形态。

（二）组织文化的基本特点

虽然组织文化有许多不同的定义，但可以看出一些共有的基本特点：

（1）组织文化是一个组织中的成员拥有的一套价值观体系。

（2）组织文化不仅仅写在纸上，或在培训课程中清楚地讲解，而且是被组织成员共同认可的。

（3）组织文化是可以通过符号手段来沟通的。

根据这些基本特点，可以认为，组织文化（corporate culture）是指组织内部成员共同认可的、可以通过符号手段来沟通的一套价值观体系。

二、组织文化的内容

（一）组织内部的主文化与亚文化

组织文化代表组织成员的一种共同认识。也就是说，组织中来自不同背景或不同层级的员工会用相似的词汇来描述组织文化。但是，存在共性并不一定要抹杀个性，同一个组织里还有可能存在亚文化。

主文化（dominant culture）体现的是一种核心价值观，它为组织大多数成员所认可。当我们说组织文化时，一般就是指组织的主文化。正是这种主文化，使组织具有独特的个性。亚文化（subculture）通常出现在大型组织中，反映的是组织中的一部分成员面临的共同问题、形势和经历。这些亚文化通常是由于组织内部部门的设计和地理上的间隔形成的。例如，销售部有着独特的亚文化，在待人处事、行为举止方面和财务部门的员工可能就很不一样。又如，公司在东北分公司的亚文化和广东分公司的亚文化有着各自的特点。在这种情况下，组织的核心价值观仍占主流，但是为适应本部门的特殊情况会有所调整。

（二）组织文化内容与层次

组织文化包括以下具体内容。

（1）人们相互影响的常规行为，例如组织的仪式、典礼，人们共同使用的语言。

（2）组织内共同遵守的规范和标准，例如“按劳付酬，多劳多得”。

（3）组织具有的主要价值观念。

（4）指导组织对待员工和顾客的政策和哲学。

（5）组织中长期遵循的策略规则，或新成员必须学习以便成为组织所接纳的成员的规则。

（6）通过有形的设计而在组织中传播的情绪和氛围，以及组织成员与顾客或其他外部人员相互影响的方式。

这些内容中的任何一项都不能单独代表组织文化，但是，把它们放在一起，就反映并赋予了组织文化的内涵。

按照组织文化内容的可观察性和可变动性的不同，组织文化可以划分为多个层次（见图 14—1）。

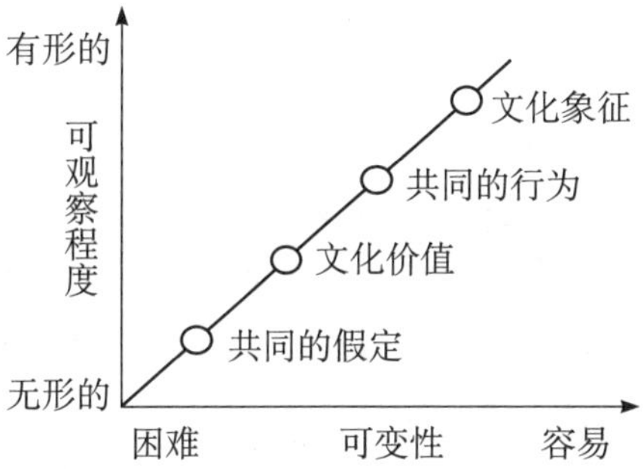

图 14—1　组织文化的层次

资料来源：胡君辰、杨永康：《组织行为学》，443 页。

组织文化中最不明显、最难变化的是一些共同的假定，一些关于现实和人性的普遍认可的信条。例如，指导某些组织形成报酬制度、规则和程序的一个基本假定是：员工的本性是懒惰的，必须严格控制他们才能提高其工作业绩。

文化价值代表着集体的信仰、假定，以及关于判断事情好坏、道德与否的标准。不同的公司，文化价值可能有很大的相同。有的公司最关心的是金钱、盈利与否，有的公司则最关心技术创新和员工福利等。公司在不同的发展阶段关注的内容可能也不相同，也就是说，会有些变化。

共同的行为是比较容易看得见和改变的。在共同的组织环境里，员工的行为容易相互模仿和相互改造。

文化的最表层是文化象征，它由符号、故事、图画、标语、服装等组成。麦当劳的员工在汉堡包大学接受培训时，指导者告诉他们：你们的血管里要充满番茄酱！很多公司的新员工在第一堂培训课上，听公司的历史和公司历史上的一些传奇人物的故事总会成为必修内容。

第2节 关于组织文化的两种理论

许多研究者已经提出了一些理论来分析一个具体企业的文化系统，其中比较著名的有Z理论和追求卓越理论。

一、Z理论

1980年，美籍日裔管理学家威廉·大内出版了《Z理论——美国企业界怎样迎接日本的挑战》一书，较全面地阐述了Z理论。

在20世纪70年代以前，美国企业的业绩在国际市场中独占鳌头，但从70年代起，日本企业的业绩突飞猛进，尤其是在曾经是美国企业一统天下的汽车市场、家电市场和钢铁市场中，日本企业后来居上，大有成为龙头老大的趋势。正是在这种背景下，大内写作了这本书。

在该书中，他把典型的美国企业管理模式称为A（America）型，把典型的日本企业管理模式称为J（Japan）型，而把美国少数几个企业，如IBM公司、宝洁公司等自然发展起来的，与J型具有许多相似特点的企业管理模式，称为Z型。Z理论之Z是英文单词Zygote的第一个字母，该单词的意思是结合体。因为Z理论主张日本和美国的成功经验应该相互融合，同时主张在麦格雷戈区分X理论和Y理论的基础上再进行一次重大的理论突破。

（一）Z理论的中心议题

无论哪一种企业管理理论，都必须讨论怎样提高生产率。大内从第二次世界大战后日本企业的成功中得出一个启示：使工人关心企业是提高生产率的关键。但是工人不是“单个的人”，而是“社会的人”，这些人只有以最恰当的方式结合在一起，才能够工作得最有成效。

Z理论的中心议题就是：怎样才能使每个人的努力彼此协调起来，产生最高的效率？围绕着这个中心议题，“Z理论的第一课是信任”，即要研究出一种管理制度，使员工之间、部门之间、上下级之间保持相互信任。

Z理论的第二课是微妙性，即废除按照资格来分配工作的方法，而是根据各个员工之间的微妙关系组成效率最高的搭档，或者废除工长的指挥和监督而由工人小组自己管理工艺，以便充分捕捉微妙性来提高生产率。

Z理论的第三课是亲密性，即不仅要在家庭、邻里、俱乐部和教堂里培育人与人之间的亲密性，而且要在工作单位培育这种亲密性。正因为这样，大内才说，《Z理论》这本书“讲述的是信任、微妙性和人与人之间的亲密性。如果缺少这三点，没有哪一个‘社会的人’能够获得成功”。

（二）Z 理论的基本特征

Z 模式被认为是能够增加信任、微妙性和亲密性的管理模式。它的基本特征与 A 模式不同，而与 J 模式相似。这可以从以下七个方面来说明。

1. 雇佣期

J 模式强调终身雇佣制。就全日本来说，占劳动大军 25%～35%的人能在实行 J 模式的大企业和政府部门中享受终身雇佣制。员工只要不犯重大刑事罪就不会被解雇，退休时可得到一笔相当于 5～6 年工资的退休金，并被安置到该大企业的卫星公司中去干十年左右的非全日性的工作，因而，员工一生的就业和生活都有保障。

A 模式强调短期雇佣制。在美国企业中，辞职和解雇是经常发生的。据统计，从事体力劳动和办公室工作的职工，在一个企业的停留期平均为两年；企业管理硕士，毕业后头十年平均换过三个公司；即使是经理级人员，停留在一个企业的平均期也只有四年。短期雇佣造成了员工的临时观点和短期行为。

Z 理论提倡把美国企业的短期雇佣制转化为长期雇佣制。理由是：雇佣期长，职工就更熟悉企业的内情，他们如果有长期工作下去的可能，就乐于与同事融洽相处，发展友谊，也更愿意接受企业的宗旨、作风、传统等，这样就容易被企业同化。方法是：当员工想辞职换公司时，可通过向他们提供更平等、更有挑战性的工作和让他们参与决策来留住他们；当经济短期衰退时，应该让股东少分红或承担轻微损失来换取长远利益，同时也可以让员工缩短工作时间、少得工资、放弃津贴或改变工种等来共渡难关，而不要解雇员工。

2. 评价与晋级

在 J 模式中，正式的评价与晋级极其缓慢。年轻人要在参加工作十年之后才有可能得到各自不同的晋升。这种非常缓慢的评价过程，使投机取巧、哗众取宠难以得逞，并促使人们以非常坦率的态度对待合作、工作表现和评价。为了避免因缓慢晋级而挫伤年轻人的积极性，一方面可以将正式职称与实际所负责任脱钩，即资历较深的员工挂名，实际工作则交给青年去办，在青年的才干得到充分的证明之后才给予不可逆转的提升；另一方面可以建立只吸收年轻人参加的名目繁多的“工作会”，使年轻人能经常得到与自己地位同等的人所做的亲切、微妙和复杂的评价。

在 A 模式中，由于员工迅速流动，不得不采取迅速评价和升级的办法。这导致经理层歇斯底里的态度，他们认为如果三年内没有重大升迁就是失败，也导致每个人都只盯着那些自己能够独立做的事情，谁都不关心别人的问题，从而无法形成合作协商的工作态度。

Z 理论主张确定一种缓慢的评价和提升制度，目的是培育员工的长期观点与协作态度。但为避免人才向 A 型公司流失，对于新进公司的年轻人，在头十年应实行无差别的整批人晋升（加薪）；同时，必须提供一种非金钱的评价制度，如常同上级一起参与计划，包括得到上级频繁的指示和引导，参加带有挑战性的重要工作，只对其中工作成绩好且具有长期观念和协作态度者才给予单独的晋升，而且是在他们参加工作十年之后。

3. 职业发展途径

在 J 模式中，职业发展途径是非专业化的，是企业内部的终身工作轮换制。一个电机工程师可以从线路设计调往制造部门，再调往装配部门；一个技工每隔几年便被调去照料别的机器或去另一部门工作；而所有的经理都将在本企业各部轮流工作。其优点是：能培育熟悉多种专业的通才，有利于不同职能部门之间协调结合成为一个优化的整体；每个员工都有可能和企业内部其他任何人共事，从而提供了与他人友好合作的动力；能培养员工献身本企业的忠心，因为本企业的通才转到另一个企业是很难发挥作用的。其缺点是：不能或很难培育出对某一业务特别精通的专家。

在A模式中，职业发展途径是高度专业化的。员工或者一辈子搞生产，或者一辈子搞销售，或者一辈子搞工程，或者一辈子做会计，转换专业是罕见的。其优点是：把人培养成特别精通一门业务的专家，可以从甲公司转到乙公司，从一个城市转到另一个城市，而且几天以后就工作得很顺利，可以立即有所贡献，从而使得工业生产的广泛开展成为可能；适应人员高度流动的社会，企业招聘员工可节省培训新手的时间和费用。其缺点是：使人的发展片面化；只关心个人与专业，不关心他人与企业；人们之间互不了解，谈不上紧密结合，更谈不上配合默契，彼此之间是“预制标准件”式的机械结合，不能适应发展新的整体目标的需要。

Z理论主张拓宽职业发展道路，有计划地实行横向职务轮换。理由是：这种轮换可提高工作的热情、效率和满意感，可以使设计、制造和销售合作得更好。在Z模式中，职业发展途径常常是从这个办公室调到那个办公室．从这个职务调到那个职务。这些也正是日本企业的特征。这种方法有效地产生了更多的该公司所特有的技能，从而在设计、生产和装配过程中走向更密切的协调。

4. 控制方式

在J模式中是以微妙、含蓄和内在的方式进行控制的。所谓微妙、含蓄、内在的控制，并不是含糊不清、模棱两可、为人圆滑，而是通过向部属灌输企业的宗旨、信念和价值观并要求下属能据此推导出具体规则和对目标的控制，简言之，也就是文化控制。这种控制方式的优点是：既控制了人们对问题做出反应的方式，又取得了他们之间的协调，从而使解决问题的各种方法紧密配合在一起。

在A模式中，控制方式是明确的和形式化的，失去了协作生活中的一切微妙性和复杂性。上级给部属下达可以衡量的工作指标，只有完成了这些指标的部下才是称职的。

在Z模式中，既有明确的控制方法，也有含蓄的控制方法。明确的方法用于控制情况的了解和沟通，重要的决策则用含蓄的方法加以控制。例如，为了控制进入某个新行业的行为，必须计算出进入后所能获得的最大利润，但是，是否应该进入这个新行业，则取决于进入这个新的行业后，能否为顾客提供真正的价值，以及能否帮助员工尽快成长。Z理论极力主张在企业内部建设高度一致的文化，用自我指挥取代等级指挥，从而实现彻底内在的控制。

5. 决策过程

在J模式中，强调集体作出意见一致的决策。要作出重要决定时，所有相关人员都要参与，反复协商，直到取得真正一致的意见。用这种方法决策，需要很多的时间，但往往能作出创造性的决定，而且一旦作出决定，有关人员都会给予支持，使决策能又快又好地得到贯彻。日本企业界有一种独特的“决策观”：重要的不是决定本身，而是人们对决定负责和了解到何等程度。否则“最好的”决定也能被搞坏，正像“最坏的”决定也能搞得不错一样。这种集体决策是以共同的价值观和信念为基础的。

A 模式强调个人决策。在典型的美国企业里，科长、部门经理、总经理都一致地认为他们“不能踢皮球”——他们自己应当担起作出决定的责任。用这种方法决策，很快、很干脆，但贯彻执行起来很慢。

Z 理论提倡集体决策，主张让员工也参与决策。它认为，应直接向员工征求建议，而不是从一小批匿名的建议信中收集建议；不要害怕将这些建议付诸实施。在 Z 型组织中，决策是一个多人参加并取得统一意见的过程。这也是在企业内部广泛传播信息及价值观的方法之一。

6. 责任制

在 J 模式中是集体负责。在日本没有一个单独的个人对某件特殊的事情负责，而是一组员工对一组任务负有共同责任。

在 A 模式中是个人负责。例如，吉姆独自负责购买办公用品，玛丽独自负责维修服务事宜，而弗雷德则专门负责购买办公室用的机器。如果弗雷德发生了较大的事，例如生病，办公室用的机器的订单不能得到正确处理，弗雷德只好被解雇。

Z 理论提倡强化共同目标，使每个人都能自觉对集体作出的决定负责，从而避免紧张状态。在 Z 型公司里，决策可能是集体作出的，但是最终要由一个人对这个决定负责。

7. 企业关系

在 J 模式中，企业与员工、雇主与员工、员工与员工之间是一种整体关系。企业不仅向员工提供适当的工作，而且要努力使员工得到全面的发展。企业不仅关心员工 8 小时之内的工作，也关心员工的吃饭、住宿、学习和娱乐等问题。企业内部人与人之间通过多种纽带而相互联系，形成一种完整而全面的关系。只有在这种整体关系中，人们的亲密、信任和相互了解才会产生。

在 A 模式中，人们之间的关系是一种局部关系，人们之间的相互了解仅局限于工作范围之内。西方有的社会科学家甚至认为整体关系是一种变态的东西，只限于监狱、精神病院、修道院及军事单位，与现代工业社会是不相容的。这样，人们只以片面方式在企业内相处，各自扮演一种角色，而不是把对方当作一个完整的人来看待。

在 Z 模式中，情况与日本公司相似，上级对下属、员工对同事的关心是广泛的。Z 理论主张使整体关系得到发展，在这种局面下，非人性化是行不通的，独裁是不可能的，而公开的思想交流、信任及负责却是常态。

(三) 三类文化价值观的差异

从上述七个方面中，我们可以总结出 J 型组织文化、A 型组织文化和 Z 型组织文化之间的差别（见表 14—2）。

表 14—2　　三类文化价值观的差异

文化价值观	J 型	Z 型	A 型
对员工承担的义务	终身雇佣	长期雇佣	短期雇佣
评价	慢而定性的	慢而定性的	快而定量的
职业生涯	非常广泛	适当广泛	狭窄
控制	含蓄和非正式的	含蓄和非正式的	明确和正式的
决策	群体和一致	群体和一致	个体
负责	群体	个体	个体
关心人	全面的	全面的	局部的

可见，典型的日本企业、典型的美国企业以及大内倡导的 Z 型企业体现了三种典型的组织文化。威廉·大内的研究成果也因运用比较研究的方法揭示出不同组织文化的内涵而引起了广泛的关注。

二、追求卓越的理论

1982 年，美国管理学家彼得斯和沃特曼在《追求卓越》一书中，较全面地阐述了追求卓越的理论。

追求卓越的理论认为，一家卓越企业的组织文化应该包括八个方面：注重行动、面向顾客、自治与创业、靠人提高生产率、深入基层、专心本行、精简机构和刚柔相济。

（一）注重行动

卓越企业当然注重分析与收集信息，但是更鼓励及时决策，因为在现实生活中常常是信息还没有全面收集到就要做出决策。况且在许多场合，要收集全部信息几乎是不可能的。一旦作出决策后更要注重行动。在一些卓越企业中，标准的工作程序是“动手、确定、尝试”。为了保持发展速度，防止企业规模增大带来的事倍功半，这些企业采取了大量切实可行的措施。

（二）面向顾客

卓越企业的组织文化的核心是“顾客至上”，这不仅是销售部门和市场部门的口号，而且自始至终贯穿企业的所有活动。顾客是目前产品的信息来源，也是未来产品的信息来源，更是企业的利润来源，以及未来业绩的来源。因此，卓越企业一定要面向顾客，尽量满足顾客的需求，鼓励员工在为顾客服务方面做得更好。卓越企业和其他企业的一个重要区别在于：前者为顾客提供优秀的服务，往往称自己是一家“服务公司”。

（三）自治与创业

卓越企业往往把大公司分成若干个小公司，鼓励独立性、创造性和冒险精神。这样，企业在组织内培养了大批领导者、创业家和实干家，企业成了不断涌现各种优秀人才的学校。卓越企业绝不试图把每个人都管得很死，以至于他们不能发挥创造性。对于各种有益的尝试，企业均给予鼓励。企业实际上成了激情奔放的发明家和无所畏惧的创业家的天堂，企业的持续发展成为必然的趋势。

（四）靠人提高生产率

卓越企业认为，资本投资不是提高效率的根本源泉，高素质的人才才是企业成功的保证。企业中最重要的资源是员工。企业的任务就是让员工发挥才能，因此，与员工沟通仅仅靠传达文件和开会是不够的。管理者的大部分时间应花在调动员工的积极性方面。每个员工向企业提供的不仅仅是辛劳，更多的应该是思想。

（五）深入基层

卓越企业的高层管理人员常常深入基层，掌握第一手资料，而且掌握一些必要的技能，经常与基层员工在一起工作。其他企业的高层管理者常常坐在办公室或会议室里定计划、作决策，但这些计划和决策往往脱离实际。

（六）专心本行

卓越企业的另一个价值观是专心本行，它们抛弃多元化的观念，不在无关行业进行投资或经营，不搞大而全或小而全，基本上只从事自己熟悉的行业与相关的行业。

（七）精简机构

卓越企业的管理层级缩减到最少，雇用的管理者也尽可能少。在其他企业中，管理者往往以管理的多少人数来展示自己的地位、威望和重要性。而在卓越企业中，管理者的地位、威望和重要性由他对企业的业绩所作的贡献来决定，而不是由他管理的人数来决定。这种企业文化告诉我们，群体的业绩比群体的规模更重要。

（八）刚柔相济

刚柔相济是卓越企业中最后一个价值观。在卓越企业中，组织既是严密的，又是松散的。卓越企业如何能达到这种看来是两难抉择的状态呢?

卓越企业的组织是严密的，指的是员工都能理解、认同、信仰组织文化，有一致的价值观。在这种状况下，许多工作不言而喻，遇到某类问题该如何处理大家都非常清楚。

卓越企业的组织有时是松散的，指的是员工头上没有众多的监督者，脖子上也少有清规戒律约束，企业靠自觉化运作，而不是靠规章制度运作，因此，员工能够敢于创新和冒风险。

第 3 节 发展高绩效的组织文化

研究表明，如果一个组织的文化是强文化（strong culture），也就是组织的核心价值观得到员工强烈的认可和广泛的认同，员工流动率就很低。虽然很难说这两个现象存在因果关系，但是两者是高度正相关的。这表明，组织文化对于组织的凝聚起着不可忽视的作用。

但是，一个企业的组织文化很强并不一定是件好事，因为还要看其文化的核心价值观是什么。因此，文化的核心价值观比文化的强度更重要。例如，一家企业的组织文化很强，但是其核心价值观是抵制变化；而另一家企业的组织文化很弱，但是其核心价值观是鼓励创新，那么很有可能后者能在环境变化剧烈的竞争中获得最终胜利。因此，发展高绩效的组织文化具有重要的意义。

一、组织文化的表现形式

（一）斯凯恩的观点

斯凯恩提出组织文化要通过三方面来表现：

（1）新成员的社会化。例如，一位新员工出席一次重要会议迟到了，别人就会告诉他一个故事：某某人因为迟到，被炒了鱿鱼。以后，这位新员工开会就再也不迟到了。

（2）次文化的冲突。例如，一位产品设计工程师和营销经理发生了冲突，前者强调产品的功能，后者则要求产品更时尚。

（3）最高管理层行为。例如，以身作则地遵守规章制度，奖励有创造性的员工，鼓励改善公司产品的质量，提倡团队精神等。

（二）沙塞的模型

沙塞认为，组织文化的一般表现形式可以用如下模型来描述（见图14—2）。

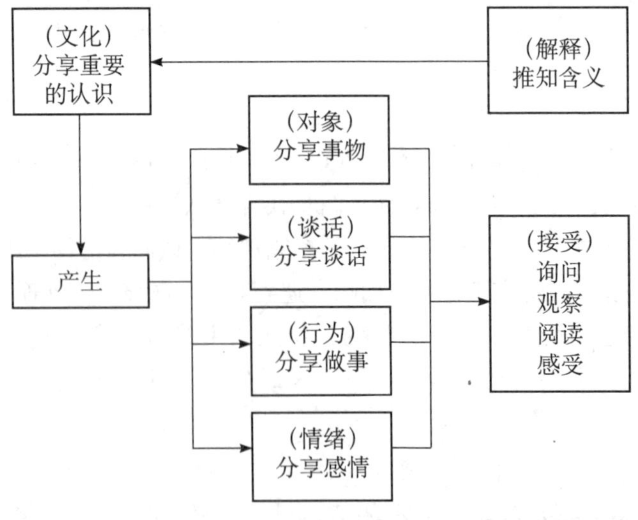

图14—2 组织文化的一般表现形式模型

资料来源：胡君辰：《管理心理学》，339页。

从图 14—2 中可以看出，组织文化有四个一般表现形式：(对象) 分享事物、(谈话) 分享谈话、(行为) 分享做事和 (情绪) 分享感情。一个人可以在组织中通过询问、观察、阅读和感受来收集其组织文化的信息。

(三) 其他表现形式

贝叶尔和特拉斯 (J. M. Beyer & H. M. Trice) 提出组织文化有十种特殊的表现形式，包括惯例、仪式、神话、传说、民间故事、符号、语言、姿势、生理定式和人工制品。

另外，组织英雄也被认为是组织文化的一种表现形式。所谓组织英雄(hero)，是指体现一个组织最高理想的个体。英雄在强化组织文化以及使组织文化长盛不衰方面都发挥着重要的作用。

二、组织文化的功能

(一) 组织文化的积极功能

组织文化主要有导向、约束、凝聚和造型四种基本功能。

1. 导向功能

组织文化的导向功能是指它对组织行为的导向作用。组织的行为实质上就是组织主体即员工的行为。

组织文化包括价值观。如同个人的价值观引导着他的行为一样，组织的价值观同样也引导着组织的行为。这些价值观从总体上规定了组织全体员工如何去行动。

2. 约束功能

一种组织文化一旦确定，就会对组织的每个成员具有约束和规范作用，使他们的行为趋于一致。

组织文化通过价值观、传统等软性因素约束，比用规章制度等硬性因素约束对员工具有更强大、更持久、更深刻的影响。

3. 凝聚功能

组织文化的凝聚功能，是指它能把组织的成员紧紧地联系在一起，同心协力，为了实现共同的目标和理想，为了共同的事业而奋勇拼搏、开拓前进。

4. 造型功能

组织文化有助于增强社会系统的稳定性。文化是一种社会黏合剂，它为组织成员提供言行举止的标准，把整个组织聚合起来。作为一种意识形态和控制机制，组织文化能够引导和塑造员工的态度和行为。例如，迪士尼乐园的员工总是那么吸引人，整洁、漂亮、带着迷人的微笑，这些不是偶然的，而是迪士尼公司努力追求的形象。公司在选聘员工时，就录用那些能够保持上述形象的人。一旦员工上班后，强劲的公司文化，辅之以正式的规章制度的支持，就保证了迪士尼的员工会以一种相对统一的方式行事。

从 20 世纪 90 年代开始，文化对于员工行为的影响越来越明显。现代组织逐渐拓宽了组织跨度，使组织结构趋于扁平，引入了工作团队，降低了正规化程度，授予员工更大的权力。这些都要求一种强文化提供共同的价值观体系，从而保证组织中的每个人都朝同一个方向努力。

谁会被组织录用，谁的绩效评估成绩较高，谁会得到晋升机会，这些都受到个人—组织“适合度”的强烈影响。这里的“适合度”是指求职者或员工的态度与行为是否与组织文化相容。正是通过这种“适合度”，组织文化改变和塑造着员工的态度和行为。

（二）组织文化可能的消极影响

上面列举的组织文化的许多功能对组织和员工都有重要价值。文化有助于提高组织承诺，增强员工行为的一贯性。很明显，这对企业是很有帮助的。从员工的角度来说，组织文化很重要，因为它有助于减少模糊性，能告诉员工事情应该如何做，什么是重要的。但是我们也不应忽视文化，特别是强文化对组织有效性的潜在的负面影响。

1. 变革的障碍

当组织的共同价值观与进一步提高组织效率的要求不相符时，它就成了组织发展的束缚。这是在组织环境处于动态变化时极有可能出现的情况。当组织环境正在经历迅速的变革时，根深蒂固的组织文化可能就不合时宜了。当组织面对稳定的环境时，行为的一致性对组织而言很有价值。但它可能束缚组织的手脚，使组织难以应对变幻莫测的环境。有些公司有强劲的组织文化，而且企业文化在过去起过非常积极的作用，但是，随着企业战略的变化、环境的改变，这些强文化会成为变革的障碍。对于许多具有强文化的组织来说，过去能导致成功的措施，如果与环境变化的要求不一致，就可能导致失败。

2. 多样化的障碍

由于种族、性别、道德观等差异的存在，新聘员工与组织中大多数员工不一样，这就产生了矛盾。管理人员既希望新成员能够接受组织的核心价值观，以免难以适应或不被组织接受，又想认可并支持这些员工带来的差异，因为这些差异对组织的发展可能是有益的。

强文化不仅施加了较大的压力，使新成员服从组织文化，而且限定了组织可以接受的价值观与生活方式的范围。很明显，这就导致了一个两难问题：组织雇用各具特色的个体，是因为他们能给组织带来多种选择上的优势，但如果员工处于强文化的作用下，为了适应文化的要求，这种优势就可能会丧失。

3. 兼并和收购的障碍

以前，管理人员在进行兼并或收购决策时考虑的关键因素是融资优势或产品协同性。近几年，文化的相容性变成了他们主要的关注对象。虽然收购对象在财务和生产方面是否有利可图是必须考虑的因素，但收购对象与本公司的文化能否相容，越来越成为一个重要的因素。

美国银行（Bank of America）收购查尔斯·史沃伯公司（Charles Schwab）的案

例为我们提供了一个生动的例证。美国银行于 1983 年买下史沃伯公司，是其拓展经营领域、实行多样化经营战略的一个举措。但两个公司的文化截然不同：美国银行作风保守，史沃伯公司则咄咄逼人，喜欢冒险。两个公司之间的差别最明显的象征之一，体现在高层管理人员所驾驶的轿车上。美国银行的高级管理人员开的是公司提供的四个车门的福特车和别克车，而史沃伯公司的管理人员开的车虽然也是公司提供的，但却是法拉利、保时捷和宝马等车型。虽然史沃伯公司利润丰厚，且有助于美国银行拓展业务，但史沃伯的员工无法适应美国银行的工作方式。1987 年，查尔斯·史沃伯从美国银行买回了他的公司，这桩联姻宣告结束。

（三）企业文化在并购中的功能

企业之间的并购目前已经蔚然成风，并购总是带着并购方追求协同效应的美好愿望，比如，公司的品牌和声誉、资本和新的收入来源、管理和处理业务的核心竞争力、拥有独有技术和客户关系的员工、构成企业文化和经营环境所需要的各种要素以及管理资源等。[①] 然而，并购失败的比例很高，其中企业间文化的排斥和冲突是造成并购失败的重要原因。进行文化整合是发挥企业并购效应，实现 1＋1＞2 的重要途径。在并购中，文化整合可以起到如下作用。

1. 慎重决策，避免文化排斥

文化不是一种个体特征，而是许多人共有的心理程序。当并购发生并给目标企业的文化带来威胁时，人们立即会产生一种对自身企业文化的强烈认同。保护自己的文化，以抵制的心态来反击文化的入侵，从而直接导致文化冲突。[②] 以跨国并购为例，跨国交易必须考虑由国家之间的文化差异带来的问题。跨国交易由于国家的文化、语言、政治、法规等的不同而复杂化。针对欧洲公司进行的 319 笔跨国交易研究显示成功率只有 57％。[③] 因此，在并购之前充分认识企业文化之间的差异并慎重制定并购决策，是避免并购后企业间文化排斥从而造成负面效应的关键。

2. 增进理解，走出失败误区

并购交易的失败通常源于两个公司的文化不能够融合。许多被认为是天作之合的并购，在日后的管理中出现矛盾，并最终导致并购失败。一般而言，基于征服型企业文化，并购者用自己的文化强行改造被并购者，并购方利用自己成熟和成功的企业文化在整合过程中起推动和主导作用。然而，这种快速、高效的文化整合方式很容易遭到被并购企业管理层和员工的抵制，从而导致并购失败。在处理文化不匹配时，一种文化强加给另一种文化很容易破坏并购的价值。例如，1987 年全美航空公司收购皮德蒙特后把自己的文化强加给后者，遭到后者的顾客群和员工的反抗，以致内外部矛盾重重、股价大跌、客源流失。[④]

---

① 参见马里恩·迪瓦恩：《成功并购指南》，导言，15 页，北京，中信出版社，2004。

② 参见陈春花、刘晓英：《企业并购中的文化整合》，载《中外管理》，2002（5）。

③ 参见马里恩·迪瓦恩：《成功并购指南》，11 页，北京，中信出版社，2004。

④ 参见马克思·M·哈贝等：《并购整合：并购企业成功整合的七个策略》，87 页，北京，机械工业出版社，2003。

3. 凝聚企业，创造并购价值

企业文化不仅可以在企业内部发挥凝聚、导向、约束和塑造的功能，而且还可以在企业外部起到一定的作用。企业知名度高时，企业文化在企业外部表现出较强的影响力，比如对外部求职者的吸引等。企业文化还可以表现为较弱的外部形象塑造作用。企业文化的积极作用只有在并购后新企业文化形成之后，才能够最大限度地得到发挥。

三、找出更有效的文化

人们对企业文化感兴趣的初衷是想找出一些经营业绩良好的公司在文化方面的共性特征，即究竟哪一种组织文化有利于组织获得好的业绩。

美国一项进行了四年的研究，得出了下列结论：

（1）组织文化可能对企业的长期经济绩效具有更大影响。

（2）组织文化在决定企业未来十年的成败方面，可能是一个更重要的因素。

（3）强有力的但是抑制组织长期业绩的组织文化并不少见，而且它们很容易形成。甚至在那些充满了理智而聪明的人们的企业中，也很容易形成。

有学者在研究组织文化与组织绩效的关系时提出了三种有代表性的关于组织文化的观点：强度观点、合身观点和适应观点。

1. 强度观点

一些流行书籍的共同观点是，强势的、发展得很好的文化，是有突出业绩的组织的一个主要特征。“强文化”一词意味着大多数经理和员工分享着一套一致的价值观和做事的方法。

可能有三个原因导致强文化和良好的业绩联系在一起：

（1）强文化常常提供战略和文化之间的良好适应。这种适应被认为是成功完成公司战略所必需的。

（2）强文化也许导致员工间目标的协调，即大多数员工具有相同的目标，并有一些基本一致的原则加以遵循，文化的凝聚功能和导向功能显示出了强大的力量。

（3）强文化引导着员工的责任心和动机，规范着他们的行为。

2. 合身观点

虽然组织文化和业绩是相关的，但是有证据表明这种关系尚不够明确。例如，强文化也许并不总是比弱文化优越。一些研究指出，文化的类型在某种程度上比文化的力量更重要。由此产生了合身观点。这种观点认为，一种组织文化必须与组织的业务以及战略目标联系起来，也就是说，一种组织文化只有符合一个组织的特点才能提高组织的绩效。这种观点认为，由于组织的特点各不相同，因此，没有一种组织文化是最佳的。

3. 适应观点

适应观点认为，优秀的组织文化有助于企业预测、适应环境的变化。可以说，这种适应性是提高企业效绩的关键。

1977—1988年，科特（J. Kotter）和赫斯凯特（J. Heskett）结合上述三种观点对

22 个行业的 207 家公司的组织文化进行了追踪研究。结果发现：虽然部分企业支持强度观点和合身观点，但是多数企业更支持适应观点。所有持组织文化适应观点的企业，长期经济效益都比较好。

四、发展适应性组织文化

因为适应性组织文化对于提高企业绩效有重要的作用，所以，在企业中应该发展适应性组织文化。科特和赫斯凯特在 1992 年提出了一套发展和维持适应性组织文化的过程模型（见图 14—3）。

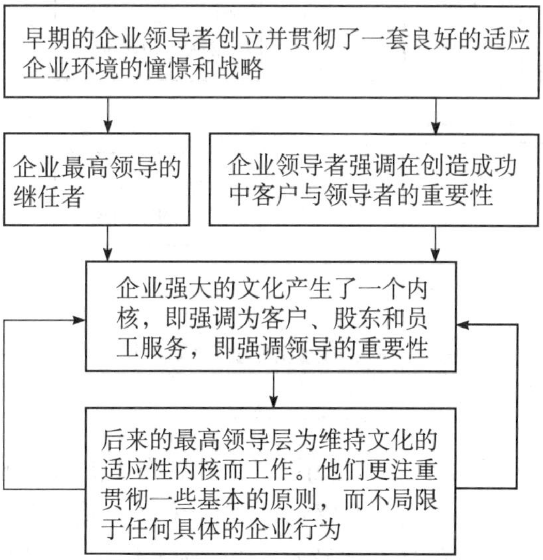

图 14—3　发展和维持适应性组织文化的过程模型

资料来源：胡君辰：《管理心理学》，342 页。

从图 14—3 可以看出，这个过程从有特色的领导开始，即领导者必须创立和贯彻符合企业特点的企业憧憬和战略目标。随着时间的推移，企业的成功与特定领导结合后确立了适应性。领导者必须使员工获得一种持久的理念，或一套价值观，即为企业的“上帝”服务。这些“上帝”就是客户、股东和员工。同时，也要强调改善领导，通过强化和支持“满足客户需要”和“改善领导”的核心价值观来进行管理，而不必拘泥于企业的一般战术目标和实践活动。实践证明，科特和赫斯凯特提出的模型对企业发展和维持适应性组织文化具有借鉴意义。

在建立适应性组织文化的具体操作方面，格罗斯和希曼（W. Gross & S. Shichman）在 1987 年提出了一种形成组织文化的操作方法（见图 14—4）。他们认为，一种适应性的组织文化可以使企业成为一个功能健全的家庭，因此又称“回家”（HOME）途径。其中 H 代表历史（history），O 代表整体（oneness），M 代表成员资格（membership），E 代表互换（exchange）。这四个方面的干涉条件能够获得想要的结果——

一种适应性组织文化。

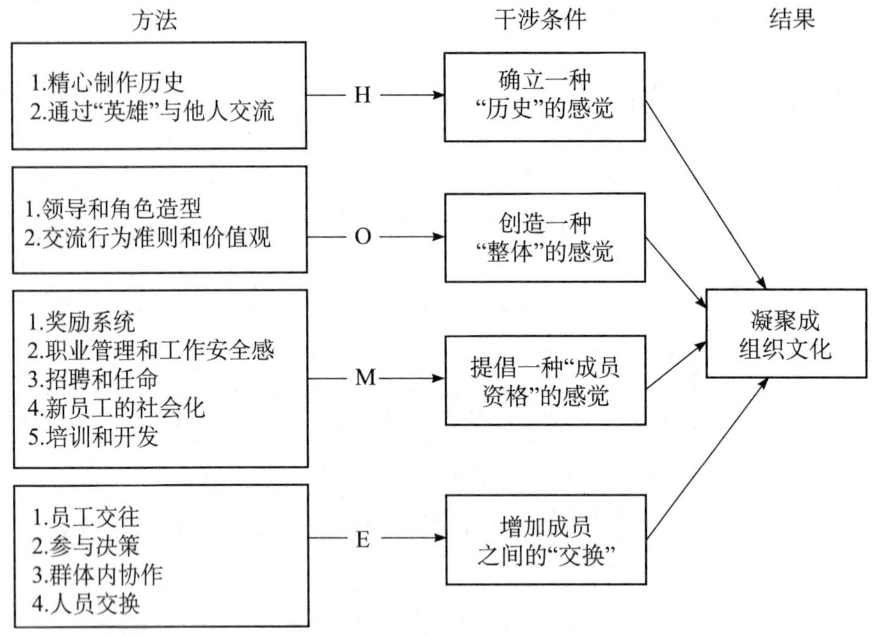

图 14—4 形成组织文化的操作方法

资料来源：胡君辰：《管理心理学》，343 页。

在建立适应性组织文化的操作方法中，“精心制作历史”、“通过‘英雄’与他人沟通”（H）是为了确立一种“历史”的感觉；“领导和角色造型”、“交流行为准则和价值观”（O）是为了创造一种“整体”的感觉；“奖励系统”、“职业管理和工作安全感”、“招聘和任命”等（M）是为了提倡一种“成员资格”的感觉；而“员工交往”、“参与决策”等（E）是为了增加成员间的“交换”。正是 H，O，M，E 的共同作用形成了适应性的组织文化。在建立适应性组织文化的实践中，可以运用这些具体的操作方法。

第 4 节　组织社会化的过程

一个新员工进入企业后要经历一个组织社会化的过程，才能真正成为该企业的一员。

组织社会化（organizational socialization）是指个体学习组织的价值观、基本准则和必要的行为，组织允许他作为组织的一名成员参与活动的过程，简称社会化。

一、影响新成员组织社会化的因素

影响新成员组织社会化的因素有很多，主要可以分为两类：组织能够控制的因素和组织不能控制的因素。

1. 组织能够控制的因素

组织能够控制的因素主要有五个：

（1）管理层对社会化的认识；

（2）对新员工的招聘面试；

（3）正式的新员工定向培训；

（4）各种工作培训；

（5）组织的监督。

2. 组织不能控制的因素

组织不能控制的因素有很多，主要有四个：

（1）新员工的个性；

（2）新员工对企业的第一印象；

（3）其他员工行为给新员工留下的印象；

（4）新员工个人需要的满足。

二、组织社会化的三阶段模型

为了更好地了解组织社会化的过程，美国管理心理学家菲尔德曼（D. C. Feldman）在 1981 年提出了一个组织社会化的三阶段模型。从图 14—5 中我们可以看出，从一个局外人到社会化的内部人共有三个阶段。

1. 阶段一：预期的社会化

这个阶段始于个体真正加入组织之前。预期的社会化信息来自各个方面，例如招聘广告、个人经验等。

所有正式的、非正式的，或者正确的、错误的信息都能帮助个体预期组织的实际情况。在这个阶段，新员工往往对工作条件、工资收入和晋升有很高的期待。这种不切实际的期望往往会导致员工在发现实际情况与预期不符时出现不安定心态甚至"跳槽"。因此，管理者应该给员工真实的工作预示，告诉他们企业的真实情况，包括好的地方与差的地方、积极的方面与消极的方面。可以用开展示会、发布企业信息等手段进行真实的工作预示。

另外，从组织的角度来讲，甄选过程也是保证组织所聘员工与组织文化相适应的重要环节。事实上，一个人在甄选过程中对自身能力的恰当表现决定了他是否能进入组织。因此，是否成功取决于应聘者是否准确地预测到了组织中那些负责甄选过程的考官的期望和爱好。

2. 阶段二：碰撞

第二阶段一般从员工签订雇佣合同开始。在这个阶段，新员工开始觉得现实和期望并不一定相吻合，为此感到吃惊和不安。有学者称之为"现实震惊"。

即使是那些自以为对组织了解很多的员工，第一天上班以后也会觉得困惑。常常会觉得，自己平时对于友谊、目标、能力等方面的一些看法似乎都变得有点问题了。

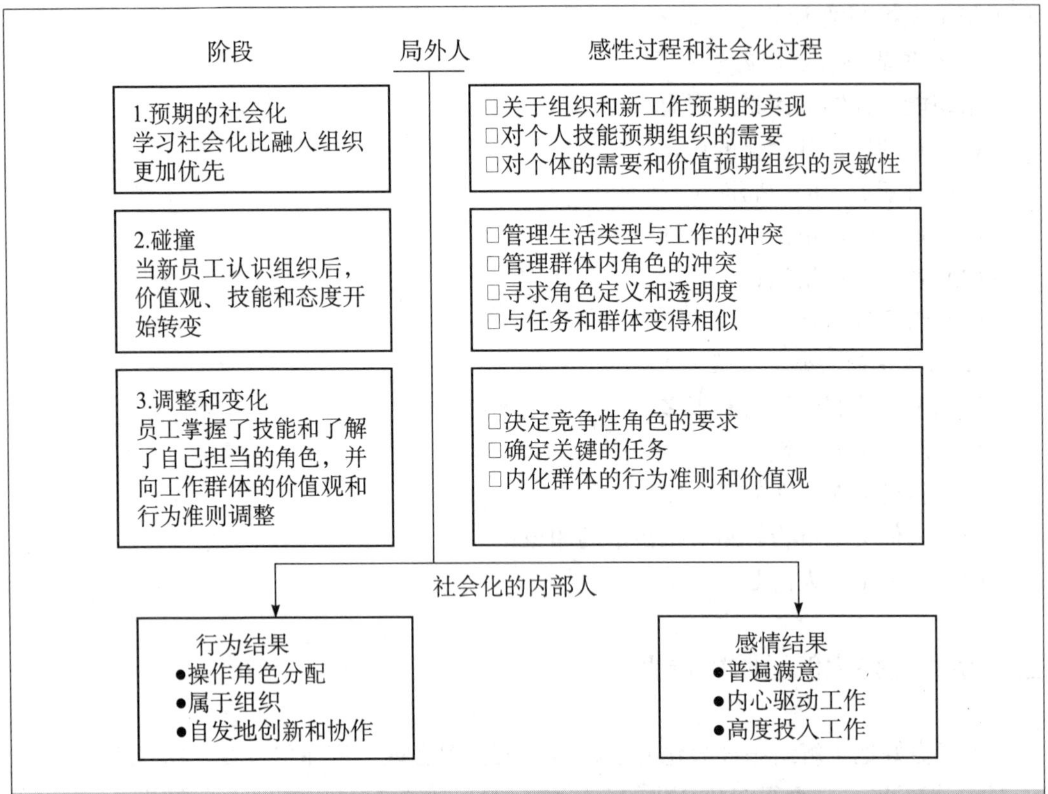

图 14—5　组织社会化三阶段模型

资料来源：胡君辰：《管理心理学》，344 页。

在碰撞阶段，个体要面对一种严峻的挑战，即能否妥善解决工作和外部利益的多种冲突。如果这个阶段拖得太长，员工有可能离职去寻找新的工作。

3. 阶段三：调整和变化

随着员工明确了目标和任务、掌握了工作技能、解决了角色冲突，就开始进入组织社会化的第三阶段——员工开始改变自己，接受组织文化，逐渐融入组织。当然，如果员工拒绝进入第三阶段，那么他不是离职就是会成为组织里的一名孤独者。

三、通过指导使员工社会化

每个组织都有自己独特的文化和表现形式，新员工进入组织之后如果希望尽快熟悉并掌握组织成员之间一些约定俗成的做事方法，就需要熟悉这些规则的老员工给予适当的帮助。比如，在企业中，电话铃声响几声时开始接，如果对方找的人不在时如何留便条，同事间、上下级之间的电子邮件格式是什么，公司里如何称呼同事、领导，发电子邮件需要抄送给哪些人，回复电子邮件时应该让哪些人知道等。

（一）指导的概念

指导（mentoring）是指在指导者（一般是上级员工）与被指导者（一般是下级员

工）之间形成和保持一种深入的、长期发展的关系的过程。

指导者有时又称师傅、导师、主管、老师等。

指导是发展一种高绩效文化的重要组成部分，一个企业要创立一种积极的、优秀的企业文化，要尽快地使新员工组织社会化，一定要重视指导的作用。

(二) 指导的功能

克拉姆（K. E. Kram）在对 18 对有上下级关系的员工进行深层次的访谈后发现，指导的功能主要有两项：职业功能和心理功能。

1. 职业功能

职业功能主要是指指导对于员工在工作中所起的作用。它有五个次级功能：

（1）倡议功能。上级会主动提名一位下级管理者晋升和担任适合的工作。

（2）暴露功能。配对的下级管理者会在重要的活动中暴露出其长处和短处，有利于上级管理者为其提供工作机会。

（3）引导功能。通过实际的指示，告知被指导者如何认识事物、如何完成目标。

（4）保护功能。保护下级管理者免受有害情境或其他高级管理者的伤害。

（5）培养功能。通过适当的工作安排和反馈，帮助下级管理者发展必要的技能。

2. 心理功能

它有四个次级功能：

（1）角色造型功能。要求下级员工朝一套价值体系和行为模式去努力，这也是最常见的一种心理功能。指导者的言传身教会在很大程度上影响被指导者的价值观和行为。

（2）接受和确认功能。上级员工经常为下级员工提供多方面的支持和鼓励。

（3）咨询功能。帮助下级管理者解决各种工作中的难题，并提出建议，这有助于下级管理者塑造自我形象。

（4）友谊功能。在社会人际交往中使下级员工感到满意和安全。

(三) 指导的阶段

指导共分四个阶段：启动阶段、培养阶段、分离阶段和再界定阶段（见图 14—6）。每一阶段都有一个参考时间，其实每一个阶段的时间可长可短，一般来讲，完成整个指导过程平均需要 5 年左右。

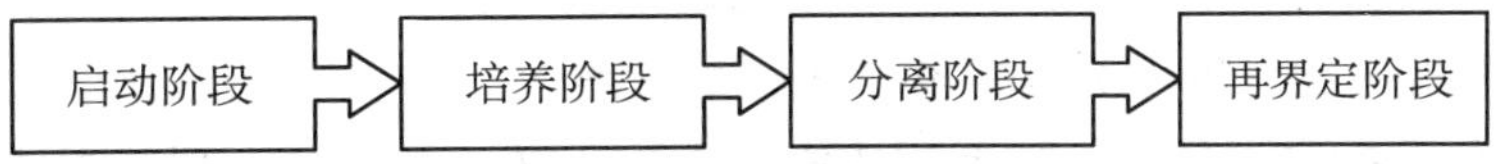

图 14—6　指导的四个阶段

（1）启动阶段。这个阶段为 6～12 个月。在此阶段，指导关系刚刚建立，对于指导者和被指导者双方来讲都很重要。

主要的转折点是：幻想变成具体的期望，期望开始实现，上级员工提供指导、分配挑战性的工作、工作的透明度，下级员工获得技术上的帮助、对指导者表示尊敬、并渴望被指导，相互作用主要围绕工作任务。

（2）培养阶段。这个阶段约 2～5 年。在此阶段，指导的职业功能和心理功能发挥至最高限度。

主要的转折点是：指导双方在相互关系中持续获得利益，重要机会和频繁的交往不断增加，情感纽带加强，亲近感增加。

（3）分离阶段。这个阶段发生在组织结构角色关系发生重大变化之后，或在情感关系发生重大变化以后，为 6 个月至 2 年。

主要的转折点是：下级员工不再需要指导，并更自觉地寻找工作机会；上级员工面对中年期危机，很少有能力进行指导；工作变动或晋升限制了继续保持关系的机会；不再提供职业功能和心理功能；阻碍了创造性的发挥；敌视导致不良的关系。

（4）再界定阶段。这是处于分离阶段之后的一个模糊时期。在此阶段，老的关系已经终止，新的关系有许多不同的特点，其中最主要的特点是建立更亲密的友谊关系。

主要的转折点是：分离的压力减少；新的关系已形成；以前形成的指导关系已不再需要；不满和愤怒减少，感激和欣赏增加；达到了一种伙伴关系的程度。

□ 本章小结

组织文化是指组织内部成员共同认可的、可以通过符号手段来沟通的一套价值观体系。组织文化代表组织成员的一种共同认识。在一个组织中既存在主文化，也存在亚文化。

组织文化按照内容的可观察性和可变动性两个维度，可以分为共同的假定、文化价值、共同的行为和文化象征四个层次。

威廉·大内在《Z 理论——美国企业界怎样迎接日本的挑战》一书中提出了 Z 理论。该理论的中心议题是：怎样才能使每个人的努力彼此协调起来，产生最高的效率？它提出了信任、微妙性和亲密性对实现这一目标的重要性。

彼得斯和沃特曼提出的追求卓越的理论认为，一家卓越企业的组织文化应该包括八个方面：注重行动、面向顾客、自治与创业、靠人提高生产率、深入基层、专心本行、精简机构和刚柔相济。

组织文化有不同的表现形式。组织文化的积极功能包括导向、约束、凝聚和造型四种；消极影响可能有阻碍变革、多元化、兼并和收购。在研究组织文化与组织绩效的关系时，有学者提出了三种有代表性的关于组织文化的观点：强度观点、合身观点和适应观点。

适应性组织文化对于提高企业绩效有重要的作用，科特和赫斯凯特提出了一套发展和维持适应性组织文化的过程模型。格罗斯和希曼提出了一种形成组织文化的操作方法，他们认为一种适应性的组织文化可以使企业成为一个功能健全的家庭，因此又称“回家”（HOME）途径。

组织社会化是指个体学习组织的价值观、基本准则和必要的行为，组织允许他作为组织的一名成员参与活动的过程，简称社会化。

指导可以帮助新员工迅速完成组织社会化的过程。指导一般包括启动、培养、分离和再界定四个阶段。

□ 关键术语

组织文化　主文化　亚文化　组织社会化　指导

□ 思考题

1. 什么是组织文化？组织文化有哪些基本特点？请举例说明。
2. 如何划分组织文化的层次？
3. 试述 Z 理论的主要内容。
4. Z 型、J 型、A 型企业价值观有何异同？请举例说明。
5. 试述追求卓越理论的主要内容。
6. 组织文化的表现形式有哪些？
7. 如何理解并在管理中利用组织文化的功能？
8. 你认为哪种组织文化最有效？为什么？
9. 简述发展适应性组织文化的过程及操作方法。
10. 什么是组织社会化？为什么要进行组织社会化？
11. 简述组织社会化的三阶段模型。
12. 什么是指导？如何通过指导帮助员工实现组织社会化？

第 15 章

组织变革

本章要点

1. 组织变革的定义、原因和目标。
2. 组织变革的类型。
3. 组织变革的程序。
4. 常用的组织变革的管理方法。

引　例

柯达启示：没有一成不变的成功

2012 年 1 月，虽然世界末日还没有看到，柯达这家创立于 1880 年的百年老店申请破产保护却让我们唏嘘不已。在人们心中，柯达几乎是摄影的代名词。鼎盛时期的柯达曾经占据全球 2/3 的摄影产业市场份额，公司市值也达到 300 亿美元之巨。然而，目前，柯达的市值跌倒只有 1.7 亿美元。柯达申请破产保护时，资产 51 亿美元，负债却高达 68 亿美元，资不抵债，跟我们心目中的柯达相去甚远。它关闭了 13 家制造厂，130 个加工实验室，从 2003 年以来裁员总计 4.7 万人，而且必须进一步改革成本结构并出售非核心知识产权。柯达这个摄影巨人在数码时代的傲慢是导致公司迅速落败的根源。从 1997 年开始，柯达就没再盈利过，但它也没有积极发展数码业务，由于担心其胶卷销量受到影响，一直未敢大力发展数字业务，使其逐渐被数字化潮流淘汰。

柯达董事长兼 CEO 安东尼奥・M・佩雷斯（Antonio M. Perez）表示：“柯达正采取激进措施来完成企业的重组。同时，我们已建立了数字业务，并已成功退出一些传统领域。我们关闭了 13 家制造厂，130 个加工实验室，从 2003 年以来裁员总计 4.7 万人。我们必须进一步改革成本结构并出售非核心知识产权。我们期待着与股东一道将柯达转变成一个高效、世界级的数字影像与原材料科技公司。”

佩雷斯表示：“在充分考虑到申请第十一章破产保持可能会带来的好处后，董事会以及所有资深管理人员均认为这是一个十分必要的步骤，是柯达走向未来的正确道路。我们的目标是让股东利益最大化，让我们的雇员、退休人员、债权人以及养老金受托人利益最大化。我们还将考虑最宝贵的客户的利益。”

“第十一章破产保护可以让我们更好地优化两大技术资产。其一是我们的数字捕获专利，这一技术可广泛用于移动与其他消费者电子设备来捕捉数字影像，自 2003 年以来，这些专利给柯达带来 30 亿美元的授权营收；第二个是我们的打印与沉积技术，这些技术在发展数字业务时给了我们很大的竞争优势。”

佩雷斯最后表示：“董事会成员、资深管理人员以及我本人希望向努力工作的员工表示谢意。我们非常感谢他们的努力与忠诚。柯达是合作与创新文化的典范。我们的雇员是这一文化的化身，对于我们未来的成功是十分必要的。”

资料来源：《柯达正式申请破产保护　百年老店折戟数码时代》，http：//money.163.com/12/0119/13/7O4T5ROT00252６O3.html，2012-01-19。

请思考：

1. 你认为柯达申请破产保护的原因是什么？

2. 柯达未来可以采取怎样的措施走出破产保护的境地？

3. 目前柯达公司已经脱离破产保护，请查找资料，谈一谈你对柯达退出破产保护后发展的看法。

世界正在发生着日新月异的变化，每天打开电视机、收音机，翻开报纸、杂志，浏览网络信息，你都会感觉到生存在这变化的世界中。一个组织如果不顺应潮流进行变革，势必被时代淘汰。

第 1 节　组织变革概述

任何一个组织，变化是不可避免的，不变是相对的，变化是绝对的。著名管理学大师汤姆·彼得斯认为，21 世纪是疯狂的时代，摆在组织面前的只有两条路：变革或者死亡。

一、组织变革的内涵

（一）组织变革的基本定义

1. 关于组织变革的各种定义

组织变革（organization development，OD）又称组织发展，各国管理学家对此有不同的观点。

（1）杜布林（Andrew J. Dubrin，1978）认为：组织变革是指用以改善个体、群体与组织效能的各种技术，以及关于工作生活质量的思维模式。

（2）皮尔（M. Beer，1980）认为：组织变革就是适应变化的过程，是应用行为科学的知识，帮助组织适应内外环境的变化而建立起来的一门新学科。

（3）波克和斯克米特（W. W. Burke & W. H. Schmidt，1971）认为：组织变革是通过应用行为科学的知识和方法，把人的成长和发展的希望与组织的目标相结合，以提高组织效益的活动过程。一般来说，这是一种在一定时期内包括整个系统在内的有计划变化的尝试，这些变化的尝试与组织的任务相联系。

（4）戴维斯（K. Davis，1977）认为：组织变革是为了带来计划性变化，集中在整个组织文化、运用群体过程的一个干涉方法过程。

（5）摩海德和格里芬（1992）认为：组织变革是通过行为科学、心理学、社会学、文化人类学以及其他相关学科知识的运用，促进组织有计划地变化与改善的过程。

（6）米纳（J. B. Miner）认为：组织变革是在一个组织，或在一个组织中的大型部门进行收集信息、诊断、执行行动计划、干涉、变化、结果评估的活动过程。

（7）卡明斯和沃里（Cummings & Worley，2005）将组织发展定义为：基于社会科学和行为科学的，用以加强组织在长期发展过程中应对变化，以更好地获得组织目标能力的一个过程。①

组织变革是建立在对组织内外一系列行为研究的基础之上的过程，理论与实践结合紧密。该领域的研究包括组织诊断、组织反馈机制、辅导，对人员流程、技术结构、人力资源管理以及全球战略层面的干预手段等。②

2. 我们的定义

组织变革是指根据组织内外变化的要求，运用组织行为学以及相关学科的原理和方法，在组织内部强调改变人的态度、行为和人际关系，以保持和促进组织效率，更快达成组织目标的过程。

（1）企业是社会大系统中的一个子系统，它经常受到其他系统的影响和干扰。如果不对这些影响和干扰作出积极主动的反应，企业将受到不同程度的损害。

（2）企业内部的变化是持续不断的。企业内部的一个部门发生任何变化，都会在其他部门引起反应，即出现"多米诺骨牌效应"。如果忽视这些变化，不作相应的变革，企业就会走下坡路，直至被淘汰。

（3）组织变革的重点是改变人的态度、行为和人际关系。现代企业管理的理论和实践反复证明：人力资源是企业中最宝贵的资源。只有员工的态度有了积极的改变，员工的行为才会有相应的变化，进而使人际关系更加融洽，开发企业的发展潜力，最

---

① T. G. Cummings, and C. G. Worley, *Organization Development and Change*, Ohio: Thomson South-Western, 2005.

② Carole Lalonde, "The Potential Contribution of the Field of Organizational Development to Crisis Management", *Journal of Contingencies and Crisis Management*, 2007, Volume 15, Number 2, pp. 95-104.

终使企业适应变化多端的环境。

（二）组织变革的原因

组织的生存和发展很大程度上取决于组织根据内部条件和外部环境的变化调整自己的目标和结构的能力。因此，组织变革作为促进组织发展的动力之一，就需要适时、有效地对外部环境和内部条件的变化做出反应。

1. 组织外部环境的变化

物竞天择，适者生存。导致组织变革的环境条件主要有以下几个方面①：

（1）科学进步；

（2）国家有关法律、法规的颁布与修正；

（3）国家宏观经济调控手段的改变；

（4）国家产业政策的调整与产业结构的优化；

（5）国际、国内经济形势的变化；

（6）国内政治形势及社会结构与治理的变化；

（7）国际政治外交形势及本国外交政策的变化；

（8）国际、国内市场需求的变化；

（9）国内外同行业及相关产业的发展变化以及市场竞争的加剧；

（10）人们的消费时尚及价值观念的改变等。

2. 企业内部条件的变化

企业内部条件的变化会影响到组织的目标、结构以及权力系统等的调整，从而引起组织的变革，主要包括②：

（1）生产技术条件的改变；

（2）管理人员的调整与管理水平的提高；

（3）企业经营政策与经营目标的改变；

（4）企业规模的扩张与经营业务的发展；

（5）企业内部经营机制的优化；

（6）企业员工素质的改变，以及对工作的期望与个人价值观念的变化等。

（三）组织变革的目标

组织变革对一家企业的生存和发展具有重大意义。换句话说，一家企业如果不在适当的时候进行组织变革，就很难生存下去，更不用说向前发展了。

1. 提高工作效能

企业的主要目标是创造更多的利润。如果工作效能不提高，就不可能获取更多的利润。由于内外环境的变化，企业员工的工作效能往往会降低，尤其在市场竞争激烈的情况下，工作效能不提高，几乎无法参与竞争。

---

① 参见刘巨钦等：《现代企业组织设计》，394 页，上海，上海三联书店，2007。

② 参见刘巨钦等：《现代企业组织设计》，395 页。

2. 有效地激励员工

员工是企业成功之本，现代管理学越来越注重对人的研究。企业中的一切业绩都是靠员工的努力获得的，因此，管理者的一项重要工作就是激励员工。但是，由于员工在变、环境在变，如果激励的理念和方法不变，则可能收不到良好的激励效果。组织应该不断进行变革，根据员工年龄结构、文化层次，针对员工的需求、希望、动机进行相应的变革，这样才能更好地满足员工的心理需求，有效地激励员工。

3. 鼓励技术革新

现代企业面临着空前发展的科学技术和变幻莫测的市场。有人甚至说：凡是生产着的产品，都是落后的产品。现在市场上有55%的商品是十年前没有的，而十年前的商品有40%已经被淘汰。一个企业如果不鼓励技术革新，老是抱着定型产品不放，那么一定会被竞争机制淘汰。技术革新的前提是组织变革，一个不善于或不重视组织变革的企业是不可能进行有效的技术革新的。

4. 适应环境

任何一个组织都不可能完全控制环境，因此，每个组织都在为适应环境而不断地斗争。有的组织信奉“以不变应万变”，这种组织抗拒变革，最终不可能很好地适应环境。而有的组织信奉“以动制动”，强调为了应对变化的环境，组织要不断地进行变革。这种组织对变革持积极的态度，能真正地适应环境，使组织在环境出现变化的前夕已做好了准备，就能立于不败之地。

5. 提高企业的竞争能力

主要包括：增强员工的归属感；发展、创造新的解决问题的方法；重新确立企业的憧憬目标；产生客观认识组织的机制；产生欢迎挑战与竞争的动力等。

二、组织变革的类型

组织变革的类型可以根据影响维度和对象维度来划分。

影响维度是指变革对组织的影响大小，主要可以分为大、中、小三种，影响的作用往往是相对的。

对象维度是指变革的主要对象是什么，主要可以分为技术、结构、人员和任务四种。

美国管理心理学家莱维特认为：组织的技术是指企业系统中的技术因素，包括技术设备、工艺装备、工厂、建筑物、工艺流程、工作方法、新技术、新材料、新的质量标准以及新的管理控制手段等；组织的结构是指企业的组织结构，包括企业的职权系统、工作流程系统、协作系统、职能系统、信息反馈系统等；组织的人员是指员工的态度、动机、行为、技术文化素养、职业道德水准、人际关系、受激励程度、员工的价值观等；组织的任务是指组织的经营目标和经营方向，即生产什么产品、提供什么服务等。

根据两个维度的组合，我们将组织变革分为12种类型（见图15—1）。

影响维度	技术	结构	人员	任务
大	大型技术变革	大型结构变革	大型人员变革	大型任务变革
中	中型技术变革	中型结构变革	中型人员变革	中型任务变革
小	小型技术变革	小型结构变革	小型人员变革	小型任务变革

对象维度

图 15—1　组织变革的类型

三、组织变革的模型

（一）勒温的组织变革模型

组织变革是一种从原有状态到新状态的转化过程。勒温于 1951 年提出了一种组织变革模型（见图 15—2）。

从图 15—2 中可以看出，该模型主要有三个阶段：解冻、变化和再成型。

图 15—2　勒温的组织变革模型

1. 解冻阶段

在这个阶段，人们开始意识到需要变革。人们在原有状态上的满足感，会使人们对发生变化毫无兴趣，但是，如果不进行组织变革，组织就没有出路，结果员工将会受到损害。因此，在该阶段，一项重要任务就是使员工明白变革的重要性和迫切性，使员工对现状产生不满，自愿要求进行组织变革，并积极投身于组织变革之中。

2. 变化阶段

这个阶段是一个动荡的阶段，也是最重要的阶段。在该阶段容易出问题，要改变员工的态度、行为和人际关系。虽然实际操作的内容可能是安装一条新的流水线、实施一套新的绩效评估系统或者任命一批部门经理，但实际上是从原有状态到新状态的转折点。

3. 再成型阶段

在这个阶段，要使员工新的态度、新的行为和新的人际关系相对稳定，并抵制进一步的变化。例如，通过培训使员工掌握新的技术；要求员工在新的工作环境中发挥新的角色作用等。再成型的重要意义是使员工不至于“穿新鞋，走老路”。

（二）摩海德和格里芬的组织变革模型

这个模型由摩海德和格里芬于 1995 年共同创立。他们认为勒温的模型太过简单，在实际操作中应该更复杂一点才有效，于是提出一个新的模型（见图 15—3）。

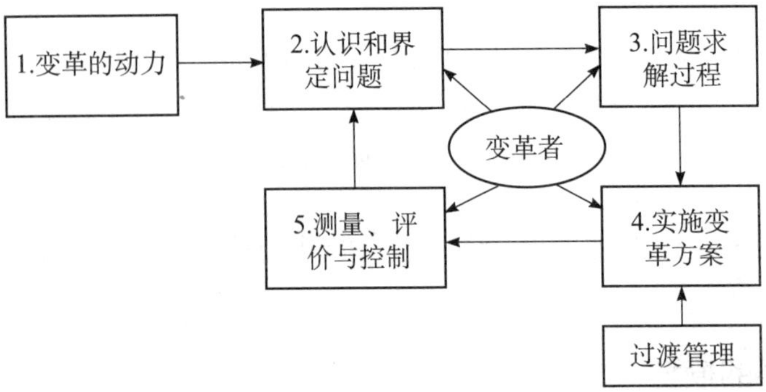

图 15—3　摩海德和格里芬的组织变革模型

资料来源：胡君辰：《管理心理学》，358 页。

从图 15—3 中我们可以看出，该模型有以下一些特点：

（1）组织变革共分为五个步骤：第一步是变革的动力；第二步是认识和界定问题；第三步是问题求解过程；第四步是实施变革方案，其中有过渡管理在起作用；第五步是测量、评价与控制。最后再反馈到第二步，看是否解决了原来的问题。

（2）有一个变革者负责整个变革的效果。在后面的四个步骤中，他起了相当大的作用。变革者可以是企业内部成员，也可以是企业外部的顾问或高层董事会成员。内部的变革者可能更加了解企业的员工、任务、政策等，更有利于解释数据和理解系统，但也可能墨守成规，难以有较大的变革。外部的变革者可能更容易为各方面所接受，收集到的信息可能更可靠、更客观，也更易做出较大的变革，当然不足之处是不太了解企业情况。

（3）过渡管理，是指在企业中现有状态开始解体到一个全功能的新状态确立之前，进行系统的计划、组织、实施变革的过程。变革一开始，企业就变得既不是原有状态，也不是新状态了，但经营必须持续。过渡管理就是要确保在变革期间经营尽可能不受影响。原有的管理人员必须在过渡管理中负责，并协助变革者进行变革。

（三）克雷纳和金尼金的组织变革模型

该模型由克雷纳和金尼金（R. Kreitner & A. Kinicki）于 1995 年提出。他们参考了福卡和库皮斯（D. R. Fuqua & D. J. Kurpius，1993）的模型，以及纳特勒和特斯曼（D. A. Nadler & M. L. Tushman，1989）的模型。

克雷纳和金尼金的组织变革模型是一种系统模型（见图 15—4）。从图 15—4 中可以看出，这个模型主要可以分为三大部分：输入、变革的目标因素和输出。

1. 输入

在这一部分，输入的内容主要包括两部分：内部的信息和外部的信息。

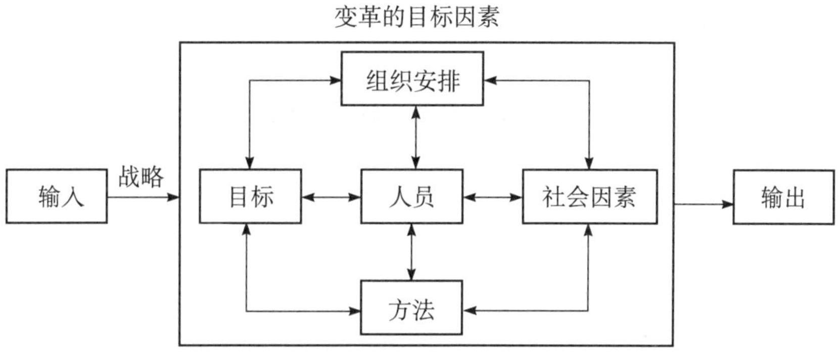

图 15—4　克雷纳和金尼金的组织变革模型

资料来源：胡君辰：《管理心理学》，359 页。

（1）内部的信息。主要包括企业的长处和短处。

（2）外部的信息。主要包括外部的机会和外部的威胁。

一项战略规划描述了一个组织的最终目标，它代表了一个组织要做什么、为什么这么做以及在什么哲学理念的前提下做等。战略规划指出了一个企业长期的方向以及达到目标的必要行动，而输入的信息要与战略目标相一致。

2. 变革的目标因素

变革的目标因素共有五个：人员、目标、组织安排、社会因素和方法。这五个因素以人员为核心，相互影响。

（1）人员。主要包括人员的知识、能力、态度、动机和行为。

（2）目标。主要包括要求最终的结果、优先考虑的事项、标准、资源、贯穿整个组织的联系。

（3）组织安排。主要包括政策、程序、角色、结构、奖励和物质条件。

（4）社会因素。主要包括组织文化、群体过程、人际关系、沟通和领导。

（5）方法。主要包括工序、工作流、工作设计和技术。

3. 输出

输出代表了一次变革的最终结果，可以从三个层面来分析输出的结果：

（1）组织层面的结果；

（2）部门/群体层面的结果；

（3）个体层面的结果。

第 2 节　组织变革的动力与阻力

一个组织的变革最终取决于最高领导层的决策。但是，一位企业的总经理何时才能知道应该进行组织变革了？必须进行组织变革的信号又在哪里呢？

一、组织变革的动力

企业内外有许多动力促使组织进行变革，从中我们可以知道一个企业已到了需要变革的时候（见图 15—5）。

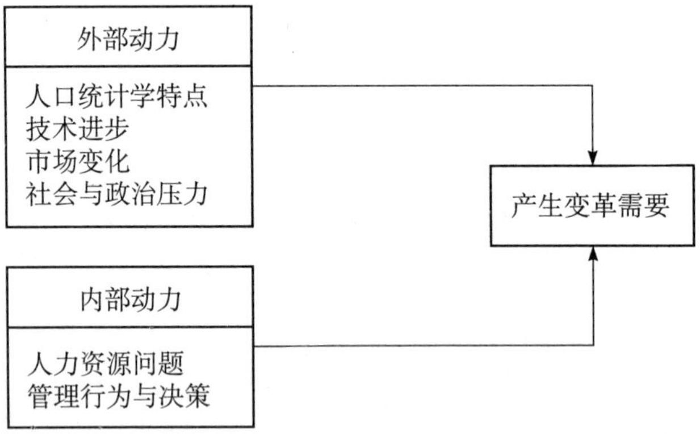

图 15—5 促使变革的内外动力

（一）外部动力

组织变革的外部动力有很多，有些外部动力与各种因素有关，主要有四种：人口统计学特点、技术进步、市场变化以及社会与政治压力。

1. 人口统计学特点

人口统计学特点主要指外部劳动力市场的人员年龄、性别、受教育程度、技能水平、出生地等。从发展趋势来看，人口统计学特点的趋势是多样化，即人员的构成越来越复杂。

2. 技术进步

无论是生产型企业还是服务型企业，为了提高生产率，为了更有利地参与市场竞争，都在尽量使用新的技术，尤其是计算机技术。技术进步主要有两大趋势：生产自动化与办公室自动化。

（1）生产自动化。主要包括机器人、数控技术（CNC）、计算机辅助设计（CAD）、计算机一体化生产（CIM）以及信息管理系统（IMS）。

（2）办公室自动化。主要指用计算机技术来收集、存储、分析与再获取信息。这些技术使许多中层管理者成为多余人员，企业的管理结构也将随之改变。

3. 市场变化

目前，企业面对的是一个全球性的市场。在这个市场上，兼并浪潮此起彼伏，竞争日趋白热化。

面对这样一个变幻莫测的市场，企业都希望降低成本，提高产品质量，以便能争得一席之地。但是企业中人力资源的成本越来越高，要创造企业与员工双赢的局面，非进行有效的变革不可。

4. 社会与政治压力

社会与政治压力无疑是企业进行组织变革的强大动力，例如，发生战争、国家领导人更换、人民价值观的转变、重大政策法规的颁布等。

（二）内部动力

内部动力是指企业内部要求变革的动力，这些动力可能很微妙，例如，士气低落、生产率下降、人际关系紧张等。但主要可以归纳为两方面：人力资源问题以及管理行为与决策。

1. 人力资源问题

组织变革中的内部动力首推人力资源问题，主要包括员工不适当的需求增加、工作满意感下降、缺勤率和流动率上升、生产率滑坡、员工不愿意参与或提建议等。

这些问题的根源是员工如何看待工作，如何看待自身的需要和组织目标的关系。工作满意度下降是员工问题的一个信号。居高不下的员工缺勤率与流动率是组织变革的一种强大动力。

2. 管理行为与决策

管理行为与决策中出现问题也是推动组织变革的一个重要内部动力，主要包括管理者之间的冲突、领导方式不适应企业的发展、奖励系统出了问题、组织结构落后于市场竞争的发展等。

二、组织变革的阻力

任何一种组织变革都不可避免地要遇到阻力，如调换一批经理、贯彻一套新的规章制度、引进一条生产线等。这些阻力主要来自组织和个体两个方面。

（一）来自组织的阻力

1. 过分干涉

一些企业为了追求稳定与一致，在某些方面干涉太多，例如企业要控制员工的操作行为，为了使员工能根据企业的要求去完成工作，一旦员工被录用后，立即告知工作内容，进行专业培训，针对工作目标进行指导和咨询，并强化评价系统和奖惩系统。这样的体系对员工的行为趋势保持稳定是有利的，但不利于组织变革。

过分干涉又称结构惯性，是来自组织的一个最主要的阻力，几乎在每一次组织变革中均会遇到。

2. 狭隘地集中于变革

有时，一些组织狭隘地集中于变革，千方百计地强调一切以变革为重，因而忽视了其他重要因素，如任务、结构、人员、信息系统等。结果，良好的愿望反而成为变革的阻力。变革造成了许多负面影响，使人们不愿意进行变革，普遍认为原有状态比新状态更好。

3. 群体惯性

任何一个工作群体都有一定的规范，这种规范能保持群体成员的行为一致性，一旦其中某一个成员的行为发生了变化，规范就会制约他，使其保持原状，这就是群体惯性的一种表现。

另外，由于组织变革，有些群体会解体，群体惯性自然而然会表现为一种阻力。

4. 专长威胁

一个群体经过多年才掌握的专业知识、专业技能有可能因为组织变革而变得一文不值。由于工作再设计、结构变化或引进新设备，群体的功能可能改变，群体可能解体，也可能去从事以前不熟悉的工作，群体的专长受到了威胁，因而反对组织变革。

5. 权力威胁

组织变革往往会涉及权力的转移和决策权的变化。一部分人会得到权力，一部分人会失去权力。而权力又往往是一些人追求的目标，或者一种奖励措施。因此，失去权力的一部分人，尤其是失去重要权力的那一部分人反对组织变革就不足为奇了。

6. 资源分配

满足于现行资源分配的群体往往会担心本群体的利益在组织变革后受到损害。这些资源包括资金、人员、设备、原材料、办公室等。因此，这部分群体有可能反对组织变革。

（二）来自个体的阻力

来自个体的阻力主要根源于人类的一些特点，如态度、需要、观念等。

1. 习惯

一个人每天以同样的方式去干一件事比较容易。如果这件事干了很长时间，会觉得更容易。但是变革有可能使员工去做新的工作，或以新的方式去做以前的事，这样，就会比较难。而人们倾向于选择较容易的事去做，因而反对组织变革。

2. 安全

一些员工以旧方式做事感到很舒适，很安全。他们清楚地知道，一件事在什么情境下会发生，如果采取一项措施会产生什么结果。变革可能使原来安全的事变得不安全，因而他们反对变革。

3. 对金钱的看法

员工一般都很重视金钱，尤其在现阶段，金钱还被作为主要的激励手段。因此，变革只要涉及减少人们的收入，就一定会遭到这部分人的反对。这种阻力不仅来自基层，而且来自高层。

4. 对未知事物的恐惧

几乎任何一次组织变革的结果都难以精确地、科学地预测。也就是说，变革往往产生未知事物。而面对未知事物，大多数人都会感到焦虑不安或恐惧。因此，许多员工由于不知道变革后自己要面对什么样的同事、上级或下级；不知道自己以后要做什么事，会作出多大贡献；不知道……而反对变革。

5. 缺乏觉悟

由于不少员工所处的地位不同，对很多事情漠不关心，或者只是有限地参与，在认识变革方面有一定的局限性，因此，不支持组织变革。例如，运作良好的销售部的推销员对总经理要进行组织机构的变革十分反感，但实际上其他部门已出现严重问题，到了非变革不可的地步。

6. 对人际关系的威胁

一些组织变革会引起技术上的变革，但人们反对技术变革的深层原因是由于技术变革而引起人际关系的变化。另一些组织变革直接引起人际关系的变化，因此，组织变革会遭到相当一部分人的反对。

7. 失败的恐惧

组织变革很可能使员工变换工作，而新工作有可能使员工显得无能，进而对自己的能力产生怀疑，最终导致失败的结果。因此，一部分员工由于害怕失败而反对变革。

8. 不信任的气氛

在一些组织内，有一种不信任的气氛存在，尤其是基层员工不信任高层管理人员。一旦高层管理人员决定组织变革，基层员工就会认为对他们没什么好处，因此反对变革。

9. 同伴的压力

有些人可能自己并不反对变革，但由于其同伴竭力反对变革，他受到从众心理的影响，也反对变革。

10. 个性冲突

一部分员工由于个性较保守，几乎反对任何变革；另一部分员工由于与变革者的冲突，因此反对变革。

(三) 对组织变革阻力的调查与分析

1. 组织变革阻力的调查

调查组织变革阻力的方法有许多种，如观察法、面谈法、会议法等，这里主要介绍问卷法。

斯蒂沃德（T. A. Steward）在 1994 年设计了一份组织变革阻力调查问卷（见表 15—1），实用性较强。

根据表 15—1 的问卷调查，总分越高，说明客观上支持变革的动力越大；总分越低，说明客观上反对变革的阻力越大。

表 15—1 组织变革阻力调查问卷

指导语：请你圈出一个数字，代表你对公司的评价。			
	是	有点是	不是
1. 变革是不是由最高领导人发起的？	3	2	1
2. 各层级的管理者都拥护变革吗？	3	2	1
3. 组织文化是否鼓励冒风险？	3	2	1
4. 组织文化是否鼓励和奖励连续变革？	3	2	1
5. 高级管理层是否清楚地描绘了积极的需要？	3	2	1
6. 高级管理层是否清楚地描绘了积极的憧憬？	3	2	1
7. 组织是否用具体的测量方法进行业绩评估？	3	2	1
8. 变革是否支持组织正在进行的其他主要业务？	3	2	1
9. 组织是否把水平基准瞄准世界先进企业？	3	2	1

续前表

指导语：请你圈出一个数字，代表你对公司的评价。			
	是	有点是	不是
10. 所有的员工都了解客户的需要吗？	3	2	1
11. 组织是否奖励个体和群体冒险及寻找问题的根源？	3	2	1
12. 组织有灵活性和合作性吗？	3	2	1
13. 管理层是否与各层级员工进行有效的沟通？	3	2	1
14. 组织是否曾成功地实施过其他变革方案？	3	2	1
15. 员工是否对自己的行为负责？	3	2	1
16. 组织决策快吗？	3	2	1
总分：			

资料来源：胡君辰：《管理心理学》，369 页。

2. 组织变革阻力的分析

根据员工的行为表现，我们可以分析出组织变革阻力的大小。员工对变革的态度或行为表现可以从支持到反对形成一个连续体。贾特逊（A. S. Judson）在 1991 年提出了一套变革阻力的连续体（见图 15—6），对于分析组织变革阻力有一定的帮助。

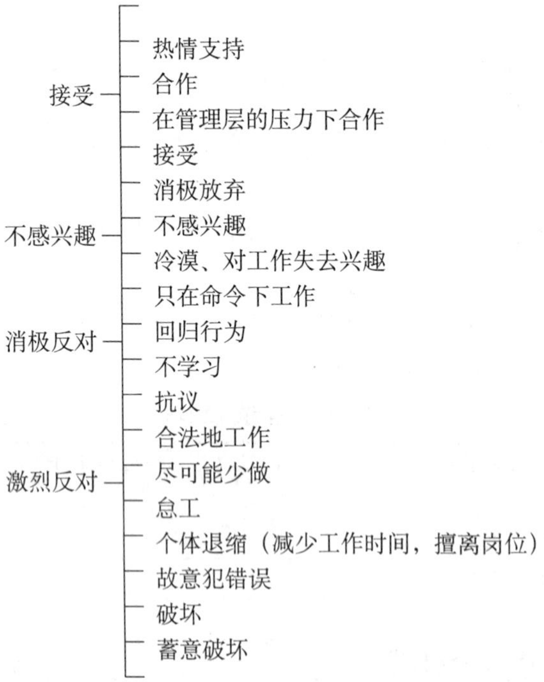

图 15—6　组织变革阻力的连续体

资料来源：胡君辰：《管理心理学》，370 页。

从图 15—6 中可以看出，对组织变革的态度可以分为四种：接受、不感兴趣、消极反对和激烈反对。其中最积极的行为是“热情支持”，最消极的行为是“蓄意破坏”。

三、减少对组织变革的阻力

减少对组织变革的阻力，是变革得以顺利进行的一个重要条件。因此，可以从以下几个方面来尝试减少阻力。

（一）选择适当的变革者

变革者适当与否，是决定变革的一个重要因素，更是克服阻力的一个重要条件。

1. 拥护变革

提倡变革者至少不会成为变革的阻力。一般来说，拥护变革者往往是觉醒较早者和好处获得者，他们可能较早意识到组织已到了非变革不可的地步，或者知道可以从变革中获利。

2. 有灵活性

灵活性较强的人较倾向于变革，而且较善于与各种人打交道，以转变某些员工的反对态度。

3. 有自信心

一般来说，有自信心的人较聪明能干，有上进心、不怕困难，遇到挫折也会想方设法去克服。

（二）减少强制手段

强制手段是以一种威胁的方法，迫使对方服从变革。例如，要求一位管理人员调动工作，否则就解雇；要求一位服务员穿新的工作服，否则就扣奖金；要求一位推销员填各种表格，否则就降低工资。

强制手段的效果是暂时的。如果不转向同化与内化，一些员工一旦有机会就可能离职而去。

强制手段往往产生消极的情绪。一些员工由于害怕惩罚，表面上是服从变革了，但由于不是出于自愿，因此往往会蓄意怠工，甚至破坏、阻碍变革。

强制手段也不能放弃不用。在某些时候、某种情境下，对少数员工，还是应该运用一些强制手段的。这是因为组织变革有时涉及面甚广，要使每一个人都拥护变革也是一厢情愿。但强制手段应该少用，即使用了，也要采取其他的补救措施，尽量减少消极影响。

（三）让变革以试验的面目出现

如果将变革作为一项决策，许多员工会由于担心其不良后果而反对变革。但如果让变革以试验的面目出现，许多员工的阻力将明显减少。因为是试验，如果不成功可以恢复原状。因此，这项措施有以下优点：

（1）有助于改变员工的消极态度；

（2）使员工了解变革后的实际情况；

（3）一旦变革出现问题，变革者有回旋余地。

（四）使变革在初期就显示出优点来

如果组织变革一开始，马上使许多员工的既得利益受到损害，这部分员工反对变革将是很自然的。因此，要使变革在一开始就显示出优点来。要让绝大多数员工拥护，虽然有些员工的利益会在变革深入后受到一点损害，但组织已经因此而有了明显的改善和发展，这些员工的反对意见也就不足为虑了。

（五）有效地进行技术变革

在一些企业中，技术变革是组织变革的重头戏。要有效地进行技术变革，必须注意以下几点。

1. 有人反对技术变革是自然的

有人认为，技术变革是危险的、破坏性的和靠不住的。这种想法是有序、有计划地进行工作的大敌。它会改变我们正在从事的每一项工作，是有害的。

2. 需要领导的强有力支持

领导对技术变革支持不力，常常会使技术变革夭折。领导要支持创造性，开诚布公地表明自己的态度，表现出对技术变革的足够兴趣，愿意为技术变革负全责。

3. 努力寻找支持者

在企业内部，创业者、变革者、技术标兵、科技人员都可能是技术变革的支持者。另外，可以借用企业外部的力量，如成功地进行技术变革的企业家、发明家、学者等，将他们作为推动技术变革的支持者加以利用。

（六）减少变革阻力的基本策略

1. 组织变革的动态模型

任何一次组织变革都处在支持的动力和反对的阻力相互作用的动态之中。

例如，一家饮料公司，以前销售用批发制，现在要改为直销制。在这次变革中，动力与阻力就处在一个动态之中（见图 15—7）。

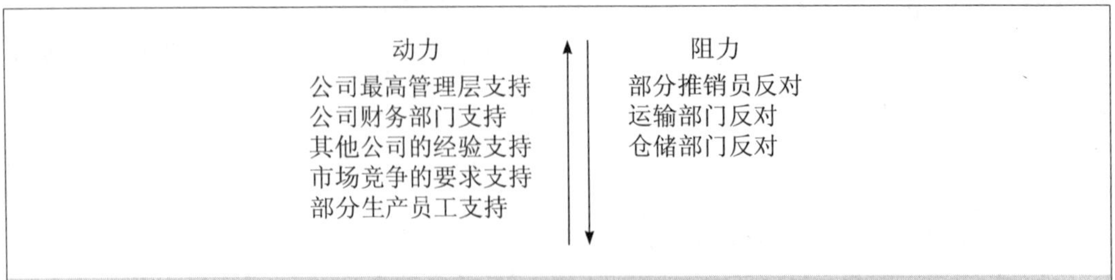

图 15—7　组织变革的动力模型

从图 15—7 中可以看出，在这次变革中，动力主要有五个，阻力主要有三个。

2. 增加支持组织变革的动力

在组织变革中，一定会有一定数量的动力存在，但有时可能由于动力不够而使变革变得困难重重。因此，可以从下面两方面着手来增加动力。

（1）增加动力的数量。如上例中，已有五个动力，还可以增加科技人员的支持、中层管理者的支持、设备维修部门的支持、后勤人员的支持等多个动力。

（2）增强某一种动力的力量。在实践中，一种强有力的动力可以抵消好几种阻力。如上例中，公司最高管理层支持和市场竞争的要求支持都是一种强有力的支持。如果能做到最高管理层一致又坚决地支持，或者市场竞争要求迫切的支持，这样一来，动力的力量就明显加强，克服阻力就更容易了。

3. 减少反对组织变革的阻力

企业要进行组织变革，或多或少会遇到一些阻力，当这些阻力相当大时，会使变革进程严重受阻，甚至使变革流产。因此，可以从以下三方面着手来减少阻力。

（1）改变阻力方向。就是使原来反对变革的阻力变为支持变革的动力，或变成一种中性的力量。

例如上例中的“部分推销员反对”，经过了解后知道，他们主要怕工作量太大，结果公司招聘 50 名新的推销员来充实销售部门。另外还要向推销员说明奖励办法，使他们感到变革后收入会提高。因此，推销员变成一致拥护变革。

（2）削弱反对变革的力量。即从激烈反对到有点反对。例如上例中的“运输部门反对”，公司采取了加强汽车维修、新购 30 辆运输车辆等办法，结果运输部门也不怎么反对变革了。

（3）允许某些阻力存在。要想完全排除阻力，几乎是一件不可能的事。因此，只要使动力强于阻力，使变革顺利进行就可以了。不必千方百计消除一切阻力，否则可能坐失良机，或又造成新的阻力而得不偿失。

例如上例中的“仓储部门反对”。经调查，原来仓储部门人员过剩、工作量偏低。变革后，他们的一些困难可以自行克服，决定暂时不作变动。

第 3 节　实施组织变革的策略

组织是一个开放的、有机的、动态的系统，是社会系统中的一个子系统。社会的发展必然要求组织进行相应的变革，否则，该组织就可能被淘汰。

组织变革是管理者应该经常进行的一项重要工作，因此，每一位管理者都应该了解组织需要变革的症状和程序。

一、组织需要变革的症状

组织需要变革的症状是指一些不通过变革就无法消除的组织内部的消极现象。

这里主要讨论企业组织需要变革的症状。有时企业需要全面变革，有时企业需要局部变革，管理者应该及时了解下述各项症状，及时采取措施。

1. 生产效率明显降低

企业的目标主要靠有效的生产来完成，如果生产效率明显下降，该企业的目标就不可能很好地完成。

2. 重大事情无法决策

每个企业中，每天有许多事情，有些无关紧要的小事不必决策，而一些大事一定要及时决策。例如组织的目标、营销方针的修改、高层管理人员的任免、数目很大的财务问题等。

3. 人际关系恶化

成功的企业是以良好的人际关系为基础的，一旦企业内部的人际关系恶化，势必使组织不能达到目标。

4. 非正式沟通渠道压倒正式沟通渠道

在企业中，有非正式沟通渠道存在是正常的，但是非正式渠道压倒正式沟通渠道就不正常了。

非正式沟通渠道压倒正式沟通渠道，是指许多重要信息的传播都依赖非正式沟通渠道，正式沟通渠道传播的信息反而比非正式沟通渠道少，而且不正确，这意味着该组织的结构已产生了严重问题，应该进行组织变革了。

5. 长期缺少创造性

一个企业要获得发展，很重要的一个方面是要有创造性。一旦长期缺少创造性，只有进行组织变革才有出路。

以上五种症状有时会在企业中出现一种或几种，有时会在企业中全部出现，一旦某一企业同时出现这五种症状，该企业就到了非变革不可的地步。如果某企业只有一两种症状，那么管理者可以根据具体情况采取一定的变革措施。

二、组织变革的程序

组织变革是一个连续不断的过程。组织中的问题不断产生，又不断得以克服。换言之，管理过程就是一个不断解决各种组织问题的过程。

组织变革也可以是一个阶段的过程，在这个阶段中，企业为了解决一个重大的具体问题而进行变革，一旦这个问题解决了，这一次变革也就终止了。

组织变革可以分为八个步骤（见图 15—8）。

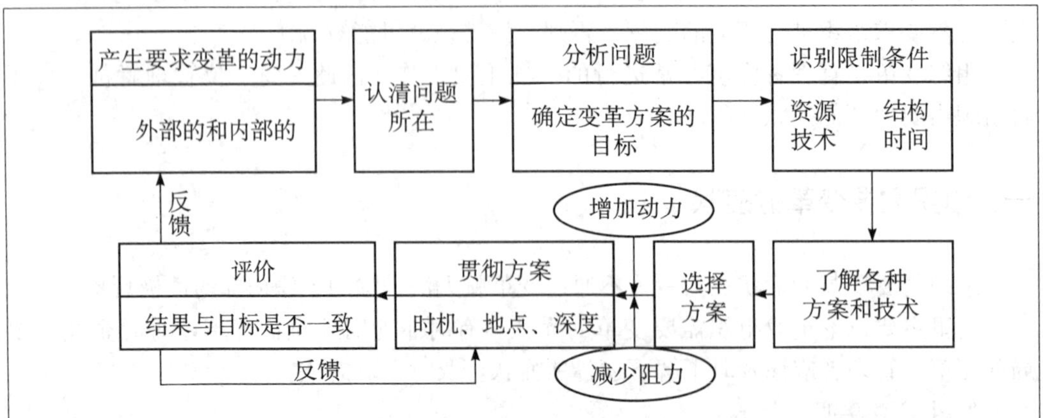

图 15—8 组织变革的程序

(一) 产生要求变革的动力

一个企业经常会有许多来自外部或内部要求变革的动力。外部动力包括法律政策的变化、市场的变化、金融市场的变化、消费心理的变化、竞争对手的变化等。内部动力主要包括领导软弱无能、员工意见分歧、生产跟不上市场需要、员工和组织协作不密切等。

管理者能否感受到要求变革的动力与该管理者的敏感度有关。敏感度较高的管理者应该能够及时准确地感受到来自各方面的要求变革的动力。

(二) 认清问题所在

管理者在感受到要求变革的动力后，就要认清问题到底出在哪里。这需要及时、准确地掌握大量的相关信息。对某些重要信息的出现要充分重视，例如员工怠工明显增加，产品销售后频频退货，重要人员要求离职，周围人员牢骚日增等。

(三) 分析问题

认清问题所在之后，管理者就要认真分析问题：

(1) 表现出来的问题是现象还是实质?

(2) 如果是实质问题，哪些是迫在眉睫、最需要解决的问题?

(3) 要作哪些变革?

(4) 变革中可能有哪些优势和劣势?

(5) 什么时候变革效果最好?

(6) 变革的目标是什么?

(四) 识别限制条件

通过分析，确定了变革目标后，要认清制约变革的条件。主要有以下四种制约因素。

1. 资源

资金够不够? 设备行不行? 由谁去做? 原材料供应跟得上吗? 场地是否允许? 这一系列有关资源的问题不解决，变革会有相当大的阻力。

2. 结构

领导者作风是否民主? 组织内的官僚主义作风强不强? 员工的心理承受能力怎么样? 各级机构的期望值多大? 对这些问题都应该有所了解，否则可能会在变革遇到阻力时不清楚阻力来自何方。

3. 技术

先进的技术是否适用于本企业? 员工的技术水平能否达到要求? 管理者的管理技术是否成熟? 对这些问题也是必须考虑的。

4. 时机

什么时候开始变革较好? 什么时候结束变革最佳? 什么时候应该完成哪一部分变

革？什么时候变革会遇到最大阻力？对这些问题也要在事前充分考虑到。

（五）了解各种方案和技术

在这个阶段，管理者应该做两方面的工作。

1. 鼓励有关人员提出各种变革方案

要把企业存在的问题、变革的目标以及制约变革的因素全部告诉有关人员，鼓励他们提出各种变革方案。这些方案可大可小，可以是解决全面问题的总方案，也可以是解决局部问题的小方案；可以是详细方案，也可以是简单方案。方案之间可以重复，可以冲突，可以矛盾。有条件的企业可以聘请专家，也可以发动全体员工。

2. 了解各种方案及其技术并进行分析比较

收到各种方案后，要进行分析，每个方案都可能既存在优点，也存在缺点。要尽可能吸取每一种方案的优点，然后比较各种方案中的技术。哪一些是可行的？哪一些是不可行的？哪一些花费太大？哪一些效果可能不好？经过一系列比较后，就可进入下一阶段了。

（六）选择方案

正确地选择方案是管理者领导才能的高度表现，美国利特尔咨询公司的研究人员提出下列公式来选择方案。

$$C=(abd)>X$$

式中，C 代表组织变革，a 代表对现实不满的程度，b 代表变革后可能达到目的的把握，d 代表实现的起步措施，X代表变革所花的代价。当（abd）三种因素的乘积大于变革的代价时，变革是有价值的；反之，变革是无意义的。（abd）的乘积与 X 的差越大，方案的可行性就越高。

（七）贯彻方案

一旦方案确定后，就要认真地贯彻方案，这是变革最重要的一环，这一环执行不好，其他工作都会变得毫无意义。在此阶段中主要考虑四大因素。

1. 时机

何时贯彻方案才能获得最佳效果，此时就是最佳时机。一般来说，时机要选择在变革准备工作完成之时、员工强烈要求变革之时、日常工作较少之时。

2. 地点

这里的地点是指变革从何处开始。一般要根据问题所在的具体情况，可以从上层开始，也可以从中层或基层开始。但是无论从哪里开始，都要得到上层管理者的许可，这样，变革才可能顺利进行。

3. 深度

根据变革的需要，变革可以涉及一个组织、一个群体和某些个人，也可以涉及多个部门或多个群体，还可以涉及企业中的每一个人。

4. 增加动力和减少阻力

在贯彻方案前要想方设法增加动力并减少阻力，这样可以使组织变革更顺利地进行。

（八）评价

这是组织变革的最后一环，也是相当重要的一环。评价的主要内容是贯彻方案后检查一下变革后的结果是否与以前确定的目标相一致，也就是说，通过变革是否解决了组织原来存在的问题。如果解决了，那么该项变革已完成，可以进行另一项变革程序；如果未解决，那么要反馈给前一阶段，检查一下贯彻方案的时机、地点、深度是否有问题，调整后继续贯彻方案。

□ 本章小结

组织变革建立在一定的假设基础上，变革出于组织适应内外部环境的变化的需要。组织变革的目标在于提高工作效能、有效地激励员工、鼓励技术革新、适应环境和提高企业的竞争能力。

变革的类型可以根据变革产生的影响以及变革的对象两个维度来划分，其中影响分为大、中、小三种，对象主要分为技术、结构、人员和任务四种，因此，组织变革共可以分为 12 种类型。常用的组织变革的模型有勒温的组织变革模型、摩海德和格里芬的组织变革模型、克雷纳和金尼金的组织变革模型等。组织变革的价值观主要有三种，它与组织变革有着密切的关系。

企业内外有许多动力促使进行组织变革。组织变革的外部动力主要有四种：人口统计学特点、技术进步、市场变化以及社会与政治压力。内部动力主要可以归纳为两方面：人力资源问题以及管理行为与决策。组织变革的阻力来自组织和个体两个方面。在组织变革前，需要对阻碍变革的阻力进行调查和分析。减少组织变革的阻力可以采取多种方法：选择适当的变革者；减少强制手段；让变革以试验的面目出现；使变革在初期就显示出优点来；有效地进行技术变革；减少变革阻力的基本策略。

当组织出现生产效率明显降低、重大事情无法决策、人际关系恶化、非正式沟通渠道压倒正式沟通渠道和长期缺少创造性等症状时，就需要考虑采取一定的变革措施。组织变革可以分为八个步骤：产生要求变革的动力；认清问题所在；分析问题；识别限制条件；了解各种方案和技术；选择方案；贯彻方案；评价。

□ 关键术语

组织变革　组织变革模型

□ 思考题

1. 什么是组织变革？组织变革的特点是什么？

2. 结合企业实践，谈谈组织变革的目的是什么。

3. 组织变革有哪些类型？请举例说明。

4. 请简要阐述勒温的组织变革模型。它与其他模型之间的区别和联系是什么？

5. 组织变革有哪些动力和阻力？如何增强变革的动力、减少组织变革的阻力？请举例说明。

6. 如何了解一个组织是否需要变革以及变革面临的阻力？

7. 组织变革的八个主要步骤是什么？每个步骤的重点是什么？

参考文献

[1] 费罗迪. 才经. 北京：东方出版社，2008

[2] 马克思・M・哈贝等. 并购整合：并购企业成功整合的七个策略. 北京：机械工业出版社，2003

[3] 亨利・法约尔. 工业管理与一般管理. 北京：团结出版社. 1999

[4] 麦克沙恩，格里诺. 麦克沙恩组织行为学. 北京：中国人民大学出版社，2008

[5] 明茨伯格. 卓有成效的组织. 北京：中国人民大学出版社，2007

[6] 彼得・德鲁克. 卓有成效的管理者. 北京：机械工业出版社，2005

[7] 布隆斯坦. 团队管理. 北京：机械工业出版社，2006

[8] 达夫特，诺伊. 组织行为学. 北京：机械工业出版社，2004

[9] 达夫特. 组织理论与设计. 北京：清华大学出版社，2003

[10] 黛布拉・L・纳尔逊，詹姆斯・坎贝尔・奎克. 组织行为学：基础、现实与挑战. 北京：中信出版社，2004

[11] 德博拉・L・安科纳等. 组织行为学：面向未来的管理. 北京：机械工业出版社，2006

[12] 德鲁克基金会主编. 未来的组织. 北京：中国人民大学出版社，2006

[13] 格里芬，摩海德. 组织行为学（第 8 版）. 北京：中国市场出版社，2008

[14] 哈里森. 组织诊断——方法、模型与过程（第 3 版）. 重庆：重庆大学出版社，2007

[15] 列维奇，希姆. MBA 实务——谈判策略速成教程. 海口：海南出版社，2002

[16] 鲁森斯. 组织行为学（第 9 版）. 北京：人民邮电出版社，2003

[17] 罗宾斯，贾奇. 组织行为学（第 12 版）. 北京：中国人民大学出版社，2008

[18] 罗宾斯. 组织行为学（第 7 版）. 北京：中国人民大学出版社，1997

[19] 罗伯特・N・纳瑟尔，克里斯托弗・F・阿川 . 领导力教程——理论、应用与技能培养（第 3 版）. 北京：清华大学出版社，2008

[20] 罗伯特・哈里斯，阿米达・拉塞尔. 多元化趋势——众多变革失败的原因及对策. 北京：华夏出版社，2004

[21] 罗杰・道森. 优势谈判. 重庆：重庆出版社，2008

[22] 迈尔斯. 社会心理学（第 8 版）. 北京：人民邮电出版社，2006

［23］迈克尔·A·希特，C·切特·米勒，安瑞妮·科勒拉．组织行为学：基于战略的方法．北京：机械工业出版社，2007

［24］麦克沙恩，格里诺．组织行为学（第3版）．北京：机械工业出版社，2007

［25］纽斯特罗姆，戴维斯．组织行为学：工作中的人类行为．北京：经济科学出版社，2000

［26］斯蒂芬·P·罗宾斯，玛丽·库尔特．管理学（第7版）．北京：中国人民大学出版社，2004

［27］索尔所，麦克林，麦克林．认知心理学（第7版）．上海：上海人民出版社，2007

［28］沃伦·本尼斯．领导的轨迹．北京：中国人民大学出版社，2007

［29］吴霁虹，桑德森．下一步．北京：中信出版社，2006

［30］詹姆斯·菲舍尔．权力没有过错．北京：京华出版社，2006

［31］格里·约翰逊，凯万·斯科尔斯．战略管理（第6版）．北京：机械工业出版社，2004

［32］拉普兹．信任成就团队．北京：人民邮电出版社，2005

［33］马里恩·迪瓦恩．成功并购指南．北京：中信出版社，2004

［34］摩根·威策尔．管理的历史．北京：中信出版社，2002

［35］《哈佛管理前沿》、《哈佛管理通讯》编辑组编．团队——事业成功的保障．北京：商务印书馆，2005

［36］《哈佛管理前沿》、《哈佛管理通讯》编辑组编．英明决策．北京：商务印书馆，2007

［37］陈春花，刘晓英．企业并购中的文化整合．中外管理，2002（5）

［38］陈国海，李艳华，吴清兰．管理心理学．北京：清华大学出版社，2008

［39］陈力华，邱羚．组织行为学．北京：清华大学出版社，2005

［40］陈旭．团队领导对团队效能的影响机理研究．科研管理，2006，27（4）

［41］范言．黄金组合：刚柔并济强弱结合的团队法则．北京：中国时代经济出版社，2007

［42］方其．商务谈判：理论、技巧、案例．北京：中国人民大学出版社，2004

［43］宫惠珉．用人大师．北京：经济管理出版社，2007

［44］胡君辰，杨永康．组织行为学．上海：复旦大学出版社，2002

［45］胡君辰，郑绍濂．人力资源开发与管理．上海：复旦大学出版社，2004

［46］华民．经济全球化——中国准备好了吗?．国际经济评论，1999，Z5

［47］黄怒波．我所经历的凶险的公司政治．中国企业家，2005（20）

［48］惠调艳，杨乃定．工作满意度与绩效关系研究．软科学，2006（4）

［49］金吾伦．知识管理：知识社会的新管理模式．昆明：云南人民出版社，2001

［50］李芳．团队奖金分配之道——以A信托公司为例．企业管理，2008（12）

［51］李建设．现代组织学．杭州：浙江教育出版社，1998

［52］李坤望，刘重力．经济全球化：过程、趋势与对策．北京：经济科学出版社，2000

［53］李秀娟，魏峰．打开领导有效性的黑箱：领导行为和领导下属关系研究．管理世界，2006（9）

［54］梁茂信．美国人力培训与就业政策．北京：人民出版社，2006

［55］刘巨钦等．现代企业组织设计．上海：上海三联书店，2007

［56］刘延平．多维审视下的组织理论．北京：清华大学出版社、北京交通大学出版社，2007

［57］卢嘉，时勘，杨继锋．工作满意度的评价结构和方法．中国人力资源开发，2001（1）

［58］马剑宏，陈倪明．企业职工的工作价值观特征分析．应用心理学，1998（4）

［59］马君．三十年的企业战略逻辑演变．企业管理，2008（12）

［60］美国信息研究所编．知识经济：21世纪的信息本质．南昌：江西教育出版社，1999

［61］蒲清平，龚丽，刁黎．企业管理人员工作价值观、组织忠诚度现状及相关性研究．重庆大学

学报社会科学版，2007（6）

[62] 秦启文，姚景照，李根强. 企业员工工作价值观与组织公民行为的关系研究. 心理科学，2007，30（4）

[63] 秦永良. 组织行为学. 北京：石油工业出版社，2001

[64] 孙健敏，李原. 组织行为学. 上海：复旦大学出版社，2005

[65] 孙涛. 知识管理. 北京：中华工商联合出版社，1999

[66] 王卓等. 信任——成功构建虚拟团队的基础. 科学管理研究，2005，23（1）

[67] 吴志明，武欣. 高科技团队变革型领导、组织公民行为和团队绩效关系的实证研究. 科研管理，2006，27（6）

[68] 西武. 如何管理：影响世界经济进程的 28 种管理工具. 北京：机械工业出版社，2004

[69] 杨晶. 商务谈判例. 北京：清华大学出版社，2005

[70] 殷红霞. 西部高科技企业员工工作满意度调查与激励体系的重新设计. 西安财经学院学报，2004，17（5）

[71] 张兴贵，郭杨. 工作满意度研究的特质取向. 心理科学进展，2008，16（1）

[72] 赵西萍，杨扬，欣辛. 团队能力、组织信任与团队绩效的关系. 科学学与科学技术管理，2008（3）

[73] 周谦. 心理学研究方法. 北京：中国科技出版社，1994

[74] 周志成，朱月龙. 团队领导行为对团队效能影响之研究. 应用心理学，2005，11（2）

[75] 朱国云. 组织理论：历史与流派. 天津：南开大学出版社，1997

[76] B. E. Ashforth, and R. T. Lee, "Defensive Behavior in Organizations: A Preliminary Model", *Human Relations*, July 1990: 621-648

[77] M. R. Barrick, G. L. Stewart, M. J. Neubert, and M. K. Mount, "Relating Member Ability and Personality to Work-team Processes and Team Effectiveness", *Journal of Applied Psychology*, 1998, 83 (3): 377-391

[78] Barth, M. A. John, "Rewarding Journey", *Industry Week/IW*, Dec 2005, Special Leadership Report, 254 (13): 54-55

[79] M. A. Campion, G. J. Medesker, and A. C. Higgs, "Relations Between Work Team Characteristics and Effectiveness: Implications for Designing Effective Work Groups", *Personnel Psychology*, 1993 (46): 823-825

[80] Carole Lalonde, "The Potential Contribution of the Field of Organizational Development to Crisis Management", *Journal of Contingencies and Crisis Management*, 2007, 15 (2): 95-104

[81] Carolyn Hines and William Hines Jr., " Seminar on the Essence of Transformational Leadership", *National Cities Weekly*, 2002, 25 (9): 1

[82] Carrell, Michael, and Everette Mann, "Defining Workforce Diversity in Public-Sector Organizations", *Public Personnel Management*, 1995, 24 (1): 9-111

[83] J. J. Connolly, C. Viswesvaran, "The Role of Affectivity in Job Satisfaction: A Meta-analysis", *Personality and Individual Differences*, 2000 (29): 265-281

[84] T. G. Cummings, and C. G. Worley, *Organization Development and Change*, Ohio: Thomson South-Western, 2005

[85] B. Dumaine, "The Trouble with Teams", *Fortune*, 1994, Sept. 5

[86] P. C. Early, and E. Mosakowski, "Creating Hybrid Team Cultures: An Empirical Test of Transnational Team Functioning", *Academy of Management Journal*, 2000, 43 (1): 26-49

[87] E. A. Fleishman, "Evaluating Physical Abilities Required by Jobs", *Personnel Administrator*, June 1979: 82-92

[88] D. L. Gladstein, "Groups in Context: A Model of Task Group Effectiveness", *Administrative Science Quarterly*, 1984 (29): 499-517

[89] H. Mintzberg, *The Nature of Managerial Work*, New York: Harper & Row, 1973

[90] J. S. Hammond, R. L. Keeney, and H. Raiffa., *Smart Choices*, Boston: HBS Press, 1999

[91] M. A. Hitt, R. D. Ireland, and R. E. Hoskisson, *Strategic Management: Competitiveness and Globalization* (5th ed.), Cincinnati, OH: South-Western College Publishing, 2005

[92] G. Hofstede, Culture's Consequences; G. Hofstede, "The Cultural Relativity of Organizational Practices and Theories", *Journal of International Business Studies*, Fall 1983: 75-89

[93] G. Hofstede, "Cultural Constraints in Management Theories", *Academy of Management Executive*, 1993 (7)

[94] T. A. Judge, E. A. Locke, and C. C. Durham, "The Dispositional Causes of Job Satisfaction: A Core Evaluation Approach", *Research in Organizational Behavior*, 1997: 151-188.

[95] A. L. Kalleberg, "Work Values and Job Rewards: A Theory of Job Satisfaction", *American Sociological Review*, 1977 (42): 124-143

[96] S. E. Kirkland, and A. M. Regan, *Organizational Racial Diversity Training In Racial Identity Theory: Applications to Individual, Group, and Organizational Interventions*, Thompson CE, Carter RT (eds), Mahwah, NJ: 1997

[97] C. E. Larson, and F. M. J. LaFasto, *Team Work*, Newbury Park, CA: Sage Publications, 1989; E. Sundstrom, K. P. DeMeuse, and D. Futrell, "Work Team", *American Psychologist*, Feb. 1990

[98] Loriann Roberson, Carol T. Kulik, and B. Molly, "Designing Effective Diversity Training: Influence of Group Composition and Trainee Experience Pepper", *Journal of Organizational Behavior*, 2001, 22 (8): 871-885

[99] D. R. May, R. L. Gilson, and L. M. Harter, "The Psychological Conditions of Meaningfulness, Safety and Availability and the Engagement of Human Spirit at Work", *Journal of Occupational and Organizational Psychology*, 2004 (1): 11-37.

[100] J. P. Meyer, N. J. Allen, and C. A. Smith, "Commitment to Organizations and Occupations: Extension and Test of a Three-component Conceptualization", *Journal of Applied Psychology*, 1993 (4): 51-538

[101] M. J. Rosenberg, C. I. Hovland, W. J. McGuire, R. P. Abelson, and J. H. Brehm, *Attitude Organization and Change*, New Haven: Yale University Press, 1960

[102] K. T. Schneider, S. Swan, and L. F. Fitzgerald, "Job-related and Psychological Effects of Sexual Harassment in the Workplace: Empirical Evidence from Two Organizations", *Journal of Applied Psychology*, 1997 (82): 401-415

[103] Sills, and Judd, "Experts Weigh In About What Makes Diversity Initiatives Effective", *Diversity Factor*, 2005, 13 (4): 23-29

[104] G. M. Spreitzer, S. G. Cohen, and G. E. Ledford, Jr., "Developing Effective Self-managing Work Teams in Service Organizations", *Group & Organization Management*, 1990 (9): 340-366

[105] G. L. Stewart, and M. R. Barrick, "Team Structure and Performance: Assessing the Me-

diating Role of Intrateam Process and the Moderating Role of Task Type", *Academy of Management Journal*, 2000, 43 (2): 135-148

[106] Vidu Soni, "A Twenty-First-Century Reception for Diversity in the Public Sector: A Case Study", *Public Administration Review*, 2000, 60 (5): 395-408

[107] R. S. Wellins, W. C. Byham, and G. R. Dixon, *Inside Teams*, San Francisco: Jossey-Bass, 1994

[108] P. Werhane, and R. E. Freeman, "Business Ethics: The State of Art", *International Journal of Management Research*, 1999, 1 (1): 1-16

[109] Whitchurch, and Celia, "What Do Managers Do? Perspectives: Policy & Practice", *Higher Education*, 2002, 6 (4): 91-92

[110] William S. Silver, and Terence R. Mitchell, "The Status Quo Tendency in Decision Making", *Organizational Dynamics*, Spring 1990: 34-46

[111] G. Yukl, and C. M. Falbe., "Influence Tactics and Objectives in Upward, Downward and Lateral Influence Attempts", *Journal of Applied Psychology*, 1990 (5): 132-140

图书在版编目（CIP）数据

组织行为学/胡君辰主编．—2版．—北京：中国人民大学出版社，2014.4
教育部经济管理类核心课程教材
ISBN 978-7-300-19176-8

Ⅰ.①组… Ⅱ.①胡… Ⅲ.①组织行为学-高等学校-教材 Ⅳ.①C936

中国版本图书馆CIP数据核字（2014）第068800号

教育部经济管理类核心课程教材
组织行为学（第二版）
主　编　胡君辰
副主编　吴小云
Zuzhi Xingweixue

出版发行	中国人民大学出版社		
社　　址	北京中关村大街31号	邮政编码	100080
电　　话	010－62511242（总编室）		010－62511770（质管部）
	010－82501766（邮购部）		010－62514148（门市部）
	010－62515195（发行公司）		010－62515275（盗版举报）
网　　址	http://www.crup.com.cn		
	http://www.ttrnet.com(人大教研网)		
经　　销	新华书店		
印　　刷	北京七色印务有限公司	版　　次	2010年3月第1版
规　　格	185 mm×260 mm　16开本		2014年4月第2版
印　　张	24.5 插页1	印　　次	2019年4月第7次印刷
字　　数	542 000	定　　价	38.00元

教师教学服务说明

中国人民大学出版社工商管理分社以出版经典、高品质的工商管理、财务会计、统计、市场营销、人力资源管理、运营管理、物流管理、旅游管理等领域的各层次教材为宗旨。

为了更好地为一线教师服务，近年来工商管理分社着力建设了一批数字化、立体化的网络教学资源。教师可以通过以下方式获得免费下载教学资源的权限：

在中国人民大学出版社网站 www. crup. com. cn 进行注册，注册后进入“会员中心”，在左侧点击“我的教师认证”，填写相关信息，提交后等待审核。我们将在一个工作日内为您开通相关资源的下载权限。

如您急需教学资源或需要其他帮助，请在工作时间与我们联络：

中国人民大学出版社　工商管理分社

联系电话：010-62515735，82501048，62515782，62515987

电子邮箱：rdcbsjg@crup. com. cn

通讯地址：北京市海淀区中关村大街甲 59 号文化大厦 1501 室（100872）